古代文明研究

第 一 辑

中国社会科学院考古研究所
中国社会科学院古代文明研究中心 编

文物出版社
北京·2005

Researches on Ancient Civilizations

(I)

(With an English Abstract)

Edited by

Institute of Archaeology, Chinese Academy of Social Sciences

and

Research Center for Ancient Civilizations, Chinese Academy of Social Sciences

Cultural Relics Publishing House

Beijing 2005

目　录

Contents

试谈文明与国家概念的异同

王 巍

（中国社会科学院考古研究所）

在古代文明起源与发展研究中，"文明"的含义，"文明"与"国家"的关系是不可避免的问题。恩格斯在《家庭、私有制和国家的起源》中指出："国家是文明社会的概括"。许多学者依据这一表述，将"国家"等同于"文明"。也有人认为二者并非完全相同，亦非完全同步。"文明"与"国家"究竟是什么关系？搞清楚这一问题，对于文明起源与发展研究具有重要意义，本文拟对此试作探讨。

一 关于"文明"的含义

关于文明，有各种各样的理解。我认为，文明是人类文化和社会发展的新阶段，是在国家的管理下创造出的物质财富和精神财富的总和。她包括物质文化、精神文化方面的发明与创造，也包括社会的进步。我们常谈到的商文明、周文明，都应是这样的概念。它包括商代和周代政治、经济、文化等各个方面的发明创造与进步，而并非仅仅是指商、周时期的国家政体。如果不弄清楚这一点，将文明完全视同于国家，则既不利于对文明进行全面、系统的研究，也不利于对文明起源与发展过程做多角度、多侧面的考察。

把文明等同于国家的学者的主要理论依据是恩格斯的名言——"国家是文明社会的概括"。根据我的理解，恩格斯提出"国家是文明社会的概括"，是指国家的形成是文明社会的最重要标志和最本质的特征，判断一个社会是否已进入了文明社会，最主要的就是要看其是否已出现了国家。因为国家的出现是一个社会发生变化的质变点。它导致了社会的方方面面都发生了深刻的变化。这无疑是十分正确的。但是，概括并不等于全部，并不是说国家就完全等同于文明、国家就是文明的代名词。

二 文明的构成及其与国家的关系

我认为，文明与国家是不同范畴的概念，文明是相对于"蒙昧""野蛮"而言的（尽管我们并不认为原始社会是真正意义的蒙昧和野蛮），是依据人们掌握的物质生产资料的知识、技能的情况与精神生活的丰富状况、人类社会的管理与秩序强化的程度不同而区分的。国家则是与氏族、部落、酋邦等社会组织相对应的概念，是为维护社会正常运转的被强化的公共权力，主要是社会的组织和管理机构。

我认为，文明可以分为文化层面的文明和社会层面的文明两个方面。

1. 文化层面的文明

文化发展的高级阶段，一般包括物质文化和精神文化两个方面。

1. 物质文化

（1）农业的发展（包括耕作技术的进步和农作物产量的提高及家畜饲养业的发展）；

（2）手工业技术的进步（通常以冶金术的出现为代表，在中国，还包括琢玉技术、纺织技术、制陶技术、髹漆技术的进步等）。

2. 精神文化

（1）文字的使用；

（2）原始宗教的发展和与之相关的祭祀礼仪被高度重视；

（3）伦理道德的规范，也就是文明教化。

2. 社会层面的文明

社会的复杂化达到新的阶段——社会内部出现了阶级，等级制度进一步强化并渗透到社会生活的各个方面。首长的权力被世袭化，神权与军权相结合构成王权，同时出现了作为王权统治工具的官僚机构和军队，从而导致了国家的形成。此时即进入了文明社会。

需要指出的是，文明的两个方面，即文化的高度发展和社会的进步——国家的产生是相辅相成的，是历史发展的两个侧面。前者为后者提供了经济基础和物质条件。如1）支持脑力劳动与体力劳动分工的剩余劳动产品的增加；2）用于再分配和流通贸易的贵重品、珍稀物品（如铜器、玉器、海贝、龟甲等）的生产。后者则为前者的进一步发展提供了必要的管理、协调和组织，并提出进一步的需求，从而促使前者进一步发展。它包括劳动力的组织、分工与合作；人们相互关系的调节和社会秩序的稳定，如宗法制度和礼制；对贵重物品、珍稀品的持续的需求推动了这类用品的生产和供给。

三　研究文明应当兼顾文化与社会
组织结构的发展两个方面

既然文明是由文化和社会两个层面构成的，那么，研究文明的起源和形成也需要对文明的两个层面进行研究。一是要研究文化的发展，包括物质文化和精神文化的发展。前者主要是生产力的发展，即农业和手工业的发展，还包括科学技术的进步；后者则是文字的产生、原始宗教信仰的发展变化以及伦理道德观念的变迁等。二是研究社会结构的发展变化，包括阶级的出现、等级制度的强化、权力的形成和发展、社会管理机构的发展等等。上述两个方面的研究都是十分重要，不可或缺的。我们不应当片面地强调对文明的社会层面的研究，而忽视文明的文化层面的研究。通过对文明的文化层面的研究，我们可以从另一个侧面了解文明（物质的和精神的）的起源和发展的过程，了解文明形成过程中文化发展的过程、内部动力和外部影响，即文化内部的发展和对外来文化因素的吸收。并可以此为线索，分析文明形成过程中各地区文化的碰撞、交融过程，以及各地的文化及其创造者们在多元一体的中华文明的形成与发展过程中所发挥的作用，从而使文明起源的研究富有丰富的内涵和广阔的视角，使我们可以多角度、多侧面、全方位地研究人类文明的起源和发展的历程。从这个意义上说，我不大赞成将国家起源研究完全等同于文明起源研究。我认为，国家起源的研究是文明起源研究中最为重要的或基本的内容，但是，它不是文明起源研究的全部，它不能完全替代文明起源研究。

总而言之，文明是在一定的自然和社会背景之中起源和发展起来的。考察文明的起源与发展需要将其放在当时的自然背景与社会背景之中去考虑，需要多侧面、多层次的分析。不仅要分析社会组织结构的发展变化，追寻社会复杂化的过程和原因机制，还要从文化的发展变化的过程、文化发展与环境变化的关系、各地区文化之间碰撞交融的过程和意义等方面来研究文明起源与发展。从这个意义上说，从文化与社会两方面去考虑，比仅从社会一个方面去思考要全面。当然笔者丝毫无意否定对社会结构变化的考察对于文明起源研究的重要作用，而只是认为，在进行文明起源研究的时候，不应忽略对文明的文化发展方面的考察，即人们物质生活、精神生活发展变化的考察。

中华古代文明与巫

吴 汝 祚

（中国社会科学院考古研究所）

巫术，是原始社会普遍存在的一种宗教性的文化现象。关于它的产生，有的学者认为："大概是出现在原始社会氏族社会阶段，当人们对人本身以及人以外的自然还处于蒙昧状态时，便容易产生出人与自然存在着某种神秘联系的错误观念。幻想人可以通过某种方式达到影响自然以及他人的目的，便产生了巫术"[①]。中国原始社会时期有关巫术的考古资料，属于旧石器时代的较少。属于新石器时代早期的资料，有湖南道县玉蟾岩、江西万年仙人洞和吊桶环、河北徐水县南庄头和阳原县于家沟遗存等。到距今约七八千年的裴李岗文化、彭头山文化和兴隆洼文化时期，即新石器时代中期[②]，则是发现了许多有关巫术活动的用器与迹象，如彩陶、白陶、龟甲上的刻符等。据此分析，这一时期绝不是巫术的初创时期。到新石器时代晚期的仰韶文化、大汶口文化、河姆渡文化、马家浜文化和大溪文化、红山文化等时期，发现的巫术用器和遗迹就更多了，尤其是出现了占卜术。经龙山文化时期（铜石并用时期）的发展，占卜术对其后夏、商、周三代的巫术文化产生了十分深远的影响。

关于彩陶的产生，有的学者通过对陕西临潼白家遗址出土较多老官台文化的彩陶器这一现象进行了研究，认为此遗址出土的"彩陶主要是自然崇拜的产物，为巫术活动而形之于艺术的表现，换句话说，彩陶原始产生的契机，主要是基于宗教意识"[③]。可见彩陶器的产生与巫术活动的需要是密不可分的。

一　农业生产与巫术的关系

农业的出现，主要表现在对禾本科植物的栽培。它改变了原先完全依赖大自然的采集和狩猎经济，是人类征服自然的一个新起点。农业生产的优越性是毋庸置疑的。但另一方面，天时与地利，又影响着这一优越性的发挥，有时甚至可能使这一优越性降到零点，即颗粒无收。人们要满足获得丰收的愿望，却又由于一些当时还无法理解的自然现象，由恐惧进而发展为崇拜。可以说这是一种心理平衡。换言之，巫术就是为了满足人们丰收的愿望，增强战胜自然力的精神支柱，所以它的本质是"事神以致福"。

中国史前时期与农业生产有关的巫术活动，以目前的考古资料分析，在距今5500年左右的河南汝州市洪山庙仰韶文化遗址就已存在。如该遗址104号瓮棺缸的腹部磨光，一侧用白彩绘一长方形作底，上有人手形纹。这是在手部涂上棕色后，稍加用力拍出来的，每个手指的彩色都向内凹，两手指之间仍保持白彩底色。缸的另一侧也以白彩作底，用棕色绘出一个略呈长椭圆形的物体，其后侧有柄，两者之间有一竖道。这一图案被认为与古代木耜的形象相似④。若把这幅像耜的图案竖直起来看，耜身与耜柄之间的竖道就成为横道。将这横道与民族学资料对照分析，就可以发现它应当是一根短木棍或长条形短木板，其作用是在翻土时，用人脚踩在横棍上用力蹬，以增加耜的入土深度，同时也可省力。在仰韶文化庙底沟类型的彩陶纹饰中，有一种以涡纹、弧线、直线、圆点等组成的几何形图案颇引人注目。这种图案绝不是随意虚构的，必是反映了一定的事物。20世纪60年代苏秉琦先生在《关于仰韶文化若干问题》一文中，提出这一图案应当是蔷薇科和菊科植物的花朵⑤。但庙底沟类型的人们为什么要把这两种植物的花朵作为彩陶图案呢？笔者认为蔷薇科植物的开花季节是在春天，因此，此图案可预告人们可以春耕了；而菊科植物的开花季节是在秋天，所以它又预告人们应该准备秋收了。可见这种彩陶器具应是春耕、秋收时举行巫术活动的一种用器。

洪山庙仰韶文化遗址的91号瓮棺缸上绘有日月纹图案。缸的上部残缺，但日月纹图案基本上可以辨明。缸的腹部磨光，腹中部的相对两侧绘有太阳和月亮的图形。太阳纹以白彩为底，中间用鲜艳的红彩画出一轮红日，直径约12厘米。在红日外缘约4厘米处，用黑彩画一个大圆圈；与太阳纹相对应的另一面，则画有一个新月形的月亮形纹，中间填白彩，周围镶黑彩边线，内侧边线较细，外侧边线较粗。郑州大河村仰韶文化遗址的残彩陶钵上，以白衣为底，用黑彩勾划出一个个光芒四射的太阳形纹，有的学者根据钵口沿的弧度和每个太阳纹的夹角计算出全器共有12个太阳纹。此外，鼓腹钵残片的表面有白衣，上用棕、红等彩色画出一个个太阳纹。用上述方法计算，则原有的太阳纹也是12个。根据这两件陶钵上均绘有12个太阳纹的情况，我们认为，它"可能反映出一定的天象和历法观念，如表示一年有12个月"⑥。河北磁县下潘汪仰韶文化遗址出土的彩陶敛口钵（H20∶2）残片上，左右各有一个太阳纹，居左的太阳纹置于三角涡纹的上方，光芒向上发射，似旭日东升；居右的太阳纹置于三角涡纹的下方，光芒向下放射，似日落西山的景象。在这两个太阳纹的外侧有多条斜行曲线纹，与三角涡纹相结合，似为一片丘陵地或山谷。

在陕西华县泉护村仰韶文化遗址发现的鸟纹彩陶中，有一只鸟的背部上方有一个大圆点，圆点上有一条弧线。此圆点应是象征太阳，它与"金乌负日"的神话是相吻合的。而圆点上方的弧线，与纳西族东巴文中"天"字的写法有相似之处，应是象征天。天与鸟之间就是太阳，这至少反映了泉护村人有关天象的一种理念。当然，此鸟不是一般的鸟，而是神鸟。另一种彩陶鸟纹是仅在鸟的背部上方有一条弧线，这应是太阳神崇拜的另一种表现形式。

黄河上游的甘青地区是马家窑文化的主要分布地。其中马厂类型彩陶所反映的太阳神崇拜较为明显。除有光芒四射的太阳纹外，还有以圆圈内加"十"字形纹象征太阳的情况，而且相当普遍。如青海乐都柳湾马厂类型遗址墓葬中发现的7500多件彩陶器中，以圆圈为单元的纹饰有414种⑦；圆圈内加各种不同形式"十"字纹的纹饰有230多种，约占圆圈为单元纹饰的近五分之三。这种"十"字形纹还用于饰有舞蹈纹的舞蹈者的面具上，如柳湾555：16彩陶瓮上的舞蹈纹即为一例。

此外，太阳纹和象征太阳的"十"字形纹彩陶，在长江中游的大溪文化、长江下游的北阴阳营遗址和浙江萧山跨湖桥遗址等都有发现。在此不一一列举了。需要提出来的是在湖南安乡县汤家岗遗址发现的一件白陶盘的底部戳印一个八角形纹，在其中心方框内还戳印一个略呈旋转状的"十"字形纹。此八角形呈光芒四射状，以象征太阳。这种纹饰在其后的大汶口、野店、大墩子等大汶口文化遗址和内蒙古敖汉旗南台地小河沿文化遗址中都有发现。此外，崧泽文化崧泽遗址的陶器上也有刻划的八角形纹。安徽含山凌家滩遗址编号1～4的玉版上，也雕琢有八角形纹。这种八角形纹，有彩绘的，有刻划的，可能与当时人们的习俗有关。

在刻划纹陶器中用作巫术活动的用器有，距今约7000年的河姆渡遗址第4文化层出土的稻穗纹、猪纹陶盆（T22④：232）和刻划有猪纹的方钵（T243④：235）。猪是与农业生产有关的家畜，有这种纹饰的陶器在河姆渡遗址中仅各发现一件，数量甚少。其造型也与常见的日用陶器有别，不可能是日常生活用器，很可能是礼仪活动中使用的器皿。此外，在河姆渡遗址还发现一件陶盆残件（T29④：46），上有一组刻划纹图案，图案的中间部位有似无弦的弓形，其下左右有两个同心圆纹，它的两侧又各有动物形纹。这无弦的弓形，是纳西族东巴文对"天"字的另一种写法，当是象征天。天下面的两个同心圆代表的是眼睛。在史前时期人们的思想意识中，太阳是宇宙的眼睛。这座遗址的骨牙器上也有刻划的太阳形纹。如一件有柄骨匕的残柄正面刻有二组相类似的图案，每组图案以同心圆为中心，其上部有一个无弦弓形，在这两者之间有短斜线，两侧有头相背的双鸟托住同心圆和无弦弓形图案。这两组图案的意义是什么呢？我们的解释是，同心圆象征的是太阳，无弦弓形即上述天的象征，太阳纹外侧的短斜线表示太阳的光芒，而双鸟托着的当是太阳了。与此相似的还有双鸟朝阳的象牙雕刻器（T226③：79）。此器正面磨光，有一组阴线雕刻的图案。图案以大小相套的同心圆为中心，外缘刻有熊熊烈火似的光芒，在其两侧有昂首相望的双鸟托住同心圆纹。这组图案的意义应与上述骨匕柄部的图案相似，均为双鸟托着太阳。这种鸟当不是一般的鸟，而是当时人们心目中的神鸟，它与中国古代"金乌负日"的神话有着密切联系。

有的学者对河姆渡遗址第4文化层出土的陶塑猪（T21④: 24）和方钵上刻划的猪纹（T243④: 235）进行分析研究后认为，猪所具有的巫术意义经历了这样一个发展过程，即："水畜、灵畜、知雨畜→祈雨巫术→财富、地位之象征（……贪虐之象征……）→大众化之祭祀牺牲"。并认为"在采猎时期，猪为水畜、灵畜、知雨畜的观念已经形成，并已为人们所认识利用。发展到原始农业早中期，这种认识更被广泛用于直接关系稻作丰荒的祈雨祭祀中"。河姆渡遗址所出陶器上的猪刻纹和陶塑猪形象，多为野猪。野猪在知雨这一点上会比家猪更灵敏。上述稻穗纹和猪纹陶盆（T22④: 232），正说明"这种巫术的最终目的是祈雨，使水稻丰收"⑧。此外，上海青浦县崧泽遗址出土的猪首形匜（M52: 2）、山东胶县三里河大汶口文化遗址出土的猪形鬶（M111: 3）、江苏高邮县龙虬庄遗址出土的9件猪形陶壶等，与河姆渡人以猪祈雨、祈望农业丰收的巫术观念可能有一定的关系。

在西安半坡仰韶文化遗址发现了埋在地下的两个盛有粟米的小陶罐，说明这里可能是原始祭祀活动的遗存。在2号窖穴的小坑中发现有盖的小陶罐。这几个陶罐的出土地点很相近，可能是祭祀的地方。半坡人"把粟粒埋在地下，大概是奉献'粟米之神'以求更多的收获"⑨。有的学者结合文献记载进一步研究后认为，此地进行的当是藏种巫术⑩。

从民族学的资料分析，还处于原始农业时期的人们，在整个生产过程中，要进行一系列的巫术活动，以祈求农业生产的丰收。以上所列与农业生产有关的考古资料，当只是其中的一部分。以下仅以部分资料进行分析阐述。

洪山庙104号瓮棺缸上的人手形和耜形彩陶图案。耜是一种农业生产工具。《易·系辞下》："神农氏作，斫木为耜，揉木为耒，耒耨之利，以教天下。"这种耒耜工具可以用来翻松土壤，改变土壤的团粒结构，以增加其肥力，有利于农业生产。对于史前时期的人们来说，他们只见到经耜翻耕过的土地种植的农作物明显优于未经耜翻耕土地种植的农作物，但却难以认识、也不可能认识到翻松土地对农业生产所起作用的原因，因此就不得不归之于耜的神力。而要耜发挥翻土作用，必需有人力使用它，于是在耜相对应的一侧，用人手拍上一个手印，以示用手握耜进行翻土。显然，这也是一种祈求农业生产能获丰收的巫术用器。

上述考古资料中，对太阳神崇拜的实例较多，这与史前时期人们普遍存在的太阳崇拜有关。太阳能给人们带来光明和温暖，没有太阳，人们在黑暗中就难以生存，动植物也无法生存繁殖。尤其是在农业社会，在农作物的生长季节，倘使遇到久晴不雨，炎热的太阳会把农作物晒得枯萎，从而影响到庄稼的收成，甚至颗粒不收。遇到这样的天气，史前时期的人们就会对太阳产生畏惧心理。因此，人们对太阳就产生了崇拜和畏惧的双重心理。为了在心理上求得平衡，于是就有了太阳也存在善、恶的说法。恶的太阳正如东汉王充《论衡·言毒篇》中所说："夫毒，太阳之热气也。……太阳火气常为热螫，气热也。"又说："鬼者，太阳之妖也。""人见鬼者言其色赤，太阳妖气，自如其色也。"史前人们认为这种恶毒的太阳是妖鬼、妖气，因此就出现了《淮南子·本经训》中所说的巫术活动，"逮至尧之时，十日并出，焦禾稼，杀草木，而民无所食，……尧乃使羿……上射十日"。《注》曰："十日并出，羿射去九。"而大河村仰韶文化遗址出土的二件残彩陶钵上均绘有 12 个太阳。可惜彩陶钵残缺较多。若计算无误，则很可能在大河村仰韶文化人们的心目中有 12 个太阳的神话。当然这些太阳也有善恶之分。

在洪山庙仰韶文化 91 号瓮棺缸上的日月形彩陶纹饰中，太阳被画成一轮旭日，而月亮则被画成一个月牙形。两者对比，有着明显的差异。有的学者认为，"原始宗教的天体崇拜中，对月亮的崇拜，在世界各国也是比较普遍的现象……但是在我国，古代只给我们留下了一些有关月亮的神话，而关于古代人们如何将月亮神化并加以崇拜的资料并不丰富"[⑪]。《书·舜典》："肆类于上帝，禋于六宗，望于山川，遍于群神。""六宗"有"天宗"，即日、月、星三宗；"地宗"，即河、海、岱三宗。月神是"六宗"中的一宗，是人们崇拜的自然神之一。《礼记·祭义》中说："郊之祭，大报天而主日，配以月。""祭日于坛，祭月于坎，以别幽明，以制上下。"《注》："坛之形则圆而无所亏，以象日之无所亏而盈也；坎之形则虚而有所受，以象月之有所受而明也。坛高而显，坎深而隐，一显一隐，所以别阴阳之幽明；一高一深，所以制阴阳之上下。"在祭天神的规格上，日神高于月神，日神为主，月神仅是一个配角。

《书·舜典》和《礼记·祭义》记载的日月神崇拜，在时间上可能要晚一些，但推其渊源，至少可以上溯至仰韶文化时期。

在上述甘青地区马家窑文化马厂类型时期，太阳神崇拜相当盛行，而在其前的马家窑类型时期，对太阳神的崇拜现象却仅有少量发现，其后半山类型时期的有关资料也仅比前者略有增多。为何到马厂时期对太阳神的崇拜现象会突然大为增多呢？笔者认为这种大变化从一个侧面反映了这一时期人口增多的现象，表明当时的社会生产有了进一步发展。而农业生产的发展与天时有很大关系，所谓"靠天吃饭"就是这个缘故。马家窑文化主要分布在甘肃地区，这里雨量少，气候干旱，为求得农业的丰收，求神祈福的巫术活动就显得十分必要。因此，对太阳神的崇拜自然而然地就盛行起来。这种现象恰恰说明了马家窑文化时期农业的发展进入了一个转折点。

史前时期人们的太阳神崇拜，由神秘性、神灵性，到距今七八千年的城背溪文化晚期时，开始演变为人格化。如"秭归东门头遗址新发现的太阳人石刻，丰富了城背溪文化的内涵⑫。对此古代文献中也有相关的记载。如《山海经·大荒南经》："东南海之外，甘水之间，有羲和之国，有女子名曰羲和，方日浴于甘渊。羲和者，帝俊之妻，生十日。"

由神秘化发展到人格化是一个大转变。为什么会产生这个大转变呢？这是由于这一时期，社会已发展到以农业生产为生活资料主要来源的时期。城背溪文化时期，农业生产正处于由刀耕火种向耜耕农业转化的时期。随着耜耕农业的发展和人们生活的改善与认识领域的扩大，人们愈来愈感觉到太阳与其日常生活的关系十分密切，从而有了进一步探究太阳神形象的欲望，而最好的办法就是根据人的形象，把某些部位加以神化，塑造出似人非人的形态。这对其后神的世俗化有直接影响。

在这里还需要提出探讨的是仰韶文化晚期为什么会产生占卜的巫术活动呢？这在中国古代巫术发展史上是一个大的转变，并对其后社会的发展进程有一定影响，值得探讨。

目前发现的卜骨，以仰韶文化晚期的为最早，距今约5000年。如在河南淅川县下王岗仰韶文化第三期遗址内发现1件卜骨（T14⑤: 102），此件卜骨为羊肩胛骨，上有灼痕。在甘肃武山傅家门遗址石岭下类型（也有学者称此类型为仰韶文化晚期遗存）的一座半地穴式房址内，也发现5件卜骨，均为羊、猪、牛的肩胛骨。骨面上留有灼痕和阴刻符号。阴刻符号有" = "、" – "和类似"S"形的图案。在内蒙古赤峰市富河沟门遗址还发现一件用鹿肩胛骨制成的卜骨，其上有多处灼痕。这一时期卜骨的出现绝不是偶然的，当有其时代背景。

综观仰韶文化晚期时，由于社会发展的需要，在郑州西山出现了仰韶文化城址，在甘肃秦安县大地湾也有大型仰韶文化遗址，并在遗址中发现了一座大型建筑房基址（F901）。这座房址规模宏大，左右对称，主次分明，结构严谨，由主室、侧室、后室和房前附属建筑组成，占地面积为700多平方米。在它的南面约240米处，有一座规模稍小的大型建筑F405。它们的周围还暴露有其他大型建筑遗迹。这些建筑物共同组成了礼仪性建筑群体⑬。

城址和礼仪性大型建筑群体的出现，说明人与人之间的关系已变得复杂起来，以往的巫术活动仅是有事需要求神时，由巫师以歌舞迎神来临，神被迎来后，还要用最好的食器盛放鲜美的食物来祭祀神，并由巫师作法以求得神意，巫师也因此成为人神之间的代言人，然后，再以歌舞送神。这样的巫术活动，已不适应开始复杂起来的精神生活，需要有符号或文字（当时不可能就有文字）来帮助记忆或将其记录下来。因此原来的巫术就要有大的改革。在这种情况下，卜骨就应运而生了。

为什么当时的人们用兽骨而不用其他物品作为占卜材料呢？这可能与当时人们的生

活有关。对此，已有学者作了分析阐述。

"关于骨卜的起源，无古籍记载可考据，但可以作如下推想。有一次人们在烧烤带骨的兽肉时，骨头的炸裂声引起了人们的注意。随后进行的战斗获得了大胜，或狩猎丰收。于是烧烤兽肉时，兽骨的炸裂便成了吉祥征兆。兽骨的炸裂是无意中造成的。后来人们就把它用于占卜，以兽骨是否会炸裂作为吉兆或凶兆。后来或许发生了这样的事：兽骨炸裂的吉兆并不灵验，而人们在寻找不灵验的原因时，注意到了裂纹的大小、横直、长短等情况。于是在无数次重复过程中，人们便整理出了一套关于烧烤兽骨炸裂痕迹的占卜信条。到了这个时候，在偶然中产生的烧烤兽骨的原始前兆迷信，就发展成为有问题就随时可以进行的一种占卜了"⑭。在这里要补充说明的是，早在5000多年前，人们就已有了烧烤兽骨的情况，如在陕西临潼县姜寨仰韶文化遗址发现的有烧烤现象的530件兽骨中，距今6000多年前的第一期兽骨有470件，其中以家猪和梅花鹿的骨骼最多⑮。这些兽骨在烧烤时也会发生炸裂，但当时还没有利用它的条件和要求。不过，因骨质的不同，对带骨兽肉进行烧烤时发生的炸裂声有大、有小。年复一年，当人们意识到了这些现象却又无法解释时，就将其归之于神。于是，就出现了卜骨。

二　巫是观测天象掌握天文知识者

第一部分中提到的太阳神崇拜，从天文知识的角度来说，是当时的人们对太阳的一种认识。令人惊奇的是仰韶文化时期的人们已认识到在太阳和月亮与人们的关系上，是以太阳为主。所以，有的学者认为，中国史前时期的人们神化并加以崇拜月亮的资料并不丰富。这一方面不再赘述。

史前时期，人们对太阳的认识，应用到日常生活中，最为明显的是对墓葬方向的定位。如河南舞阳县贾湖裴李岗文化（也有学者称它为贾湖文化）遗址，共发现墓葬349座。墓向以西为主，次为西南向，少数为西北向，其中介于266°～275°之间、基本上呈正西向的墓有184座，占墓葬总数的52.7%；另有正好是270°的墓111座，占墓葬总数的31.8%；墓向在241°～265°之间的墓有104座，占墓葬总数的29.8%，主要集中在255°以上；度数越低，数量越少，墓向在240°以下的墓只有5座，仅占墓葬总数的1.4%；墓向在276°～299°的墓有34座，占墓葬总数的9.7%，其中又多在280°以下；度数越高，数量越少，超过300°的只有3座墓，仅占墓葬总数的0.9%；还有方向不明的二次迁葬墓19座。可见贾湖人的墓向，不见东、南、北三个方向⑯。

又如西安半坡仰韶文化墓地共发现成人墓葬174座，其中保存较完整的有118座。墓主人的头向绝大部分是向西，有一部分向西北或西南斜置，一般说来与正西方向相差不超过20°⑰。

上述贾湖和半坡两处史前墓地，墓主人的头向多向西，有的向西北或西南。其中贾湖墓葬中大多与正西方向相差30°以内，半坡墓葬的方向与正西向相差20°以内。为什么会产生这种现象呢？据《淮南子·天文训》记载："日冬至，日出东南维，入西南维；至春秋分，日出东中，入西中；夏至，出东北维，入西北维，至则正南。"《论衡·说日篇》："岁二月八月时，日出正东，日入正西，……今夏日长之时，日出于东北，入于西北，冬日短之时，日出东南，入于西南。"这种现象的出现与地球的公转运动有关，但史前时期的人们是否能认识到这一点呢？笔者认为，史前墓葬的方向是以日出的方向为东，与其相对的方向为西，也即日落方向。春分、秋分时为正东，夏至、冬至时则稍偏北或偏南。经过日积月累的不断观察，人们就会发现这种变化与天时的变迁有关。

至于墓葬的方向问题则与氏族部落社会的传说、习俗有关，与天文知识无关。如西藏米林县珞巴族埋葬死者时让死者的头向西，表示死者是跟着太阳走了。贵州赫章县海角寨苗族埋葬死者时让死者的脚向西，表明祖先是由西迁来的，死者是回老家去了。云南贡山县第四区独龙族埋葬死者时为头朝北，脚朝南，头部正朝着独龙河上游。独龙人认为若不这样埋葬，人就会像独龙河流水那样连续不断地死去，等等。在此不一一列举了。

更使人惊奇的是1987年对河南濮阳县西水坡仰韶文化遗址的发掘，发现了一座编号为M45的墓葬。此墓穴南部呈圆弧形，北部呈方形，其两侧各有一个长弧形小龛。墓主人位于墓穴南部中央，为一老年男性，头南脚北，其左侧有蚌壳摆塑的龙，右侧有蚌壳摆塑的虎。龙、虎的头都向南。东、西两小龛内各埋葬一人；墓坑南也埋葬一人，头向东南。墓主人的脚下还有二根东西向并列的人胫骨，在其西侧有用蚌摆塑成的三角形[18]。这样奇特的墓葬是从未见过的，从而引起了学者们的重视。其后，有的学者对此进行解读，认为墓穴南部边缘呈圆弧形，北部边缘为方形，与中国古代人们的天圆地方观念相符合，并且与以首、以南属天，以足、以北属地的观念是相一致的，这"正是古老的盖天宇宙学说的完整体现"[19]。这种盖天说的宇宙观，在少数民族中也有流行，如"纳西族象形文字的这个'天'字，正像是一把张开的伞盖，或像一笼张着顶的帐幕，上面的凸顶正似伞顶或帐顶，它正似汉族盖天说所谓天之中央高顶系结处的'天极'"[20]。

墓主人脚下以蚌壳摆塑的三角形和东西横置的二根胫骨，有的学者认为是北斗星的图像："胫骨为斗杓，指向东方，会于龙首；蚌塑三角图案为斗魁，枕于西方，全部构图与真实天象完全吻合。"

斗杓为什么要用人骨呢？古代测暑之表叫"髀"。《周髀算经》："髀者，股也。"所以，有的学者认为"髀是人骨，而人类首先认识的影是自己的影，卜辞'旻'字即因日斜夕照而俯映的人影。因此，以人骨侧影乃髀之本义"。

由于北斗星的确认，使我们推测出 M45 墓主人东西两侧的龙虎，当是四陆分主四时中的两陆，即东宫苍龙为春，西宫白虎为秋。这与墓主人东侧为龙，西侧为虎是一致的。这说明了史前"人们首先认识的应该是东宫和西宫的若干星宿"。

北斗星在宇宙中所处的位置特殊，人们一年中都能见到，"这对于古人观象授时是十分重要的。因地球的自转，斗杓围绕北天极做周日旋转，在没有任何计时设备的古代，它可以指示夜间时间的早晚。又由于地球的公转，斗杓围绕北天极做周年旋转，人们视此可知寒暑交替的季节变化"。为当时的人们建立起时间系统和确定生产季节提供了方便。因而西水坡仰韶文化人们对于春秋分日的认识最为真切，"昼夜平分的现象在西水坡盖天图中被表现得也最为合理"。

至于墓穴东西两小龛内的人骨架和北部一具东南向斜置的人骨架，有的学者认为我们若以墓穴的形状来代表太阳在二分日和冬至日的日行轨道，就可以看出东西两具人骨架正好位于二分日时日出与日入的位置。若此说得以成立的话，那么，北部一具斜置人骨架的方向恰是东偏南约 30°，这正是冬至日太阳初升之处。此说相当正确。

西水坡仰韶文化遗址 M45 标识出一幅原始的天文图像，它反映了此墓墓主是知天地又能沟通天地者，当是具有崇高地位和权力的巫觋，不可能是一般的巫，应是大巫，还有可能兼为部落的首领。

西水坡 M45 的墓穴形状呈现出天圆地方的传统观念，墓内还有北斗星、苍龙、白虎等表现春秋分日和冬至日的现象，且年代久远（距今已有 6000 多年了）。有的学者认为，"它已形成了星象体系；它不仅仅是几个星座，它所反映的已是当年所见的整个星空；它当然还是初成系统，但已能和有史以来的星象体系相呼应，实为中国传承星象的基础"。这种星象体系，起码要有万年的培育环境，可谓万年星象。并从天文学和人文学相结合的角度分析，认为"就方位顺序上看，左比右为先，北比南为上，其原始，仍是从天文受到启发，被后世尊为制度。天体东升西落，东先于西是自然的，尊者坐北面南，北实即北斗地位的象征，显然比南为优、为高、为上，从尊者所处地位来看，上北、下南、左东、右西，是顺应天行的，是井然有序的"②。这两者之间的相辅相成关系，应引起我们的重视。

对牛河梁红山文化遗址第二地点发现的三重圆形祭坛（牛 2Z3），有的学者分析后认为，三重圆的直径为内圆径 11 米、外圆径 22 米、中圆径 15.6 米，外圆径恰等于内圆径的二倍，与《周髀》七衡图的内、中、外三衡直径的关系作比较，可发现两者内衡与外衡的关系是一致的②。

三重圆形祭坛的外衡直径为内衡直径的二倍，也就是说外衡周也是内衡周的二倍，这表明冬至时太阳周日视运动的路径和线速度应为夏至日速度的二倍。这一现象与

《周髀》的记载相当一致。

对牛河梁三重圆形石祭坛的考定，证明中国古代的盖天理论，在公元前3000纪已经发展到一定水平。牛河梁的盖天图完全有实用性，"它不仅描述了一整套宇宙理论，同时准确地表现了分至日的昼夜关系"。

这位学者还论述了三重圆形石祭坛所反映的天文图像，并且将其正西约2米处的一个由正中为石筑方台组成的牛2Z2遗迹解释为大地的象征。若此说成立，那么，三重圆形祭坛象征的是天，表示的是天圆地方。

三　巫是有地理知识者

关于巫的地理知识，笔者拟列举几座主要遗址的布局以了解其对地形的利用。例如，甘肃秦安县大地湾仰韶文化遗址位于陇山西侧渭河上游的陇西黄土高原，在葫芦河支流五营河和阎家沟溪水交汇处的二三级阶地和缓坡山地上，面积约110多万平方米，文化内涵有老官台文化、仰韶文化早中晚三期和龙山文化早期等三个阶段，在时间上大体包含了距今七千八百年至四千七八百年，前后延续约3000年。这一遗址在仰韶文化中期至晚期，由于经济发展，人口增多，面积由10万多平方米迅速扩展到百万平方米。遗址的主体部分是在缓坡山地上，在其中心部位发现一座规模宏大的礼仪性建筑，编号为F901；在其南约240米处，还发现一座规模稍小的大型建筑，编号为F405。这两座大型建筑南北相对应，基本上处于遗址的南北中轴线上；其附近的断崖上还暴露有其他大型建筑遗迹；它们共同组成一个礼仪性建筑群体。在这山坡的中部偏东和东北部发现两个居住区。据实地调查，这样的居住区还有几处。总之，大地湾聚落的主体在山上，背山面水，两侧有地势陡峭的冲沟，成为天然屏障。聚落的主体礼仪性建筑群体在山上，四周分布有较均匀的居住区[23]，形成居高临下之势，以显示其拥有的社会地位。

浙江余杭良渚遗址地处西天目山余脉，北有较高的大山，南有栲栳山南山，位于一个河谷地区，面积约三四十平方公里，东苕溪流经其间。遗址背靠山丘，面向平原，交通便利，迄今仍是重要的交通要道。这一地区土地肥沃，物产丰富，山青水秀，环境优美，为史前时期人们的生产活动创造了有利条件。在遗址范围内共发现古遗址50多处，其中有的早至马家浜文化，经崧泽文化，到良渚文化。在长期的生活实践中，人们逐渐认识到地理位置的重要性。随着生产的发展，到良渚文化时期，农业生产已由耜耕发展为犁耕。由于农业的跃进，农产品迅速增加，财富的积累不断增多，从而为文明社会的产生奠定了物质基础。为了适应文明社会的需要，人们对自然环境进行了大规模的改造。如良渚遗址大观山果园的中心地，面积近30万平方米，高出四周农田3～5米，在有的地点清理遗迹时，在其下发现了青、灰两色人工堆土，总厚度在10.2米以上，以此推测，在营造这座大型建筑工程时，曾填没一些沼泽。在这个人工堆筑的大土台上还筑有俗名大莫角山、小莫角山和乌龟山的三个大土台，可见其工程量之巨大。笔者在20世纪90年代初曾初步估计此工程需要花费的人力需数十万至百万个人工左右㉔。若再把围绕它的高台墓地计算在内，其工程量就更大了。这种高台墓地有两种模式，一是利用山腰的地形修筑出一个平台作为墓地，如瑶山、汇观山等；一是在平原地区用土堆筑高出地面数米的土台，作为墓地，如反山等。这样大规模的改造自然环境不是轻而易举的事，事先需要掌握一定地理知识的人进行实地调查了解，作出符合当时人们需要的设计规划，然后动工兴筑。为完成规划，还要有组织与检查的人员。由此可见，负责营建大观山果园中心址的巫师，不仅要有相当的地理知识，还要有一定的数理知识。

又如江苏武进县寺墩良渚文化遗址位于太湖平原地区的西北部，面积约90万平方米。这个遗址的规划相当奇特，它以直径100多米、高20多米的人工堆筑的祭坛为中心，四周环绕一圈圆角方形的河道（内城河），内城河外是一周人工堆筑的高台墓地，墓地外围是较低的平地（居住区），居住区的外围又环绕一周略呈圆角方形的河道（外城河）。现已探明在祭坛的正东、正西、正南和正北四方各有一条河道贯通内外城河，把居住区和墓地分成四部分。寺墩遗址这样的布局，与玉琮的俯视图十分相似，有的学者解释其为"如同王冠，镶嵌在长江下游这块美丽而又神奇的土地上"。寺墩遗址当是良渚文化的古城古国遗迹㉕。

牛河梁红山文化遗址位于辽宁省西部建平县与凌源市交界处，在努鲁儿虎山的山谷间，虽在山区，但交通却比较方便。从山谷南端向东北，可通向红山文化遗址分布比较密集的内蒙古敖汉旗、奈曼旗的教来河和孟克河流域；向北沿老哈河至西拉木伦河；向东沿大凌河经朝阳、阜新两市到达辽河西岸；向西、向南可分别通向河北承德地区和渤海沿岸。可见这里是红山文化分布区内四通八达的中心地区，现今仍有锦（州）承（德）铁路和京沈公路从遗址两侧通过。牛河梁山谷地区以主梁为主体，并有多道或分或合的山梁，地形上的起伏变化较大，同时间有开阔的平川，于山梁间又有较大面积的黄土堆积。红山文化的人们选择这块宝地时，"巧妙地顺山势，定方向，将起伏多变的山梁、丘岗按高低、上下进行规划布置，使诸遗址之间既有主次，又彼此照应，形成一个有机整体"。如果从女神庙的梁顶向南遥望，于群山中就有一座酷似猪（或熊）头形的山峰正对女神庙，两者遥相对应。这并非巧合，而是将人文景观和自然景观融为一体的具体表现㉖。

再以距今约7000年的河姆渡遗址的居住区为例。此遗址位于河姆渡村附近一座小山的东面，据地质钻探资料分析，此建筑遗迹的东北当时是一片湖沼，为适应沼泽地区潮湿的地理条件，需要采用居住面架空的干栏式建筑。这些居住建筑正处在山水之间，基本上呈西北、东南走向，而这里的地势正是由西南向东北略呈缓坡形，"使其纵轴在等高位置上"[27]。

河姆渡遗址的干栏式建筑，第一期发掘共发现 13 排排列有序的木桩，可能原有三栋以上的建筑，其中有面宽 23 米、进深 7 米、前廊宽 1.3 米的长屋。第二期发掘发现木桩 16 排，其中四排木桩与第一期发掘发现的面宽 23 米的一栋长屋可能连接起来，这样，河姆渡遗址的干栏式长屋面宽达百米，估计室内分间至少拥有 50 间[28]。

河姆渡人为什么要建筑如此面宽的长屋？有的学者认为，河姆渡遗址地处浙东沿海，夏秋间太平洋上形成的台风常由东南向袭来，其猛烈程度有的可拔树倒屋。将单间房屋连接成长屋，可以增强抗风的力度。每栋长屋呈西北、东南走向，可以从正面避开台风的袭击，使房屋的受风面缩小到当时人们所能办到的最低限度[29]。

城头山城址位于湖南澧县南岳村，地处洞庭湖西北岸澧阳平原的中心地区，坐落在徐家岗南端的东头。整个岗地为北高南低，西高东低，但在岗地南端却有突然高出岗地约 1 米的小土阜，小土阜的东端即城头山。澧水的支流澹水从徐家岗西边由北向南流，并沿岗的南端转向东流，其中澹水的一条支流经东门外再向东流去。

城头山城址平面略呈圆形，由护城河、夯土城墙、城门、夯土台基址和道路等组成。护城河由天然河流和人工开凿的河道结合而成，使护城河内的水量得到保证。北门地势最低，门内有一个东西 37 米、南北 32 米略呈圆形的大堰。大堰内的水通过北门水道与护城河相通，当地群众称它为水门是有道理的。因此，护城河可兼有防御、供水、航行三项功能。这成为南方早期城址的一个创造，为水乡泽国的建筑典型[30]。

疆域辽阔的中华大地，地形复杂多变，有山地、丘陵、平原、沼泽等。上述列举的六处遗址，大体反映了中华民族的远古先人，在各种不同环境内生活的人们，利用他们勤劳的双手和聪明才智，开发自然为其所用。当然，遗址地点的选定，居住区和礼仪建筑的规划等，巫师必然起到了主导作用。对于一般性居住遗址的选定及其建筑规划，我们还没有证据说明巫师也是起主导作用的，但是至少可以说绝大多数遗址的建筑是包涵有巫师影子的。

四　巫是具有一定数理知识者

史前时期人们的数理知识，在考古学上是比较难于反映出来的，尤其是数的概念更难捉摸。有关舞阳贾湖遗址的研究成果，在这一方面提供了一条颇有见地的新思路。

舞阳贾湖遗址发现的以乐迎神的骨笛，经鉴定，其原材料是丹顶鹤的尺骨。在制作骨笛时，人们需要考虑截取骨骼的长度和当时人们需要的音律。有些骨笛上还遗留有钻孔前的刻划记号，各孔之间的间距并不等分，以使制成的笛能符合音律。在贾湖遗址发现的 20 多支骨笛，大多钻有七个规整的圆形音孔，假如没有相当计算水平的人是制作不出来的。再结合龟甲中装有数过的石子，以此进行数卜，可以认为他们可能已有了个、十甚至三位以上的正整数概念，初步掌握了一些正整数的运算法则。

龟甲中为什么装有石子，而不装入碎陶片等其他物质，这可能与当时人们有石神崇拜的思想有关；而龟甲是龟灵信仰的一种反映；这两者都有神灵性，用于占卜是十分恰当的。在贾湖遗址共发现23座墓葬用龟甲随葬，其中13座随葬有成组龟甲，都是2、4、6、8的偶数，这绝不是偶然现象，它反映了当时的人们已有了奇偶数概念。这种奇偶数概念的产生，是对数深化认识的反映，是由数的概念转向数卜的关键。以中国的传统习俗来说，常以偶为吉，奇为凶。贾湖人可能也是这样。

距今7000年后到5000年左右的仰韶文化，反映数方面的考古资料，似乎还较欠缺。但以常理推测，仰韶文化人们数的概念应较贾湖人要深入。

在对数的认识不断深化的同时，人们对几何图形也有了相当的认识。如距今七八千年前的裴李岗、磁山等考古学文化的人们，已能认识方形（包括长方形）、圆形、三角形、菱形等。

方形在距今七八千年前的浙江省萧山市跨湖桥遗址发现的窖穴中也有体现。有的窖穴坑口有井字形木构框架，如17号窖穴，坑口设有二层用长约70厘米的木条制成的井字形框架，形成方形的坑口，每边长约30厘米⑩。距今约7000年的湖南省安乡县汤家岗遗址的早期墓葬中，在一件白陶盘的底部有八角形纹，内有一个规整的方框，框内有十字形纹⑪。此外，在距今约7000年至5000年前后的仰韶文化时期，人们在修建房屋时也往往采用方形，如半坡遗址的13号房址长、宽均为3.8米，24号房址东西宽4.28米、南北长3.95米；姜寨遗址的46号房址南北长3.1米、东西宽3.16米，29号房址东西长4.86米、南北宽4.84米，36号房址长、宽均为6.3米，86号房址东西长6.14米、南北宽6.32米。这些房址有的长、宽等同，当属正方形；有些长、宽略有差异，其中有的只差几厘米，有的相差约三四十厘米。在当时的生产条件下，出现这种现象是难免的。

长方形遗迹中，值得我们注意的是，距今七八千年的河北省武安县磁山遗址。在发现的窖穴中，有157个长方形窖穴。这些窖穴一般四壁规整而垂直，其中62个窖穴内发现有粮食堆积。如346号窖穴，坑口长1.1米、宽0.9米、深3.65米，距坑口深1.65米处，有一层黄色硬土，其下为粮食堆积。从构造规整的窖穴和贮粮的状况分析，这些窖穴与一般日常使用的窖穴有异，应有其特殊功能。到仰韶文化时期，在房屋建筑上，除上述的方形外，还较多地采用长方形。尤其是仰韶文化早期的大型房址多采用长方形，如半坡遗址1号大型房址西部被破坏了约1/3，残存部分东西残宽约10.5米、南北长10.8米，据有的学者估计其复原面积约有160平方米。长方形的房屋结构在建筑、使用等方面具有很多优势，因此，到仰韶文化晚期，郑州大河村、邓州八里岗等遗址都有长方形的排房建筑，特别是在甘肃省秦安县大地湾遗址发现的 901 号房址，以长方形主室为中心，形成殿堂式的建筑形式，建筑构思相当巧妙。

圆形，在距今 1 万多年的湖南省道县玉蟾岩遗址发现了一件陶器，此陶器已被修复为一件深腹尖底罐，这是迄今发现最早的复原完整的陶器③，它是一件以圆形为主体的实物。到裴李岗文化时期，房屋的营建和窖穴的挖掘以圆形的为主，从形制上看它们多不很规整；但裴李岗文化晚期的少数窖穴却相当规整，如河南省长葛县石固遗址的 25 号窖穴，口径 2 米，即为一例。到仰韶文化时期，圆形房址和窖穴多比较规整，这可能与对圆的认识和工具的使用更趋熟练有关。

三角形，裴李岗、磁山和老官台文化中的三足钵、三足壶和三足罐等，以及彭头山文化中的三足器，都是把三角形的三角转移到陶器上使用的实例。在萧山跨湖桥遗址发现的彩陶中，有以正倒三角形组成带状纹饰的情况。到仰韶文化时期，宝鸡北首岭遗址出土的 78M4：（6）彩陶瓶的腹上部饰有大小相类的小三角形，这些小三角形彼此有序相叠，又形成一个大三角形，它们的底边和两侧的斜边都有七个小三角形，从而组成一个等边三角形。在这个大三角形的两侧下方，底部和两侧斜边又各有五个小三角形组成一个倒置的等边三角形。这种巧妙利用三角形组成的纹饰，反映出人们对三角形认识的深化。同样的以小三角形组成大三角形纹的情况，在 77M15：（7）彩陶壶的腹上部也有相似的发现。

菱形纹，萧山跨湖桥遗址出土的彩陶中也有菱形纹饰，但残缺太甚，未能得知整个纹饰的组合关系。到大溪文化时期，湖北省江陵县毛家山遗址发现的彩陶碗（H2：29）以菱形纹内填方格纹组成二条带状纹，环绕器壁一周。在天门市谭家岭遗址发现的彩陶碗（M7：3）以及北阴阳营文化的南京北阴阳营遗址出土的彩陶碗（M15：5）等，都有与毛家山遗址彩陶碗相类同的菱形带状纹。

在当时不可能有规矩的条件下，将上述这些较简单的几何图形制作出来是相当困难的。笔者认为当时的人们已有了直角、钝角、锐角、圆心和平行线等的认识，因此才能出现这些几何图形。如对圆形的居住房址，选择好地点后，要先确定所需直径的长度，并将此长度转移到一条绳子上，折半为半径，一人牵住半径绳子的一端，固定为圆心，另一人握住半径绳子的另一端，向前转动划出圆形的线圈，前者也可以在圆心点上插入一根木棍，以代替人力。

在湖南省澧县八十垱彭头山文化遗址（距今约七八千年）发现数量较多的木钻，"一般长 20～40 厘米，尖端呈圆锥形，略用火烧烤，以增其强度，尾部呈弯爪形，既便于手握，又便于用力"。此外还出土了一些木牌与竹牌，在其上"钻有许多小孔，有的排列似有规律，有的则显散乱，估计其用于记事或占卜"㉝。木牌与竹牌上的小孔应是用木钻加工成的。钻头呈尖锥形，尾部呈弯爪形，不仅便于手握，又可增加用力下压的强度，并通过钻身转移到钻尖上，以便于钻孔。可见当时已有了一定的力学知识。在距今约 7000 年的浙江余姚河姆渡遗址第 4 文化层，人们发现了形式多样的榫卯木构件，有梁头榫和平身柱上的卯、转角榫、双凸榫、燕尾榫、企口拼接技术、带梢钉孔的榫、柱头榫、柱脚榫等。制作这些榫卯木构件的人，一般说来，应具有长度和直角等概念。这里我们以燕尾榫分析，它是制作难度较大的一种榫卯构件，是利用梯形来设计的，它利用了梯形上窄下宽的特点使构件不易被推动和拉下，以达到坚实牢固的目的。在河姆渡遗址第二文化层还发现一口有方形木井框的水井，井内有四排垂直向下排列紧密的木桩。这些木桩中唯转角处的木桩比较粗，这是因转角处所受到的压力往往较其他部分要大的缘故。但一根根独立木桩的抗压力毕竟有限，于是在每排木桩的内侧各紧贴一根圆木或半圆木，把每一排木桩组合成一个抗压体，而后再进一步把紧贴每排木桩的圆木或半圆木的两端相连制成榫卯结构，使其成为一个更大的抗压体。从这一点上分析，距今6000 年前的河姆渡人，已能认识到分力与合力的关系，知道把分力组合成合力可增加力的强度。

在河姆渡遗址发现的榫卯木构件和方形木井框所反映的分力与合力的关系，就目前的考古资料而言，还难以说明与巫有关，但结合上述数的概念和几何图形的认识，我们至少可以说其中包含有巫师的影子。

五　巫是具有一定医药知识者

中国古代医字有的写作毉。这个毉字，反映了巫不仅从事事神以致福的巫术活动，还以医术来治病救人，两者可结合为一体。

应当看到，在人类医学知识产生之前，有些动物有自疗的本能，如狗的身体受了创伤后，会经常用舌头舔创伤处，这实际上起到了消毒除菌的作用。据说云南白药的发明就是在追踪受伤的虎用草药治疗的启示下创造出来的。而猿人的智力当比一般禽兽为高，很可能也有一些自疗的本能，但这与其后医药知识的萌芽有着质的不同。

人类医药知识的产生是在与生产和疾病作斗争中不断地积累知识，慢慢地萌芽生长的。

史前时期的人们在进行采集和狩猎活动时，一开始不可能有保护措施，甚至大部分是赤身露体的，因此难免会受到野兽和昆虫的伤害或因跌打而损伤，以至出现流血、肿痛等情况。每当此时他们往往会用手去按摩、推捏、轻轻地拍打或用手指点压，以求解除痛苦。经过不断地积累，他们发现有的脓肿疾病，在脓包被刺破，脓血流出后，可缓解疾痛，若将脓血全都挤尽，有的伤口就可痊愈，有的则要反复挤尽二三次后才能逐渐痊愈。《黄帝内经》中说："……其病为痈肿，其治宜砭石。"又说："故其已成脓血者，岂惟宜砭石铍锋之所取也。"刺破脓血的砭石的产生，可能与上述挤脓血的治疗手段提高有关。有的学者认为湖南省华容县长岗庙新石器时代遗址中出土的三件制作精细的小型锛形石器（长为3.2～6.0厘米），刃口锐利，可作砭石用[⑤]。

史前时期的人们在日常生活和生产过程中，会遇到软组织扭伤，或得了风湿性关节炎，随着天气的变化，就会产生不舒服的酸痛感觉。出现这种疼痛时，人们必然会用按摩、点压、拍打等方式来解除痛苦。在点压时，有的部位会有麻、胀、酸等感觉，但这不仅没有增加患者的疾痛，反而使之有舒适的感觉。这点压的部位就是医治此病的穴位所在。久而久之，积累的经验多了，就会日渐明确哪个部位的软组织扭伤了，或哪一部分的风湿性关节炎发作了，需要点压哪个穴位。这使得史前人们认识到这两者之间有着某种内在联系。而若能将这种点压方式转移到一种医疗工具上，岂不更好。结合缝纫衣服时用的骨针有时难免要刺伤手的有关穴位，从而产生舒适之感。受其启发，可能就会采用骨针进行针刺治疗。如在半坡遗址发现的281件骨针中有穿孔的针270件，器身长短、大小不一，一端锐尖，另一端扁而带孔。还有一些针，一端锐尖，另一端较粗钝，无孔。另外五件双尖式针的器身较短小，两端皆锐尖。这种双尖式骨针很可能就是用于针刺疗法的一种工具。粗尖式的针一端锐尖，可作针刺工具；而另一端粗钝，可作为点压用的工具。至于有穿孔的骨针无疑是一种缝纫工具，但在必要时也可作为针刺工具。一种工具具有多种功能是史前时期较为普遍的现象，这种情况直到现在还常可见到。

针刺医疗的出现为其后针灸术的产生奠立了基础。

骨科医疗的成就还见于陕西省华县元君庙仰韶文化墓地 M402。该墓的墓主人有"陈旧性桡骨下 1/3 骨折，愈合良好，所遗留的角度大于170°，不妨碍正常机能。另外 M417-13 号颅骨，亦有一陈旧性骨折"。这两则骨折愈合良好的事例，说明当时已积累了相当丰富的医疗知识[⑧]。

河南省淅川县下王岗仰韶文化遗址 M421 墓主人"桡骨骨干的骨折处距桡骨下端4厘米，发生骨折后，由于对位对线不好，骨断端的新生骨痂增大，形成了扭曲的畸形愈合"。M422 墓主人"右侧小腿骨骨折后，两骨折端的新生骨痂彼此相融合形成了典型的畸形愈合"[㊲]。

上述元君庙和下王岗两仰韶文化遗址的墓主人，骨折后的愈合情况完全不同，前者愈合良好，机能正常；后者为畸形愈合。为什么会产生如此大的差异呢？笔者认为，仰韶文化经历了近 2000 年之久，下王岗 M421、M422 两墓，属下王岗仰韶文化第一期，早于西安半坡遗址下层仰韶文化[⑧]，距今近 7000 年；而元君庙 M402 是元君庙墓地中的晚期墓。两者在年代上有数百年的差距。同时，元君庙墓地时期正是二次葬盛行时期，通过这一葬俗，可以对人体骨骼的组成及其相互关系有相当的认识和了解。因此，在接骨知识上，应该是元君庙人比下王岗人要多一些，技术也要高一些。

　　巫师给人治病还需要有一定的药物知识，《淮南子·修务训》中说：神农氏"尝百草之滋味，水泉之甘苦，令民知所辟就，当此之时，一日而遇七十毒"。这一记载，应理解为众多巫师为寻找药材而辛勤劳动，其中以神农氏的功绩最大，因此就以他为代表来阐述。

　　考古资料中的动植物遗存是相当丰富的，不可能、也不必要把所有遗址一一列举出来，现仅举几座有代表性的遗址为例。在湖南省澧县八十垱彭头山文化遗址发现的动物遗骸，家畜有牛、猪、鸡；野生的有鹿、麂等。野生植物遗存有菱角、芡实、莲藕、芦苇等。菱角，除其果实可食外，它的嫩叶也可食用。莲藕，据调查，当地至今还有野藕，除五月端午节后一个月萌发新芽外，一年中有 11 个月都可采藕。芦苇，3 至 4 月萌发的新芽可供食用^㉟。在河南省新郑县裴李岗文化裴李岗遗址发现的动物骨骼有猪、狗、牛、鹿、獐、獾和鼠等，野生植物遗存有梅核、酸枣、核桃壳。在河北省武安县磁山文化磁山遗址发现的动物遗骸有家畜猪、狗和家禽鸡；野生动物有东北鼢鼠、蒙古兔、猕猴、狗獾、花面狸、金钱豹、梅花鹿、马鹿、四不像鹿、麃、麝、赤鹿、短角牛、野猪、豆雁、鳖、草鱼、丽蚌等。在河南省舞阳县贾湖裴李岗文化遗址发现的动物遗骸，除猪、狗为家畜；牛，因遗骸少、难以确切认定已是驯养外；野生的有貉、紫貂、狗獾、豹猫、野猪、梅花鹿、四不像鹿、獐、小鹿、羊、野兔、天鹅、丹顶鹤、环颈雉、扬子鳄、鲤鱼、青鱼、中国花龟、中华鳖和各种蚌类。野生植物遗存有栎、菱角、野大豆等。在浙江省余姚市河姆渡遗址发现的动物遗骸中，家畜有猪、狗、水牛；野生的有红面猴、猕猴、穿山甲、黑鼠、豪猪、鲸、貉、貂、黑熊、青鼬、黄鼬、猪獾、普通水獭、江獭、大灵猫、小灵猫、花面狸、食蟹獴、虎、豹猫、亚洲象、苏门犀、爪哇犀、野猪、大角鹿、小鹿、水鹿、梅花鹿、四不像鹿、獐、苏门羚、海龟、陆龟、黄缘闭壳龟、乌龟、中华鳖、中华鳄相似种、鹈鹕、鸬鹚、鹭、鹤、鸭、雁、鸦科、鹰科、真鲨、鲟、鲤、鲫鱼、鳙、鲇、黄颡鱼、鲻鱼、灰裸顶鲷等。野生植物遗存有麻栎果、酸枣、橡子、菱角、葫芦、薏仁等。还有较多的樟科植物叶片堆积。在陕西省临潼县姜寨仰韶文化遗址发现的动物遗骸中，家畜有猪、狗，可能还有牛和梅花鹿等已经驯化、正在驯化或刚刚开始驯化的动物；野生动物有猕猴、中华鼢鼠、兔、貂、貉、黑熊、狗獾、猪獾、虎、猫、麝、獐、鹿、黄羊、刺猬、麝鼹、鹈鹕、鹏、鹤、鸡、鲤鱼、草鱼、中华圆田螺、圆顶珠蚌等。其他遗址不一一列举了。

　　上述各遗址出土的家畜、家禽遗骸，以及野生的动植物遗存是当时人们渔猎和采集经济生活中的遗留物。人们在长期吃这些动植物时，就会发现有些食物明显的有益于健康，正如生产花生地区的农民曾对笔者说的，当花生收获时，每天吃一点生花生，一个冬天下来，身体就明显强壮。有的食物经较长时间食用，发现对某种疾病有好转或痊愈的医疗作用。如龟肉可滋阴补血，补益肝、肾；鳖肉可补益阴液，治疗肝肾阴虚；羊肉能补虚，治疗脾、胃阴虚，温经补血；狗肉可补气强身，温肾壮阳；兔肉可补气养阴，清热凉血；鹿肉可补肾益精，补益气血，补虚损；鸡肉可补中益气，补精添髓，补益五脏；牛肉可补益脾骨等。枣可补脾、胃、肝、胆气，治虚损；莲子可补五脏和十二经脉之气血；榛子可补益脾、胃，养肝；核桃可健脑、固齿、通便；橡子可补肠、三焦之气；酸枣可补心、肺、肾气；菱角可补肝、胆气，清肺、脾热毒；梅可补心气，清热毒。此外，虎、麝、獾、穿山甲、羚羊和薏仁等也有药用作用，在此不一一列举说明。这里要说明的是，上述这些食物，有些是中国历代药典中地地道道的药材。这些药材的产生及其不断丰富品种和内涵，应是从生产活动和生活实践中获得的，其中也包含着巫师的作用。

上述的分析阐述充分说明了医与巫的密切关系，正如有的学者认为的："巫药结合，药巫互用，信药之中有信巫之成分，信巫之中亦有求药的要求。医疗活动中离不开巫术，其基本原因也在这里。"[40]

六　巫是重要建筑工程的设计者

史前时期的重要建筑，首推当时人们日常生活的居住房屋和精神生活的宗教性活动场所。在澧县八十垱彭头山文化遗址发现一座形似海星状的台基式建筑，建筑中间的主体部分高出当时地面约 40 厘米，四角向外伸出呈犄角形，台基的正中间有一个大柱坑，坑底有一件牛的下颌骨。这座建筑形制特殊，绝非日常居址[41]，当是一座宗教性活动场所。

在湖北江陵县朱家台大溪文化遗址发现一座台基式房址（F5）。台基高约 60 厘米，由三层垫土筑成，下层为较纯净的灰褐土，厚 20 ～ 35 厘米，平面略呈椭圆形，东西宽 10.4 米、南北长 9.6 米。上层为土质纯净而致密的浅黄色土，厚 15 ～ 20 厘米，平面呈方形，置于下层垫土的中部，南北长 6.6 米、东西宽 6.5 米。表面平整，应为居住面。中层为土质纯净有黏性的浅灰土，厚 10 ～ 15 厘米，平面形状和大小与上层相同。室内有 14 个柱洞。从东、北、西三面的墙根和南面柱洞可以确定房址的室内范围，平面呈方形，东西宽 6.5 米、南北长 6.25 米，面积约 40 平方米。在室内东北部发现曲腹碗、圜底钵和小碟等一组陶器[42]。这座房址的台基建筑采用较纯净的土筑成。房内东北部的一组陶器中，曲腹碗（F5:2）的外表施红衣，有四条黑彩竖带纹，内壁施黑衣；圜底钵（F5:15）的腹部有一个刻划符号；小碟 2 件（F5:13、14），外表磨光施有红衣。从这组陶器分析，我们至少可以说有的是非一般性的实用器皿。

F5 台基东北部下压 H164，此坑口径仅有 0.4 米、深 0.45 米，坑壁平整光滑，底部有一组陶器，其中支座 3 件，釜、小口罐、小陶轮各 1 件，器形完整。陶轮无穿孔，一面饰有戳印的圆圈、按窝和指甲纹。分析这组陶器似为某种特殊目的而设置的[43]。

这座台基式建筑的周围目前还未发现其他房屋遗迹，再结合上述现象观察，可能是与某种宗教性活动有关。

在湖北郧县青龙泉屈家岭文化遗址发现一座长方形双室大房址（F6），房基高出周围地面约30厘米。南室东边墙基下埋有一头整猪，当是作为奠基用的。房址南北长13.85米、东西宽约5.4米。中间有一道隔墙将其分为南、北两室。墙壁为平地起建，厚50～60厘米。两室中部各有3个柱洞，当是立柱以支撑屋顶。这座房址大致可复原为一座面积约75平方米的长方形双间大房，四周有宽厚的墙壁，中间有东西向的隔墙，门向东北。南北两边的山墙高于前后檐墙，中间六根木柱支撑屋顶。屋顶为中间起脊的两面坡形式，由草、木建成[44]。

这种台基式建筑，自屈家岭文化之后，影响于黄河中下游地区，在河南省淮阳县平粮台河南龙山文化遗址和山东省日照县东海峪龙山文化遗址中都有发现。它的广为流行，为其后高台建筑的产生奠定了基础，也可以说是它的前奏。这种台基式建筑与本文第四部分提到的榫卯木构件，都是中国传统建筑的特点。

这里还需要提出探讨的是，在甘肃省秦安县大地湾仰韶文化晚期遗址发现一座编号为901的房址。这座房址以长方形主室为中心，在其两侧有左右对称的东西侧室，主室后有后室，主室前面有附属建筑和宽阔的场地。主室（包括门道和门篷）总面积为131平方米，居住面坚硬平整，呈青黑色，有光泽，防潮保温性能良好，其抗压力，用回弹仪检测300个测点，平均强度为每平方厘米抗压120余公斤，约等于100号水泥砂浆地面的强度。前墙正中设置正门，其两侧有旁门，与东西两侧室也有侧门相通。此外，还出土了"四足鼎、敛口小平底釜、条形盘、带环形把手的异器等，这样一组首次发现的特异型陶器群应有其特殊的功能，或许是某种场合下专用的一组陶礼器"。这座建筑占地面积420平方米（包括附属建筑占地），规模宏伟，结构复杂，主次分明，组成一个严谨的建筑群[45]。有的学者称它是一座殿堂式建筑。5000年前仰韶文化的人们，在当时的生产条件下取得了如此成就，不能不令人惊叹。

七　巫是中华古代文化的传承者

若从中国人的文化心态上来看，儒家思想是封建社会的伦理、道德观念的核心。此外，法家、墨子、老子等思想也有所影响，但远不及儒家的影响大。

儒家产生于东周时期。在此之前，有文字记载的历史，当推殷代的甲骨文，成句的称卜辞。有的学者认为，"因为卜辞是商王室的卜辞，所以占卜的内容是以时王为中心的。从其对某些事类占卜的频繁，可以反映时王的愿望是：国境的安全，年成的丰足，王的逸乐，对于祖先和自然的崇拜"⁴⁶。殷代王室所做的事，由巫占卜并用文字记载下来，从而成为殷代历史的主要部分。这样巫师与史官就密切地结合为一体。因此，有的学者认为："历史是从记述巫事开始的，以王事为中心的历史形成于记巫事的历史。其开始阶段，王事亦即巫事，王事活动主要是巫事活动。即使是后来，大量的军事、政治、外交活动，也都离不开祭祀、占卜等项"⁴⁷。

甲骨文是相当进步的一种文字，在其前应有一个发展过程。迄今还未发现夏代有文字，更不用说有文字记载的历史。在史前时期的西安半坡、临潼姜寨等仰韶文化遗址中，发现一些刻划符号。如半坡遗址发现有刻符的标本113件，其中的22件主要集中在不过100多平方米的范围内⁴⁸。在长江中游的湖北省宜昌县杨家湾大溪文化遗址中，发现刻划符号74件，有50多件，是刻在圈足陶碗、圈足陶盘等器物的圈足底部。这些刻符陶器多出土于一个大坑内⁴⁹。

上述半坡和杨家湾两遗址出土陶器上的刻符，多局限于一个小范围内，与一般的陶器显然不同，这可能反映了刻符的特殊意义。

在舞阳贾湖裴李岗文化遗址发现的刻符有16例，其中刻于龟甲上的有9例，均见于墓葬中；刻于骨器和石器上的各有2例；刻在陶器上的有3例。龟在史前人们的思想中常有神龟的概念。神龟上的刻符当与原始巫术有关，以此推测，随葬龟甲的墓葬当为巫师的墓⁵⁰。若在贾湖遗址发现的刻符与巫师有关，那么，在半坡、姜寨等仰韶文化遗址和杨家湾大溪文化遗址发现的刻符，至少可以说大部分或部分与巫术活动有关。因此可以说，从七八千年前贾湖遗址的刻符，经仰韶文化、大溪文化的刻符，到殷墟甲骨文记载史实，多与巫术活动有关。当然，刻符与文字两者的性质是完全不同的。

巫术活动的目的主要是求神降福。为了能使神降福，就得在迎神送神时，以歌舞相待，并以吹奏、敲打等乐器伴奏，使神高兴，以达到致福的目的。史前时期人们歌舞的实际状况，当今难于了解其全部内容，幸好甘青地区的马家窑、半山、马厂三类型的部分彩陶器上有舞蹈纹，可供我们研究。如在青海省大通县上孙家寨马家窑文化墓地M384中发现一件内壁绘有三组舞蹈纹的彩陶盆⁵¹，每组有舞蹈者五人，均手牵手，头部一侧各有一条斜线，躯体下的腿部还有一斜线外撇。青海省同德县宗日遗址（距今约5600年~4000年）M157出土一件内壁绘有两组舞蹈纹的彩陶盆，分别为11人和13人，均为手牵手⁵²。在半山、马厂类型的彩陶中，有一种绘有头部、躯体和四肢的图案纹饰。有的学者称这种纹饰为蛙形纹，有的学者称其为人形纹或变体人形纹。人和蛙是两种截然不同的动物，绘制这种纹饰的工匠们，在他们的思想意识上不可能将形态截然不同的两种动物作为相同或相似的形象表现。这种纹饰的主要特点是以圆圈或圆点为头部，用较粗或较细的长条纹为躯体，四肢曲折形向外伸出，躯体下有延伸的短直线条。这种纹饰，若与在半坡、姜寨、庙底沟等仰韶文化遗址发现的蛙纹相对照是完全不相同的，若与上孙家寨马家窑类型的舞蹈纹相对比则有相类同之处。因此，以人形纹命名为妥。那么，这种人形纹所表现的人是在干什么呢？我们从画面形态上分析，两臂和两腿都呈曲折形外伸，往往并不对称，似乎表现的是舞蹈者前后摆动的体态。有的在面部绘斜方格纹或小圆圈纹等，以表示舞蹈者戴有面具。躯体下较粗、或较细的短直线条，与上孙家寨舞蹈纹盆上的舞者在躯体下绘有一条外撇的斜线相似。这一斜线，有的学者以兽尾饰来解释，也有的学者认为是"腰系生殖器官的保护带"[53]。所以，这种人形纹应称为舞蹈纹[54]。

考古发现的乐器有骨笛、陶埙、陶铃、铜铃、陶鼓、鼍鼓、特磬、陶角号和陶摇响器等。其中鼍鼓和特磬在殷周上层社会人士中表示其身份、地位。至于笛和鼓，直到现在，仍为民间常见的两种乐器，不过在用材上有所不同。此外，还应看到这些乐器也可用于图腾崇拜、祖先崇拜、自然崇拜等一些祭祀活动中。

绘画、雕塑等艺术品中的多数作品是属图腾艺术还是属巫术艺术，难于区分。就以彩陶艺术来说，近年来发现的一幅《鹳鱼石斧图》的画面与以往发现的图案纹饰不同。图中有鹳鸟、鱼和安有柄的石斧，此外无其他背景。这幅画一发表，立刻引起了学者们关注，有的从巫术角度进行探索，有的从图腾角度进行分析，有的从绘画艺术角度进行讨论。笔者从绘画艺术角度分析，认为其线条流畅有力，色彩和谐。其绘画的基本技法，"如：勾线法、没骨法、填色法在陶画中都具备了。画家为了表现老鹳那白羽轻柔的感觉，大胆地完全采用'没骨法'来画。而对石斧则是用浓粗的线勾出，并在斧柄手把处用'没骨平涂法'处理。在斧子、鱼身中，还用了'填彩法'。真是画法虽少而灵活多变"。所以这幅画，在中国传统绘画发展史上代表了仰韶文化时期的一种风格，并对其后几千年的绘画发展有着一定影响[55]。

陶塑艺术的考古资料，以距今七八千年前的裴李岗文化时期的为最早，在裴李岗遗址发现有陶塑的猪、羊头像；在密县莪沟北岗裴李岗文化遗址发现了人头塑像；在舞阳贾湖裴李岗文化遗址还发现11件陶塑品，有的可能象征动物，有的可能象征人，有的寓意难明。总之，这一时期的陶塑简单而朴素，尚未脱离幼稚阶段。

到仰韶文化时期及其以后，在中华大地上普遍发现有陶塑遗物，笔者不可能一一介绍，只能列举数例有代表性的遗物，并进行分析。

在秦安县大地湾仰韶文化遗址发现一件人（神）头形器口的彩陶瓶，人的头发和嘴是雕刻而成的，头的左、右和后部都有披发，前额有一排短发。鼻、额、脸是塑成的，五官的部位恰当，大致表现出人像的体与面，并能掌握面部不同部位的高低、凹凸。因此，头像的造型不论从哪个角度去看，都给人以美感。再结合礼县高寺头、秦安县寺嘴等仰韶文化遗址发现的人（神）头形瓶分析，这些仰韶文化的陶塑人（神）头像，"都是着重于塑造大的体面，注意造型的整体感。这种将小的体面归纳概括在大的体面上的简练的艺术手法，不断地得到继承发展，成为我国雕塑艺术传统的优秀特点"[56]。

在浙江嘉兴大坟崧泽文化遗址也发现一件人（神）头形器口的葫芦形瓶，其造型大体与前者类同，在此不再阐述。

在辽西地区的牛河梁红山文化女神庙发现一尊较完整的女性头像，塑泥为黄土质，内羼草禾一类物品，未经烧制。其头后断裂面的中部有竖立的木柱遗迹，由颈部直通至头顶部，柱上有包扎禾草的痕迹，当为塑像所用的"骨架"。头像方圆，颜面呈鲜红色，唇部涂朱，颧骨突起，眼斜立，上眼皮的眼内角有明显的赘皮痕，眉弓不显，鼻梁低而短，具有蒙古人种的特点。头像的眼眶内嵌入圆形玉片为睛。笔者认为这可能与古埃及法老雕像的眼睛往往以水晶镶嵌相类，可能都是为了增添神秘色彩。因此，在某种意义上说，女神庙泥塑女神像的塑造技术和造型为中国传统泥塑人像的发展奠定了基础[57]。

湖北天门邓家湾石家河文化遗址，现已发现的陶塑品的数量不少于5000件，为其他遗址所未见，可能是当时集中的生产地，或许还是唯一的产地。这些陶塑品可分为人、禽、兽、水生动物四类。陶人有箕踞和跪坐之分，以后者为多。陶禽有鸡、鸟、鸭、猫头鹰、企鹅形鸟等。鸟的数量多，有长尾、短尾、连尾等的不同。陶兽有狗、羊、象、獏、猪、袋鼠形动物、猴、兔等。水生动物有鳖、鱼类等。这些陶塑品从艺术角度来看，其特点是质朴无纹而写实，且具有生动传神的艺术魅力。对"人的虔诚，狗的警觉，猪的愚憨，都达到了比较传神的程度"。如将侧卧的狗塑造成"扬头、张望、谛听的动态"，使整个形象充满了生机和活力。此外在技法上，石家河文化的塑造者通过运用夸张的手法，强调了被塑造对象的主要特征。至于这些陶塑动物的功能，多数学者认为与巫术活动有关[58]。

雕刻艺术主要取材于石、玉、骨、牙和木等。石刻，目前最早的考古资料见于舞阳贾湖裴李岗文化遗址。在遗址发现的二件石器上有契刻符号，一是在长条形颜料块（H141：1）磨平的一面上阴刻一个"～"符号，一是在柄形石器（M330：2）上刻一组刻符[59]。湖北省秭归县东门头城背溪文化遗址还发现了太阳神石刻。目前仅公布了这一讯息，尚未见具体报道。秭归县柳林溪遗址第一期的一件石雕人（神）像（T1216 ⑥：83）为圆雕，蹲坐在圆形石盘上，"双肘支膝，炯目张口，形象生动逼真，头顶有双冠。手掌和左耳残断，高4.5、宽1.9厘米"。这尊石雕人（神）像的相对年代当早于大溪文化[60]。辽宁省东沟县后洼遗址的下文化层发现25件石雕品，有人（神）像、猪、虎头饰、鸟形饰、鹰形饰、鱼形饰、蝉形饰、虫形饰、玉节状饰等，大多用滑石制成。其中人（神）像中的T1④：59正面为人（神）头像，"背面巧妙地雕刻出一回首鸟的形象，鸟头凸起回首附于身上，有喙"。上文化层的石雕刻品则有人（神）头像、鸟头、鱼头饰各 1 件。这些石雕刻品，体形都小，一般长约 3～4 厘米，造型简单，注重整体结构，不着意刻划细部。后洼遗址的年代，下层约为距今 6000 年前，上层为距今 5000 年左右[61]。

到良渚文化时期，玉琢雕技术可以说发展到一个高峰期。最引人注目的是浙江余杭良渚遗址 M12 发现的一件玉琮（M12：98），它与一般的壁薄孔大的琮有异，射径为 17.1～17.6 厘米，孔径仅 4.9 厘米，高 8.8 厘米，重 6.5 公斤。这件琮的纹饰可分为两部分，一是在四个直槽内上下各有一个神像纹，全琮共八个。每个神像纹的形象基本相同，有头部、躯体和四肢，头部还戴有一冠，但所占面积却不足 12 平方厘米。还有的纹饰，在仅 1 毫米的宽度内刻有四五根细线，堪称微刻[62]。中国微刻技术的产生，至少可以说这是源头之一。另一个纹饰区是以转角为中轴线，向两侧展开的简化神像形纹。这种神像形纹或简化神像形纹，也见于钺、冠状饰、璜、三叉形冠饰等玉器。此外，还有鸟、鱼、龟、蝉等，其背面都有穿孔，可能用于穿缀饰。

在安徽省含山县凌家滩遗址发现的玉器中，有人（神）、龙、鹰等。玉人（神）（M29：14）为长方脸，头戴圆冠，冠顶中部有一尖突起，一般为坐姿。1987 年出土的玉人（神）为站姿。龙（M16：2），首尾相连，略呈椭圆形，吻突起，表现得既神秘又威严。鹰（M29：6），展开的两翼雕琢似猪头或似别的动物形象，腹部阴刻规整的圆圈，圈内琢八角形纹，八角形纹内又琢一圆圈，圈内有一孔，尾部雕琢呈扇形齿纹[63]，形态神奇，颇有神秘感。此外，古云梦泽的石家河文化，黄河中下游的龙山文化，辽西地区的红山文化，台湾卑南、圆山等遗址出土的玉器都雕琢精致，因限于篇幅，不一一列举了。

骨雕艺术，引人注目的是河姆渡遗址出土的一件有柄骨匕，骨匕的残柄正面刻有两组相类同的图案（T21④：18）。图案均以同心圆为中心，其上部有一个无弦弓形图案，中部呈尖状上凸，两者之间还有短斜线，两侧有头相背的双鸟托住同心圆和无弦弓形图案。河姆渡文化的工匠们在雕刻这幅图案时，抓住大头勾喙的猛禽特征，将其雕刻得双目睖视，神态凶悍[64]。

牙雕艺术，在河姆渡遗址发现的双凤朝阳象牙雕（T226③：79）和雕有鸟形的象牙匕（T244④：124）颇有代表性。前者阴刻两凤昂首相视，似凤鸟展翅，中部以光芒四射的太阳形纹为主题，犹如一轮红日从东方地平线冉冉升起。"作品的特点是线条组合严密，显得游刃有余，体现了高超的线条驾驭能力和构图意匠，其手艺的程度与现代最高超的匠人相比也毫无逊色。"后者的一端为精雕的鸟头形，另一端朴实无华。"整个器物造型，从侧面看犹如凤鸟拖着长长的尾巴，站立枝头伺机觅食"[65]。

木雕艺术，木器容易腐朽，难于保存下来，因此在河姆渡遗址发现的一件鱼形木雕（T231④：309）就显得更为珍贵。木雕的体态浑圆肥胖，上有大小不一的圆涡纹以象征层层鱼鳞，"简练的弧线以示鱼鳃，鱼的特征在这里表现得惟妙惟肖，反映了原始艺术的质朴古拙"⑥。

注　释

① 杨堃：《民族学概论》第 266 页，中国社会科学出版社，1984 年。

② 吴汝祚：《论李家村—老官台文化的性质》，《考古与文物》1983 年第 2 期。该文的原稿没有第四部分，只在第三部分之末提出李家村—老官台文化、裴李岗—磁山文化，不应属新石器时代早期。当时负责《考古与文物》编辑的楼宇栋同志，看了拙作后，借来京之便到我办公室，他问这些文化不属新石器时代早期，那么属那一期呢？为什么？我回答说，应属中期。说明理由后，他要我将所说的理由立即写下来（即第四部分）后就带走了。因时间匆促，未能考虑到该文应加副题"兼论新石器时代的分期问题"。对此，有的学者说，楼宇栋同志是很有眼力的。

③ 石兴邦：《白家聚落文化的彩陶——并探讨中国彩陶的起源问题》，《文博》1995 年第 4 期。

④ 河南省文物考古研究所：《汝州洪山庙》第 30 页，中州古籍出版社，1995 年。以下所引洪山庙遗址资料，均见此报告，不另加注解。

⑤ 苏秉琦：《关于仰韶文化的若干问题》，见《苏秉琦考古学论述选集》，文物出版社，1984 年。

⑥ 李昌韬：《大河村新石器时代彩陶上的天文图象》，《文物》1983 年第 8 期。

⑦ 青海省文物管理处考古队、中国社会科学院考古研究所：《青海柳湾》第 137 页，文物出版社，1984 年。

⑧ 俞为洁：《河姆渡文化猪形塑及猪形图案装饰器新探》，《河姆渡文化研究》，杭州大学出版社，1998 年。

⑨ 中国科学院考古研究所、陕西省西安半坡博物馆：《西安半坡》第 220 页，文物出版社，1963 年。

⑩ 刘敦愿：《祭灶（火）与藏种巫术》，《山东大学学报》1963 年第 4 期。

⑪ 朱天顺著：《中国古代宗教初探》第 21 页，上海人民出版社，1982 年。

⑫ 陈振裕：《湖北考古的世纪回顾与展望》，《考古》2000 年第 8 期。

⑬㉓ 郎树德：《大地湾考古与中国文明起源的线索》，《西北史地》1988 年第 3 期。

⑭ 同注⑪第 149～150 页。

⑮ 祁国琴：《姜寨新石器时代遗址动物群的分析》，《姜寨》（上）第 505、514 页（表四），文物出版社，1988 年。

⑯ 河南省文物考古研究所编著：《舞阳贾湖》（上卷）第 140 页，科学出版社，1999 年。

⑰ 同⑨第 200～203 页。

⑱ 濮阳市文物管理委员会、濮阳市博物馆、濮阳市文物工作队：《河南濮阳西水坡遗址发掘报告》，《文物》1988 年第 3 期。

⑲ 冯时：《河南濮阳西水坡 45 号墓的天文学研究》，《文物》1990 年第 3 期；《古代天文与古史传说——河南濮阳西水坡 45 号墓的综合研究》，《中华第一龙》，中州古籍出版社，2000 年。以下引用两文论述，恕不另加注释。

⑳ 李国文：《东巴文化与纳西哲学》第 95 页，云南人民出版社，1991 年。

㉑ 伊世同：《北斗祭——对濮阳西水坡 45 号墓贝塑天文图的再思考》，《中原文物》1996 年第 2 期。

㉒ 冯时：《红山文化三环石坛的天文学研究——兼论中国最早的圜丘与方丘》，《北方文物》1993 年第 1 期。

㉔ 吴汝祚：《初论太湖地区文明的产生》，《亚洲文明》第二集，安徽教育出版社，1992 年。

㉕ 车广锦：《玉琮与寺墩遗址》，《东方文明之光——良渚文化发现 60 周年纪念文集》，海南国际新闻出版中

心，1996 年。

㉖㊲　郭大顺：《中华五千年文明的象征——牛河梁红山文化坛庙冢》，《牛河梁红山文化遗址与玉器精粹》，文物出版社，1997 年。

㉗　浙江省文物管理委员会、浙江省博物馆：《河姆渡遗址第一期发掘报告》，《考古学报》1978 年第 1 期。

㉘　刘军、姚仲源：《中国河姆渡文化》第 5 页，浙江人民出版社，1993 年。

㉙　陈忠来：《河姆渡文化探原》第 60～61 页，团结出版社，1993 年。

㉚　湖南省文物考古研究所、湖南省澧县文物管理所：《澧县城头山屈家岭文化城址调查与试掘》，《文物》1993 年第 12 期。

㉛　浙江省文物考古研究所：《萧山跨湖桥新石器时代遗址》，《浙江省文物考古研究所学刊》，长征出版社，1997 年。

㉜　湖南省博物馆：《湖南安乡县汤家岗新石器时代遗址》，《考古》1982 年第 4 期。

㉝　湖南省文物考古研究所：《湖南省考古工作五十年》，《新中国考古五十年》，文物出版社，1999 年。

㉞㊶　裴安平：《澧县八十垱遗址出土大量珍贵文物》，《中国文物报》1998 年 2 月 8 日。

㉟　马继兴、周世荣：《考古发掘中所见砭石的初步探讨》，《文物》1978 年第 11 期。

㊱　陈必忠、芦守祥、任惠民、张永洁：《元君庙仰韶墓葬人骨年龄性别鉴定》，《元君庙仰韶墓地》，文物出版社，1983 年。

㊲　杜百廉、危天生：《下王岗遗址人骨骨病所见》，《淅川下王岗》，文物出版社，1989 年。

㊳　河南省文物研究所、长江流域规划办公室考古队河南分队：《淅川下王岗》第 333 页，文物出版社，1989 年。

㊴　裴安平：《彭头山文化的稻作遗存与中国史前稻作农业再论》，《农业考古》1998 年第 1 期。

㊵　张紫晨著：《中国巫术》第 168 页，上海三联书店，1996 年。

㊷㊸　湖北省文物考古研究所、武汉大学历史系考古教研室：《湖北江陵朱家台遗址 1991 年的发掘》，《考古学报》1996 年第 4 期。

㊹　中国社会科学院考古研究所编著：《青龙泉与大寺》第 21～23 页，科学出版社，1991 年。

㊺　甘肃省文物工作队：《甘肃秦安大地湾 901 号房址发掘简报》，《文物》1986 年第 2 期。

㊻　陈梦家：《殷墟卜辞综述》第 42、43 页，科学出版社，1956 年。

㊼　同㊵第 301 页。

㊽　中国科学院考古研究所、陕西省西安半坡博物馆：《西安半坡》第 196～198 页，文物出版社，1963 年。

㊾　杨权喜：《试论中国文明起源与江汉文明》，《浙江社会科学》1994 年第 5 期。

㊿　同⑯第 984～989 页。

51　青海省文物管理处考古队：《青海大通县上孙家寨出土舞蹈纹彩陶盆》，《文物》1978 年第 3 期。

52　青海省文物管理处、海南州民族博物馆：《青海同德县宗日遗址发掘简报》，《考古》1998 年第 5 期。

53　王克林：《彩陶盆舞蹈图案辨疑》，《考古与文物》1986 年第 3 期。

54　吴汝祚：《略说半山、马厂类型时期的舞蹈纹及其社会意义》，《史前研究》辑刊 1990～1991 年。

55　张绍文：《原始艺术的瑰宝——论仰韶文化彩陶〈鹳鱼石斧图〉》，《中原文物》1981 年第 1 期。

56　张朋川：《甘肃出土的几件仰韶文化人像陶塑》，《文物》1979 年第 11 期。

58　张绪球：《长江中游新石器时代文化概论》第 283～293 页，湖北科学技术出版社，1992 年。

59　同⑯第 985 页。

⑩ 湖北省文物考古研究所：《湖北秭归县柳林溪遗址 1998 年发掘简报》，《考古》2000 年第 8 期。

⑪ 许玉林、傅仁义、王传德：《辽宁东沟县后洼遗址发掘概要》，《文物》1989 年第 12 期。

⑫ 浙江省文物考古研究所反山考古队：《浙江余杭反山良渚墓地发掘简报》，《文物》1988 年第 1 期。

⑬ 安徽省文物考古研究所、含山县文物管理所：《安徽含山县凌家滩遗址第三次发掘简报》，《考古》1999 年第 11 期。

⑭⑮⑯ 刘军：《河姆渡文化原始雕塑》，《河姆渡文化研究》，杭州大学出版社，1998 年。

谈中华文明的早期演进

曲 英 杰

（中国社会科学院历史研究所）

所谓文明，应当是指摆脱某种原始状态，而中华文明则当是指中华（华夏）共同体形成以后所呈现的文明形态，有"王天下"者作为代表人物。依照古史传统，其早期演进脉络大体上可分为三皇、五帝及夏商周三代等几个时期，近世考古发现似仍可基本上包容于此一体系框架之内。兹就此问题谈一点看法。

一 三皇文明

"三皇"之称见于《周礼·春官》所载："外史掌书外令，掌四方之志，掌三皇五帝之书，掌达书名于四方。若以书使于四方，则书其令。"其以三皇、五帝连称而未确指，由外史掌记畿外令、志等看来，当属与周王关系较为疏远者。据《春秋繁露·三代改制质文》所论，古以三代定三统，新取代称王者需存此前二王之后，封以大国；而绌此二王之前者为帝，与其前四帝合为五帝，封其后以小国；并绌此五帝之前者为九皇，封其后以附庸。"远者号尊而地小，近者号卑而地大，亲疏之义也。"如殷时"绌唐谓之帝尧，以神农为赤帝"。"周人之王尚"推神农为九皇；而改号轩辕谓之黄帝，因存帝颛顼、帝喾、帝尧之帝号，绌虞而号舜曰帝舜，录五帝以小国；下存禹之后于杞，存汤之后于宋，以方百里，爵号公，皆使服其服，行其礼乐，称先王客而朝。"如此，其"三皇五帝"所指当因新王改制而异，本不固定；而"三皇"当特指与新王相距较远之王。《尔雅·释诂》解"皇"为"君也"。《说文解字》云："皇，大也，从自王。自，始也。始王者，三皇，大君也。自读若鼻，今俗以作始生子为鼻子是。"可谓得其本义。《春秋繁露》言周时以黄帝、帝颛顼、帝喾、帝尧、帝舜为五帝，同于《史记·五帝本纪》（本于《大戴礼记·五帝德》），而《周本纪》并记："武王追思先圣王，乃褒封神农之后于焦"，当是因其"推神农以为九皇"之故。周代所称"三皇"当指神农以上称王者。《庄子·天运》所言"三皇五帝之礼义法度"，《吕氏春秋·贵公》所言"三皇五帝之德"等，当皆与此相同。

秦汉以后国君称皇帝，不再遵循改绌名号之制（依古制，秦时当上推黄帝为九皇），其三王、五帝、三皇所指，亦即定位于周代所改绌者。汉代学者解"三皇"，除神农外，并有伏羲，另一人则或为燧人，或为女娲，或为祝融，或为共工，或不予确指[①]。至西汉晚期有《世经》出现，其依《左传·昭公十七年》所载郯子言太昊氏以龙名官、共工氏以水名官、炎帝氏以火名官、黄帝氏以云名官、少昊氏以鸟名官之序，而以为"郯子据少昊受黄帝、黄帝受炎帝、炎帝受共工、共工受太昊，故先言黄帝，上及太昊。稽之于《易》，炮牺（伏羲）、神农、黄帝相继之世可知"。由此排定太昊伏羲氏、炎帝神农氏、黄帝轩辕氏、少昊金天氏、颛顼高阳氏、帝喾高辛氏、帝尧陶唐氏、帝舜有虞氏等依次相承，以成木、火、土、金、水五德相生之序。并解释"炮牺继天而王，为百王先，首德始于木"。"《祭典》曰：共工氏伯九域。言虽有水德，在火、木之间，非其序也。任知刑以强，故伯而不王。秦以水德，在周汉木、火之间。周人迁其行序，故《易》不载。"而继黄帝者为少昊，"《考德》曰：少昊曰清。清者，黄帝之子清阳也，是其子孙名挚立。土生金，故为金德，天下号曰金天氏。周迁其乐，故《易》不载，序于行"[②]。其在取舍上虽带有主观性，但所定前后次序则当合于历史实际。东汉以后，《礼·稽命徵》、《帝王世纪》以及孙氏注《世本》等，并以伏羲、神农、黄帝为三皇[③]。唐代、元代立三皇庙，以及明清时期立历代帝王庙，三皇所指均与此相同[④]。可见此说虽较晚出，但已为世所认同。这种依据史实进行重新整理和认定的作法，为治史所允许，在后世乃至今世均不乏其例。从三皇为"始王"即在中华共同体形成之后最初出现的几位天下共主这一点来看，亦以伏羲、神农、黄帝并称较为合适。且时至今日，炎帝神农氏与黄帝轩辕氏已被海内外炎黄子孙共同遵为始祖，更没有改动的必要。《史记·五帝本纪》载黄帝事迹而上接神农氏。《太史公自序》云："伏羲至纯厚，作《易》八卦。尧、舜之盛，《尚书》载之，礼乐作焉。"《赵世家》载赵武灵王言："虑戏（伏羲）、神农教而不诛，黄帝、尧、舜诛而不怒。"即依《史记》，其伏羲、神农、黄帝先后相承之谱系亦可排定。另可能有"迁其行序"的共工氏等穿插于其间，但彼此相距当不会很远。依照《史记》及《帝王世纪》等，黄帝之世在距今约4600年至4500年间。由此上推500年至400年，以距今5000年之际作为三皇时代之始，应该说是合于情理的。

就考古发现而言，在距今5000年至4500年间，黄河中下游和长江中下游地区的文化面貌已显出相互交融及趋同之势，而众多古城址的发现尤令人瞩目。如黄河中游地区的属于仰韶文化晚期的郑州西山城址；属于龙山文化时期的安阳后冈，登封王城岗，淮阳平粮台，郾城郝家台，辉县孟庄，新密古城寨城址等。黄河下游地区的属于大汶口文化晚期的滕州西康留城址；属于龙山文化时期的章丘城子崖，寿光边线王，邹平丁公，临淄田旺，滕州尤楼，阳谷景阳岗、王家庄、皇姑冢，茌平教场铺、尚庄、乐平铺、大尉、东阿王集，五莲丹土，费县防城城址等。长江中游地区的属于大溪文化至屈家岭文化时期的澧县城头山城址；属于屈家岭文化至石家河文化时期的天门石家河，应城门板湾，荆门马家院，江陵阴湘城，石首走马岭，公安鸡鸣城，澧县鸡叫城城址等。在河套地区包头阿善（2座）、西园、莎木佳（2座）、黑麻板、威俊（3座），凉城老虎山、西白玉、板城、大庙坡，准格尔寨子塔、塞子上（2座），清水河马路塔、后城嘴等地所发现的城址均为石砌城墙，修筑年代在距今4800年至4300年之间。长江上游成都平原的新津宝墩，都江堰芒城，郫县古城，温江鱼凫，崇州双河、紫竹等地的城址属于宝墩文化时期，年代略晚[⑤]。古有神农之教曰："有石城十仞，汤池百步，带甲百万，而亡粟，费能守也"[⑥]，亦有"黄帝时为五城十二楼"的传说[⑦]，正可由此而得以印证。同时，考古发现还表明，在城墙建造之前已有环绕聚落的壕沟，或即是由开挖壕沟的堆土引出城墙的修筑，而城墙仍需辅之以壕沟（护城河）；然似并不能就此而将两者等同起来，在原始时代的壕沟与文明时代的城墙之间应该加以界定。城墙的基本特征是高于所在地表面，可有效地防御弓箭等远距离平射及各种冷兵器的攻击，故城邑的建造贯穿整个古代文明的始终，在这种意义上似亦可将古代文明称为城邑文明。因居民集中于城邑，自然会引出交易活动的经常化，"作市"是必然的，也是派生的，有"城"则有"市"。在这方面，似不能太强调所谓市场交易活动的决定作用，不能以有无市场设置作为判断今所发现的早期城址是否属于"城市"范畴的标准。今所发现的早期城址在形态、功能诸方面与后世方国都邑及郡县城基本相同，当同属城市，亦为古代国家的一种物化标志。这一时期城址遍布各方而又相对集中，其相互间当具有联属关系。《孙子·行军》言黄帝"胜四帝"。银雀山汉墓出土竹简《孙子兵法·黄帝伐赤帝》记孙子言黄帝南伐赤帝、东伐（青）帝、北伐黑帝、西伐白帝，"已胜四帝，大有天下。暴者……以利天下，天下四面归之"[⑧]。《蒋子万机论》曰："黄帝之初，养性爱民，不好战伐，而四帝各以方色称号，交共谋之，边城日惊，介胄不释，黄帝……于是遂即营垒，以灭四帝。"[⑨]《太白阴经·人谋·善师》载："黄帝独立于中央而胜四帝。"所谓五帝各以方色称号，当指中、东、南、西、北诸方古国已形成局部联合，而后经黄帝征伐归为一统。其"一统"是指为一帝所统领，而仍大体上保持旧有的格局，不完全等同于后世版图明确的"统一"。比照与之大致属同时期的古城址，其黄河中游地区诸城址当属黄帝之域；黄河下游地区诸城址当属青帝之域；长江中游地区诸城址当属赤帝之域；而河套地区诸城址或有可能属黑帝之域，但方位似稍偏；成都平原诸城址所属时代略晚，且亦方位稍偏，当与白帝无关。此一时期，为求一统而进行的战争当不止一次。所谓"共工氏之霸九州也，其子曰后土，能平九州"[⑩]，即属此种性质；而"神农伐补

（辅）遂"⑪、"夙沙之民自攻其君而归神农"等⑫，当亦与之相类。又，《六韬》曰："伏牺（羲）氏、神农氏教民而不诛，黄帝、尧、舜诛而不怒"⑬，《傅子》曰："庖牺、神农顺民之性，育之者也；黄帝除民之害，救之者也"⑭，则可表明伏羲、神农之世更多地具有温和色彩，其顺应形势而被尊为天下共主，中国历史由此进入三皇时代。

在三皇时代以前，应当有一个从古国出现到区域联合体形成的过程。澧县城头山城当即属于这一时期的古国。其城垣平面呈相当规整的圆形，内径314～324米，面积约8万平方米。城墙基宽26.8米，顶宽约20米，现高4.8米，高出城外平面5～6米，北、东、南三面中部各有一个缺口，当为城门所在，而北门有可能为水门。城外有护城河。城内西南部为居住区，西部为制陶作坊区，西北部为墓葬区。在南城墙下发现大溪文化时期壕沟及炭化稻谷、数十种植物籽实、竹和芦苇编织物、木质船桨、船艄等，在东城墙下发现古稻田和祭坛⑮。经解剖可知其第一期城墙筑造于大溪文化一期，时间已超过距今6000年，此时城头山古城的规模和范围即已定型。第二期城墙是对第一期城墙的加高，时代可大致定为大溪文化中晚期，即距今5600年至5300年之间，其当属此古国最初形成及早期独立发展阶段。而第三、四期城墙修筑于屈家岭文化早中期，即距今5200年至4800年之间，沿用至石家河文化时期，则或有可能已加入长江中游古国联合体。

在城头山古城东垣第一期城墙和最早的文化层下生土之上发现的古稻田及水坑、水沟等与之相配套的原始灌溉系统，属汤家岗文化时期，其年代距今6500年至6300年左右。在古稻田西南侧发现祭坛遗迹。整个祭坛大体呈不规整的椭圆形，南北长径约16米、东西短径约15米，祭坛上由西北向东南呈直线排列有三个圆形浅坑，两坑之间的距离约为4.6米，其西南部又有二个较小的圆形浅坑，与三个圆形浅坑之中部圆坑呈等腰三角形排列，这五个形制特殊的坑应是一组与祭祀活动有关的遗迹。祭坛之外东南和南部还分布有四十多个祭祀坑。坑内包含物或为满坑草木灰；或为满坑倒置的陶釜、钵、罐等器物，这些器物多无底；或置放大型动物骨骼；或平铺满坑红烧土；或为含大量草木灰的灰黑色土，内夹陶片。多数坑底可见到一块大砾石。另在祭坛东北10余米处发现三个坑，其中有打破第一期城墙、深入稻田者，出土器物可判定属大溪文化一期。发掘者据此推测祭坛造于大溪文化时期，稍晚于城墙；而对于祭祀对象则未予判定。依古时礼制，坛、坎多为祭祀天地与自然神之所。此祭坛临近田埂和水沟，且坛上呈直线排列的圆形浅坛与田埂走向大致平行，故极有可能是为举行蜡祭礼而设。蜡祭即报田之祭，在周代祭祀对象有先啬即初为农事者（田神），司啬即管理农事者，农即从事耕作者（或以为传授农事者），邮表畷即田间供农夫暂憩之所，猫、虎，坊即挡水堤防，水庸即水沟、昆虫等；唐宋时期又演为祭祀神农氏、伊耆氏等百神⑯。而就蜡祭辞所言"土反其宅，水归其壑，昆虫毋作，草木归其泽"来看，或在早期唯有土、水、昆虫、草木等与耕作直接相关的事物，以祈求田土保持原状（当指田埂或田垄），水流沟壑，不生害虫和杂草（草木生长于沼泽），而获得丰收。如此，此祭坛当朝向西南，面对东北方田埂而祭，圆形浅坑当为摆放祭品而置。《礼记·礼运》载："夫礼之初，始诸饮食。其燔黍捭豚，汙尊而抔饮，蒉桴而土鼓，犹若可以致其敬于鬼神。"其"燔黍捭豚"，即燔烤谷粒和割肉于石上；"汙尊而抔饮"，即凿地为尊（盛水酒器），手掬为饮器（杯、爵之类）；"蒉桴而土鼓"，即抟土为桴（鼓槌），筑土为鼓。以人所食之物供于鬼神，而心意诚实，故可致其敬。其坛中央的圆形浅坑似当用为盛水（相当于尊），与之呈等腰三角形排列的较小浅坑似当用为饮水（相当于杯），而两边的圆形浅坑似当分别用为盛米、肉；或亦有可能盛水、米、肉于陶器内而分置于诸坑。至于坛下东南和南部诸坑很可能用为祭祀之后瘗埋祭品；而东北部三个坑很可能与祭祀活动无关，故不能由此类比而判定此祭坛建造稍晚于一期城墙。古时行蜡祭礼于城外田间，此祭坛很可能建造于古稻田垦植之初，而至修筑城墙时已废弃。与有关文献记载相比照，正可由此祭坛（其大致呈椭圆形；后世蜡祭坛作方形，当属改制）而想象出一幅古朴淳真的蜡祭图，并真切地感受到先民们获得而不忘回报之德。因涉及城头山古城，故附论于此。

二　五帝文明

依照《世经》及唐宋以来庙制，五帝当指少昊、颛顼、帝喾、尧、舜等，其时间跨度约在距今 4500 年至 4100 年。在此期间完成了由"一统"向"统一"的过渡。

其早期之制当多承于三皇时代。《左传·昭公十七年》记郯子言："我高祖少昊挚之立也，凤鸟适至，故纪于鸟，为鸟师而鸟名。凤鸟氏，历正也。玄鸟氏，司分者也。伯赵氏，司至者也。青鸟氏，司启者也。丹鸟氏，司闭者也。祝鸠氏，司徒也。鴡鸠氏，司马也。鸤鸠氏，司空也。爽鸠氏，司寇也。鹘鸠也，司事也。五鸠，鸠民者也。五雉，为五工正，利器用，正度量，夷民者也。九扈，为九农正，扈民无淫者也。"扈，《说文解字》作雇，或作鴳，亦为鸟属。可知少昊氏设二十四职官，以五鸟掌天象历法，以五鸠掌兵民诸事，以五雉掌工事，以九扈掌农事。其以不同的鸟名作为标记，当分居各地，而总归于少昊氏。其时少昊氏都于曲阜（今山东曲阜市境）[⑰]，所设诸官所居当亦分布于海岱之间。据贾逵及杜预注，五雉之中有鹏雉，在东方，为抟埴之工即制陶器者。其鹏，从甾、从鸟，或有可能即居淄水流域。而据《左传·昭公二十年》载晏子言："昔爽鸠氏始居此地，季则因之，有逢伯陵因之，蒲姑氏因之，而后大公因之。"其爽鸠氏所居当临近姜太公所建齐都临淄城（今山东淄博市临淄区）。距临淄城址以西约 15 公里的田旺村东北台地所发现的古城平面呈圆角竖长方形，面积约 15 万平方米，始建年代不晚于龙山文化中期。城址上的龙山文化堆积一般厚 2 米左右，最厚者达 3 米多。其下压有大汶口文化堆积层，其上有岳石文化时期城址。城内发现有大片夯土层，已清理出一批属于龙山文化时期的大型灰坑和房基址等，出土有大量的陶器和石器。其陶器鼎、甗器足取鸟喙形，饰鸟冠图状；盆、杯等多为黑陶，胎质细腻，薄壁光亮，制作精巧。最大的一件灰陶甗口径 44 厘米，高 116 厘米，为迄今为止各地所出同类器之冠；另外两件陶甗器形与之相近，大小递减。其盆形鼎亦是形态相同，大小有别。如此系列有序，当属礼器[18]。其很可能即为爽鸠氏居邑（即非爽鸠氏居邑，亦当距之不远）。由此推之，此一时期"王天下"者所设诸官当局限于其直接统领的族属之内，而各居其城（国），各执其事（与后世择官于天下而同居治于国都不同）。此前黄帝以云名官、炎帝以火名官、太昊以龙名官等，当与之相类。

　　此后，颛顼都帝丘（今河南濮阳市境），至帝喾都亳（今河南偃师县境），尧、舜都平阳（今山西临汾市境）[19]，河洛之间即今晋南、豫北地带中心之域形成，并以此为中心区划十二州、九州[20]，实行畿服制等，标志中华共同体统一的格局最后确立，"中国"的观念由此而深入人心。在襄汾陶寺所发现的大规模聚落遗址面积约 300 万余平方米，其大墓中出土有成组的鼍鼓、特磬、石刀形玉器、玉钺、石钺、玉琮、玉铲、玉瑗和彩绘陶器、木器等，时代从公元前 2500 年延续到公元前 1800 年[21]。后又有夯土城墙遗迹等发现[22]。其在史书所载平阳之地范围内，极有可能属尧、舜、禹时期都城遗存，当为探讨中华文明早期演进过程的一个重要支点。

　　1984 年，在陶寺遗址晚期（约相当公元前 2200 年至公元前 2000 年）灰坑中出土一件扁壶残器，其沿断茬涂朱一周，正面即鼓腹一侧朱书一"文"字；背面即平腹一侧亦有朱书符号[23]。《尚书·舜典》载，尧传位于舜，"正月上日，受终于文祖"。传曰："上日，朔日也。终谓尧终帝位之事。文祖者，尧文德之祖庙。"陆德明《音义》引王肃云："文祖，庙名。"引马融云："文祖，天也。天为文，万物之祖，故曰文祖。"《舜典》又载舜巡狩四方，"归，格于艺祖。"传曰："巡狩四岳，然后归告到文祖之庙。艺，文也。"《舜典》又载："月正元日，舜格于文祖。"传曰："舜服尧之年丧毕，将即政，故复至文祖庙告。"《史记·五帝本纪》并载之而言"舜受终于文祖。文祖者，尧大祖也。"《集解》引郑玄曰："文祖，五府之大名，犹周之明堂。"《索隐》引《尚书帝命验》曰："五府，五帝之庙。苍曰灵府，赤曰文祖，黄曰神斗，白曰显纪，黑曰玄矩。唐虞谓之五府，夏谓世室，殷曰重屋，周谓明堂，皆祀五帝之所也。"《正义》云："舜受尧终帝之事于文祖也。"《尚书帝命验》云："帝者承天立五府，以尊天重象也。五府者，黄曰神斗。"注云："唐虞谓之天府，夏谓之世室，殷谓之重屋，周谓之明堂，皆祀五帝之所也。文祖者，赤帝熛怒之府，名曰文祖。火精光明，文章之祖，故谓之文祖。周曰明堂。神斗者，黄帝含枢纽之府，名曰神斗。斗，主也。土精澄静，四行之主，故谓之神斗。周曰太室。"据此，所谓文祖，当与明堂等相类，唯后世明堂单行祭上帝之礼，而早时则集祭祀、朝会、宣教、治事等合为一所，故尧传位于舜及舜即帝位均在文祖。由此推之，此扁壶当属文祖祭器，可能为补缺配套经过改制。其朱书"文"字，表示为文祖所专用，以别于祭祀天、地、山川及田神等坛坎用器。而文祖当即在尧舜之都城。

三　三代文明

三代即夏、商、周时期，其上承于帝喾、尧、舜，"三代之居皆在河、洛之间"[24]，王位世袭表明王权的加强，中华共同体由此得以稳定和发展，并在此基础上形成传统礼制。

为体现君民有别而又合为一体，这一时期都城的建造采用内城外郭的"回"字形结构。在今河南偃师所发现的商都亳城为迄今所见采用此制的最早实例。其城址先后发现大城、宫城及小城遗迹等。大城平面略呈菜刀形，西垣长 1700 米、北垣长 1240 米、东垣长 1640 米、南垣长 740 米，面积约 190 万平方米。其东北隅城墙内侧附属堆积即护城坡下灰坑内堆积夹杂有木炭、陶范、铜矿渣和铜渣等，在城墙下部夯土及附属堆积中也出土有木炭、铜渣、坩埚和陶范块。据此推测在修筑这段城墙之前，此地原有一处商代早期的青铜冶铸作坊，城墙的建造年代应在偃师商城商文化第二期早段。城内中部偏南有 1 号建筑群址，平面略呈正方形，围以墙垣，北垣长 176 米、东垣长 230 米、南垣长 213 米、西垣长 233 米，面积约 45 万平方米。发掘者推断其为宫城所在。城内分布数座宫殿基址，据其所在层位当各属早、晚期。在 1 号建筑群址西南有 2 号建筑群址，平而亦略呈方形，围以墙垣，每边长约 200 米。遗址内揭露大型夯土基址 15 座，分南、北两排，南排 6 座，北排 9 座，大都保存有明显的中、下两层建筑遗迹，其中的四座还残存有更晚的上层建筑遗迹。各排及每座建筑的间距相近，中部有较浅的排水沟相互贯通，构成网状排水系统。各单体建筑的结构布局相似，围墙以内干净整洁，无零乱杂物散落或堆积，也无用火痕迹，带有较浓厚的专用及封闭色彩。发掘者推断其为当时国家最高级别的仓储之所。另在 1 号建筑群址东北处发现 3 号建筑群址，规模与 2 号建筑群址略等。其小城位于大城西南部，平面大体呈长方形，南北长约 1100 米、东西宽约 740 米，西垣、南垣被包夹在大城城墙之中。可知大城是在小城的基础上扩建而成的，其从内外两侧加宽小城的西垣、南垣及东垣南段，并由小城西垣北端向北延伸新筑城墙约 600 米，折而东行，再南折与小城东垣南段相接，形成菜刀状。在小城北垣外侧发现一段与城墙大体平行的壕沟。发掘者推断小城的建造年代在偃师商城商文化第一期晚段，废弃时间在大城扩建之际。与小城同时修筑的宫城正位于小城纵向轴线的中部偏南处。小城是成汤灭夏之后所建立的都城，应当是商王朝已经建立的标志[25]。而若结合有关记载加以分析，似以小城建于成汤迁亳之时更为合理。《帝王世纪》载："汤即位十七年而践天子位。为天子十三年，年百岁而崩。"《韩诗内传》亦载："汤为天子十三年，百岁而崩。"[26]《今本竹书纪年》记夏桀十五年（三十一年亡），"商侯履迁于亳"。并注："成汤元年。"虽未必可信，然迁亳筑城之举发生在成汤即位之初应该说是完全有可能的。时成汤为侯，能力有限，将都城筑成如此规模已很不容易。《尚书大传》载："夏人饮酒，醉者持不醉者，不醉者持醉者，相和而歌曰：盍归于亳？盍归于亳？上（商）亳亦大矣。"伊尹以此告劝于桀，桀不听，"伊尹遂去夏适汤。"[27]其言"亳亦大"，可能是与夏桀之都相比，如此则夏王都城的规模当与此小城略等。成汤即以此城为据点西进伐夏（时夏都在晋南），败桀于鸣条之野。《后汉书·逸民列传》载野王二老言："昔汤即桀于鸣条，而大城于亳。"其"大城于亳"，当即指扩筑此大城，时在成汤克夏、取代称王之后。由此看来，以大城的营建年代作为夏、商之间的界标似更为准确。经此次扩建，亳城的面积较之原来扩大一倍有余，堪称"大亳"，而仍以原宫城址为宫城，并未因此改变内城（宫城）外郭之规制。《左传·昭公四年》载椒举言"商汤有景亳之命"[28]。其"景"，训为大[29]。"景亳"即大亳。成汤称王之后于此大亳城盟会诸侯，正可显示其为天下共主的气派。又，《诗经·商颂·殷武》云："昔有成汤，自彼氐羌，莫敢不来享，莫敢不来王，曰商是常。"来此盟会、纳贡的诸方国君亦当居留于城内。其位于西南隅的2号建筑群址，从建筑格局和保持整洁等来看，更像是为此而建造的客馆。考古发现的今河南郑州隞城、安阳洹北相城等，也都规模宏大，气度不凡。史载商代多次"复兴"，其势力所及，西至氐羌、东接海外、北达肃慎、南过荆楚，国势之繁盛似可比于后世之唐，对中华共同体的巩固和加强起到了极大的促进作用。

夏、商礼制经益损而成周礼。由于周王倡导"大聚"[30]，自周初起，在王都及诸侯国都纷纷兴筑大城，如考古发现的齐都临淄、鲁都鲁城、宋都宋城等，规模均超过商代王都。在此基础上渐形成方九里、七里、五里及三里之制。后或遵循，或僭越，而内城外郭式则始终不改。考古发现的今河南新郑郑韩都城当先依"方七里"之制兴筑西城[31]，而后又扩建东城；齐都临淄城之西南部当因田氏代齐而扩筑，而后演为小城；燕下都武阳城当主要为驻军而筑，且东、西两城亦先后有别；赵都邯郸之赵王城亦当属军事离宫等。凡此，皆事出有因，属扩筑性质，均不得视为两城并列式[32]。春秋时期，王室衰微，"南夷与北夷交，中国不绝若线"[33]。有齐桓公首起"尊王攘夷"，后霸主迭兴，"五霸存其政"[34]，使"中国"得以延续，传统礼制得以维护。又有孔子整理六经，创立儒学，使中华共同体的历史意绪和传统文化得以承传。战国时期，七国纷争（属中华共同体内部之争），出现"百家言黄帝"思潮[35]，意在使中国重归统一。

秦统一六国，有其必然性，然并非第一次统一中国，且对于传统礼制多有偏离，所谓"汉承秦制"，亦主要是指这一方面。汉初改秦离宫兴乐宫为长乐宫，后又兴筑未央宫，围筑长安城，于长安城南垣内中央营建高庙等，似皆有违于传统礼制。至汉武帝"罢黜百家，独尊儒术"，后多儒生为政，渐出现与周制接轨的意向。东汉以后，所行诸礼已完全与传统礼制接轨，而承传至今。对于此一中华共同体五千年来一脉相通的传统体系在认识上可以有更深入的阐释，而不能搞乱。

注　释

① 参见应劭：《风俗通义·皇霸·三皇》；吕思勉：《先秦史》第六章《三皇事迹》，上海古籍出版社，1982年。

② 据《汉书·律历志下》。

③ 据《史记·五帝本纪》正义。《尚书》序云："伏牺（羲）、神农、黄帝之书，谓之三坟，言大道也；少昊、颛顼、高辛、唐、虞之书，谓之五典，言常道也。"所排序列同此，而未指明三皇、五帝，或另有所本。

④ 参见《文献通考》及《续文献通考》之《宗庙》。

⑤ 参见田广金：《内蒙古长城地带石城聚落址及相关诸问题》，《纪念城子崖遗址发掘60周年国际学术讨论会论文集》，齐鲁书社，1993年。张学海：《试论山东地区的龙山文化城》，《文物》1996年第12期。任式楠：《中国史前城址考察》，《考古》1998年第1期。王毅、蒋成、江章华：《成都地区近年考古综述》，《四川文物》1999年第3期。

⑥ 据《汉书·食货志上》。

⑦ 据《汉书·郊祀志下》。

⑧ 银雀山汉墓竹简整理小组编：《孙子兵法》，文物出版社，1976年。

⑨ 据《太平御览》卷七十九引。

⑩ 《礼记·祭法》。

⑪ 《战国策·秦策一》。

⑫ 《吕氏春秋·用民》。

⑬ 据《太平御览》卷七十六引。

⑭ 据《太平御览》卷七十七引。

⑮ 湖南省文物考古研究所、湖南省澧县文物管理所：《澧县城头山屈家岭文化城址调查与试掘》，《文物》1993年第12期。湖南省文物考古研究所：《澧县城头山古城址1997～1998年度发掘简报》，《文物》1999年第6期。

⑯ 《礼记·郊特牲》载："伊耆氏始为蜡。蜡也者，索也。岁十二月，合聚万物而索享之也。蜡之祭也，主先啬而祭司啬也，祭百种以报啬也。享农及邮表畷、禽兽，仁之至、义之尽也。古之君子，使之必报之。迎猫，为其食田鼠也。迎虎，为其食田豕也。迎而祭之也。祭坊与水庸，事也。曰：土反其宅，水归其壑，昆虫毋作，草木归其泽。"参见《通典》卷四十四及《文献通考》卷八十五。

⑰ 《左传·定公四年》记子鱼言封鲁公于"少皞之虚"。杜预注："少皞虚，曲阜也，在鲁城内。"

⑱ 何德亮：《论齐国领地内发现的龙山文化城址》，《中原文物》1993年第1期。魏成敏：《临淄田旺龙山文化城址》，《中国考古学年鉴（1993）》，文物出版社，1995年。

⑲ 参见曲英杰：《先秦都城复原研究》有关部分，黑龙江人民出版社，1991 年。

⑳ 参见曲英杰：《禹画九州考》，载《夏禹文化研究》论文集，巴蜀书社，2000 年。

㉑ 中国社会科学院考古研究所山西工作队、临汾地区文化局：《1978～1980 年山西襄汾陶寺墓地发掘简报》，《考古》1983 年第 1 期；《山西襄汾陶寺遗址发掘简报》，《考古》1986 年第 1 期。

㉒ 梁星彭：《陶寺遗址发现夯土遗存》，《中国文物报》2000 年 7 月 6 日。

㉓ 李健民：《陶寺遗址出土的朱书"文"字扁壶》，《中国社会科学院古代文明中心通讯》第 1 期。

㉔ 《史记·封禅书》。

㉕ 中国社会科学院考古研究所洛阳汉魏故城工作队：《偃师商城的初步勘探和发掘》，《考古》1984 年第 6 期。中国社会科学院考古研究所河南第二工作队：《1983 年秋季河南偃师商城发掘简报》，《考古》1984 年第 10 期；《偃师商城第 2 号建筑群遗址发掘简报》，《考古》1995 年第 11 期；《河南偃师商城东北隅发掘简报》，《考古》1998 年第 6 期；《河南偃师商城小城发掘简报》，《考古》1999 年第 2 期。

㉖ 据《太平御览》卷八十三引。

㉗ 据《艺文类聚》卷十二引。

㉘ 杜预注："河南巩县西南汤亭。或言亳即偃师。"

㉙ 《国语·晋语二》载宰孔言："景霍以为城。"韦昭注："景，大也。大霍，晋山名也。"

㉚ 《逸周书·大聚》。

㉛ 据河南省博物馆新郑工作站、新郑县文化馆：《河南新郑郑韩故城的钻探和试掘》（载《文物资料丛刊》第 3 辑），其城址分为东、西两城，西城北垣长约 2400 米，东垣即东城西垣，西垣、南垣未找到。依北垣计，其边长当为 2400 米左右。而据《左传·隐公元年》载祭仲言："都城过百雉，国之害也。先王之制，大都不过参国之一，中五之一，小九之一。"杜预注："方丈曰堵，三堵曰雉，一雉之墙长三丈、高一丈。侯伯之城方五里，径三百雉，故其大都不得过百雉。"孔颖达疏引许慎《五经异义》等说一雉长四丈。依后者，则百雉为四百丈。依周尺一尺合今约 19.7 厘米推计（参见闻人军：《〈考工记〉齐尺考辨》，《考古》1983 年第 1 期），合今约 788 米，其三倍即三百雉为约 2364 米，约合周七里。

㉜ 参见曲英杰：《周代都城比较研究》，《中国史研究》1997 年第 2 期。

㉝ 《公羊传·僖公四年》。参见阮元《校勘记》。

㉞ 《白虎通义·爵》。

㉟ 《史记·五帝本纪》。

试论中国早期国家的若干特点

陈恩林　　　　　　孙晓春
（吉林大学古籍研究所）（南开大学政治学院）

　　近年来，中国早期国家的形成问题一直是史学界讨论的热点，随着对大量考古材料的系统整理和对国外人类学、民族学理论的引进与吸收，极大地开阔了人们的研究视野，以至对于中国早期国家形成的具体过程能够做出较之以往更为详尽的描述。如，有的学者根据塞维斯等人类学家建构的"游团—部落—酋邦—国家"的模式，对中国早期国家产生的历史过程进行了新的诠释；有的学者在借鉴人类学理论模式的基础上，以考古学材料为基本素材，把中国早期国家的形成描述为从"平等的农耕聚落"到"初步分化和不平等的中心聚落"，再到"都邑国家"的过程[①]，从而进一步打破了以往单一的"部落联盟"、"军事民主制"的单一理论模式。虽然有关中国早期国家形成的全部问题还远未解决，但这些探索的意义显然是重大的。本文试图从中国早期国家形成的具体道路入手，对于中国早期国家的若干特点提出几点看法，以就教于读者。

　　关于人类社会由氏族社会进入国家的道路，恩格斯在《家庭、私有制和国家的起源》一书中主要讨论了三种模式，即由氏族组织演变为国家的雅典模式，通过部落征服进入国家的德意志模式和由家长制家庭进入国家的罗马模式。恩格斯说，雅典国家是"一般国家形成的一种非常典型的例子"[②]。客观地说，世界各民族国家产生的道路是复杂多样的，绝不仅限于这三种模式。但是，由于前苏联理论界的影响，我国史学界以往在讨论中国早期国家起源问题时，却把恩格斯所说的雅典模式机械地理解为唯一的模式。实际上，中国早期国家的形成走的是一条特殊的道路，即在家长制家庭的基础上，通过部落征服形成的。这条道路兼具罗马人国家和德意志人国家形成过程的双重特征[③]。

　　恩格斯在《家庭、私有制和国家的起源》一文中指出，国家与氏族组织的重要差别之一，是"它按地区来划分它的国民"。恩格斯的这一论断，是理解中国早期国家形成问题的关键。在中国早期国家产生之际，由于商品经济极不发达，家长制家庭没有像雅典那样分化为个体家庭，氏族部落内部虽然存在着一定程度的贫富差别，但是阶级分化并不十分明显。所以，我们认为，中国早期国家产生的动因主要不是由于氏族内部的阶级分化，而是部落之间的征服战争。部落战争的结果是征服者把被征服者置于自己的统治之下，从而使属于不同部落的人们组成了新的结构，于是，原有的以血缘关系为纽带的家长制家庭便具有了地域的性质。

　　在部落征服与家长制家庭这两种因素的综合作用下，中国早期国家便有了以下特点。

　　第一，部落征服的特征。中国早期国家是在部落征服的过程中形成的，在相当长的历史时间内，部落之间的界限并没有因为征服者与被征服者之间统治关系的确立而消失，征服者与被征服者之间依然存在着严格的界限。专制国家对征服部落与被征服部落实行分治的政策，这种政策经过夏商两代，到了西周便发展成为较为完善的国野制度。其一般特点是，征服者居住于国中，被征服者居住于野，野人的政治地位远远低于国人，"亡国之社盖揜之"④，国人拥有当兵、入仕、受教育的权利，野人则否。由此可见，在黄河流域的中心地带最初出现的那些城堡，其军事与政治意义远远大于经济意义，它不仅具有防御外部入侵的功能，也起着镇压被征服者反抗的作用。这一特点与日耳曼人国家的形成过程有着相似之处。所不同的是，日耳曼人在征服罗马以后，实行了日耳曼人在罗马人村落里定居的政策，"氏族在自己的村落里定居愈久，德意志人和罗马人愈是逐渐融合，亲属性质的联系就愈让位于地区性质的联系，氏族消灭在马尔克公社中了"⑤。但是，在古代中国，征服者与被征服者在相当长的历史时期内是异地而居的，他们之间的融合是一个漫长的过程。

　　直到春秋时期，国与野的界限依然存在。如，《国语·齐语》载管仲治齐，"三其国而五其鄙"，据学术界一般看法，齐国的鄙就是野。关于国人的构成，商代的情况已不可考，但从春秋时人对于周初人分封的追述来看，大约可以断定，国人并不是单纯由与国君具有同一血缘的人们构成的。林沄据《左传·隐公六年》"翼九宗、五正、顷父之子嘉父逆晋侯于随"这一记载，认为和晋国国君不同血统的"怀姓九宗、职官五正"世代居住在晋国都城⑥，这一结论显然是正确的。同样，也可以推断，周初分予鲁国的殷民六族、卫国的殷民七族也都居住于国里。不过，被征服者居住于国中这一现象，并没有改变早期国家的部落征服的特征。在周代社会，虽然国人的一部分可能来自被征服部落，但是他们成为国人的前提却是征服者的认可，只有被征服者认定与自己具有同等地位和共同利益的人们才有资格居住在国中。

　　古代社会的阶级对立，在不同的社会有着不同的表现形式，在中国古代社会，则主要体现为国与野的对立，对于这一点，学术界很早就注意到了。其实，在中国早期国家中，国与野的对立不仅仅是城市与乡村的对立，更重要的是它体现了征服者的部落与被征服者的部落之间的对立。居住野中的居民，由于其被征服者的地位，构成了那个历史时代的社会最底层。在以往有关商周时期社会形态的研究中，人们往往先入为主地认定中国古代存在着奴隶制，因而认为野人属于种族奴隶或家庭奴隶。其实，先秦典籍中没有充分的证据说明商周时期居住在国以外的野人是奴隶，至少他们不是希腊罗马社会那样的可以买卖、随意宰杀的奴隶，他们是被当作人而不是牲畜或财产对待的。在部落征服战争中，胜利者没有把被征服者整体地置于奴隶地位，这可能是商周时期的一个十分重要的特点。

第二，专制国家行政结构与家长制家庭结构一体化。恩格斯说："一定历史时代和一定地区的人们生活于其下的社会制度，受着两种生产的制约，一方面受劳动的发展阶段的制约，另一方面受家庭的发展阶段的制约。"[7]由于商品经济的不发达，在早期国家形成的过程中，原有的家长制家庭不仅没有被破坏，而且比较完整地保留了下来，因此，中国早期国家便有了与雅典人的国家完全不同的特征。在雅典，氏族组织与国家是根本不相容的；但是在古代中国，家长制家族组织却与国家在某种程度上达成了一致，家长制家族组织不仅没有因为国家的产生而消亡，相反在国家产生以后得到强化，原有的家庭结构生长成为政治结构的补充部分，成为专制国家的重要支柱。

近年来聚落考古的有关发现，有助于我们对于中国早期文明产生与发展过程中的家族结构进行描述。如，距今7000年至6000年的陕西临潼姜寨聚落遗址便是一例。据有关研究报告，姜寨人约100座左右房屋被分成五个大的群落[8]，有些学者认为，这五个群落应该是五个大家族[9]，这一意见显然是正确的。不过，从这五个群落的房屋围出一个约1400平方米的广场，进而形成一个共同活动的空间的情况来看，也很有可能这五个家族最初曾经出自一个共同的祖先。从姜寨遗址的情况来看，在父系大家族组织内部，个体家庭或人们常说的小家庭并不是充分发展了的结构。如，在五个房屋群中各有一座大型房屋，有的学者根据房内有可睡二三十人的土床这一情况，断定这些房子是家族集会议事、未婚青年男女夜宿的家族公房[10]。如果此说不误的话，家族的青年男女在家族公房中住宿，恰好可以说明在当时的大家族内部小家庭还不是充分发展了的结构。另外，从姜寨聚落内部有大量窖穴密集分布的情况来看，大家族的主要财产仍然是由家族组织统一支配和管理的，虽然也有一些窖藏以单个或一二个的形式分布于小房子附近，这当然可以作为小家庭拥有一定数量的私有财产的证明。但是必须说明的是，这些窖藏所储存的绝不可能是家族的主要财产。在主要财产由大家族统一支配的情况下，就不可能有充分发展了的个人所有制。

在个体家庭没有充分发展的前提下，生产劳动也应该是以大家族为单位共同进行的。关于这一点，有的学者根据姜寨遗址的小房屋附近存在着窖藏这一情况，认为当时家族内部的农业生产是分两个层次进行的，并且断定土地的开垦、春耕翻地这一类生产环节是以大家族集体形式进行的，而播种、田间管理和收割方面主要是以家庭为单位进行的⑪。这大概是一个误会。在农业生产劳动中，春耕、播种以及田间管理和收获是一系列的连续环节，在春耕时以大家族集体进行，而播种和田间管理却以小家庭为单位进行，这不仅在逻辑上，而且在事实上也是不可能的。在姜寨的家族结构下，个体家庭是很不发展的结构，这在某种程度上决定了中国早期国家形成期间家族结构的发展方向，即父系大家族的长期存留，西周春秋以后的宗法家族组织是这种家族结构最完善的类型。

在早期国家产生以及夏商周三代的兴替过程中，存在着一个家长制家庭国家化的过程。在夏商周三族通过征服战争取得了对黄河流域中心地区的统治地位以后，原有的家族结构便演变成了专制国家的政治结构，父系家长制家庭内部家长的绝对权力演变为君主的绝对权力，父系家族组织内部各级家族长也相应地变成专制国家各级行政长官。《尚书·盘庚上》有"古我先王，亦惟图任旧人共政"，"古我先王暨乃祖乃父，胥及逸勤"等记载，甲骨卜辞中还多见"王族"、"多子族"从事政治、军事活动的记载。由此可知，商代的家族组织仍然是作为专制国家的政治结构的基本单位而存在的，而商王朝的各级官吏是由与商王有亲缘关系的家族长担任的。在西周初年的大封建过程中，作为周人家族组织的大家长，周天子成为天下共主，而周王的兄弟子侄则分别成为统治各诸侯国的国君，诸侯国君的兄弟子孙受封为卿大夫，大夫的子孙则成为士，虽然也有一些异姓诸侯和卿大夫，但大都是王室、公室的姻亲故旧。《左传》中所说的"天子建国，诸侯立家，卿置侧室，大夫有贰宗，士有隶子弟"⑫，实际上是对家长制家族组织国家化过程的形象描述。

在家长制家庭基础上建立起来的中国早期国家，不是像雅典国那样有纯粹的地域性结构，反映在先秦典籍中，就是人们常常以家族组织的象征宗庙和地域性的社稷并称，以此作为国家的代名词。《左传·襄公七年》载楚人围陈，陈国大夫庆虎、庆寅二人派人送信给正在参加诸侯会盟的陈侯："楚人执公子黄矣，君若不来，群臣不忍社稷宗庙，惧有二图。"这里所说的宗庙、社稷，都是指陈国的国家政权。《左传·庄公二十八年》所载《凡例》说："凡邑有宗庙先君之主曰都，无曰邑。邑曰筑，都曰城。"先秦时期的都邑，当然是地域性的结构。不过，据《凡例》所说，都与邑的各自地位以及两者之间的从属关系，不是由其地理位置、规模大小决定的，而是决定于各自的居民在既定的家族结构中的地位，有"宗庙先君之主"的"都"，其居民是家族始祖的直系后代；没有"先君之主"的邑，其居民或是家族组织的旁系或异姓家族，所以其地位低于都邑。地域性结构之间的隶属关系决定了血统，这是中国早期国家的重要特征之一。

由于家长制家庭结构的影响，专制国家重要的官职也是由占统治地位的家族的族长担任的。春秋时期，鲁国的三桓，晋国的六卿，郑国的七穆，宋国的华、向，卫国的孙、宁，都是执掌国政的世家大族。再如，《左传·文公十二年》载秦晋河曲之战，秦伯就战事询问士会，士会对秦伯说："赵有侧室曰穿，晋君主胥也，有宠而弱，不在军事，好勇而狂……若使轻者肆焉，其可。"后来，赵穿轻敌，以自己的部属与秦军交战，赵宣子说："秦获穿也，获一卿矣，秦以胜归，我何以报。"侧室，杜注以为即是"支子"。赵穿作为赵氏宗族的侧室，同时又担当着晋国卿的职位，这又是卿大夫家族的各级首领担任国家重要官职的事例。

在家长制家庭结构的影响下，早期国家内部宗族组织与军事组织也往往是一体的。商周时期，多见以族为单位的军事组织。见诸商代甲骨卜辞的有："令王族追召方，及于□"[13]；西周初年的《明公簋》："王令明公遣三族伐东国"；《班簋》："王令吴白曰：以乃师左比毛父，王令吕白曰：以乃师右比毛父。令曰：以乃族从父征。"以族为单位的军队建制，其基础就是父系家族组织。《周礼》一书对于周代的居民组织和军队组织做了较为详尽的描述。《大司徒》所述的居民组织是五家为比，五比为闾，四闾为族，五族为党，五党为州，五州为乡。而《小司徒》又说："乃会民之卒伍而用之，五人为伍，五伍为两，四两为卒，五卒为旅，五旅为师，五师为军。"《大司马》郑注说："军、师、旅、卒、两、伍，皆众名也。伍一比，两一闾，卒一族，旅一党，师一州，军一乡。"《周礼》虽然成书较晚，但是其中所说的大部分内容当有所据，如《国语·齐语》载管仲治齐，"寄内政而寄军令"，其军队编制就是"五家为轨，故五人为伍，轨长帅之；十轨为里，故五十人为小戎，里有司帅之；四里为连，故二百人为卒，连长帅之；十连为乡，故二千人为旅，乡良人帅之；五乡一帅，故万人为一军，五乡之帅帅之"。两相印证，可知《周礼》所说的军事编制在周代社会确曾存在。

关于商周时期家族组织与军事组织的一致性，很早以前就被人们注意到了。如，有的同志在论及商代的家族形态时指出，"商王在军事上对各家族的武装力量还有相当的依赖性"[14]。这一意见当然是对的。不过，应该指出的是，早期国家内部家族组织与军事组织之间的关系。不仅仅是一种依赖关系，早期国家的居民大都生活在一定的家族组织中，在原有的家族结构依然存在的情况下，家族武装实际上就是专制国家的军事组织的组成部分。

关于中国早期国家的社会组织，李玄伯在《中国古代社会新研》一书中说："百姓者按照族姓之分类组织，族各有长；里君者按照乡里之分类组织，里各有君，即所谓里君。"[15]李氏发现了商周时期家族组织与乡里组织并存这一现象，当然是有意义的，可他却忽略了至关重要的一点，即在中国早期国家内部，家族组织与乡里组织实际上是一体的，乡里组织实际上是在家族结构的基础上编制起来的，在乡里组织中担任各级职务的人，实际上就是家族组织的各级族长。在中国历史上，不独商周两代，后世女真族的

"猛安谋克"，满族的"八旗制度"，都是家族组织与军事组织一体化的结构。

文献与考古材料证明，在中国早期国家形成与发展过程中，原有的家族组织被完整地保留了下来。1976 年周原考古队在扶风庄白村发现了微氏家族铜器窖藏，其中的《墙盘》铭文记述了微氏家族的史事，其高祖原在微国，烈祖微史是微国人而作史官，武王克殷以后归于周，住在歧周。据唐兰先生的研究，这些铜器是微氏家族在西周王朝崩溃东逃时埋下的⑯，可证微氏作为一个古老的家族，其家族组织直到西周晚期仍然完整地保留了下来。而前面引述过的"翼九宗、五正、顷父之子嘉父逆晋侯于随"，"九宗"、"五正"显然就是《左传·定公四年》所说的周初封予晋国的"怀姓九宗"、"职官五正"的后裔。这说明，即使是作为被征服者的殷人，在西周初年到春秋时期这一漫长的历史时期内，其宗族组织也没有破坏。这些材料基本上反映了商周时期的历史实际，比较合乎逻辑的解释应该是，在中国早期国家形成期间建立起来的乡里组织，并没有打破原有的家族结构。

中国早期国家的社会成员一般拥有双重的身份。一方面，他们是以血缘关系为纽带的家族组织成员；另一方面，他们又是地域性结构即国家的居民。这反映在文献资料中，就是有些时候称之为众或民，有些时候又直称其族属和血统。这种情况在商代甲骨卜辞中多见，现举几条如下：

（1）甲子卜争：雀弗其呼王族来。

（2）雀其呼王族来。　　合 6946

（3）贞：令多子族罘犬侯璞周甾王事。　　合 6813

（4）戊寅卜，宾贞：王往以众黍于冏。　　合 10

关于甲骨文中称族与称众的情况，裘锡圭很早就注意到了这一点。不过，他以为甲骨文中的"众"多与农业生产劳动有关，而认为商代狭义的"众"是被排斥在宗族组织之外的商族平民⑰。实际上，在家长制家族组织没有被打破的商周时代，很少有生活于宗族组织之外的居民。如朱凤瀚所说，甲骨文中的"以众"、"氏众"，是指高级贵族率领下的族属，他们不仅是一般身份的平民，事实上也包括家族组织的各级族长⑱。可以设想，甲骨文以及西周金文中不以族称的"众"、"大众"、"王人"（宜侯夨簋），实际上都是在家族组织基础上组织起来的民众。裘锡圭以为宜侯夨簋所记的"王人"不以族为单位而以里为单位来计算，因而断定其"大概是里君所统辖的平民"，这一说法很值得商榷。

直到春秋时期，作为国家主要人口的普通民众，仍然生活在一定的家族组织中。《左传·僖公十年》载晋国大夫狐突说："神不歆非类，民不祀非族。"这里所说的民，当指春秋时期的平民而言。显然，直到春秋时期，一般意义上的大众对于自己的族属仍然十分明确，否则，狐突的这句话就没有任何意义。《左传·僖公二十五年》传载周天子把阳樊、温、原等地赏给晋国，"阳樊不服，围之，仓葛呼曰：'德以柔中国，刑以威四夷，宜吾不敢服也，此谁非王之亲姻？'"《国语·晋语》记述仓葛的话为："阳人有夏商之嗣典，有周室之师旅，樊仲之官守焉。其非官守，则皆王之父兄甥舅也。"这些记载恰可说明阳樊的居民是生活在一定的家族组织之下的。

第三，中国早期国家的居民仍然保留着聚族而居的生活方式。中国早期的国家在本质上是地缘组织而不是血缘组织。但是，在家长制家庭长期存留的前提下，由于早期国家的居民生活是在一定的家族组织下生活的，因此，聚族而居的习俗就被完整地保存下来。《周礼·地官·乡师》一职："正岁，稽其乡器，比共吉凶二服。闾共祭器，族共丧器，党共射器，州共宾器，乡共吉凶礼乐之器。"这里所说的闾和族，都是当时的居民组织，以闾和族为单位的居民所以能够共用祭器和丧器，是因为他们有着共同的祖先。

早期国家的居民聚族而居的生活方式，反映在丧葬制度上就是族葬制度。《周礼》一书叙述大司徒的职事时说："以本俗六安万民，一曰宫室，二曰族坟墓，三曰联兄弟……"，"族坟墓"下郑注说："族，犹类也。同宗者，生相近，死相迫。"郑氏对于《周礼》这段话的理解显然是对的，建国以后对于商周时期一些重要墓地进行了发掘，如殷墟西区的家族墓地、陕西张家坡西周墓地等，都清楚地表明商周时期确实存在着文献中所说的族葬制度。早期国家的居民生则族居，死则族葬，家族内部的血缘关系是维系社会成员关系的重要纽带。

由于早期国家的居民是聚族而居的，因此，便产生了家族的称号与地名完全一致的情况。在商代甲骨文中，有许多族名与地名相同的事例，如《合集》33055："丙子[卜]，今日步毕？"《粹》1052："辛未贞，王令即竝"，"毕"、"竝"在甲骨文中都是家族的称号，而在这里被用作地名。这种族名与地名相同的情况说明，这些以族氏命名的地方是这些家族的聚居地。族名与地名相同的情况在《左传》中更是俯拾可见，如周初大分封时周公封予鲁国的殷民六族中有长勺氏，而鲁庄公十年有长勺之战，长勺当因长勺氏居其地而得名。《左传·昭公二十二年》载王子朝与灵景之族作乱时，"刘子如刘，单子使王子处守于王城"，刘当即东周王室刘氏家族的居住地。《左传·隐公五年》载"曲沃庄伯以郑人、邢人伐翼，王使尹氏、武氏助之"，而《左传·昭公二十三年》又有："刘子从尹道伐尹"，尹也当为尹氏家族聚居于此地而得名。朱凤瀚在论及中国古代族名与地名重合的现象时说，一种情况可能是族名来源于地名，另一种情况可能是地名来源于久居此地的族名[⑲]。上举《左传》中的刘与尹显系后一种情况。春秋时期也有直接以族氏为地名的情况，如《左传·昭公二十六年》载"刘人败王城之师于尸氏"，"尸氏"本来应该是一个家族的称号，可是在这里却被用作地名。这种族名与地名相同的情况表明，从商周时期到春秋战国之际，父系家族成员聚族而居的情况没有发生很大的改变。

在商周春秋时期，较小的邑即所谓的"十室之邑"大抵是由某一个家族单独居住的，而"百室之邑"则可能居住着若干个家族，国都则是多个家族共居的城市。不过，即使是在这样的都邑里，各个家族之间也不是杂居的，不同家族之间的居住地仍然有着清晰的界限。如，鲁国的东门氏因居住在鲁国都城的东门而得名；齐国有东郭氏，也因为其居住在东郭而得名。再如，《左传·昭公二十五年》载鲁昭公讨伐季氏，孟氏使人"登西北隅以望季氏"。就这段材料所反映的情况看，孟氏与季氏虽然相距不会太远，但是，这两个家族的居住地很明显是相互分开的。《左传·昭公八年》载"齐子尾卒，子旗欲治其室……其臣曰：'孺子长矣，而相吾室，欲兼我也。'授甲将攻之。陈桓子善于子尾，亦授甲将助之"。这些卿大夫家族所以能在很短的时间内把自己的族众组织起来，其原因就是家族成员本来就居住在一起。

第四，依血缘差等确定居民的政治等级。由于家长制家族组织的长期存留，在中国早期国家内部，经济要素并不是确定居民社会等级的唯一的要素，人们的社会地位在通常情况下是由血缘关系决定的。在中国早期国家中，关于中国古代社会的阶级结构与阶级斗争，吾师金景芳先生1980年撰文指出，商周时期的中国社会并没有像后来的资本主义社会那样分裂为两大敌对的阵营，社会阶级是等级的阶级，即马克思和恩格斯所说的"各种社会地位构成的多级的阶梯"[20]。《左传·昭公七年》说："天有十日，人有十等，下所以事上，上所以共神也。故王臣公，公臣大夫，大夫臣士，士臣皂，皂臣舆，舆臣隶，隶臣僚，僚臣仆，仆臣台。"这段记载当是商周社会等级结构的真实写照。那么，商周时期的等级结构是由什么因素决定的，或者说中国早期国家的居民各自的社会地位是由什么决定的。当然，按照马克思主义的基本原理，人的社会地位归根结底决定于经济因素，但是，由于中国古代社会特定的历史环境，决定了定居农业是社会主要的生产部门，在土地为公社所有并定期分配给个体农户耕种的井田制度下，社会成员之间并没有出现悬殊的贫富分化，所以，经济因素便不可能成为决定社会等级结构的唯一的要素。

中国早期国家的等级结构在很大程度上是由血缘关系决定的。从商代的甲骨卜辞以及西周春秋时期的文献记载来看，商周时期各个家族的地位，实际上是按照血统划分的，王族和公族处于最高的等级，以下依次是血统远近不一的同姓卿大夫家族。朱凤瀚通过对商代甲骨卜辞中"子某"与"非子某"祭祀对象不同这一现象的研究，指出"子某与非子某诸同姓贵族在祭祀体系上的差别；表明二者与王有血缘亲疏的差别"，这种差别"可能表明他们有着不同的宗法地位"[21]。这一说法大体上符合商周时期的历史实际。《左传·定公六年》载鲁国季氏的家臣阳虎作乱，"盟公及三桓于周社，盟国人于亳社"。亳社即殷人的社。这说明，作为被征服者的商代遗民，由于与国君之间没有血缘关系，他们在某种程度上被看作是另类。

商周时期，政治权力也是按照血缘关系的远近分配的。这种血缘关系，主要是指与现实的君主之间的血统。据朱凤瀚的研究结果，西周初年在王朝政治中发挥过重要作用的世族，多数是周天子的同姓，同时，没有任何一个世族能够在整个西周时期始终居于王朝主要执政大臣之列②。在家长制家族组织长期存留的情况下，哪个家族与君主特别是现实的君主之间有较近的血缘关系，哪个家族的首领也就有可能拥有更高的权力和地位。有了更高的政治地位，也就意味着这些家族将拥有更多的财产和土地。在这一意义上，早期国家内部的财产分化，也同样不是由于纯粹的经济原因形成的。中国早期国家内部的等级首先体现为不同的家族之间的等第差别。

在家长制家族组织内部，也存在着家族成员之间的等级差别，家族长占据家族组织内部的最高等级，家族成员也依与族长的血缘关系的远近而各自占据着不同的位置，而与家长血缘关系较远的族众，便成为家族组织最底层的人口。建国以后对于殷墟西区和后冈商代家族墓地的发掘结果表明，商代后期的家族组织内部确实存在着等级的差别，体现在葬制上就是墓的规模与随葬物品的差别，这种差别直到春秋时期还依然存在。

家长制家族组织的长期存留，使早期国家具有了家长制家庭的特征。在这一过程中，本来与国家这一政治结构相矛盾的家族组织并没有消失，相反，却通过制度化的方式，使家长制家族组织日益成为专制国家的政治结构的一部分，其具体表现就是以血缘关系为基础的宗法制度的形成。关于宗法制度，王国维在《殷周制度论》一文中说："由嫡庶之制而宗法与服术二者生焉，商人无嫡庶之制，故不能有宗法。藉曰有之，不过合一族之人奉其族之贵且贤者而宗之。其所宗之人，固非一定而不可易，如周之大宗小宗也。周人嫡庶之制，本为天子诸侯继统法而设，复以此制通之大夫以下，则不为君统而为宗统，于是宗法生焉。"③应该说，王国维把宗法制度与家族组织内部的嫡庶制度联系在一起的思路是正确的，不过，其商代无嫡庶之制的说法似有研究的余地。近年来，一些学者在对商代子卜辞的研究基础上，认为商代后期已经存在嫡庶之别，并且已经存在与周代类似的家族组织，并进而推论商代已经存在"跟周代相似的宗法制度"④。这一说法显然更多地注意到了商周之际家族组织发展的连续性。我们认为，宗法制度的形成是一个相当长的历史过程，周代的宗法制度与商代后期的家族组织与家族制度以及我们在姜寨聚落遗址中所见的那种类型的家族结构，一定存在着一个逻辑上的发展关系，这种家族制度的存在，以及在这种制度下出现的大宗、小宗的家族结构，恰好是中国早期国家内部以血缘关系划分社会等级的确证。

综上之述，我们认为，中国早期国家是在特定的历史环境下，通过特定的方式形成的，虽然国家的本质是以地域划分它的国民，但是，由于中国早期国家所经历的独特的发展道路，家长制家庭结构长期存留成为中国古代社会的根本特点。在原有的部落形态和家长制家庭没有被彻底打破、个体家庭没有充分发展起来的前提下，中国早期国家呈现了以上四个方面的特点。不过，描述中国早期国家产生的历史过程以及在这一过程中形成的若干特点，是一个需要我们持续研究的课题，本文仅仅是我们的一点浅见，谨请读者教正。

注　释

① 以上诸说参见：王震中：《中国文明起源比较研究》，陕西人民出版社，1994 年。赵伯雄：《周代国家形态研究》，湖南教育出版社，1990 年。谢维扬：《中国早期国家》，浙江人民出版社，1995 年。李学勤主编：《中国古代文明与国家形成研究》，云南人民出版社，1997 年。

② 《马克思恩格斯选集》第 4 卷第 107 页，人民出版社，1972 年。

③ 参见孙晓春：《中国早期国家形成问题初论》，《天津社会科学》1999 年第 3 期。

④ 《公羊传·哀公四年》。

⑤ 同②第 148 页。

⑥ 林沄：《关于中国早期国家形式的几个问题》，《林沄学术文集》第 90 页，中国大百科全书出版社，1998 年。

⑦ 同②第 2 页。

⑧ 参见严文明：《中国新石器时代聚落形态的考察》，《庆祝苏秉琦考古五十五年论文集》，文物出版社，1989 年。

⑨⑩ 李学勤主编：《中国古代文明与国家形成研究》第 22 页，云南人民出版社，1997 年。

⑪ 同⑨第 24 页。

⑫ 《左传·桓公二年》。

⑬ 《明后》2630。

⑭ 林沄：《从武丁时代的几种"子卜辞"试论商代的家族形态》，《林沄学术文集》第 56 页，中国大百科全书出版社，1998 年。

⑮ 李玄伯：《中国古代社会新研》第 205 页，开明书店，1949 年。

⑯ 唐兰：《略论西周微史家族窖藏铜器群的重要意义——陕西扶风新出土墙盘铭文新解》，《文物》1978 年第 3 期。

⑰㉔ 裘锡圭：《关于商代宗族组织与贵族和平民两个阶级的初步研究》，《古代文史研究新探》第 320 页，江苏古籍出版社，2000 年。

⑱⑲㉑㉒ 朱凤瀚：《商周家族形态研究》第 138 页，天津古籍出版社，1990 年。

⑳ 金景芳：《论中国奴隶社会的阶级和阶级斗争》，《中国社会科学》1980 年第 3 期。

㉓ 王国维：《观堂集林》卷十，中华书局，1959 年。

从考古资料看仰韶文化对
中国古代文明因素的孕育

巩 文

（中国社会科学院考古研究所）

几十年来，我国学术界对中国古代文明起源和国家形成问题的研究已取得了显著成绩。商代已是文明社会的认识早已成为定论；夏代（二里头文化时期）文明社会已经形成的观点，在国内学术界也已基本达成共识。人们还在龙山时代诸遗址中发现了不少文明因素，如城址、符号文字、金属器、大墓等等，这些文明因素无疑对我们研究中国古代文明的起源具有极为重要的意义。但它们不是一朝一夕所能形成的，自有其孕育、萌芽、发生和初步发展的过程，而此过程只能在早于龙山时代的新石器时代晚期诸考古学文化中寻找，如仰韶文化、大汶口文化、青莲岗文化、红山文化、崧泽文化、大溪文化等。本文即从考古资料着手，对仰韶文化孕育文明因素的情况进行初步考察。

一　仰韶文化所处的社会发展阶段是孕育文明因素的前提

人类社会的蒙昧阶段是一个漫长的历史时期，它从旧石器时代晚期到整个新石器时代经历了几万年的发展才跨入了人类社会的文明阶段。民族学家和史前史学家将人类社会的蒙昧阶段区分为母系氏族公社和父系氏族公社两个阶段，又将母系氏族公社划分为初级母系氏族和高级母系氏族公社，将父系氏族公社划分为初级父系氏族公社和酋邦（或称军事民主制，或称古国）社会。一般认为，这些阶段所对应的考古学分期是，旧石器时代晚期、中石器时代和新石器时代早中期为初级母系氏族公社时期，新石器时代晚期前段为高级母系氏族公社时期和初级父系氏族公社时期，新石器时代晚期后段为酋邦社会时期，再往前发展才是以国家为标志的文明时期。但不少学者在联系我国新石器时代晚期诸考古学文化的情况进行社会发展阶段的研究时却众说纷纭，有的学者认为仰韶文化已是酋邦社会、文明的源头[①]；有的认为龙山时代已是文明社会[②]；有的认为仰韶文化晚期是部落时期，龙山时代是方国时期，二里头文化才是文明社会[③]等等。笔者认为仰韶文化是文明因素的孕育或萌芽阶段，龙山时代是文明因素的发展阶段，二里头文化则是中国古代国家形成、文明社会确立的时期。基本上与上述第三种意见接近。关于仰韶文化的社会发展阶段，近期有学者从生产力发展水平、居住情况、婚姻制度、埋葬制度、聚落形态、社会组织、意识形态等所反映的状况进行研究，认为早期是高级母系氏族公社时期，中晚期是初级父系氏族公社时期[④]，这是比较切合当时社会发展实际的一种意见。这里对仰韶文化所处社会发展阶段的界定是研究中国古代文明起源的基础。正因为它所处的社会发展阶段是整个人类历史长河中由繁荣的母系氏族公社向父系氏族公社演进并已确立的时期，所以在这一时期里，它不仅仍在发展巩固自身的社会诸因素如生产力、生产关系等，同时也为下一历史阶段孕育着新的因素。如果龙山时代是我国古代文明因素的发展时期，那么，仰韶文化则是文明因素的孕育时期。

二　仰韶文化早期的环壕聚落、中期的中心聚落、晚期的城址是文明因素从孕育到萌芽、发生以至初步发展的实际过程

在考古学文化的各种遗迹中，聚落遗址应该是最重要的，尤其是那些保存较好、内涵丰富、布局清晰完整的聚落遗址，其所包含的信息量最大，对于我们研究各个时代的社会形态具有特别重要的意义。仰韶时期的聚落形态是在比它早的磁山、裴李岗、老官台文化聚落形态的基础上发展起来的，这类前仰韶时期的聚落一般为自然条件比较优越、水源较近、规模较小、人口较少、比较原始、人人平等的农耕聚落。到了仰韶文化早期，聚落形态已较前有较大发展，规模较大、人口较多、内部设施较前完善，是凝聚式和内向式农耕聚落发展最充分最典型的时期。已有的考古资料表明，当时的社会经济是以农业生产为主，家畜饲养、渔猎、采集为辅的综合性经济结构。同时，人们所必需的房屋建筑、工具制造、制陶、纺织、缝纫、皮毛加工等也是重要的生产活动。这种经济形态的形成是生产力发展的反映，同时所形成的聚落形态也最具时代特征，仍为平等的农耕聚落。

仰韶文化早期有关聚落遗址的资料比较丰富，已发掘的西安半坡、宝鸡北首岭、临潼姜寨、铜川瓦窑沟等聚落遗址所揭示的聚落形态都很典型[⑤]，它们都是由环壕、居住区、墓葬区、制陶窑场等统一的模式所构成。如姜寨一期聚落，整个聚落的平面为椭圆形，在环壕围起来的居住区内同时存在着约100座大中小型房屋。这些房屋均为单间，

被区分成五个相对集中的群落，五个群落又围出一个约4000平方米的中心广场，各群落房屋的门均朝向广场，构成一个典型的凝聚式的向心布局。研究者认为姜寨聚落内各群落的小型房屋是对偶婚所组成的对偶家庭的住处；中型房屋是由若干个对偶家庭所组成的家族中老人和未成年儿童的住处，也是整个家族活动的场所，是家族的标志；大型房屋是各群落内二个或三个家族所组成的氏族中族长及老人和小孩的住处，也是整个氏族举行集会、议事、庆典、祭祀的场所，是氏族的标志。五个群落即五个氏族，整个聚落是由五个氏族聚居的一个胞族共同体。一般认为对偶婚是一种比群婚进步的、短时期的、不稳固的、容易离散的对偶同居的婚姻制度。在这种制度下，所生子女知母不知父的现象仍很突出，氏族也只能按母系计算，所以姜寨聚落中家族和氏族的社会组织结构只能是母系的性质，也就是说姜寨聚落是由若干母系家族所组成的五个母系氏族，又由五个母系氏族组成一个母系胞族的人们共同体。从所有制来看，姜寨聚落众多的小型房屋内仅有火塘、成套的生活用具、少量的生产工具、少量的食物储藏及睡卧的地方，只能是一个半独立的生活单位，而不像是独立生产的经济单位，这表明对偶婚所组成的对偶家庭尚未具有经济性质，他们的生活所需如粮食等只能定期从家族那里领取。中型房屋不仅面积大，有较大的火塘，还有供睡卧的土床，以及大量的成套生产工具和生活用具，其附近还有成群的窖穴，显然是一个组织生产的经济单位，同时也是一个较大的生活单位。一般来说，家族都有从氏族那里分得的土地、草场、牲畜等动产和不动产，家族首脑组织全家族成员进行劳动生产。大型房屋的面积更大，一般都有七八十平方米，有的达一百多平方米，房内有二个既大且深、底部连通的大火塘，火塘两侧有两个对称的土床，土床后面还有较大的空间，房屋附近有成群的窖穴，有的有圈栏或牲畜夜宿场，有的有陶窑等。这些情况表明氏族也是组织生产的经济单位，其职能可能比家族更大一些，如开垦新的耕地，进行较大规模的放牧或圈养牲畜、狩猎大型野兽、修建大型房屋等，这些都是家族所不能胜任的，应由氏族公社组织全氏族的青壮年劳力集体进行。姜寨聚落内五个氏族所组成的胞族的经济职能可能比氏族小得多，聚落西面临近河边的公共窑场及整个聚落所拥有的山林、河段渔场等由胞族公社管理，聚落防御设施的修筑也由胞族公社组织进行，也许还有对各氏族进行土地调节的权利。所以从整个聚落所反映的经济情况来看，当时的生产应是以氏族公社为主体的，所有制为三级所有，以氏族公社为基础，相比之下家族和胞族的经济职能较弱。可见姜寨一期聚落所显现的情况是仍处于母权制下的原始共产制阶段，是人们共同生产、共同消费、人人平等的农耕聚落形态。整个仰韶早期各聚落的发展水平大概如此。

有关仰韶文化中期聚落的资料较少，至今尚无一处遗址经过全面发掘，对当时聚落内各种遗迹的布局情况无从得知。这时期遗址的分布范围已经扩大，向东已达豫东，向西已到青海东部，向南已达汉水中上游一带，向北已达内蒙古中南部地区，可见分布地区之广，但其中心仍是黄河中游的中原地区。此时遗址面积的大小差别比较明显，有的遗址达八九十万平方米，有的却仅有几万或几千平方米。此外，陕西关中、豫西、晋南等地遗址的分布相当密集，如凤翔县、长安县、灵宝市等都有数十处遗址。从已发掘遗址的出土物来看，农业生产工具无论数量、质量还是品种都比早期有所改进和增多。如石器，除个别遗址外一般遗址都是磨制的多，打制的少；通体磨光的多，仅磨刃部的数量明显减少。一般石器都是棱角整齐，器形规整，钻孔技术也较以前普及。同时，还出现了石耜、木耜、木末、石刀、两端带缺口的陶刀、石杵、石臼等新型农具，表明农业生产较前已有一定发展。但从总的情况来看，这时仍然是以农业为主，饲养业、渔猎业、采集业为辅，并有各种手工业、综合性经济形态。已零星发现的房屋建筑情况多为单间，有大、中、小之分，在小型房屋中分间（或套间）的房屋已经开始流行，如在铜川李家沟、荥阳点军台、尉氏楼圈马、邓州八里岗、淅川下集等遗址都发现了双间房屋⑥。双间房屋的出现反映出这时的婚姻、家庭、社会组织已有变化，可能是在对偶婚所组成的对偶家庭仍很盛行的情况下，一夫一妻制的个体家庭开始流行。双间房屋是一夫一妻制个体家庭的住所，子女已知生父，世系按父系计算，父权制已经形成。中型房屋的面积一般都较大，有的是单间，有的是多间组成。如邓州八里岗的 F35 和 F36 等都是多间式套房，可能是父系家族包括几代人的住处，这是家族公社较前发展的典型。大型房屋也有发现，如华县泉护村的 F201、西安南殿村的 F1、洪洞耿壁的 F1、灵宝东常、西坡断崖上暴露的房址等⑦，都在 100 平方米以上，可能是当地氏族或部落的公共活动场所。中期的聚落情况，我们从文物普查和考古调查资料中可知道一些信息。从宏观上看，这一时期的聚落群及中心聚落可能已开始出现。如豫中，豫西南鄂西北，嵩山附近，豫西，晋西南，关中东部、中部、西部，北洛河中游，陇东等地区；都存在有几十处或一百多处同期遗址。它们各自形成一个聚落群，每群中都有大中小不同规模的聚落，大型聚落约三十万平方米以上，有的达八九十万平方米；中型聚落为十万平方米左右；小型聚落仅几万或几千平方米不等。这样的现象可能是三级社会组织的反映，即大型中心聚落、中型中心聚落和一般聚落。它们既是从属关系也是互相依存的关系，它们所对应的社会组织可能是部落、胞族及氏族。这与上述各地大型房屋的情况也相吻合。

仰韶文化晚期的聚落资料比较丰富，如已发掘过的郑州大河村、西山，淅川下王岗，邓州八里岗，枣阳雕龙碑，扶风案板，秦安大地湾等遗址所揭示的聚落形态都很典型，并富有时代特征⑧。这是当时生产力较前发展，社会进步的集中反映。这时的各类生产工具进步很快，打制石器几乎绝迹，磨制石器、骨器、玉器的数量和质量都达到了相当高的水平。制陶技术也较以前提高，早期仅见个别陶器慢轮修整口沿的情况，中期经慢轮修整的陶器不但数量增加，而且所修整的部位已由口沿发展到腹部，到了晚期更发展到整个器身，同时烧制火候也较以前控制得更好，器类更加复杂。建筑技术则达到了前所未有的水平，夯筑技术在中期开始出现的基础上已有所推广，原始水泥开始出现，大型建筑的设计、施工、奠基、墙体、木构、居住面等的各项实际技术都较以前有所发展。这时的农业生产发展更快，各类农业生产工具的数量显著增加，质量普遍提高。如在闻喜汀店、镇坪赵湾、临汝大张、枣阳雕龙碑等遗址均发现了石犁。工具的改进，促使耕地增加，使人们得以扩大种植面积，提高产量，增加收入。这时的农作物不但有粟、黍，还有稻和豆，同时已开始种植蔬菜，从而使人们的饮食营养更加丰富。从考古发掘情况所揭示的几处聚落来看，此时的房屋特点、聚落形态与早期相比已有显著变化，这是当时的婚姻、家庭、社会组织及社会性质已有变化的具体反映。此时的房屋建筑仍有大、中、小之分，其用途和功能各不相同。小型房屋有单间和套间两种，单间面积较小，为十几或二十几平方米；套间面积较大，约三十几平方米，有的两间套用，有的三间套在一起。房内都有火塘或灶台，并有成套的生活用具和生产工具，多数房内还有储藏粮食和其他食物的窖穴。这一现象在西安半坡晚期、郑州大河村三期、唐河寨茨沟、茅草寺、察右前旗庙子沟等遗址都有发现。一般认为这类房屋是一夫一妻制的个体家庭的住所。中型房屋有的四五间组成一座，有的六七间组成一座，面积都较大。如大河村的 F1 ~ F4，由四间组成，面积 45 平方米，雕龙碑的 F15 由 7 间组成，面积 101.2 平方米。这些房屋都是住人的，有的还有储藏室，室内都有火塘或灶台，都有大量的生活用具和生产工具，是一个较大的生活和生产单位，是一个包含几对夫妻几代人所组成的父系大家族的住所，是比较发达的家族公社。大型房屋均为多间组成，面积更大，建筑技术、建材标准最高。如郑州西山的 F84 为夯土高台建筑，面积 112 平方米；扶风案板的 F3 位于整个聚落的中部最高处，面积 134.5 平方米；秦安大地湾的 F901 规模巨大，占地面积 290 平方米，若加上附属建筑，总面积达 420 平方米；西峰南左疙瘩渠的 F1 占地面积 630 平方米；邓州八里岗的 F34 由 5 套 11 间组成，面积 137 平方米。这些大型建筑都是住人的，室内都有特大型的灶台，多有比较特殊的非一般人常用的生活用具（如大地湾 F901 内的四足大鼎、深腹大釜、条形盘、簸箕形器等），它们可能是各地区部落联盟或酋帮或古国"王"者的住所，可能是召集众多部落首领进行会盟、议事、协商邦国大事的重地。这时的聚落形态虽仍是凝聚式的但不再是向心式的。其大小规模差异很大，如属大型聚落的案板聚落 80 万平方米、大地湾聚落 110 万平方米、西山聚落 20 万平方米，中型聚落一般有十多万平方米，小型聚落仅几万或几千平方米。聚落内的房屋布局呈现出多种多样的现象，有的是整个聚落中心为一座特大型房屋，其周围分布有若干片大、中、小型房屋，如大地湾、案板等；有的是由三大排房屋组成的聚落，如八里岗；有的是由两大排房屋组成的聚落，如雕龙碑；有的是由一大排房屋组成的聚落，如下王岗三期；唯西山聚落更为特殊，它是一个地形地势相当优越的城，有城墙、城壕、城门、道路、居住区、墓葬区、地窖区、制陶区等，井然有序，城内的居住区有一座大型夯筑台基，并有若干片中小型房屋，或单间、或套间、或几间组成排房。这些不同模式的聚落形态所反映的社会组织结构和功能明显不同，大地湾、案板、西山、八里岗聚落可能分别是陇东、关中、豫中、豫西南鄂西北地区的大型中心聚落，它们的周围都有几百处或几十处同时存在的中小型聚落。大型中心聚落可能是各地部落联盟或酋邦或古国"王"者的驻地，也可能是"都邑"的标志；中型聚落可能是部落酋长及其族众的驻地，也可能是后来"方国"的基础；小型聚落可能是一个氏族的驻地，也可能是后来的以地缘关系所构成的自然村的前身。它们的关系可能是以血缘关系较重的地缘关系开始推行的一级领属一级的互相依存的同盟或联邦关系，最高首领"王"是酋邦或古国的代表。这一切表明仰韶文化晚期已开始由部落社会跨进了酋邦或古国阶段。

三　仰韶文化金属器的出现为龙山时代青铜器制造的发展打下了一定的基础

龙山时代的铜器制造已遍及黄河流域及长江中游的广大地区，已发现的铜器地点多达二三十个遗址，出土器类有锥、斧、刀、钻头、凿、匕、环、镜、泡、铃、牌及铜渣、炼铜炉残块等，其中有红铜、青铜和黄铜。由这些标本可知，当时的冶铜业包括采矿、选矿、冶炼、制范（单范与合范）、熔铸、修整等一整套冶金技术，且已达到了一定水平，并作为中国古代文明起源的一项重要因素而被研究者所重视。但这样的水平并非一朝一夕所形成的，自有其孕育和萌芽时期，这一时期就是比龙山时代还早的仰韶文化及与其同时的诸原始文化时期。从前述仰韶文化的发展阶段、社会组织结构以及生产力发展水平来看，仰韶文化时期对中国古代铜器制造技术的孕育或酝酿应该有所贡献，考古材料也证明了这一点。

截至目前，在仰韶文化及与其年代相当的原始文化中已有六处遗址出土过有关铜器的资料。其一是临潼姜寨遗址，出土了一件半圆形残铜片及一件残铜管，铜片直径 4.8 厘米、厚 0.1 厘米，经北京钢铁学院冶金史研究室用扫描电子显微镜能谱分析仪检测，确定为黄铜，所含成分平均含铜 66.54%、锌 25.56%、锡 0.87%、铅 5.92%、硫 0.8%、铁 1.11%，系铸造而成，为含有少量铅、铁、硫的含铅黄铜。铜管为铜片卷成，残长 5 厘米、直径 0.4 厘米，经检测含铜 69% 、锌 32% 及杂质硫 0.5～0.6% ，也为黄铜。鉴定者认为"铜片材料杂质较多，可以用含铅锌矿的铜矿石，在较低温度（950 ℃～1000℃）下冶炼获得，再经重熔，在单面范中铸成圆片。类似成分的黄铜钻曾在山东省胶县三里河龙山文化层中出土。鉴于圆片中杂质元素及其分布的特点，如杂质元素分布不匀、含硫较多、铸造方法较原始等，可以确定此黄铜圆片系用原始的冶炼方法铸成的产品"⑨。这两件标本均出自姜寨第一期文化遗存，属仰韶文化早期半坡类型。经对 F 29 出土的炭化木橡用碳十四方法测定的绝对年代（并经树轮校正）为公元前 4675±135 年，与一般半坡类型遗存的年代一致。其二是武安赵窑遗址，在 1961 年发掘该遗址时于地层和灰坑中发现将军盔残片和铜炼渣。此发现于 1985 年在河南渑池召开的纪念仰韶文化发现六十五周年的学术讨论会上发表⑩。这个遗址的仰韶文化遗存分上下两层，上层有鼎、灶，下层只有鼎无灶。一般来说灶是庙底沟类型的典型器物，由此可知这里的上层应属仰韶文化中期的庙底沟类型，下层属后冈类型。郑绍宗将此遗址的仰韶文化遗存定为后冈类型⑪。这里出土的铜渣，发表者虽未说明期别，但我们至少可以将其视为仰韶文化中期庙底沟类型时期的产品。仰韶文化中期的年代一般为公元前 4000 年至前 3500 年。其三是东乡林家遗址，1977 年至 1978 年发掘。在清理 F20 时，于北壁下发现 1 件完整的铜刀，另在 T57 第 4 层及 H54 内发现 3 块铜渣。铜刀为二块范浇铸而成，刀身厚薄均匀，短柄长刃，刀尖圆钝，弧背，有镶嵌木柄的痕迹，通长 12.5 厘米。铜刀经北京钢铁学院冶金研究所鉴定为含锡的青铜。H54 的铜渣用岩相鉴定和中子活化法分析，证明铜渣不是天然矿石，也非炼铜残渣，而是一块经冶炼但已风化成碎块的含铜铁金属长期锈蚀的遗物。铜渣的成分为铜 36.5%、锡 6.47%、铅 3.49%、铁 0.41%，酸不溶物占一半以上。林家的文化遗存属马家窑类型，过去一直将其作为仰韶文化的一个晚期类型对待，近年来将其独立为马家窑文化。铜刀的绝对年代，据对出土地点的 F20 内的木炭进行碳十四测定并经校正为公元前 3369 年至前 3098 年，正在仰韶文化晚期的年代之内⑫。其四是榆次源涡镇遗址，1942 年日本学者和岛诚一等在晋中地区进行考古调查时，在源涡镇遗址发现一块附有铜渣的陶片，经化验其所含成分为铜占 46.67%、硅占 26.81%、钙占 12.39%、铁占 8% 等，系冶铜剩下的炼渣，当时冶炼的应为红铜⑬。过去认为它属龙山文化早期遗物，后经严文明先生对北京大学现存该遗址陶片进行核对，认定其应属仰韶文化晚期的义井类型，年代在公元前 3000 年左右。其五是泰安大汶口遗址。1958 年发掘时，在清理 M1 的随葬品中发现一件骨凿上附有铜绿，经中国科学院地质研究所鉴定，此件遗物含铜率为 9.9%，可能是含铜物质污染所致，也许是铜器加工的遗迹⑭。M1 为大汶口文化晚期遗存，其年代约为公元前 3000 年左右。其六是凌源牛河梁遗址。在清理牛河梁遗址 4 号积石冢墓葬中发现 1 件铜环，经化验为红铜。4 号冢为红山文化晚期遗存，其年代约公元前 3000 年左右⑮。

上述六处遗址的有关铜器资料均为冶炼铜的遗存，而不是天然铜，其制造方法系铸造而成，并非对天然铜的冷锻，这表明仰韶文化时期的人们已经掌握了采矿、冶炼、铸造的技术，为后来龙山时代冶铜技术的发展打下了一定的基础。

四 仰韶文化刻划符号是中国汉字的起源

我国殷商时期的甲骨文已是一种相当成熟的文字。邹平丁公、吴县澄湖及余杭南湖等龙山文化遗址出土的由成组文字组成的陶文，已是我国汉字发展过程中的一个重要阶段，但这样的发展水平并非短时期内所能形成的，自然应有它的孕育和起源时期，这一时期也应该是比龙山时代早的仰韶文化及与其同时的诸原始文化。从考古资料的积累来看，原始文化时期，这些遗址确实出土了不少这方面的资料。如仰韶文化的刻划符号是在裴李岗文化（贾湖遗址）的龟甲符号和老官台文化（大地湾一期）的彩绘符号基础上发展起来的。截至目前，仰韶文化的刻划符号已发现数百件标本。如西安半坡，临潼姜寨、零口、垣头，长安五楼，宝鸡北首岭，铜川李家沟，合阳莘野村，秦安大地湾（二期），王家阴洼，永年台口村等遗址都有发现。西达陇东，东至冀南，可见分布之广。仅半坡遗址就出土标本 113 件，符号 27 种；姜寨遗址出土标本 129 件，符号 38 种；李家沟遗址出土标本 23 件，可分为 8 种；大地湾遗址出土标本 10 多件，有符号 10 种。这些符号一般都刻在黑色彩带钵的口沿上，一件陶钵上只刻一个符号，颇有规律，且重复出现的频率较高，将相同的符号归并后可达 50 余种[16]。这些刻划符号自 20 世纪 60 年代开始陆续发表以后，引起了国内外学者的极大关注。1972 年郭沫若先生率先发表研究文章，认为半坡彩陶上的刻划"无疑是具有文字性质的符号"，"可以肯定地说就是中国文字的起源，或者中国原始文字的孑遗"，"半坡遗址的年代，距今有六千年左右。我认为，这也就是汉字发展的历史"[17]。1973 年于省吾先生也发表研究文章，认为半坡陶器上的刻划，既有指事系统的文字，也有象形和假借系统的简单文字，并强调指出："不难设想，当时的简单文字不会也不可能只限于陶器上，陶器以外，自然要有更多的简单文字，只是我们现在还看不到罢了。这种陶器上的简单文字，考古工作者以为是符号，我认为这是文字起源阶段所产生的一些简单文字。仰韶文化距今有 6000 多年之久，那么，我国开始有文字的时期也就有了 6000 多年之久，这是可以推断的"[18]。李孝定先生从 1969 年开始，连续发表了多篇研究中国文字起源和演变的文章，认为半坡等遗址出土的符号是文字，并认为对殷商的甲骨文可以作六书分析，对于史前的刻划符号也可作六书分析。并指出："在六书中，五、六、七、八、九等纪数字，属于假借，假借是借用已有的文字，代表无法造出本字的语言，在六书次第中，位居象形、指事、会意之后，半坡时代已有属于假借的纪数字，这证明在那以前，汉字应已经历了相当长的一段发展历程。"[19]关于象形、会意方面的文字，他认为"姜寨出土的'𢆶'是'岳'字，应属会意；三门峡出土的'𠂤'是'自'字，属象形"[20]。这样，李孝定用六书理论研究中国文字的起源和沿变规律，认为仰韶文化的刻划符号里有象形、会意、假借方面的字而无形声字，完全符合文字发生和演变的规律，它和甲骨文字属于同样的系统，是我国早期较原始的文字。此外，还有不少学者从不同的角度进行研究，一致认为仰韶文化的刻划符号是我国汉字的原始形态，是中国文字的起源，对龙山时代成行、成句的多字陶文以及殷商的甲骨文字都有一定的奠基作用[21]。

以上各点均可视为仰韶文化时期对中国古代文明因素的孕育情况。正是有了这样的孕育阶段，才有后来萌芽和初步发展的文明因素，再经过继续增长和演进，才能形成中国古代的文明社会。

注　释

① 许顺湛：《再论黄帝时代是中国文明的源头》，《考古与文物》1997 年第 4 期。

② 张学海：《东土古国探索》，《华夏考古》1997 年第 1 期。

③ 李学勤主编：《中国古代文明与国家形成研究》，云南人民出版社，1997 年。

④ 巩启明：《从考古资料看仰韶文化的社会组织及社会发展阶段》，《中原文物》2001 年第 5 期。

⑤ 中国科学院考古研究所等：《西安半坡》，文物出版社，1963 年。中国社会科学院考古研究所：《宝鸡北首岭》，文物出版社，1983 年。西安半坡博物馆等：《姜寨——新石器时代遗址发掘报告》，文物出版社，1988 年。王炜林：《瓦窑沟史前遗址发掘取得重要成果》，《中国文物报》1995 年 5 月 21 日 1 版。

⑥ 西安半坡博物馆：《铜川李家沟新石器时代遗址发掘报告》，《考古与文物》1984 年第 1 期。郑州市博物馆：《荥阳点军台遗址 1980 年发掘报告》，《中原文物》1987 年 4 期。郑州大学考古学系等：《河南尉氏县骑圈马遗址发掘简报》，《华夏考古》1997 年第 3 期。北京大学考古实习队等：《河南邓州八里岗遗址发掘简报》，《文物》1998 年第 9 期。原长江规划办公室考古队河南分队：《淅川下集新石器时代遗址发掘报告》，《中原文物》1989 年第 1 期。

⑦ 黄河水库考古队华县队：《陕西华县柳子镇考古发掘简报》，《考古》1959 年第 2 期、第 11 期。西安半坡博物馆：《西安南殿村新石器时代遗址的调查》，《史前研究》1984 年第 1 期。山西省考古研究所等：《山西洪洞耿壁遗址调查试掘报告》，《三晋考古》第二辑。河南省文物考古研究所等：《河南灵宝铸鼎塬及周围考古调查报告》，《华夏考古》1999 年第 3 期。

⑧ 郑州市博物馆：《郑州大河村遗址发掘报告》，《考古学报》1979 年第 3 期。国家文物局考古领队培训班：《郑州西山仰韶时代城址的发掘》，《文物》1999 年第 7 期。河南省文物研究所：《淅川下王岗》，文物出版社，1998 年。王杰、黄卫东：《枣阳雕龙碑遗址发掘又有新发现》，《中国文物报》1994 年 11 月 20 日 1 版。西北大学文博学院：《扶风案板遗址发掘报告》，科学出版社，2000 年。甘肃省博物馆文物工作队：《甘肃秦安大地湾遗址 1978 至 1982 年发掘的主要收获》，《文物》1983 年第 11 期。

⑨ 西安半坡博物馆等：《姜寨——新石器时代遗址发掘报告·附录六》，文物出版社，1988 年。

⑩ 唐云明等：《河北仰韶文化的发现与研究》，《论仰韶文化》，《中原文物》1986 年特刊。

⑪ 郑绍宗：《河北考古发现研究与展望》，《文物春秋》1992 年增刊。

⑫ 甘肃省文物工作队等：《甘肃东乡林家遗址发掘报告》，《考古学集刊》第 4 集，1984 年。

⑬ 严文明：《论中国的铜石并用时代》，《史前研究》1984 年第 1 期。和岛诚一：《山西省河东平原及太原盆地北部史前考古学调查简报》，《人类学杂志》58 卷 4 号，1943 年。

⑭ 山东省文物管理处等：《大汶口》，文物出版社，1974 年。

⑮ 王震中：《中国文明起源的比较研究》第 216 页，陕西人民出版社，1994 年。

⑯ 王志俊：《关中仰韶文化刻划符号综述》，《考古与文物》1980 年第 3 期。

⑰ 郭沫若：《古代文字之辨证的发展》，《考古学报》1972 年第 1 期。

⑱ 于省吾：《关于古文字研究的若干问题》，《文物》1973 年第 2 期。

⑲⑳ 李孝定：《再论史前陶文和汉字起源问题》，《"中研院"历史语言研究所集刊》第 50 本，1979 年。

㉑ 李学勤主编：《中国古代文明与国家形成研究》（上编），云南人民出版社，1997 年。

豫陕晋相邻地区与中国古代文明起源

张 国 硕

（郑州大学历史学院考古系）

开展中国古代文明研究的重要意义是不言而喻的。多年来，学术界对这一课题的研究已取得一系列成果，但也存在较多的争议。如在中国古代文明起源于何地这个问题上，即有"中原说"[①]、"多源说"或"多源一体说"[②]、"满天星斗说"[③]、"辽西说"[④]、"山东说"[⑤]、"江浙说"[⑥]等观点。在中国古代文明的形成时间上，又有"商代后期说"[⑦]、"夏代说"[⑧]、"龙山时代说"[⑨]以及"大汶口文化中晚期说"[⑩]等歧义。笔者认为，有关中国古代文明的研究是一个复杂的系统工程，我们不能带着简单化、模式化、以个别否定一般、地域感情等倾向进行研究，更不能生搬硬套国外有关文明研究的理论与研究方法。中国古代文明的形成与发展有其自己独特的进程，否定古代文明的中国特色，很容易使中国古代文明的研究进入死胡同。基于此研究信念，笔者首先对有关文明起源与形成诸观点进行了全面分析、研究，再对相关文献材料和考古材料给予认真梳理、甄别，从而得出有关中国古代文明初期阶段的"多支多源说"，以及整个中国古代文明起源的"豫陕晋相邻地区主线说"。本文拟就此观点做一论证，不妥之处，敬请同仁、方家指正。

一

文化与文明是两个不同的概念。文化是人类社会在不同时期所取得成就的总和，包括物质文化和精神文化两个部分。而文明则是文化发展的高级阶段。我们不能滥用"文明"一词，把人类一切文化遗存都冠以某某文明。当然，在实际研究工作中，确实存在着不易把握什么才是"文化发展的高级阶段"的问题，这也就是学术界耗费大量精力进行文明研究的缘由。一般来讲，大多数研究者都承认文明与国家有着密切的联系，"国家是文明的概括"[⑪]。可以这样说，一个社会只要出现国家，无疑这个社会已处于文明阶段。但是"文明"是相对"野蛮"而言的，文明的形成与国家的出现不会是完全同步的，故还应有其他文明形成的标志。

应区别文明起源与文明形成两个概念。两者既有明显差异，又有一定的联系。前者指的是文化向文明发展的过程，后者是指文化发展的一个结果，是文明因素的积累和文化发展的质变。我们说研究文明的形成，主要是探讨文明社会是在哪一地区、什么阶段形成以及文明社会形成都应具备哪些标志或者因素。而研究文明的起源，则是探讨形成文明社会之诸要素各自的孕育、产生过程。

那么，什么是文明形成的标志？或曰文明形成的诸要素包括哪些内容？20 世纪 50 至 70 年代，欧美学者相继发表观点，主要以城市、人口、文字、复杂的礼仪性建筑的出现，作为判断文明出现与否的标准[12]。这些标准是否可行，国内学术界出现了三种情况：一种是全盘接受，一种是部分接受，还有一种是全盘否定。诚然，这些文明要素标准并非是放之四海而皆准，况且以人口数量的多少作为是否进入文明社会的标准，在实际应用中甚难把握。但是，我们反对近几年学术界在确定文明形成标志过程中出现的"不可知论"，这种"不可知论"对国内外学者们提出的各种文明诸要素或表征，总能在世界的某一地区找出一些相反"依据"而加以否定。如此下去，将导致人们探讨中国古代文明失去可操作性，甚至无法进行这方面的研究。"不可知论"实际上是没有摆正矛盾的普遍性、一般性与特殊性的关系，以特殊性否定一般性和普遍性。从世界范围来看，大体来讲，国家的出现、以青铜冶铸技术为代表的手工业技术的进步及金属生产工具的广泛应用、文字的产生等现象，寓示着文明的最终形成。这三个因素代表了一个社会的社会组织、生产力发展水平与精神生活等方面，应属于文明社会的一般性和普遍性因素。但是，正如现今世界存在着不同的社会制度以及同一制度存在着不同的文化一样，我们必须承认世界各国和地区在文明起源与形成上各自具有一定的特殊性。由于地貌、气候、资源配置、风俗习惯、宗教意识、周边族群关系等方面各地存在着差异性，这就决定了古代各地的文化面貌必然是多姿多态的，不同的文明社会，其文明的表征并不完全相同。我们不能拿一个统一的标准去机械地衡量世界各地是否进入了文明社会。某一古代文化，若同时具备上述世界文明三要素，那么其属于文明社会无疑，但由于一些特定的原因，某一社会可能自始至终未能具备三要素中的一项或两项，但另一项或两项文明要素显现的尤其鲜明，那么我们则无法否认这个社会的文明性。如南美洲的印加帝国建有规模巨大的城市和金字塔，却没有使用文字，但人们并未因此否定其已进入文明社会；又如我们所说的玛雅文明，却是一个没有铜器的文明。

就中国而言，从理论上讲，判断古代社会的某一阶段是否进入文明社会，其衡量标准应该是看这个社会是否出现了国家或"雏形国家"。文明既可以出现在国家阶段，也可形成于酋邦或其他形态的复杂社会阶段。国家的表征是形成大范围区域性的政治中心

（都城），设有具有政治、军事特权的世袭首长（国王），具备一定的管理机构和镇压机构。雏形国家是指国家的基本框架已经构成，但仍保留某些原始性。雏形国家也可称作"酋邦"社会。有学者不赞同中国有酋邦社会，理由是与外国的酋邦不一样。实际上，自从 20 世纪 50 年代美国学者奥伯格提出酋邦（chiefdom）以来，国外学术界并未形成一致的意见[13]。由于各地的情况不一，要拿出一个统一的酋邦标准几乎是不可能的。任何事物都有一个发生、发展过程，由原始氏族社会向国家演变也必然有一个过渡阶段。给这个过渡阶段起什么名称并不十分重要，既可以称作"酋邦"，也可称作"雏形国家"、"古国"、"方国"等，最关键的是对其内容的界定。正如世界各地的奴隶社会、封建社会特征不尽相同以及中国的奴隶社会、封建社会之特征不同于西亚、北非、欧洲一样，中国的酋邦社会也完全可以拥有一些独特的物质文化和社会形态。比如说，中国的酋邦社会存在着举贤制，而其他国家和地区的酋邦可能多已施行世袭制；中国的酋邦社会礼器和礼制特征鲜明，而其他酋邦社会不具备此项特征或表现不突出；中国的酋邦多设有宗庙建筑，其他国家和地区的酋邦则无此项建筑。研究表明，中国古代的雏形国家或酋邦与国家的主要区别有四：一是前者为首长推举制，政治权利受到一定的限制；后者为首长（国王）世袭制，政治权利相对较大。二是前者能够控制的区域相对较小，政治中心规模相对稍小；后者控制的区域相对较大，政治中心规模相对壮观。三是前者文字刚刚形成，尚不成熟；后者的文字已较为成熟，并较广泛地应用。四是前者礼制虽然已经形成，但不完善；后者礼制则较为完善发达，并应用于社会生活的各个层面。据此可知，无论是国家，还是雏形国家或酋邦，共同具备有一定的政治权利、统治区域和政治中心、发明文字、礼制形成等特征，只是两者的程度不同而已。因此，若承认国家的出现是文明形成的标志，那么雏形国家或酋邦的出现也意味着文明的形成。当然两者的文明发展程度是有区别的，前者明显要高于后者。

从考古遗存上判断中国古代社会的某一阶段是否进入国家或雏形国家，或曰文明社会的物化表征，应包括以下三项：一是具有较大区域性政治中心功能的城市的建立。主要包括宫殿和宗庙、王陵、大型城垣的建造以及城市文化是否对周边社群产生较强的依存关系和文化辐射性等具体物化表征。二是社会形成等级差别和礼制的物证。主要包括各种礼器的制作、不同规格墓葬的设置。三是青铜冶炼的出现及青铜器的较广泛制造与使用。从中国的实际情况来看，这三项文明因素是互相关联的，应该同时具备才能算作进入文明社会。某一考古学文化若仅仅具备其中的一项或两项因素，人们不应该得出这一文化已进入文明社会的结论。

需要指出的是，由于大规模的自然灾害、瘟疫、饥荒、异族入侵、先进文化传入或其他未知因素，如同世界各国、各地区一样，在中国各地，古代文明也存在着文化、文明中断的现象。发生文明中断的地区，其后起的文明或文化与原生文明在文化发展程度、文化特征、甚至族属等方面皆不相同，两者不应是渊源关系。故在探讨中国古代文明起源时，应把着重点限定在那些有连续发展关系的诸文化遗存上。那些在一段时期已进入文明社会或即将步入文明社会门槛但后来又出现文明中断的文化遗存，不应成为探讨该地区后起文明起源的重要对象。

二

拿上述确定的国家、雏形国家的形成是进入文明社会的标准以及文明社会的物化三要素标准来衡量中国古代社会，可以看出，夏商周三代无疑属于文明社会，尧舜禹时代也已步入文明社会，而黄帝时代则是文明的起源阶段。

西周时期，以周天子为权力中心，施行分封制，并创造了发达的礼制和青铜文化，其社会发展毫无疑问属于文明社会。

商代后期确凿无疑进入了文明社会。这个时期已形成以殷都为代表的政治中心，其对周围广大地区实行有效的统治。设置有专门的王陵区，各类墓葬等级差别分明，礼器和礼制形成。能够建造宏伟壮观的大型宫殿和宗庙建筑，制造大量精美的青铜器、玉器，使用较为进步的以甲骨文为代表的文字，从而形成了光辉灿烂的殷商文化，且对周边地区的文化影响广泛而深远。

商代前期业已进入文明社会。这个时期形成了以郑州商城、偃师商城为代表的具有都邑性质的政治中心，商王朝统治着范围广大的地域，商文化对周边产生了较大的影响。从殷墟甲骨文的进步特征可以看出，在殷墟甲骨文之前，较为成熟的文字应已产生。如在郑州商城发现的青铜罍上有一龟形文字图案；在郑州二里岗遗址曾发现 3 片刻有文字的甲骨；在郑州西北郊小双桥遗址出土的多件陶缸上，发现有多达数字的朱书陶文，其风格与殷墟甲骨文一脉相承。这些都说明商代前期应有文字。

夏王朝社会也应属于文明阶段。目前，越来越多的学者承认二里头文化是夏王朝时期的文化遗存。偃师二里头遗址是夏王朝时期的都邑所在，在这里发现了宏伟壮观的宫殿基址和宗庙基址，以及包括大、中、小三种类型的等级墓葬，出土了青铜鼎、爵、斝、钟等礼乐器以及镶嵌绿松石的牌饰和戈、钺等武器。从二里头文化的分布范围和影响范围可以看出，夏王朝对广大地区实施着有效统治，夏文化影响广泛而深远，这说明夏代与商代、周代一样进入了文明的初步发展阶段。目前虽然尚未发现夏代的文字实物，但若分析一下商代文字的进步性和早于夏代的龙山时代的文字发现材料，我们完全有信心断言：夏代应有文字，不排除将来考古发现夏代文字实物的可能性。

从《史记·五帝本纪》、《尚书·尧典》和其他先秦文献可知，在夏代之前的尧舜禹时代，国家职能已初步显现。主要表现在统一的决策机构建立，最高权威出现，刑罚制度建立，已能够修筑大型水利设施，社会等级制度尤其是埋葬制度已经形成[14]。当然，与夏商周三代相比，尧舜禹时代的每一政治实体所控制的范围相对较小，社会生活中还保留一定的原始性，如氏族制度尚有残留，施行推举制，世袭制尚未形成，故称这个时代为"雏形国家"或"酋邦"阶段较为适宜。一般认为，尧舜禹时代相当于考古学上的龙山时代。考古材料表明，在龙山时代，各种类型的城不断修筑，目前在黄河流域、长江流域和北方地区，已发现数十座龙山时代的城址。这个时期已形成多处区域性的政治中心，如陶寺遗址群、城子崖遗址群、石家河遗址群、良渚遗址群等。在陶寺遗址发现的大、中、小不同类型的墓葬，为这个时期出现等级埋葬制度的立论提供了实物依据。陶寺大墓中鼍鼓、特磬和礼玉的存在，表明这个时期已形成一定的礼制[15]。龙山时代，随着农牧业生产的发展，出现了较多的剩余农产品，从而形成专门的手工业生产，包括纺织、缝纫业和陶器、漆木器、玉器、石器制造业以及青铜冶炼和青铜器制造等行业。龙山时代已出现较多精美的玉器，在许多遗址还发现有青铜器，其中陶寺、王城岗遗址分别出土了乐器铃和铜礼器残片。此外，龙山时代已出现了能够表达一定思想意识的文字。在全国许多地区都发现了龙山时代的文字，说明出现文字实物已不是个别地点的孤立现象。如果说有人对山东邹平丁公遗址所出龙山时代陶文的地层有疑问的话，那么山西襄汾陶寺遗址所出陶文的地层年代应是无可置疑的。学者已对陶寺一扁壶残器上的朱书文字进行了研究，认为可释定为"易文"二字。"易文"即"明文"，其所表述的内容与《尚书·尧典》有关[16]。由此可知，尧舜禹时代的社会发展总体上应属于文明阶段，只是这个阶段的诸文明因素为初步形成，故称其为文明的"初期阶段"或"初期文明"较为适宜。

从文献材料和考古材料可知，早于尧舜禹时代的黄帝时代应为中国古代文明的起源阶段，诸文明因素在这个阶段相继孕育。黄帝时代是指黄帝、炎帝等部落以及部落集团的形成与发展时期。关于黄帝时代的年代，据《汉书·律历志》记载，迄至西汉昭帝元凤三年（公元前78年），"黄帝以来三千六百二十九岁"，即大约距今5700年，正落在仰韶文化庙底沟类型的年代范围之中。若赞同尧舜禹时代与龙山文化相始终，即距今年代大约在4500年至4000年，那么早于尧舜禹时代的黄帝时代应限定在距今5700年至4500年间。准此，黄帝时代大体相当于仰韶文化中晚期。从《史记·五帝本纪》、《史记·封禅书》、《世本》等文献可知，黄帝时代已种植五谷、作宫室、制衣服、营殡葬、制定天文历法、作舟车等。在黄帝时代，作为部落首长的黄帝已具有相当大的权威，在较大范围内，形成了以黄帝部落为首的部落联盟集团。黄帝集团与其他部落集团，如炎帝集团、蚩尤集团等，曾发生较大规模的战争。但这个时期，具有国家职能的各种机构尚未出现，部落或部落联盟所能控制的区域有限。考古材料表明，仰韶文化时期，大型聚落开始建造，形成了河南灵宝北阳平遗址那样面积近百万平方米的大型聚落。在仰韶文化晚期，筑城技术开始发明，以河南郑州西山为代表的早期城址开始修筑。此外，在仰韶文化阶段，非豫陕晋相邻地区也逐渐形成了大型聚落，如山东泰安大汶口、莒县陵阳河、五莲丹土以及湖南澧县城头山等遗址。这些大型聚落的形成，与龙山时代形成的区域性政治中心有密切的渊源关系。仰韶文化时期个别地点已开始制造少量的铜器，如西安半坡、临潼姜寨等遗址出土有黄铜片，这就为龙山时代大范围地较多制造和使用青铜器奠定了基础。此外，仰韶文化发达的彩陶文化、大汶口文化丰富的酒器，孕育了龙山时代礼器、礼制及艺术的发展。而仰韶文化陶器上的刻划符号，与汉字的起源应有着密切的联系。但总体来说，这个时代修筑的城的数量还较少，不见具有较大范围政治中心功能的城。反映社会出现等级差别的礼器制度、等级埋葬制度尚未最终形成。个别地区对用铜作器有了一定的认识，但铜器数量和应用范围十分有限，专门的青铜冶铸业尚未出现。一些遗址发现有少量刻划符号，说明这个时期已处于文字的萌芽阶段，但真正的文字尚未形成。因此，仰韶时代，包括仰韶时代晚期不能算作进入了文明时期。

三

关于中国古代文明起源于何地的问题，学术界近年来似乎存在一种时尚，即着力批判"一源说"或"中原说"，而盛行"多源说"、"满天星斗说"，有的学者甚至提出"非中原说"。每当看到如此议论，笔者必然产生一些疑问：中国古代文明果真存在数处甚至数十处地位相当的起源地吗？中原地区果真不是中国古代文明的起源地或仅仅是起源地之一吗？带着这些疑问，笔者对"多源说"和"非中原说"进行了认真分析研究，深切体会到，在研究中国古代文明起源过程中，除了要准确把握文明的定义、文明起源与文明形成的区别之外，还要坚持所研究的对象（古代文化遗存）与公认的文明社会必须具有连续性的原则。若忽视这些原则，则很容易造成对同一种古代文化遗存进行性质分析而得出不同的结论，或者把一个地区某一阶段短期存在的文明当作与其没有承继关系的后来文化或文明的始源。若充分按照这些原则进行古代文明研究，则不难发现，中国古代文明并非简单地说是"多源"或"多源一体"。

研究表明，豫陕晋相邻地区是研究中国古代文明起源与文明形成最应关注的地区。豫陕晋相邻地区包括河南省西部、陕西省东部、山西省南部等地。这个地区多为盆地、丘陵、山地地貌，动植物资源丰富。在豫、陕交界处有金矿，晋南垣曲一带有铜矿资源，运城有河东盐池。在中国古代，尽管这个地区有诸多山脉、河流等自然障碍，但三地之间的交往和文化交流比较频繁，形成一个大的文化区域。从考古材料可知，早在仰韶文化时期，豫陕晋相邻地区之文化面貌就有较多的一致性。至少在仰韶文化中期阶段，豫陕晋相邻地区即为庙底沟类型的中心分布区。此后，至仰韶文化晚期，三地又皆为西王村类型的分布区。再至庙底沟二期文化时期，三地文化面貌又惊人的相似。到了龙山文化时期，虽然三地分属河南龙山文化王湾类型（包括三里桥类型）、客省庄二期文化东部类型、陶寺文化（或类型）的分布区，但三地之间的文化面貌仍有较大的一致性。三地之间冲破地理环境的阻隔，在文化面貌方面具有如此大的一致性，说明三地之间居住着关系较为密切的族群，且三地之间应有一维系交往的组织。值得注意的是，文献材料提供了有关豫陕晋相邻地区进行交往的情况。在黄帝时代，以黄帝部落为首的部落联盟已经形成，黄帝部落集团的活动范围主要集中于豫陕晋相邻地区。在河南西部的灵宝一带，文献记载和当地传说都表明这个地带与黄帝及黄帝部落集团有关。如《史记·孝武本纪·索隐》云："鼎湖，县名，属京兆，后属弘农。昔黄帝采首阳山铜铸鼎于湖，曰鼎湖，即今之湖城县也。"按：湖城县在今灵宝市。陕西黄陵县一带也有许多有关黄帝在此活动的文献材料和民间传说。《史记·五帝本纪》记载："黄帝崩，葬桥山。"《集解》引《皇览》云："黄帝冢在上郡桥山。"《索隐》曰："《地理志》桥山在上郡阳周县，山有黄帝冢也。"《正义》云："阳周，隋改为罗川。"今陕西黄陵县尚有黄帝陵。从《史记·五帝本纪》、《尚书·尧典》等文献可知，尧、舜、禹、契、弃等部族皆为黄帝部落集团之后裔，且在尧舜禹时代先后以尧、舜、禹为首组成一关系密切的联盟。此联盟的性质，以今人眼光可称作"酋邦联盟"[17]。史载尧主要活动于晋南临汾、襄汾一带，舜主要活动于晋南永济一带，而禹主要活动于豫西和晋南地区[18]。此外，参加这一联盟的其他酋邦，如商始祖契主要活动于陕西华县一带[19]，周族弃的活动范围也与晋南有关[20]。这些说明黄帝部落集团和尧舜禹酋邦联盟的活动中心皆是在豫陕晋相邻地区，三地之间仰韶、龙山时代的文化面貌有较多相似性是理所当然的。

豫陕晋相邻地区应是整个中国古代文明的起源地。一方面，这个地区的文化发展一脉相传，有较强的连续性，且自成一体。我们用文化因素追溯方法来追溯夏文化的源流，由二里头文化之上是新砦期和河南龙山文化王湾类型，与王湾类型并存的是陶寺文化和客省庄二期文化，三者皆是由庙底沟二期文化发展而来。而庙底沟二期文化又由仰韶文化西王村类型发展而来，西王村类型又是庙底沟类型的直接继承者。这一系列文化在豫陕晋相邻地区长期发展，每一新文化的出现，皆是在原文化的基础上发展而来，中间没有出现文化中断与突变的现象。陶寺遗址出土的朱书文字，其风格与甲骨文一脉相承。据此我们不难推出，若把夏商周文明作为中国古代文明早期的代表，那么夏文明的源头是尧舜禹文明，尧舜禹文明的源头则是黄帝文化，而黄帝文化的中心分布区是豫陕晋相邻地区，故中国古代文明的起源地应是豫陕晋相邻地区。另一方面，豫陕晋相邻地区有着深厚的文化发展基础，在中国古代文明的起源阶段和滥觞阶段文化最为先进。仰韶文化中晚期，豫陕晋相邻地区是中国文化发展程度最高之地。北阳平遗址面积有近百万平方米，文化堆积丰厚，有大型房基和水利设施，其周围有一系列面积较小的遗址，显然当时此地应为豫陕晋相邻地区的政治中心之一。由于庙底沟类型文化的先进性，其对周围广大地区产生了广泛而深远的影响，反映出此文化具有较强的辐射功能。在龙山文化时代，豫陕晋相邻地区仍具有较强的先进性。这里不仅发现有以陶寺为代表的城址，而且还出现了如河南三门峡小交口遗址、山西翼城开化遗址、襄汾陶寺遗址等为代表的、面积达数百万平方米的大型聚落。陶寺遗址1000多座墓葬所反映出的大、中、小三种类型的等级墓葬情况，以及出土的陶文、彩绘蟠龙纹陶盘、鼍鼓、陶鼓、特石磬等礼器，不仅说明这里乃是当时广大地区的政治中心，而且着力体现的是较先进的礼乐文明而非其他地区单纯的祭祀文明或文化。

当然，我们并不否认在仰韶、龙山文化时代非豫陕晋相邻地区也存在一些在某些方面具有先进性的文化群体。研究表明，山东、江浙、两湖地区、成都平原、甘青地区、辽西等地在龙山时代前后多已形成与豫陕晋相邻地区发展模式不同的区域文明。山东龙山文化阶段，城较普遍修筑，出现了以城子崖、丁公等城址为代表的、较大范围的、具有政治中心功能的大型聚落，形成了以邹平丁公陶文为代表的较为成熟的文字，能够制造大量精美的蛋壳陶器和一些玉器、铜器，发现有贵族大墓，因此这个地区在龙山时代也已进入了文明阶段。长江三角洲地区的良渚文化是龙山时代的又一区域文明。在这一文化时期形成了以良渚遗址为代表的较大范围的政治中心，能够建造一些土城和如江苏武进寺墩、昆山赵陵山等环河水城，出现了以玉敛葬和玉钺、玉琮等精美玉器、大型墓葬和祭坛、礼仪性宫殿建筑为代表的文化特征，还发现有人殉墓和字体风格与甲骨文相去甚远的文字。长江中游江汉平原地区的石家河文化，出现了以湖北天门石家河为代表、面积逾百万平方米的大型城址，显然此地这个阶段也应进入文明社会。在四川成都平原地区则发现了一批龙山时代的属于古蜀族文化的城址，因此也不能排除龙山时代成都平原地区已进入文明社会的可能性。在夏商时代，成都平原地区形成了光辉灿烂的三星堆文化，建筑了较大规模的三星堆城址，以精美玉器、青铜器为闪光点，以祭祀文化为特色，形成了古蜀国文明。成都十二桥遗址和金沙遗址的发现，表明在商末周初古蜀文明得以延续。甘青地区的齐家文化以较为先进的铜文化为特色，发现多处一夫二妻合葬墓或人殉墓，这个阶段当地大概也已进入文明社会或接近文明社会。辽西地区的夏家店下层文化，其年代包括龙山文化晚期至夏商时期。这个文化属于青铜文化，有发达的彩绘陶，有面积大小不一的诸多石城，故也应步入文明社会。

非豫陕晋相邻地区诸区域文明分别有着各自的起源轨迹。山东地区的龙山时代文明直接源于大汶口文化。到大汶口文化中晚期阶段，已能建筑一些夯土城，部分墓葬中已出现贫富分化现象，还出现了与文字有渊源关系的刻划符号，这些都为龙山时代文明的形成奠定了坚实的基础。但同仰韶文化晚期一样，大汶口时期城的修筑尚不普遍，具有较大范围的政治中心功能的大型聚落尚未出现，礼制尚未形成，仍处于文字的萌芽时期，故整体上社会仍处在文明社会门槛之外的位置。良渚文化直接源于马家浜、菘泽文化，石家河文化源于屈家岭文化，成都平原地区的古代文明更是有着独立的形成和发展轨迹，齐家文化则源于当地的马家窑文化，夏家店下层文化与当地的红山文化、小河沿文化一脉相传。在红山文化阶段，尽管具有神奇的祭坛、女神庙、积石冢等祭祀、宗教文化特色，但这个阶段具有较大范围政治中心功能的大型聚落并未形成，不见等级社会之迹象，还未见青铜器的铸造和使用，手工制造业并不发达，也无城市的发现，更未发明文字，所以这个阶段尚不能算作进入了文明社会㉑。

需要指出的是，我们在承认非豫陕晋相邻地区存在诸区域文明的同时，不要过高评价这些文明体在中国古代文明进程中的作用。非豫陕晋相邻地区一段时期的文明火花只是短暂闪现和辉煌，并未形成燎原、长久之势和向更高级文明社会发展，在夏代之前、夏王朝建立前后或商末周初皆已衰落或消失。如山东龙山文化在夏代初年前后突然消亡，代之以文化面貌迥异、且文化发展程度甚至有些退步的岳石文化。又如良渚文化在其中期偏早阶段进入繁盛期，但从中期偏晚阶段即开始衰落，至晚期已衰败不堪。成都平原地区的古代文明虽然延续时间稍长，但至周代也逐渐被中原文明所代替。此外，这些短暂的诸区域文明对其他支文明的影响十分有限，其文明因素与尧舜禹文明以及后起的夏商周三代文明也无明显的直接承继关系。也许非豫陕晋相邻地区诸区域文明的个别文化因素对尧舜禹文明和夏商周文明产生了少许影响，但这些影响不能决定尧舜禹文明和夏商周文明的发展方向和性质，因而不能算作夏商周文明的源头。正如今天的中国文化受到了欧美文化部分因素的影响以及欧美部分地点存在中国文化因素一样，我们显然不能就此认为欧美文化是中国文化的源头，也不能得出中国文化是欧美文化的源头的结论。

综上所述，可以得出这样一个结论：如果把从文明产生迄至明清时期的中国古代文明发展进行分期的话，那么文明产生之后至商周时期应为早期，秦汉文明属于中期，隋唐至明清文明应为晚期。其中早期文明又可划分成尧舜禹时代的文明初期阶段和夏商周三代的文明初步发展阶段。黄帝时代或曰仰韶文化时期是中国古代文明的孕育或起源时期。以夏商周三代文明和尧舜禹文明为标志的中原古代文明，其起源与发展之地皆主要囿于豫陕晋相邻地区，非豫陕晋相邻地区与中原文明没有直接地联系。由于地域广大，在中国古代文明早期的尧舜禹阶段，存在着"多支多源"现象，即非豫陕晋相邻地区存在着数支与豫陕晋相邻地区平行发展且各自具有文明孕育、形成轨迹和文化特点的区域文明，它们相互之间包括与豫陕晋相邻地区之间没有渊源关系。但在夏代前后，豫陕晋相邻地区文明发展步伐加快，而非豫陕晋相邻地区诸文明却相继衰退或"夭折"，其与夏商周三代文明没有直接的渊源、继承关系，反而逐渐被夏商周三代文明和秦汉文明所取代。由于豫陕晋相邻地区古代文明一脉相传，故尧舜禹文明和夏商周文明应为中国古代文明早期的代表，从这个意义上说，中国古代文明的起源并非"多源"。一言以蔽之，中国古代文明早期的尧舜禹阶段是"多支多源"，而夏商周阶段则是豫陕晋相邻地区"一枝独秀"，整个中国古代文明实际上的源头和发展轨迹的主线则是豫陕晋相邻地区。

注　　释

① 夏鼐：《中国文明的起源》，《文物》1985 年第 8 期。安志敏：《谈谈中国文明的起源》，《河南师范大学学报》1991 年第 3 期。邹衡：《中国文明的诞生》，《文物》1987 年第 12 期。李先登：《关于文明起源的若干问题》，《天津师范大学学报》1988 年第 2 期。

② 李绍连：《中国文明起源的考古线索及其启示》，《中州学刊》1987 年第 1 期。

③ 童明康：《进一步探讨中国文明的起源——苏秉琦关于辽西考古新发现的谈话》，《史学情报》1987 年第 1 期；《中华文明发祥地有"四大区域"》，《光明日报》1986 年 9 月 23 日第 1 版。

④ 孙守道、郭大顺：《中华五千年文明的曙光》，《人民画报》1986 年第 8 期；《辽西发现五千年前祭坛女神庙积石冢群址》，《光明日报》1986 年 7 月 25 日第 5 版。

⑤⑩ 唐兰：《从大汶口文化的陶器文字看我国最早文化的年代》，《大汶口文化讨论文集》，齐鲁书社，1979 年。高广仁、邵望平：《中华文明发祥地之一——海岱历史文化区》，《史前研究》1984 年第 1 期。

⑥ 《专家研究良渚文化作出新推论，四千年前太湖地区已形成国家》，《人民日报》（海外版）1987 年 11 月 11 日第 4 版。

⑦ 夏鼐：《中国文明的起源》，《文物》1985 年第 8 期。

⑧ 邹衡：《中国文明的诞生》，《文物》1987 年第 12 期。

⑨ 严文明：《略论中国文明的起源》，《文物》1992 年第 1 期。

⑪ 恩格斯：《家庭、私有制和国家的起源》，人民出版社，1972 年。

⑫㉑ 陈星灿：《文明诸因素的起源与文明时代——兼论红山文化还没有进入文明时代》，《考古》1987 年第 5 期。

⑬ 陈淳：《酋邦的考古学观察》，《文物》1998 年第 7 期。

⑭⑰ 李民、张国硕：《夏商周三族源流探索》，河南人民出版社，1998 年。

⑮ 高炜：《龙山时代的礼制》，《庆祝苏秉琦考古五十五年论文集》，文物出版社，1989 年。

⑯ 罗琨：《陶寺陶文考释》，《中国社会科学院古代文明研究中心通讯》第 2 期。

⑱ 李民：《夏商史探索》，河南人民出版社，1985 年。

⑲ 王国维：《水经注校》，上海人民出版社，1984 年。

⑳ 钱穆：《周初地理考》，《燕京学报》第十期，1931 年。

再论陶寺彩绘龙源自良渚文化

——兼论中原地区"王室文化"的形成

朱 乃 诚

（中国社会科学院考古研究所）

1998 年，我提出陶寺文化的彩绘龙源自良渚文化的看法，那时主要是通过对良渚文化陶器（片）上的蛇形纹饰与陶寺文化彩绘陶盘上彩绘龙图案的对比分析等研究提出的；并考证良渚文化由太湖地区进入中原地区的途径，大概是取道安徽的江淮地区[①]。后来，又公布了与此有关的新发现。现在结合我对有关问题认识的深化，就陶寺文化彩绘龙源自良渚文化的观点，再作论证。

一 陶寺彩绘龙源自良渚文化的新证据

《考古》2001 年第 10 期公布了 1997 年发掘浙江海盐县龙潭港良渚文化墓地 20 座墓葬的资料，其中一座较大的墓葬 M12 出土了一件宽把陶杯（M12：32），在这件宽把陶杯的腹部饰有与陶寺彩绘龙接近的图案[②]。这是说明陶寺彩绘龙源自良渚文化的新证据。

1. 新证据的纹饰特征

海盐龙潭港 M12：32 宽把杯为夹细砂灰胎黑皮陶，形体较大，口部长径 14 厘米、连盖高 14.7 厘米，箕状口部，带盖，流较宽短，粗矮筒形腹略鼓，矮圈足，与流相对的环形把宽达 11.7 厘米。在腹部、流下和宽把上侧的三个部位以刻划的细线饰三组纹饰（图一，1）。

宽把杯腹部的纹饰是围绕宽把展开的上下两个长身动物。其头部特征突出，尖牙利齿，双目圆睁，构图手法是把立体位置的双目与牙齿夸张地展示于同一平面；身体由简

图一　龙潭港 M12：32 宽把陶杯

1. 宽把陶杯　　2. 宽把杯腹部细刻长身动物纹展开图

洁的线条和相间布列的小圆孔构成，围绕宽把杯腹部一周；尾部与头部相对，呈向上弯曲的半圆形，末端尖细（图一，2）。

　　宽把杯流下方的纹饰也是一种动物的面部简化形象，双目上方长着双角（图一，1）。

　　宽把杯宽把上侧的纹饰似以两个蝉形动物为主，中间有模糊的简单刻划（图一，1）。

　　以上饰于宽把杯三个部位的三组纹饰，其形象以腹部的长身动物纹饰最为鲜明。这即是我认为的陶寺彩绘龙源自良渚文化的新证据。

　　龙潭港 M12：32 宽把杯腹部的这个长身动物纹饰，其长身的特点与我以前分析的良渚文化陶器上的蛇形纹相同，都大体呈蟠曲状。不同的是这个长身动物纹饰是以围绕宽把陶杯腹部一周、即以所饰器物的立体形式来表现蟠曲状的，而以往发现的陶器上的蛇形纹饰，大都是在陶器表面的局部平面上表现蟠曲状。

　　以往发现的良渚文化陶器上的蛇形纹饰，大都是变体蛇形纹饰，没有首部，呈各种形态的卷曲状，有的几乎难辨其蛇纹特征（图二，1～5、7），唯独 1936 年在浙江余杭良渚一带出土的一件陶片上的蛇形纹饰较为形象，为单躯蟠曲状，尾在中心，向外蟠曲三周（图二，6）。当时我认为这是形态上较为原始的蛇形纹饰，其蜷曲的特点与陶寺彩绘龙纹接近。但是这件蛇形纹饰也是残件，没有首部，在证明它与陶寺彩绘龙的联系方面，尚存在资料上的不足。

图二　良渚文化细线刻画蛇纹

　　1. 草鞋山 M198 出土　　2. 福泉山 M65 出土　　3. 奉化名山后出土　　4. 金山亭林采集

　　5、7. 福泉山 M74 出土　6. 良渚一带出土

　　可喜的是，龙潭港 M12：32 宽把杯腹部的长身动物纹饰是一组完整的纹饰，表现了凶猛的首部、长身和弯尾，而首部突出表现的是一对明晃晃的大眼睛和上下两排尖牙。

图三　陶寺 M3072：6 陶盘上的彩绘龙纹

这一特征与陶寺彩绘龙首部以侧视的方式表现一只眼睛和上下两排尖牙的特征是相同的（图三），不同的是陶寺彩绘龙首部上下两排尖牙间还有表现舌状的特点。

将龙潭港 M12：32 宽把杯腹部的长身动物纹饰和1936年在良渚出土的蜷曲蛇形纹饰结合起来分析，这是目前发现的与陶寺彩绘龙形态特征接近、年代亦接近（见后述）的唯一一批资料。

2. 长身动物纹饰象征含义的分析

龙潭港 M12：32 宽把杯腹部的长身动物纹饰表现的是一种什么样的动物呢？长身动物纹饰是一种原始刻画艺术，它以抽象的方式表现某种动物，而不是以写实的方式表现，这为我们理解该纹饰的含义带来一定困难。下面试做分析。

分析长身动物纹饰的长身特点，可以将其理解为蛇身，但尾部突然变得细小，头部如此大而表现凶猛，显然不是蛇的特征。

我在分析良渚文化玉器纹饰时认为：出自浙江余杭反山 M12 中的大玉琮（M12：98）上完整的神人兽面纹饰，其兽面象征的是鳄[③]。龙潭港 M12：32 宽把杯腹部的长身动物纹饰的首部，突出表现一对大眼睛和两排尖牙，这也是鳄首部最主要的特征，其表现形式较大玉琮上的"神人兽面"纹饰中的兽面，更加形象逼真。长身动物纹饰首部表现鳄的特征与"神人兽面"纹饰中的兽面象征鳄的特征，表现方式不同，但说明良渚文化时期良渚人对鳄这种动物的关注是有传统的。这应与当时自然环境中有鳄这种动物活动有关。

鳄分为湾鳄和鼍。湾鳄在我国已经绝迹。鼍是中国的特产动物，又名扬子鳄、中华鳄，俗名土龙、猪婆龙，全长约 1.5～2 米，现在主要分布于长江中下游地区。1973 年在浙江余姚河姆渡遗址发现一批扬子鳄遗骸[④]，证明距今 6000 年前扬子鳄即在此生存。而在山东地区距今 6400 多年至 4000 年前的遗存中发现有扬子鳄骨骸[⑤]，在山西襄汾陶寺遗址亦发现了距今 4000 年以前的鼍鼓及鳄骨板[⑥]。扬子鳄是一种适应湿热环境的动物，距今 4000 年前黄河流域尚有扬子鳄生存，那么在良渚文化分布的湖泊密布的环太湖地区必然也生存有扬子鳄。在良渚人的艺术品中表现其生存周边环境的动物，是很自然的事。何况鳄是一种凶猛的动物，对人类时有威胁，其夜间目光如炬，活动又与季节变化、农时活动有关，因此，良渚人自然会关注这种动物。

长身动物纹饰的首部表现为鳄，但其长身却与鳄身有明显的区别，这可能与当时的艺术表现方式有关。其表现重在体现鳄这种动物最凶猛的特征性部位，而忽略了鳄的其他特点。不过在以简洁的线条表现长身时还相间布列小圆孔，则似乎与表现鳄皮有关。

据此分析，我认为龙潭港 M12：32 宽把杯腹部的长身动物纹饰象征的是鳄。

3. 长身动物纹饰的年代

欲论证陶寺彩绘龙源自良渚文化、龙潭港 M12：32 宽把杯腹部长身动物纹饰与陶寺彩绘龙有关系，除了它们的形态特征接近外，年代也是关键的问题。

陶寺彩绘龙的年代，约在距今 4400 年至 4300 年前后[⑦]。龙潭港 M12：32 宽把杯腹部长身动物纹饰的年代，可以这件宽把杯及其所属墓葬（M12）的年代来确定。

龙潭港墓地在 1997 年发掘了 20 座墓葬和一处可能为祭祀活动场所的红烧土遗迹等（图四），出土随葬品 369 件（组）。这些遗存的年代较为复杂。发掘者认为龙潭港 20 座良渚文化墓葬是一个墓地两个墓区，即大墓区和小墓区，年代从良渚文化早中期至良渚文化晚期偏早阶段[⑧]。

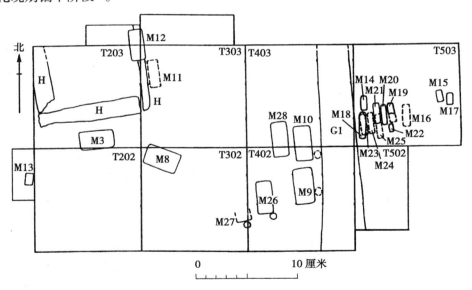

图四　浙江海盐龙潭港良渚文化墓地平面图

H. 红烧土遗迹　　G1. 浅沟　　M3、M8. 汉墓　　M9 ～ M28. 良渚文化墓葬

我认为龙潭港 20 座良渚文化墓葬及红烧土遗迹应是不同时期的两个墓地。

其中，M14 ～ M25 等 12 座小墓是一个墓地。这 12 座小墓还可分为两期。M23 ～ M25 三座小墓的层位较早，出土陶器具有良渚文化早期的特点，如短颈深鼓腹双鼻壶、釜形鼎等（图五，1、4），年代可能在距今 5000 年前后。M14 ～ M22 等 9 座小墓略晚，出土陶器具有良渚文化中期陶器的特点，如初显"T"字形足的筒形深腹小鼎、长颈小鼓腹双鼻壶等（图五，2、5），年代约在距今4800年至4600年前后。

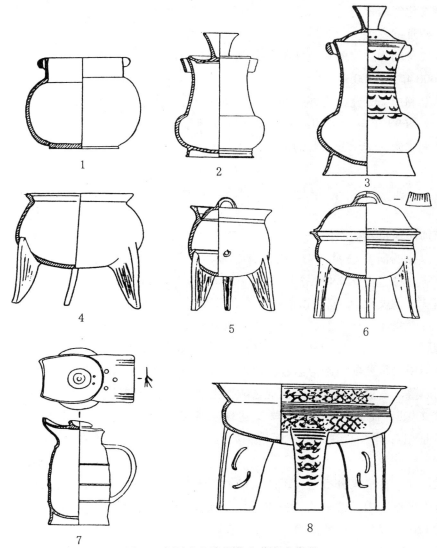

图五　龙潭港良渚文化墓葬出土陶器

1. 短颈深鼓腹双鼻壶（M25∶5）　2. 长颈小鼓腹双鼻壶（M20∶3）　3. 细刻纹双鼻壶（M28∶3）　4. 釜形鼎（M23∶5）　5. 深腹鼎（M20∶7）　6. "T"字形足鼎（M9∶43）　7. 宽把杯（M12∶2）　8. 细刻纹三足盘（M28∶115）

红烧土遗迹和M9～M12、M26、M28等七座大墓是另一个墓地。这些墓葬所出陶器的特征，如"T"字形足鼎、细刻纹双鼻壶、宽把杯、细刻纹三足盘等（图五，3、6～8），与上海青浦福泉山M65、M74出土的同类器接近，年代应相当，属于我划分的良渚文化第五发展阶段，亦即良渚文化晚期偏早阶段，年代约在距今 4600 年至 4400 年之间⑨。这个墓地，因有红烧土祭祀遗迹，应是良渚文化晚期偏早的一处祭坛墓地。由此表明良渚文化祭坛墓地，继余杭瑶山、反山、汇观山等良渚文化中期之后，在良渚文化晚期仍然在延续发展。

饰有长身动物纹饰的宽把杯出自龙潭港 M12 大墓中，其年代自然是在该墓葬所属的距今 4600 年至 4400 年之间。

龙潭港 M12：32 宽把陶杯腹部的长身动物纹饰，在形态特征上与陶寺彩绘龙接近；年代在距今 4600 年至 4400 年之间，略早于陶寺彩绘龙的年代，无疑是说明陶寺彩绘龙源自良渚文化的一个十分重要的证据。

二　中原地区"王室文化"遗存的出现

中原地区最早在何时出现"王室文化"，是中国文明起源研究中需要解决的重大课题之一。以往的研究表明，二里头文化已发现一系列的"王室文化"遗存。再往前，可追溯至哪一种考古学文化呢？

所谓"王室文化"，是指由居住址、墓葬及各种用具等一批考古学文化遗存所表现出的当时社会集团中居于最高社会地位、具有统辖指挥权力的考古学文化现象。如高规格的大型居住址，或可称为宫殿址；高规格葬俗且随葬品丰富的大墓，或可称王墓；反映当时社会中最重要的设施等遗迹；反映当时最高工艺水平或社会最贵重的物品及成组的礼仪用品等。若这类考古学文化现象成批出现而不是个别发现，那么应该说当时已具有"王室文化"，而那些单个考古学文化现象则可称为"王室文化"因素。"王室文化"因素是相对于"王室文化"而言，如没有"王室文化"，自然就不存在"王室文化"因素。

若以这样的标准来分析已发现的二里头文化以前的各种考古学文化遗存，那么中原地区乃至中国范围内，最早的"王室文化"遗存，目前可确定出现在陶寺文化中。

陶寺文化主要分布在晋南地区，年代在距今 4500 年至 3900 年前后。经大规模发掘的重要遗址主要有襄汾陶寺遗址和临汾下靳墓地，而以陶寺遗址的发掘收获最能够说明当时已出现了"王室文化"。

在陶寺遗址发现的陶寺文化遗存所反映的"王室文化"遗存，主要是城、贵族居住区和豪华建筑遗迹、大型窖藏区、大型墓葬及其丰富的随葬品和成组的礼仪用品、重要的设施遗迹等。

在陶寺遗址发现的城址有二座，分属陶寺文化的早期与中期。早期的为小城，面积约 56 万平方米；中期的为大城，面积约 280 万平方米⑩。

贵族居住区发现于陶寺小城内的南部。有属陶寺文化早期的贵族居住区，也有陶寺文化中期的"宫殿区"⑪。豪华建筑遗迹，主要是规格较高的建筑墙皮。如 1983 年、1984 年发现的陶寺文化早期的刻有几何图案的白灰墙皮⑫，2002 年发现的陶寺文化中期的两大块装饰绚边篦点戳印纹的白灰墙皮和一大块带蓝彩的灰白墙皮⑬。

大型窖藏区面积约 1000 平方米，是陶寺城址中相对独立的一个区域，其内窖穴密集，以竖穴圆角方形或长方形为主，大者边长 10 米左右，小者边长约 5 米，深 4～5 米，多有螺旋坡道至坑底，属陶寺文化早期⑭。

在陶寺遗址发现的大型墓葬有 10 座。九座是在 20 世纪 70 年代末、80 年代初发掘的，属陶寺文化早期。墓葬约长 3 米、宽 2 米多，使用木棺，随葬品可达一二百件，有彩绘陶器、彩绘木器、玉或石制的礼器和装饰品，以及整猪骨架等。墓主都为男性⑮。一座是在 2002 年发掘的，墓长 5 米、宽 3.65 米、深约 7 米，葬具为独木船形棺，长约 2.7 米、宽 1.2 米，棺内外皆施红彩。棺室已被扰乱，残余绿松石嵌片与珠、玉钺碎块、木柄、货贝等 46 件。棺外及壁龛中出土随葬品 72 件，其中彩绘陶器 8 件，钺、戚、大厨刀等玉石器 18 件（套），骨镞 8 组，木弓等漆木器 25 件，红彩草编物 2 件，另有劈成两半的猪 10 头，公猪下颌 1 件⑯。

丰富的随葬品和成组的礼仪用品主要是大墓中出土的。如俎、匣、大豆、大盘及斗、"仓形器"等成组的彩绘木器，石磬、鼍鼓、土鼓等成组乐器，灶、斝、大罐、彩绘龙盘和彩绘陶器等成组的陶质礼仪用器，成系列的"V"字形石厨刀，以及玉石装饰品等。

重要的设施遗迹，目前发现的主要是陶寺文化中期的可能兼观天象授时与祭祀功能为一体的多功能建筑⑰。

以上这些文化现象，有的虽然还不是很完备或成系统，但都属"王室文化"因素。这些"王室文化"因素属陶寺文化早中期。陶寺文化早期的年代可能在距今 4500 年前后至 4300 年前后，陶寺文化早期大墓的年代在距今 4400 年至 4300 年前后。这说明中原地区大致在距今 4400 年至 4300 年前后出现了"王室文化"。

三　良渚文化进入中原地区和中原地区"王室文化"的形成

中原地区"王室文化"的形成应与其自身的发展及吸纳四方先进的文化因素等有关，其中一个方面可能与良渚文化进入中原地区密切相关。试从以下三方面进行探索。

1. 良渚文化进入中原地区是一种规模较大的文化传播

良渚文化进入中原地区的现象，目前仅在中原地区的几个遗址有所体现，主要是一些玉石制品。如陶寺遗址出土的"V"字形石刀和彩绘龙，陕西延安芦山峁遗址出土的玉琮、"V"字形石刀等[18]，河南渑池不召寨遗址出土的"V"字形石刀等[19]。此外，陶寺大中型墓的木棺与彩绘木器、陶寺遗址和山西芮城坡头—寺里遗址出土的玉琮等玉器[20]也许亦与良渚文化进入中原地区有关。

以这些文化现象说明良渚文化进入中原地区，其证据似乎十分微弱，但如果将山西襄汾陶寺、河南渑池不召寨、陕西延安芦山峁这三处遗址连接起来，则可以看出其在中原地区已有一个不小的分布范围。这说明良渚文化进入中原地区并不仅仅局限于一二个地点，而是在一个较大的区域。

这种较大区域内都有良渚文化遗存的现象，说明良渚文化进入中原地区并不是一种简单的文化交流，而是一种规模较大的文化传播。这种规模较大的文化传播可能反映了当时部族的族群迁徙，应与当时的重大历史事件有关。

2. 良渚文化进入中原地区的时间与中原地区最初出现"王室文化"的时间相当

良渚文化进入中原地区的时间，从陶寺大墓中出土的"V"字形石刀等现象分析，最早应在陶寺文化早期。在这之前的庙底沟二期文化时期，在中原地区尚见不到良渚文化的因素。这说明良渚文化进入中原地区的时间与中原地区"王室文化"最初出现的时间相当。

3. 良渚文化进入中原地区带去了先进的文化因素

良渚文化早在距今4800年前就已经进入了繁荣发展阶段。出现了犁、破土器、耜、铲、耘田器、镰、铚、千篰等成套的农工具，原始稻作农业进入了成熟发展阶段。玉器制作，漆木器、象牙雕刻、纺织等手工制作十分发达；社会阶层分化十分严重，贵族盛行厚葬，出现了祭坛墓地。而与此同时的中原地区庙底沟二期文化，社会的发达程度却远不及良渚文化。

良渚文化在距今4600年至4400年期间，陶器制作十分精致，乌黑发亮的黑陶、繁缛的细线刻纹和鼎、豆、壶等组成的礼仪用陶器均已出现，还出现了多种刻符，出现了"玉敛葬"，社会意识观念、精神文化面貌及社会阶层分化都有了进一步发展[21]。

如此发达的良渚文化进入中原地区，必然带去中原地区缺少的先进的文化因素。虽然中原地区与环太湖地区的自然环境不同，适合于良渚文化分布区域内的成套稻作农业工具不能在以旱作农作物为主的中原地区使用，一些良渚文化的日常生活用具可能被中原地区的日常生活用具所替代，但良渚文化的一些精神文化内容和一些礼仪习俗等属上层建筑的意识观念，影响着中原地区的文化发展。如陶寺大中型墓埋葬习俗中的使用木棺、彩绘木器、彩绘龙盘、成系列的"V"字形石刀等，以及中原地区对玉琮、玉璧的使用与制作等。

良渚文化进入中原地区，带去了先进的文化因素，促成了中原地区"王室文化"的形成。

注　释

①⑦　朱乃诚：《良渚的蛇纹陶片和陶寺的彩绘龙盘》，《东南文化》1998 年第 2 期。

②⑧　浙江省文物考古研究所、海盐县博物馆：《浙江海盐县龙潭港良渚文化墓地》，《考古》2001 年第 10 期。

③　朱乃诚：《良渚文化玉器纹饰研究》，《苏秉琦与当代中国考古学》，科学出版社，2001 年；《凌家滩的玉人玉龙和良渚文化的神人兽面纹饰——神人兽面纹饰含义新探》，《海峡两岸古玉学会议论文专辑》，《台湾大学理学院地质科学系研究报告》第三十三期，2001 年。

④　浙江省文物管理委员会、浙江省博物馆：《河姆渡遗址第一期发掘报告》，《考古学报》1978 年第 1 期。浙江省博物馆自然组：《河姆渡遗址动植物遗存的鉴定研究》，《考古学报》1978 年第 1 期。

⑤　中国社会科学院考古研究所山东队：《山东汶上县东贾柏村新石器时代遗址发掘简报》，《考古》1993 年第 6 期。胡秉华：《兖州西桑园北辛文化遗址》，《中国考古学年鉴（1989）》，文物出版社，1990 年。中国社会科学院考古研究所编著：《山东王因》，科学出版社，2000 年。山东大学历史系考古教研室编著：《泗水尹家城》，文物出版社，1990 年。

⑥　中国社会科学院考古研究所山西工作队、临汾地区文化局：《1978～1980 年山西襄汾陶寺墓地发掘简报》，《考古》1983 年第 1 期。

⑨㉑　朱乃诚：《关于良渚文化研究的若干问题》，《四川大学考古专业创建三十五周年纪念文集》，四川大学出版社，1998 年。

⑩⑪⑬⑭⑯　中国社会科学院考古研究所山西第二工作队、山西省考古研究所、山西省临汾市文物局：《2002 年山西襄汾陶寺城址发掘》，《中国社会科学院古代文明研究中心通讯》第 5 期，2003 年。

⑫　中国社会科学院考古研究所山西工作队、山西省临汾地区文物局：《陶寺遗址 1983～1984 年Ⅲ区居住址发掘的主要收获》，《考古》1986 年第 9 期。

⑮　中国社会科学院考古研究所山西工作队、临汾地区文化局：《1978～1980 年山西襄汾陶寺墓地发掘简报》，《考古》1983 年第 1 期。

⑰　中国社会科学院考古研究所山西工作队、山西省考古研究所、山西省临汾市文物局：《山西襄汾县陶寺城址祭祀区大型建筑基址 2003 年发掘简报》，《考古》2004 年第 7 期。

⑱　姬乃军：《延安市发现的古代玉器》，《文物》1984 年第 2 期。

⑲　J. G. Andersson. *Prehistoric Site in Honan*, The Museun of Far Earlern Antiquities. No. 19, 1947.

⑳　高炜：《龙山时代中原玉器上看到的二种文化现象》，《玉魂国魄——中国古代玉器与传统文化学术讨论会文集》，燕山出版社，2002 年。薛新民：《山西芮城寺里—坡头遗址发现庙底沟二期文化墓地》，《中国文物报》2004 年 4 月 16 日 1 版。

从大汶口文化看古代文明的发展过程

何 德 亮

（山东省文物考古研究所）

一

中国古代文明的起源问题，是考古学研究的一个重大学术课题，也是世界学术界广泛进行讨论的热点问题之一，因此，有着十分重要的理论意义和现实意义。目前，在探讨文明起源时，国内外学者一般都把城市、青铜器和文字等作为文明的标志或文明的三要素。关于文明的概念，世界权威性的《韦氏国际大词典》（1976 年版）对其解释一是"指某一时代或某一地区具有特征性的文化；有时也指某一传播很广、延续时期很长的、其下又有若干分支的总体文化"。二是"指文化发展的某一阶段，文字及文字记录的保存已经出现，同时也有城市、先进技术（农业和工业）、众多的人口以及复杂的社会结构"。恩格斯在《家庭、私有制和国家的起源》一书中也指出："文明时代是社会发展的一个阶段，在这个阶段上，分工，由分工而产生的个人之间的交换，以及把这两个过程结合起来的商品生产，得到了充分的发展，完全改变了先前的整个社会。"[①]简言之即是"国家是文明社会的概括"。摩尔根在 1877 年《古代社会》中把人类社会划分为蒙昧、野蛮和文明三个阶段。他认为文明社会"始于标音字母的发明和文字的使用"[②]。夏鼐先生把文明的特征和要素归纳为国家、城市、文字和金属冶炼[③]。从这个意义上讲，文明社会的到来也就是国家的出现，国家是文明的政治表现，是文明社会的概括。

"文明"一词，在中国古代文献中，最早见于《易经·乾》："见龙在田，天下文明。"孔颖达疏："天下文明者，阳气在田，始生万物，故天下有文章而光明也。"判断一个社会是否进入文明时代的标志，一般认为，"是农业生产已达到不仅可供直接生产者的需要，而且有余；有一个用强制手段管理和组织一定地域内人群的权力和机构（即靠暴力支持的政府）；在这地域内有不同类型的居住地，有不同层次的管理者，权力机构对食物、原料和奢侈品有再分配的权力；有一批脱离直接生产的专业人员，如手工业匠人、商人、官员、军人和巫师等。"④换句话说，就是在原始社会末期，由于社会生产力的不断发展，生产品有了一定的剩余，使得一部分人可以通过不等价交换或强行掠夺来获取财富，由此导致了贫富的两极分化和阶级社会的产生，人与人之间的关系也由相对平等变成了统治者与被统治者的关系，在这种情况下，氏族社会开始解体，阶级社会随之出现——国家诞生了。

关于中国古代文明的起源与形成问题，是一个非常复杂的过程，不是一般的社会发展史。人类社会由野蛮时代到文明时代，从氏族社会进入阶级社会，是人类历史上的一次大飞跃，是社会形态发生大变革的历史时期。因此，研究古代文明的起源与发展过程，不能片面强调某一个或几个文明因素，必须从研究生产的发展开始，然后再对生产力、生产关系、经济基础和上层建筑以及意识形态等等方面，进行通盘考察。只有这样，才能全面揭示中国古代文明起源和形成的漫长历史发展进程，否则，很难作进一步的深入研究。因此，笔者以田野考古学为基础，以近几年所发表的大汶口文化的考古发掘资料为依据，谈谈对大汶口文化时期文明起源及其发展过程的一点初步认识。不当之处，请各位专家指教。

二

大汶口文化因 1959 年首次发掘泰安大汶口遗址而得名。该文化的分布范围主要在黄河下游的山东地区，东自胶东半岛，西到河南中部，北到辽东半岛南端，南达江苏北部和安徽的北部地区。四十余年来，大汶口文化的发现与研究取得了很大的进展。据不完全统计，仅在山东地区就发现大汶口文化遗址 500 余处，经过正式发掘的重要遗址有泰安大汶口⑤，邹县野店⑥，滕州西公桥⑦，枣庄建新⑧，兖州王因⑨、六里井⑩，茌平尚庄⑪，泗水天齐庙⑫，曲阜西夏侯⑬、南兴埠⑭，临沂大范庄⑮，日照东海峪⑯，长岛北庄⑰，蓬莱紫荆山⑱，胶县三里河⑲，诸城呈子⑳、前寨，莒县陵阳河㉑、大朱家村㉒、杭头㉓，潍坊前埠下㉔，广饶五村㉕、傅家等；江苏省境内主要有刘林㉖、大墩子㉗和花厅遗址㉘；安徽省主要是皖北的蒙城尉迟寺遗址㉙。经碳十四年代测定，大汶口文化的年代从公元前 4300 年至前 2600 年，前后延续了大约一千七八百年，学术界一般将其划分为早、中、晚三个大的发展阶段，也有的划分为早、晚两段。在如此漫长的历史进程中，大汶口文化的社会生产力发展水平得到了不同程度的提高，为中华古代文明的起源、形成与发展等提供了坚实的物质基础。本文主要从农业和手工业的发展入手，从我国私有制的产生、内部的分化与分层、社会等级制的出现几方面，探讨中国古代文明的起源与发展过程。

农业的出现与文明起源的关系非常密切。在农业、家畜饲养业和手工业三大生产活动中，农业是整个古代世界具有决定性意义的生产部门。农业劳动，"是使其他一切部门所以能够独立化的自然基础"㉚。因此，在探讨古代文明起源及其发展过程时，应该首先对当时的农业生产力发展水平进行考察，并给予基本的估计。

大汶口文化时期的农业已进入耜耕农业阶段。人们过着农业定居生活，农作物以粟类为主，同时还兼种黍和水稻。生产工具作为农业发展水平的重要标志，其制作技术与北辛文化相比又有了很大提高。石器多通体磨光，刃部锋利。主要有石铲、镰、刀，角锄，牙刀、牙镰等。另外，在三里河遗址墓葬中还发现了鹿角镰。以大汶口墓地为例，在133座墓葬中共出土石铲27件（含玉铲2件）、石斧10件、石刀11件、牙刀53件、牙镰21件、蚌镰3件。这些农业生产工具，收割工具占比例较大，反映了这一时期粮食的收获量是很大的。从北辛文化已发现的粟类农作物看，大汶口文化时期的农作物也应以种植粟为主。这种耐旱作物是由狗尾草驯化来的，因而，很适宜黄河流域的土壤和气候条件，所以，至今仍是华北地区人们种植的一种主要粮食作物。这种粮食作物在大汶口文化的早期阶段发现数量比较少，仅在胶东半岛的长岛县北庄遗址一期文化红烧土的墙皮中发现夹有许多黍子的皮壳㉛。在福山邱家庄等遗址则发现了粟的硅酸体㉜。在蓬莱大仲家遗址T2第2层的土样中发现了水稻的硅酸体㉝。另外，在王因遗址还发现有水稻的花粉，说明山东地区已有六千多年种植水稻的历史。通过对蒙城尉迟寺遗址采样进行的植物硅酸体分析，可以判明当时确已存在水稻的种植和栽培㉞。

大汶口文化的中晚期，粟类农作物的品种和数量大幅度增加，在广饶傅家遗址出土的一件陶鼎内见到粟粒㉟。陵阳河遗址M12人骨经碳十三测定发现其食谱中约1/4为C4成分，而C4成分一般认为应是粟类植物㊱。通过水洗法，从建新遗址取得了60粒轻度炭化的粟粒。这些粟粒多为卵圆形、长1～1.2毫米、宽0.6～0.8毫米，其背部隆起有沟，胚位于背面的沟内，长约为颖果的1/3～1/2。尽管遗址中未能浮选出具有鉴定意义的外包籽实的稃和颖片，但从其籽实的形态仍有把握鉴定是粟的标本。特别是在三里河遗址一座不足8平方米、容积约3.5立方米的椭圆形半地穴粮食库房（窖穴）内，发现了1.2立方米的炭化粟粒。由于粮食放在窖穴内经过数千年体积自然会变小，因此推算，这些粟粒当折合新粟三四千斤，说明当时农业的收获量是十分可观的。

农业生产的不断发展，使以养猪为主的家畜饲养业也得到很大发展。遗址中出土了大量的猪、狗、牛、羊、鸡等骨骼，这些都是人们饲养的家畜，其中以猪骨数量最多。在刘林遗址第二次发掘中出土大量动物骨骼，据统计，包括猪牙171件、牛牙床及牛牙30件、羊牙床8件、狗牙床12件。大墩子遗址墓葬中还用整条狗进行随葬。在野店遗址则发现了2座猪坑，每坑各埋有1头猪。到了大汶口文化中晚期，家畜饲养业有了进一步发展，猪的饲养量空前增多，墓葬中盛行用整猪、猪头或猪下颌骨进行随葬，猪已经成为私有财富的象征，或者具有更深刻的社会意义。大汶口遗址 1959 年第一次发掘的 133 座墓葬中有 1/3 的墓随葬猪，其中 43 座墓葬随葬猪头 96 个，最多者随葬有 14 个。这些猪多是成年较大的个体，其中成年母猪占较大比例，大多数在宰食年岁以上。西夏侯遗址发现的三个猪头，经鉴定，均为雄性个体，其中二个在两岁半以上，一个在一岁半以下，均属青年期。三里河遗址的 66 座墓葬中，有 18 座墓葬随葬猪下颌骨 144 件，最多者达 37 件。又如，三里河遗址一个袋状灰坑内出土有 5 具完整的幼猪骨骼，看来可能是一个猪圈，可见当时已能人工繁殖小猪。大朱家村遗址 18 座墓葬放置猪下颌骨 80 多个。陵阳河遗址 45 座墓葬中有 25 座墓葬随葬猪下颌骨 160 多个，每墓平均 7 个左右，最多者为 M17，墓中放置猪下颌骨 33 个，充分反映了这一时期养猪业的兴旺发达，同时也说明当时的农业生产有了较大的发展。

三

大汶口文化时期的原始手工业相当发达，特别是制陶业、制石制玉业、骨角牙制造业、纺织业以及酿酒业等原始手工业取得了引人注目的成就，在全国史前文化中居领先地位。

制陶业在手工业生产中占有相当重要的地位，是人们日常生活中不可缺少的生活用具之一。陶器生产表现出明显的阶段性，早期以手制为主，烧造火候较低，陶色以红陶为主，黑陶、灰陶少见，器类不多，造型简单，仅见瓠形杯、钵形鼎、罐形鼎、盆形鼎、钵、豆、罐、杯等。到了中期阶段，红陶数量减少，灰褐陶比例上升，陶器制法仍以手制为主，一般采用泥条盘筑法，开始使用轮制技术，烧制火候较高，器类增多，新出现了实足鬶、浑圆体背壶、大镂孔座的豆、盉、扁凿足的折腹鼎等。晚期阶段，已使用快轮制陶生产新技术，陶色以灰、褐陶为主，红陶罕见，新出现了白陶器，器类增多，器形复杂，典型器物有大袋足鬶、白陶背壶、长颈盉、宽肩壶、瓶、折腹鼎。特别是薄胎磨光镂孔黑陶高柄杯的生产，代表了当时制陶工艺的最高水平，为山东龙山文化蛋壳陶的生产准备了条件。这一阶段还发现许多模仿动物造型的陶制工艺品，如大汶口遗址的兽形鬶，三里河遗址出土的猪形、狗形、龟形鬶以及北庄遗址出土的鸟形鬶等，反映了当时人们高超的制陶技术和工艺制作水平。烧造如此众多的精美陶器，如果没有高超的专门制陶人员是不行的。由此推测，大汶口文化时期的制陶业已经从农业中分离出来，成为专门的手工业部门，并进入了专业化生产阶段。

大汶口文化的制石制玉业，经历了相当长的发展过程。早期阶段，生产力发展水平较低，石器制作粗糙，而且器类少，只有石斧、石铲、石磨棒等，有的石器采用半打半磨的制作方法，有的则通体琢制，仅刃部磨光。中晚期阶段，石器磨制已经比较精细，较多地使用穿孔技术，多选用硬度比较高的蛋白石等，一般通体磨光，器形规整，器类增多。主要有铲、斧、锛、凿等，新出现了大型有段石锛。在大汶口 M10 和 M117 内还发现了制作精致的玉铲，其中一件为扁平长方形，厚 0.7 厘米，刃极锋利，磨制光滑，制作精美。据统计，大汶口遗址第一次发掘的 133 座墓葬中，有近 30 座墓葬随葬有种类繁多的玉器，主要有头饰、耳饰、项饰、佩饰、指环和臂腕饰等装饰品。其中，M10 发现有 2 串头饰和 1 串颈饰。据观察，一串头饰为 25 件白色大理岩长方形石片及 2 件牙形石片；另一串由 31 件大理岩管状石珠组成。颈饰则是 19 件形状不规则的松绿石片。野店遗址 M22 墓主为一女性死者，其头部有玉环，由玉单环、双连环、四连环以及绿松石串饰等组成，色泽艳丽，造型美观，制作极其精巧，已经达到了相当高的水平。

大汶口文化时期，骨角牙器的制造得到了飞速发展。在刘林遗址发现了刻有猪头的牙质饰件，在大墩子遗址发现一串 10 粒精致的雕花骨珠，在野店遗址还发现了刻花骨匕。大汶口遗址第一次发掘中出土 16 件骨雕筒、10 件花瓣象牙雕筒、7 件象牙琮。其中一件透雕象牙筒，筒身周围布满剔透的花瓣纹样，当时在没有金属工具的情况下，能制出如此精美的器物是十分不容易的。有的骨雕筒还镶嵌有松绿石。筒壁一侧多有 4 个圆孔，以便佩带。特别是一件透雕十六齿象牙梳保存得相当完整，全长 16.7 厘米，有 16 个细密的梳齿，齿长 4.6 厘米，齿尖扁薄，梳把稍厚，把的顶部刻 4 个豁口，近顶部穿 3 个圆孔，梳把雕镂三道同等距离的微弧短线组成的"8"字形镂孔，内填"T"字形图案，外界框由单行短条孔组成"门"形孔。另外，还有制作精细的骨指环、獐牙勾形器等。如此高超的透雕技术和镶嵌技术代表了中国新石器时代骨角牙器制造业的最高水平。

大汶口文化的纺织业已经有了很大的进步，在许多遗址中均发现有陶、石纺轮，骨针、锥、梭形器等纺织缝纫工具。如大汶口遗址的 133 座墓葬中出土纺轮 31 件，其中石质 26 件、陶质 5 件；骨针 20 件，最长的 18.2 厘米，粗者 7 毫米，最细者只有 1 毫米，针顶端有鼻，孔径细的只能穿过一根细线，可见纺织缝纫技术的进步。特别是发现的大量布纹痕迹，足证这一时期布匹的存在。所发现的布纹一种是粗布纹，另一种是细密布纹。在南兴埠遗址发现的甑箅和甑底部的布纹有粗细之分，每平方厘米的经纬线各在 7～8 根左右。野店遗址的一件陶盆底部发现印有粗布纹，可能是麻类纤维，为经纬交织组成的平布纹，据分析，每平方厘米的经纬线约在 8 根左右。岗上遗址 M7 出土的一件陶罐底部印有麻布纹，每平方米平均约有 7～8 根经纬线[⑰]。西夏侯遗址两次发掘中发现不少陶器的底部印有布纹，第一次发掘出土的 20 件陶器，如鼎、罐、背壶、尊形器等印有平纹布纹，其中一件背壶底部的布纹细密且清晰可辨，据观察每平方厘米的经纬线各有 10 根，多数为 6～8 根；在第二次发掘的地层中又发现陶器底部印有布纹的痕迹，每平方厘米有经纬线各约 6～9 根，出土于上层墓葬中的陶器底部的布纹经纬线分别为 5～6 根和 8～9 根。在长岛大钦岛北村三条沟遗址陶器底部发现的布纹经稀纬密，每平方厘米为 8～11 根，系平纹织法⊗。除上述遗址外，在西公桥、六里井、费县城阳等遗址均发现有大量布纹的痕迹。可见，大汶口文化时期的纺织业是很发达的，可能已经从农业中分离出来，成为专门从事纺织手工业生产的部门。

由于农业生产的不断发展，粮食有了较多的剩余，由此促进了酿酒业的发展，墓葬中出土的大量陶鬹、壶、高柄杯、盉等专用酒器，就是这一时期酿酒业已经出现的重要标志。它从一个侧面说明当时的农业产品已经出现了剩余，也反映出这一时期农业生产的发达程度。例如，大汶口 133 座墓葬中有 42 座随葬高柄杯、筒形杯、单把杯等各种酒器 171 件。大范庄遗址共出土陶器 725 件，其中酒器就有 644 件，占出土陶器总数的 88.8%。1979 年陵阳河遗址发掘中出土陶器 1400 多件，其中高柄杯有 650 多件。如 M6 随葬陶器 160 多件，而高柄杯一类就多达 90 余件。特别是发现的一些器形较大的瓮、壶、漏器等，可作为谷物发酵、储酒、沥酒之用。尤其是墓葬中随葬的二件陶质酿酒工具，质地均为夹砂红陶，直壁，深腹，平底，底部中间有一圆形孔，其中一件口径 55 厘米、深 38 厘米、孔径为 20 厘米。酿酒工具的发现在山东地区还属首次，它不仅为研究大汶口文化时期的酿酒工艺提供了重要的实物资料，而且为我们正确估计这一时期的农业发展水平提供了重要的参考资料。

文字的发明和使用是人类历史上的重大事件。文献记载，仓颉造字时"天雨粟，鬼夜哭"。由此说明，文字的发明确实是一件"泣天地，动鬼神"的大事。它是古代人类在长期生产实践中，出于沟通思想和传递信息的需要而发明的，是人们记录和传播人类思想的重要工具，也是文明发展进程中不可缺少的手段。因此，在人类历史上具有里程碑的意义，也是文明时代到来的重要标志之一。有的国外学者把文字的书写放在文明诸项要素的首位，看来是有一定道理的。大量考古资料证明，大汶口文化时期已经发明了图像文字（图一），主要发现于陵阳河、大朱家村、杭头、前寨、尉迟寺等遗址出土的陶尊上面，共 20 余枚，约有八九种个体。这些图像文字有的像自然物体，有的像工具和兵器，如斤、斧、锛、炅、戌、旦、封、皇、凡、南、享等等。它们曾被誉为"远古文明的火花"。唐兰先生认为，这些象形文字与商周青铜文字、商代甲骨文字以及陶器文字，都是一脉相承的㊴。李学勤先生认为，大汶口文化陶器上的刻划符号，"同后世的甲骨文、金文形状结构接近，一看就产生很像文字的感受"㊵。裘锡圭先生认为大汶口文化的陶器文字是原始文字，"跟古汉字相似的程度是非常高的，它们之间似乎存在着一脉相承的关系"㊶。总之，大汶口文化图像文字的发现与使用，标志着人类社会已经进入或者已经接近文明时代的门槛了。

在人类历史上，金属器的出现是具有划时代意义的重大事件，它代表了当时新的生

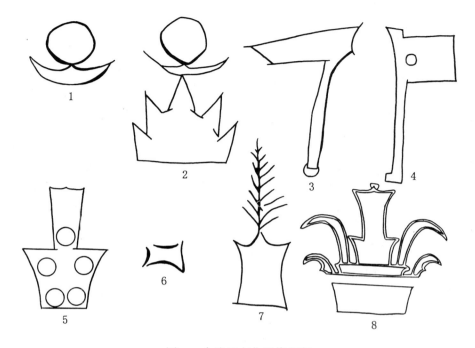

图一　大汶口文化图像文字

1. 炅　　2. 炅山　　3. 斤　　4. 戊　　5. 符号甲　　6. 符号乙　　7. 符号丙　　8. 符号丁

产力，是人类社会进入文明时代的重要标志之一。在各种金属中，铜是人类最先认识和使用的一种金属，人类采用化学方法，将天然铜矿石熔化，铸造成器皿，这项发明促使社会生产力发生了质的飞跃。根据考古资料，在山东地区，大汶口文化时期已发现了使用青铜器的迹象。例如，大汶口 M1 中出土一件孔雀绿色的骨凿，经中国科学院地质研究所鉴定，含铜量为 0.099%，显然系被含铜物质污染所致。这一例证，虽不能说明大汶口文化时期已经有了冶铜业，但它至少启示我们，大汶口文化时期已经有可能具备了冶炼青铜器的能力。这种推断，期待着今后在考古发掘中能够进一步得到证实。

城址的出现是古代人类社会发展到一定阶段的产物，是与社会生产力的发展、私有制的产生分不开的，与阶级的产生和国家的出现也是息息相关的。正如恩格斯在《家庭、私有制和国家的起源》一书中所说："在新的设防城市周围屹立着高峻的墙壁并非无故，它们的壕沟深陷为氏族制度的墓穴，而它们的城楼已经耸入文明时代了。"[42]我国城的出现是很早的，古代文献中有许多这方面的记载，如《吕氏春秋·君守篇》有："夏鲧作城。"《淮南子·原道训》也说"昔日夏鲧作三仞之城"。现在看来，上面这些记载与考古发现还是基本吻合的。在山东地区，1994 年，张学海先生在阳谷县阿城镇王家庄村西进行调查时，发现了一座大汶口文化时期的城址[43]。1995 年再次勘查，基本查明城的平面为圆角扁长方形，东北—西南向，南北长 360 米左右，东西宽 120 米以上，面积约 4 万平方米，始建年代可能早到距今 6000 年。同年初夏，在对滕州西康留大汶口文化遗址进行普探时，也发现了一座大汶口文化时期的城址，东垣长约 180 米，略外弧；南垣长约 160 米；西垣南段探出约 45 米，偏向西北；北垣东半探出约 76 米；西北部城垣尚未找到，但城的平面轮廓已比较清楚，应呈不规则方形或五边形，南北长约 195 米，估计面积 35000 平方米左右。该遗址除发现城址外，山东省文物考古研究所在试掘时还发现 3 处夯筑建筑遗迹，其中二处已被证明为台基，平面均呈圆角长方形，但方向和大小不一致。1 号台基位于遗址的中南部，东北—西南向，长 40 米、宽 20 米，面积约 700～800 平方米；2 号台基位于遗址的中部，西北—东南向，长 30 米、宽 10～15 米，面积约 400 平方米。近年，山东省文物考古研究所在五莲县丹土遗址的发掘中又发现一座大汶口文化时期的城址（图二）。这是目前山东地区唯一在正式发掘中发现的大汶口文化城址。据报道，该城址位于五莲县潮河镇丹土村，中部被村子占压，西北距县城约 40 公里，遗址地势由西南向东北倾斜。城址平面略呈椭圆形，东西长 400 余米，南北宽近 300 米，城内面积 9.5 万平方米；城壕宽约 10 米，口至底深约 25 米；城墙仅存墙基部分，墙体残宽约 10 米，残高约 1 米，墙为分层堆筑，夯层较平整，每层厚 0.1～0.2 米。壕沟形状均为敞口，平底，沟壁下部斜直，上部缓坡；城墙均在清理了地表或早期城壕的基础上堆筑，用土多是挖掘城壕时取出的土，沟内侧多有护坡。大汶口文化城墙之下有大汶口文化晚期灰坑，城墙又被大汶口文化末期的房基垫土、基槽和墓葬打破，故城墙年代可定在大汶口文化晚期偏晚阶段。大汶口文化城址的不断发现，是中国古代文明起源的又一重要标志，同时对山东龙山文化时期大量城址的发现也产生了深远的影响。

四

大汶口文化时期的社会经济形态，早期阶段已经达到了较高程度，中期以后又有了飞速发展，白陶器、薄胎黑陶器、玉器、象牙器、镶嵌工艺的出现以及快轮制陶技术的应用，说明这一时期部分手工业已经从农业中分离出来，成为相对独立的经济部门。

农业、家畜饲养业、各种手工业生产的发展，社会分工的日益精细，新技术和新产品的相继出现，生产领域的不断扩大，产品种类和数量的日益增多，为生产关系的变动、私有制的出现提供了物质前提，促使新的社会管理机制产生；并由此导致贫富分化，在氏族内部出现贫者和富者的严重对立。少数富有者积累了较多的财富，而绝大多数贫穷者则一无所有。经济基础的改变必然导致上层建筑的变化，这种现象在大汶口文化中表现得非常突出。

早期阶段，生产工具种类较少，一般只有石斧、石铲和石磨盘、石磨棒等，而且制

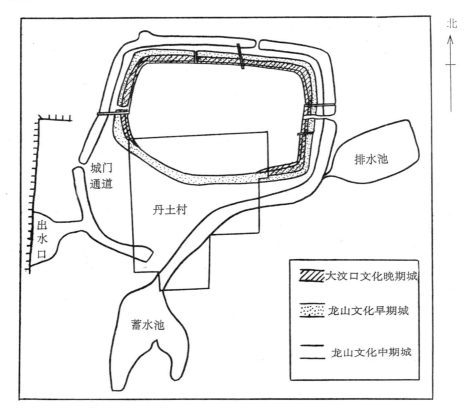

图二　丹土城址平面示意图

作粗糙，浑厚而笨拙。例如，王因遗址出土的生产工具，只发现磨制粗糙且保留打制痕迹的石铲等。陶器多为手制，不仅质地厚重，而且火候较低，极易破碎。墓葬中多数没有随葬品，有随葬品的墓葬一般也只有二三件。在王因墓地，随葬品的种类和数量都不算多，据统计，899 座墓葬中，有随葬品的墓葬为 537 座，占墓葬总数的 60%。各墓之间随葬品的数量多寡差别并不大。早期墓葬中，有随葬品的墓葬比例较小，愈到晚期则随葬品愈多，而且种类和数量也逐渐增多。例如，121 座早期墓葬中，无随葬品的墓葬有 59 座；有 1 至 3 件随葬品的 59 座，两者共占早期墓葬的 97%；其余三座墓葬有 4 件随葬品。376 座中期墓葬中，无随葬品的 164 座，占 43%；有 1 至 3 件随葬品的约占 40%；4 至 25 件随葬品的占 17%。晚期阶段的 402 座墓葬中，无随葬品的 139 座，占 35%；有 1 至 3 件随葬品的占 27%；有 4 至 9 件随葬品的约占 30%；有 10 至 53 件随葬品的占 8%。显然，晚期墓葬的随葬品数量比早、中期墓葬普遍增多，厚葬之风在晚期较盛。总的来看，王因遗址墓葬之间，随葬品的数量差别不大，贫富分化并不悬殊，即使出现个人财富多寡不等的现象，也未能达到贫富分化严重的程度，至少这种现象还没有反映到葬俗上来。"即使随葬品最多的单人葬，也只罗列了日常生活和生产的必需品，看不出是剩余劳动的堆积，尚未构成贫富悬殊或分化的问题。"[47]这说明氏族成员间的血缘纽带还在起作用，氏族制度尚未解体。但在大汶口文化早期阶段的刘林墓群第二次发掘中，已经初步显示出贫富分化的一些迹象。据统计，所清理的 145 座墓葬中 127 座有随葬品。其中，有 1 至 8 件随葬品的 100 座，有 6 至 15 件随葬品的 19 座，有 19 至 32 件随葬品的 8 座。例如 M182，随葬有鼎、觚形杯、罐、缸、圈足杯，以及穿孔石斧、獐牙勾形器、角锥、骨钏、长方形骨器和龟甲等。大墩子遗址的 343 座墓葬中，有 30 座没有随葬品，但 M44、M38、M32 的随葬品特别丰富。M44 随葬鼎、杯共 11 件，罐、缸、盆、瓶各 1 件，穿孔石器、环各 1 件，獐牙 4 个，獐牙勾形器、角鱼镖、骨管、骨帽各 1 件，等等。这种比较富裕的墓葬，与没有随葬品或只有一二件随葬品的墓葬相比，悬殊明显，说明社会内部已经出现贫富分化，私有财产已经开始萌芽。种种迹象表明，大汶口文化的早期偏晚阶段是社会由大体平等到初步不平等的转变期。在转变后的父系社会中，家族与宗族日益发挥着各自的功能，而氏族纽带的束缚则日趋衰退[48]。

上述贫富分化现象在大汶口遗址 1974 年和 1978 年两次发掘的 46 座墓葬中表现得非常明显。从墓葬规模来看，当时已存在大、小墓之别。大型墓的墓室宽大，小型墓一般都较狭窄。随葬器物的数量和种类也已出现多寡悬殊的情况，少者不过数件或一无所有，多者则随葬成组的石、骨、陶器等百余件。特别是第一墓组中的大型墓多实行厚葬，随葬品达百余件，与其他墓组相比，第一墓组当是富裕家族的墓地。其中，M2005 和 M2019 仅陶器一项就占全部墓葬随葬陶器的四分之一左右，而且还有大量骨器、石器和装饰品等。说明在大汶口遗址早期阶段，贫富差别已经相当明显，同时也表明其经济实力较强，与周围其他同时期遗址相比其生产力水平要高得多，在山东地区乃至全国已处于领先地位。可见大汶口遗址在当时已经成为大汶口文化时期的一个政治、经济、文化的中心区域。

中晚期阶段，社会生产力发展水平较早期阶段又有了很大提高，石质生产工具种类增多，质料多样，在选材上大部分选用硬度高的大理石、蛋白石等；石斧、石铲等则都是通体磨光，棱角分明，刃口锋利。此外，制陶工艺也有了进一步提高，红陶比例下降，黑、灰陶上升，而薄胎黑陶和白陶的出现，更使制陶业达到了新水平。随之而来的是私有制、贫富差别、阶级分化、社会内部的分层等新的社会现象开始产生，贫富分化和阶级对立现象日趋明显，在氏族内部出现了贫者和富者的严重对立，社会组织已经存在不同的等级，少数富有者积聚了大量财富，而多数贫穷者则一无所有。一些特殊富有者的大型墓葬说明，这一阶段社会制度将要发生变化，大汶口遗址第一次发掘的墓葬资料为我们提供了有关这方面的一些信息。在大汶口遗址 133 座墓葬中，同一墓地中的墓葬明显可分为大、中、小三类。小型墓葬的墓坑狭小简陋，只能容放尸体，没有或只有一二件随葬品。其中，八座小墓空无一物，反映了死者生前贫困的社会生活。据统计，

40 座小墓的随葬品总和还不及 M10 一座丰富。中型墓少数有木椁，随葬品只有 10 至 20 件。与此相反，少数富有者的大墓，不仅墓穴规模大，而且棺椁具全，随葬品十分丰富，少者 50 至 60 件，最多的甚至达到 180 余件。墓葬规模之大，随葬品之丰富，完全可以和奴隶社会的一般贵族墓葬媲美。这是中心聚落内部财富与地位不平等以及社会内部分化与分层的生动写照。不仅如此，大、中、小墓葬在随葬品的种类和质量方面也有明显不同。例如，同样是陶器，大型墓葬的要比中型墓葬的好，中型墓葬的要比小型墓葬的好。最精致的黑陶、白陶、彩陶以及玉器、象牙器、鳄鱼鳞板、镶嵌绿松石的骨雕筒等都出现在大型墓葬中。如 M10，长 4.2 米、宽 3.2 米，使用"井"字型木椁（图三）。死者头上佩带三串大理岩和绿松石制成的串饰，右腕佩玉臂环，同时随葬的还有一件晶莹的墨绿色玉铲，精制的骨雕筒、象牙筒、象牙梳、象牙管和 84 块鳄鱼鳞板、2 个猪头以及 80 多件优质陶器，其中仅陶瓶一类就有 38 件（图四）。至于 M10 出土的绿松石、玉器、象牙器等贵重物品，更不是一般人所能使用的东西，而是少数人享用的高级奢侈品，也是墓主人权力、身份、地位和财富的象征物，这是私有财产业已发生、贫富差别已经出现的重要例证。野店遗址的情况也是如此，各墓随葬品的质量和数量差别很大，少的一二件，多的达 40 至 50 件。这些随葬品丰富的大墓出土的器物数量多、质量好，不仅有一般的陶器，还有各种酒器、玉器和彩陶器等。陵阳河遗址的资料也提供了当时部落内部等级分化的一些重要证据。据报道，三次发掘共清理了大汶口文化晚期墓葬 45 座，可分为早、中、晚三期。这里大墓成群，大墓墓室巨大，而且随葬品及其丰富，尤其是酒器和猪下颌骨特别多，各种随葬品少则 40 至 50 件，多者 70 至 80 件，个别大墓的随葬品达到近 200 件。而小墓和大墓对比鲜明，小墓仅能容身，有的仅有 2 件陶器，有的随葬五六件或六七件器物，与大墓相比差别相当明显。这种情况说明这一时期社会内部贵族与平民之间已分成了不同的等级，已经出现少数拥有特权和大量占有社会财富的显贵、首领及一批据有部分权力和财富的中小贵族。这一点从墓葬分布中也看得相当清楚。45 座墓葬共分为四区，属于第一墓区（河滩墓地）的墓葬有 25 座，位于遗址北部，即陵阳河南岸；第二墓区位于第一墓区的西北，两者相距约 50 米；第三墓区在遗址的东北部，距河滩墓地约 60 米；第四墓区在遗址东南，距河滩墓地约 150 米。据研究，第一墓区的 25 座墓葬中，早期墓 3 座、中期墓 9 座、晚期墓 13 座。依西南而东北依次埋葬，说明该家族墓地使用了较长的时间。发现的 19 座中型以上墓葬均集中在第一墓区。而第二至四墓区全是一些小墓，随葬品一般为 7 至 8 件，多者亦不足 30 件。第一墓区的 19 座贵族墓不仅墓室宽大，而且随葬品十分丰富。如 M6，墓室长 4.55 米、宽 3.8 米，墓主为一成年男性，随葬器物 180 余件，其中猪下颌骨 21 件，陶质器皿中鼎、鬶、罐、双耳壶、豆、盆、盉、厚胎及薄胎镂孔高柄杯、瓮、大口尊、漏缸等 160 余件，石铲、石璧、骨雕筒、石凿各 1 件，石坠饰 4 件。又如 M17，使

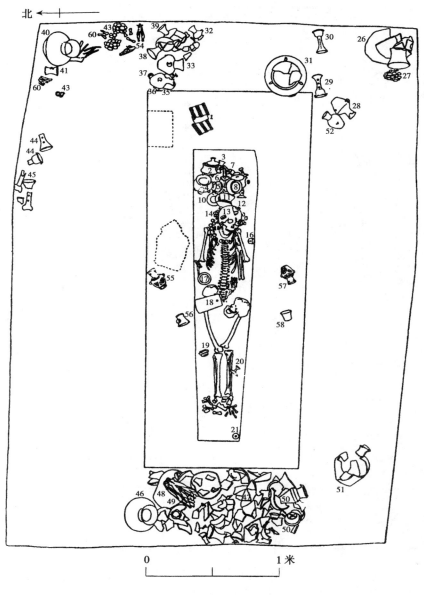

图三　大汶口 M10 平面图

用"井"字形木椁，墓室长 4.6 米、宽 3.23 米。出土器物 192 件，其中陶器 157 件，包括制作精致的黑陶镂孔高柄杯 40 多件，以及鼎、鬶、罐、豆、双耳壶、单耳杯、单耳罐、盆、盉、瓮、厚胎及薄胎镂孔高柄杯、刻文陶尊、漏缸、笛柄杯等；另有猪下颌骨 33 件和 2 件石凿。上述几座大型墓葬的随葬品之丰富，已远远超过了一个人实际生活的需要，突出了墓主人凌驾于众人之上一人独尊的地位，这与一般墓地中出现的贫富

图四　大汶口 M10 随葬器物组合

1. 象牙雕筒（2 件）　　2、8、11. 其他鼎　　3、32、36、37、41、56、58. 单把杯　　4. 三足盉　　5、22. 无鼻壶　　6、7. 空足鬶　　9、29、30、44、45. 高柄杯　　10. 平底盉　　12. 象牙梳　　13. 笄、有穿长方形石片饰（27 件）　　14. 管状石珠（31 颗）　　15. 松绿石串饰（19 件）　　16. 石斧　　17. 臂环　　18. 石铲　　19. 骨雕筒　　20、21. 器盖　　23. 笄　　24. 象牙管（压在头下）　　25. 笄（压在头下）　　26、40、46、51. 宽肩壶　　27、43. 鳄鱼鳞板　　28、33～35、52. 背壶　　31、48. 其他罐　　38、39、47. 细柄豆　　42. 指环　　49、54. 猪头骨　　50. 瓶　　53. 折腹鼎　　55、57. 彩陶背壶　　59. 象牙片（2 件，压在头下）　　60. 猪骨　　61. 双鼻壶（压在 50 下）

分化是有很大不同的。"如果成员之间在分配方面发生了比较大的不平等，那么，这就已经是公社开始解体的标志了。"⑩这种不平等，不但是人与人之间的不平等，而且表现为家族与家族、宗族与宗族之间的不平等。据统计，在陵阳河墓葬的随葬品中，制作精致的石钺、石璧、骨雕筒、陶质牛角形号、石环，以及刻划图像文字的陶尊等具有象征身份、权力和地位的随葬品，无一例外，全部发现于河滩墓地的大型墓葬中。因此，可以说陵阳河遗址的河滩墓地是这一地区居民中权贵家族若干代的祖茔地。

花厅遗址的殉人现象，是文明时代即将到来的重要信息。在 1987 年和 1989 年发掘的 66 座大汶口文化墓葬中，十座大墓中就有八座使用殉人。殉人以少儿和幼儿为主，亦有成年女性和成年男性。殉人的位置一般在墓主人的两侧墓边和脚后。例如，M60 墓主是一壮年男子，随葬品有 150 多件，殉葬 5 人，包括中年男女各 1 人，在他们的头部上方有一幼儿，右下侧有一少年，另在女殉人身旁发现一儿童骨架。又如，M61 墓主是一 20 岁的成年女性，墓中殉葬一少年女性。再如，M18 墓主为青壮年，此墓殉葬有一成年女性和两个婴幼儿，除墓主有大量随葬品外，右侧的成年女子头上方和脚后也随葬有较多的玉器和陶器，手上戴着玉镯，墓主脚后的婴幼儿旁也放置了六七件精美陶器。还有 M16 坑内西端有 1 对少年骨架，坑外东端有 3 具幼童骨架，两侧还发现 1 至 3 具幼童骨架。再就是 M20 内发现 3 具人骨，墓主为一成年男性，仰身直肢，脚下并排横置 2 具少年骨架，均应为墓主的殉葬者（图五）。上述几座墓葬中的人骨架均为一次埋葬，骨架排列整齐有序，且骨架齐全，墓内的青少年和儿童均为同时埋入，因此可以认为，这些殉人墓葬，除墓主外，其余均为非正常死亡，应属殉葬无疑。殉人的目的是墓主为了死后继续享受生前的生活，继续奴役其妻妾、奴仆和武士等。这些殉葬者大部分应是墓主身边比较亲近的人，有的可能是社会内部因贫富分化而产生的奴隶。反映了当时社会上尖锐的阶级矛盾和特权阶层权力的扩大，以及自由人与非自由人之间社会地位的不平等。

总之，大汶口、陵阳河、花厅等特大型遗址中的大墓，无论是墓穴规模、葬具，还是随葬品的数量、质量以及品种等，都远非一般墓葬所能比拟，远远超出了个人日常生活所必需，这是社会内部分层和分化均已出现的重要例证。如严文明先生所言，在大汶口，大型墓占少数，小型墓也占少数，多数还是中型墓。而同一文化的别的墓地，如以大汶口做标准，则以中型墓占少数，小型墓占多数。有的墓地即使有大型墓，也没有玉器、象牙器、鳄鱼皮鼓等特殊器物。所以说，大汶口这个聚落的居民无论在财富上还是在社会地位上都比别的聚落为高，它的贵族们不但统治着本聚落的平民，还统治着其他聚落的人民⑪。所以，中心聚落与其周围地区的一些普通聚落，存在着经济上、政治上的不平等以及某种程度上的主从关系。这种不平等或主从关系，是中国古代由原始社会迈向文明时代的一条必经之路。

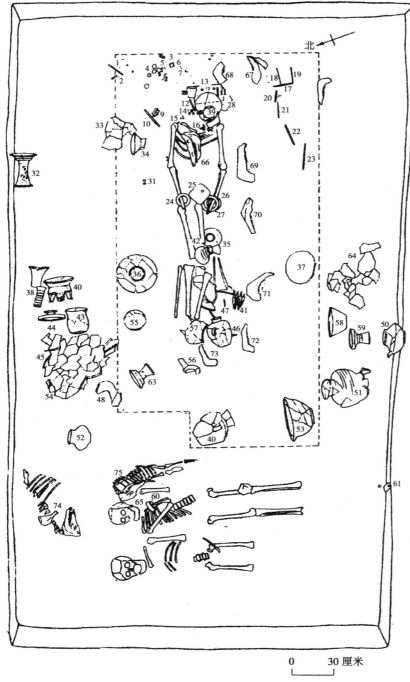

1、10～12、16～23、62. 玉锥　2～8. 玉饰　9. 玉镯　13. 双孔石钺　14. 鼓形玉珠　15. 小玉珠　24、26. 玉瑗　25. 石钺　27. 玉环　28. 石铲　29. 陶筒形杯　30、39、43、48、52、55、56. 陶罐　31. 玉珠　32. 高足豆　33、45. 灰陶器　34、35、42、59、63、64. 陶豆　36、50. 陶盉　37、57. 陶鼎　38. 陶高把豆　40. 陶瓦足鼎　41. 石箭头　44. 陶器盖　46、49. 陶背壶　47. 骨箭头　51. 陶壶　53. 陶圈足盆　54. 红陶器　58. 陶大口钵　60. 残玉镯　61. 穿孔石斧　65. 绿松石耳坠　66、67. 猪头　68～73. 猪颌骨　74. 猪骨架　75. 狗骨架

0　　30 厘米

图五　花厅 M20 平面图及随葬品

五

综上所述，可以看出大汶口文化的中晚期，特别是晚期阶段的社会形态已经发生了深刻变化。随着农业、家畜饲养业以及各种手工业生产的不断发展，尤其是冶金术的出现、文字的产生、城市的兴起、殉人的使用等文明因素的出现，这一时期已经出现了私有制和等级社会，社会形态将要发生本质的变化，即原始社会开始向阶级社会过渡，中华民族已经处在文明时代的前夜。至于大汶口、陵阳河、花厅等这样的特大型遗址，作为中心聚落，应当是当时政治、经济、文化的中心。从生产力发展水平以及诸多文明因素来看，它们可能已经率先进入了文明时代，并建立了国家。正如苏秉琦先生所指出的，"中国文明的起源，恰似满天星斗。虽然各地、各民族跨入文明门槛的步伐有先有后，同步或不同步，但以自己特有的文明组成丰富了中华文明，都是中华文明的缔造者"。

注　释

① 恩格斯：《家庭、私有制和国家的起源》第 171 页，人民出版社，1972 年。

② 摩尔根：《古代社会》第 123 页，三联出版社，1957 年。

③ 夏鼐：《中国文明的起源》，文物出版社，1985 年。

④ 《杨锡璋在中国文明起源研讨会上的发言》，《考古》1992 年第 6 期。

⑤ 山东省文物管理处、济南市博物馆：《大汶口》，文物出版社，1974 年。山东省文物考古研究所：《大汶口续集》，科学出版社，1998 年。

⑥ 山东省博物馆：《邹县野店》，文物出版社，1985 年。

⑦ 山东省文物考古研究所：《山东滕州市西公桥遗址发掘简报》，《考古》2000 年第 10 期。

⑧ 山东省文物考古研究所：《山东枣庄建新遗址第一、二次发掘简报》，《考古》1995 年第 1 期。山东省文物考古研究所、枣庄市文化局：《枣庄建新》，科学出版社，1996 年。

⑨ 中国社会科学院考古研究所山东队等：《山东兖州王因新石器时代遗址发掘简报》，《考古》1979 年第 1 期；《山东王因》，科学出版社，2000 年。

⑩ 国家文物局考古领队培训班：《兖州六里井》，科学出版社，1999 年。

⑪ 山东省文物考古研究所：《茌平尚庄新石器时代遗址》，《考古学报》1985 年第 4 期。

⑫ 国家文物局考古领队培训班：《泗水天齐庙遗址发掘的主要收获》，《文物》1994 年第 12 期。

⑬ 中国社会科学院考古研究所山东队：《山东曲阜西夏侯遗址第一次发掘报告》，《考古学报》1964 年第 2 期；《西夏侯遗址第二次发掘报告》，《考古学报》1986 年第 2 期。

⑭ 山东省文物考古研究所：《山东曲阜南兴埠遗址的发掘》，《考古》1984 年第 12 期。

⑮ 临沂文物组：《山东临沂大范庄新石器时代墓葬的发掘》，《考古》1975 年第 1 期。

⑯ 山东省博物馆等：《一九七五年东海峪遗址的发掘》，《考古》1976 年第 6 期。

⑰ 北京大学考古实习队、烟台地区文管会、长岛县博物馆：《山东长岛北庄遗址试掘简报》，《考古》1987 年

第 5 期。

⑱ 山东省博物馆：《蓬莱紫荆山遗址试掘》，《考古》1973 年第 1 期。

⑲ 中国社会科学院考古研究所：《胶县三里河》，文物出版社，1983 年。

⑳ 昌潍地区文物管理组等：《山东诸城呈子遗址发掘报告》，《考古学报》1980 年第 3 期。

㉑ 王树明：《陵阳河墓地刍议》，《史前研究》1987 年第 3 期。山东省文物考古研究所：《山东莒县陵阳河大汶口文化墓葬发掘简报》，《史前研究》1987 年第 3 期。

㉒ 山东省文物考古研究所：《莒县大朱家村大汶口文化墓葬》，《考古学报》1991 年第 2 期。

㉓ 山东省文物考古研究所：《山东莒县杭头遗址》，《考古》1988 年第 12 期。

㉔ 山东省文物考古研究所、寒亭区文物管理所：《山东潍坊前埠下遗址发掘报告》，《山东省高速公路考古报告集》，科学出版社，2000 年。

㉕ 山东省文物考古研究所等：《广饶县五村遗址发掘报告》，《海岱考古》第 1 辑，山东大学出版社，1989 年。

㉖ 南京博物院：《江苏邳县刘林新石器时代遗址第一次发掘》，《考古学报》1962 年第 1 期；《江苏邳县刘林新石器时代遗址第二次发掘》，《考古学报》1965 年第 2 期。

㉗ 南京博物院：《江苏邳县四户镇大墩子遗址发掘报告》，《考古学报》1964 年第 2 期；《江苏邳县四户镇大墩子遗址第二次发掘》，《考古学集刊》第 1 辑，中国社会科学出版社，1981 年。

㉘ 《新沂花厅新石器时代遗址概况》，《文物参考资料》1956 年第 7 期；《1987 年江苏新沂花厅遗址的发掘》，《文物》1990 年第 2 期；《江苏新沂花厅遗址 1989 年发掘纪要》，《东南文化》1990 年 1、2 期合刊；《1989 年江苏新沂花厅遗址的发掘》，《东方文明之光——良渚文化发现 60 周年纪念文集》，海南国际新闻出版中心，1996 年。

㉙ 中国社会科学院考古研究所安徽队：《安徽蒙城尉迟寺遗址发掘简报》，《考古》1994 年第 1 期。

以上资料引用时不再另注。

㉚ 马克思：《剩余价值学说史》第一卷第 42 页，人民出版社，1975 年。

㉛ 吴诗池：《山东新石器时代农业考古概述》，《农业考古》1983 年第 2 期。

㉜ 胶东半岛贝丘遗址研究小组：《胶东半岛北岸贝丘遗址环境考古学研究》，《中国文物报》1996 年 3 月 10 日第 3 版。

㉝ 中国社会科学院考古研究所：《胶东半岛贝丘遗址环境考古》，社会科学文献出版社，1999 年。

㉞ 王增林：《植物硅酸体分析在安徽蒙城尉迟寺遗址中的应用》，《考古》1995 年第 1 期。

㉟ 山东省文物考古研究所等：《山东广饶新石器时代遗址调查》，《考古》1995 年第 9 期。

㊱ 蔡莲珍、仇士华：《碳十三测定和古代食谱研究》，《考古》1984 年第 10 期。

㊲ 山东省博物馆：《山东滕县岗上新石器时代墓葬试掘报告》，《考古》1963 年第 7 期。

㊳ 北京大学考古实习队、烟台地区文管会、长岛县博物馆：《山东长岛县史前遗址》，《史前研究》1983 年第 1 期。

㊴ 唐兰：《从大汶口文化的陶器文字看我国最早文化的年代》，《大汶口文化讨论文集》，齐鲁书社，1981 年。

㊵ 李学勤：《论新出大汶口文化符号》，《文物》1987 年第 3 期。

㊶ 裘锡圭：《汉字形成问题的初步探索》，《中国语文》1987 年第 3 期。

㊷ 同①第 162 页。

㊸㊹ 张学海：《浅说中国早期城的发现》，《长江中游史前文化暨第二届亚洲文明学术讨论会论文集》，岳麓

书社，1996 年。

㊺ 山东省文物考古研究所滕州西康留遗址发掘资料。

㊻ 山东省文物考古研究所：《五莲丹土发现大汶口文化城址》，《中国文物报》2001 年 1 月 17 日第 1 版。

㊼ 李学勤：《中国古代文明与国家形成研究》，云南人民出版社，1997 年。

㊽ 王震中：《中国文明起源的比较研究》，陕西人民出版社，1994 年。

㊾ 恩格斯：《反杜林论》第 145 页，商务印书馆，1971 年。

㊿ 严文明：《中国新石器时代聚落形态的考察》，《庆祝苏秉琦考古五十五年论文集》，文物出版社，1989 年。

(51) 童明康：《进一步探讨中国文明的起源——苏秉琦关于辽西考古新发现的谈话》，《史学情报》1987 年第 1 期。

东夷社会机制变革的考古学探索

——以邳县大墩子遗址 M44 为契机

郭 物

（中国社会科学院考古研究所）

1963 年，南京博物院对江苏邳县四户镇大墩子遗址进行了探掘[①]。其中出于第三层的 M44 受到了发掘者和学者们的注意。

大墩子遗址为一个直径约 250 米，高 4.3 米的漫坡状土墩。考古人员在土墩中部开了五条探沟，M44 发现于土墩中心附近的 T 3 中部。墓主男性，约 30 岁，身躯高大，约 1.85 米，骨骼粗壮。头向 78°。随葬品很丰富，大小共有 53 件之多。其中罐形鼎、圈足杯各 4 件，钵形鼎 2 件，罐、瓶、缸、三足高柄杯、彩陶盆各 1 件，带骨柄獐牙勾形器 1 件，獐牙勾 2 对，骨锥 13 件，骨针 8 件，穿孔龟甲 2 件，骨刮削器 3 件，骨鱼镖、骨管、骨柶、骨帽各 1 件，穿孔石斧、穿孔石铲、石环各 1 件。随葬器物绝大部分放在人体的左侧。另有一具狗架卧在左侧的彩陶盆和陶缸之上（图一）。

正如报告所说，此墓有两个现象值得注意：第一，两副龟甲分置下腹部左右二处。右边的一副内盛 6 枚粗骨针，背甲偏下部有 4 个穿孔，分布成方形，下端边缘有 8 个穿孔，列成一排，当中的两孔未穿透，腹甲下端有三角形绳索磨痕，此外腹表还有 5 个环形磨痕分布成梅花形。左边的一副内盛 6 根骨锥，背甲上、下各有 4 个穿孔，分布成方形，腹甲一端被磨去一半，上下部有" ＊ "形绳索磨痕。这些龟甲的穿孔可能是为了便于穿扎绳索或系缀流苏之用。第二，骨管套在右手指上，类似的骨管在 M4 也发现 2 个，并有狗殉葬。

报告作者根据上述两个特殊现象认为"墓主人在当时应是一位社会地位较高，受着尊敬的人"。近年，有学者根据此墓出土装有骨针的龟甲进而判断墓主是一个能为人治病的巫师[②]。笔者认为这些论断很有道理，但我们觉得此墓意义重大，还值得深入探讨。因此，在已有研究的基础上又做了一些工作，期望能抛砖引玉，引发大家对这一问

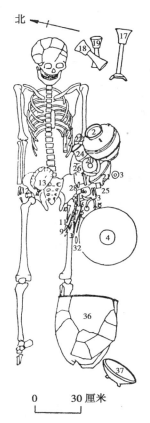

北

0   30厘米

图一 M44平面图

1. 獐牙勾形器 2. 陶瓴
3. 石环 4. 彩陶盆 5～
7、10、11、16、31. 骨锥
8. 骨鱼镖 9. 骨帽
12. 骨管 13、26. 穿孔龟
甲 14. 骨针6枚（在13
内） 15. 骨栖 17. 三
足高柄杯 18、19、22、
25. 陶杯 20、21、23、
24、37、38. 陶鼎 27. 骨
锥6枚（在26内）
28、29、32. 骨刮削器
30. 骨针 33. 獐牙勾2
对 34. 石斧 35. 石铲
36. 陶缸 39. 陶罐（36
下）

题的注意和讨论。

一

　　就 M44 的若干现象而论，肯定其墓主是一个能为人除疾的巫觋③的观点应当能为大家所接受④。原始社会的巫觋往往具有为人治病的能力，除了当时所知的药物和物理治疗外，巫觋大多为心理治疗。他们利用人们对巫觋所具有的超自然神秘力量的深信不疑和畏惧心理，运用巫术，使一些疾病得到缓解甚至痊愈。《世本·作篇》、《吕氏春秋·勿躬》以及《说文解字》释"医"均为"巫彭作医"，《广雅·释诂》更明确地指出"医，巫也"。清人王念孙疏正云："医即巫也，巫与医皆所以除疾，故医字或从巫作毉。《管子·权修篇》云："好用巫毉。"《太元·元数篇》云："毉为巫祝。"所以说，巫觋同时也是医生。《山海经·大荒西经》云："有灵山，巫咸、巫即、巫盼、巫彭、巫姑、巫真、巫礼、巫抵、巫谢、巫罗十巫，从此升降，百药爰在。"《山海经·海内西经》云："开明东有巫彭、巫抵、巫阳、巫履、巫凡、巫相，夹窫窳之尸，皆操不死之药以距之。"郭璞注："皆神医也。为距却死气，求更生。"因此，在古代，由于巫觋具有一些原始的医学知识，掌握一些治病的方法和药物，特别是在普通人的眼中，巫觋能沟通人神，使神所具有的超自然力附着在他们身上，并通过他们施加于一般人身上，产生作用，所以，巫觋的工作之一就是治病。

　　我们认为 M44 墓主治病的主要手段是压刺人体经脉。前文已引述了龟甲的形状和墓内摆放位置。放于右腹部的龟甲稍大，其腹表还有 5 个环形磨痕，龟甲中装有 6 枚骨针；放于左腹的龟甲稍小，龟甲中装有 6 枚骨锥。此外，根据报告表三可知，在龟甲之外，还有 2 枚骨针和 7 枚骨锥。此墓的墓主为男性，却随葬如此多的骨针，而且 6 枚骨针和 6 枚骨锥被分别置于龟甲中。而且，在此次发掘的大墩子刘林类型墓葬中，只有 M44 随葬了 3 枚刮削器。因此，我们是否可以认为：装有骨锥的龟甲磨损严重且随葬骨锥很多这一事实说明，墓主经常用骨锥压戳有轻微病痛患者的某些穴位，遇有重病人，则用骨针放血或刺激某些穴位，以达到治病的目的，所以骨针被放于大龟甲中，并且单独置于右腹部。刮削器则被用于刮人体的经脉。这一治疗方法至今还在民间流行，名为"刮痧"。我们还发现，M44 墓主可能并不是这一技术的发明。就在同一探沟，位于第 4 层的 M32 墓主也为男性，高 1.75 米，随葬了 4 枚骨针、19 枚骨锥，以及数量最多的獐牙勾和其他墓所不见的骨镞、牙约发和牙料，其随葬品是同类墓中最多的。随葬的骨锥和骨针除了用作生产和生活外，可能主要用于医疗，而且墓主随葬品多而特殊，尤其是有牙约发⑤，所以推测墓主也是一位受人尊敬的巫医。M32 从地层上看比 M44 要早，因此，M44 墓主的医疗知识可能是向前辈学习的。不过，到 M44 时期，骨锥和骨针被分别装入龟甲，不但锥和针的功能被确定为专门的医疗器械，而且明显地同灵物结合起来（在 M32 时期，或许在治病时也要进行巫术活动，但目前从考古现象中我们还得不出此结论）。这一技术也被数字化、系统化和理论化。如龟甲有大小之分，龟甲的装饰并不相同，装入龟甲的骨锥和骨针分别为 6 枚，龟甲放置的位置有左右之分，等等。这些现象可能暗示人们对人体经络的认识更加深化了，可能已经形成了一些原始的理论。而且，这些知识和技术被巫师进一步同巫术结合起来（骨针和骨锥也可能同时被用于占卜），从而更容易垄断和使之神秘化。在邳县刘林遗址已公布材料中我们还发现了一个例子，即在 1960 年第一次发掘的 M7 墓主的左臂两侧放置 7 枚骨针，在头骨右侧放置 1件穿孔龟甲，右胫骨右侧放置 2 件穿孔龟甲。此墓位于刘林遗址中部的 T507 中，值得注意的是，T507 中还有一个残破灰坑，里边有大量遗物，包括骨锥 14 件、骨针 4 件、刮削器 1 件⑥。因此笔者怀疑此坑可能和 M7 有关。根据以上现象，我们可以推测 M7墓主也是一个巫医。不过，M7 墓主治病的用具尚未与通灵的龟甲紧密结合起来，至少从随葬品的位置关系上看，它虽然比大墩子 M32 进了一步，但却没有 M44 反映的问题复杂，是否可作为过渡时期的一个例证。

在中国，龟被看作是神物。《初学记》卷三十、《太平御览》卷九三一引《雒书》说："灵龟者，玄文五色，神灵之精也。上隆法天，下平法地，能见存亡，明于吉凶。"因此，古人认为龟是用作沟通人神、天地的灵物之一⑦。以龟甲作为随葬物，并用作卜卦器具，现可追溯到裴李岗文化。裴李岗文化的贾湖 349 座墓葬中，有 23 座墓随葬龟甲，占墓葬总数的 6.6%。M344 中随葬有 8 件龟甲，内装小石子，置于墓主头部偏上的位置，其中三件龟甲上还有刻划符号。与龟甲放于一起的有制作精细，器形独特的叉形骨器。此墓还随葬有 2 支骨笛⑧。已有学者认为此墓主是一个精通音律的巫师，龟甲和小石子用于占筮，骨笛是宗教活动中所用的乐器，三叉骨器是进行巫术活动时所用的神器⑨。墓主为壮年男性，因此可能不是正常死亡，至于死因，我们不得而知。此墓未被扰动，但头骨仅存几个碎片，据此我们是否可以推测，由于墓主生前具有非凡的能力而受人崇拜，死后，一般氏族成员便取其头骨作为神物，以达到辟邪和使自己也具有非凡能力的目的[⑩]。而把八个一组内装小石子的龟甲和三叉神器呈圆形放置于墓主头部附近，可能是权作他的头部。在裴李岗文化之后，用龟或龟甲随葬的现象，还见于大溪文化的大溪墓地[⑪]、半坡文化的龙岗寺墓地（放于腰际）[⑫]和淅川下王岗的后冈一期文化墓地[⑬]。有学者认为下王岗后冈一期文化用龟或龟壳随葬的习俗，当是继承了裴李岗文化的宗教传统[⑭]。在红山文化中，用玉龟随葬，而且放置的位置和大墩子 M44 一致，应当也是受大汶口文化的影响[⑮]。以龟甲为通灵物，以装入龟甲中的小石子[⑯]或骨器作为卜筮用具，并作为随葬品放于墓主重要位置的现象，说明舞阳贾湖 M344 和刘林、大墩子的巫师墓之间有一个绵延不断、或明或暗的渊源关系，是一个古老的传统习俗。

以上分析说明，在大汶口文化时期，苏北鲁南的人们已经知道了一些人体经脉的知识，并用骨锥、骨刮削器和骨针刺激人体的经络而达到缓解和祛除病痛的目的。所以，就现有材料而论，中国古老的针灸医学似乎可追溯到大汶口文化时期。这些知识和技术的渊源可能还更早，而且渐渐为个别人所掌握和控制。这些人在外表上可能有一些特殊之处。就大墩子已探掘墓地而言，我们可以看出 M32 和 M44 的墓主身高都高于一般人，特别是 M44 墓主高达 1.85 米，远高于大汶口文化人群的平均身高 1.72 米[⑰]。他们在氏族社会中受到普遍的尊重，能占有比一般氏族成员多得多的生产、生活资料。特别是能拥有用于原始宗教活动的灵物，死后能葬于墓地的显著位置。而且这一时期单纯的医疗技术（物理、化学疗法）同巫术（心理疗法）渐渐紧密结合起来，甚至合二为一，科学和巫术水乳交融地形成合力，同时发挥着它们不同的作用。由于二者的完美结合，在实际应用中，会对病人的精神和机体起到显著的医疗作用。同时，也使科学和原始宗教更具神秘性与欺骗性，神秘性是必然结果，而欺骗性开始未必是巫觋自觉追求的，可能有一个从无意到自觉的过程。由此巫觋可以凭借他们在社会经济活动和精神活动中的绝对优势占有更多的生产、生活资料，甚至垄断一些特殊的经验和知识。他们对一般成员的物质和精神控制因此而得到加强，巫觋的社会地位也因此而渐渐凸现出来。在有此过程的原始社会中，如果不受其他因素的影响，一个凌驾于所有氏族成员之上具有各种特权的大巫（或巫师集团）就会出现，中国的良渚文化和红山文化就是这样的例子。

二

对 M44 墓主的身份和巫术、医术有了一些推测性的认识后，我们再来讨论一下此墓随葬的一个彩陶盆。

陶盆大口，侈沿，上腹微鼓，下收为小平底，泥质红陶。值得注意的是它的纹饰，腹部先施红衣为地，然后绕腹一周用白彩绘出七个八角星，八角星的中部露出方形红地，八角星的周边以黑线画出轮廓，在每两个八角星之间又绘以二道白竖条纹，腹下部有一周白色弦纹；口沿部则先施白衣为地，再等分绘出以弧线三角纹（黑彩）和圆点直线纹（红彩）为构图单位的 6 组纹饰，其间为 5 道竖线纹，长短相间，红黑相间（图二）。

图二　M44 随葬彩陶盆

带八角星纹的陶器在考古发现中虽然不是孤例，但数量也不是很多。据记载有以下几件：大汶口文化的八角星纹发现于汶泗流域的大墩子、王因、野店[18]、西夏侯[19]、大汶口[20]和渤海中的长岛北庄[21]。良渚文化的八角星纹发现于江苏海安青墩[22]、吴县澄湖。崧泽文化的八角星纹发现于上海青浦崧泽[23]。马家浜文化的八角星纹发现于江苏武进潘家塘遗址[24]。薛家岗文化的八角星纹发现于江西靖安郑有坳。大溪文化的八角星纹发现于湖南安乡汤家岗。有人对在太湖流域发现的这些纹饰进行了研究[25]。远在内蒙古东部的小河沿文化也发现有带八角星纹的豆，豆座上也有三角形镂空，这应当是从大汶口文化传入的[26]。从现在的考古材料看，八角星图案始见于大汶口文化早期阶段后期，延续到中期阶段前期，并向周围（主要是南方）传播，这当是一个特殊的符号。

有的学者认为此种"八角星纹"反映的实际事物是定型化了的织机经轴——"滕"的形象，并命名为"八角滕纹"[27]。我们觉得此论证有些牵强，因为从作者罗列的图像材料看，自汉至明以前，织机上的这一部件和八角星纹大相径庭。从外形看，只有明清至近代的材料与之相似。另外，我们无法解释彩陶上的彩色八角星纹，而此件标本应当是迄今最早的材料。如结合同墓发现的现象分析，这一说法就无法成立了（见后述）。

一般认为这一符号是太阳的象征。特别是 1998 年安徽含山县凌家滩遗址第三次发掘中在 M29 发现的一件玉鹰，似乎更证实了这一说法[28]。鹰的双翼被雕成猪首形象[29]，胸腹部刻画了一个八角星纹，八角星纹内刻有一个圆，稍微偏离圆中心的地方有一个未钻通的孔。应当指出的是，如果这一圆圈象征太阳的话，这个小圆坑可能表示的是太阳黑子，那么这个器物是否也可以看作是金乌负日的象征[30]，应是太阳与鸟崇拜的反映[31]。但是这个八角星纹和我们讨论的有一定差别，其他例子的八角星纹中间的图案为方形，而且八角星的放射方向是两个一组互相垂直；这个八角星纹中间是一个圆，星角是八等分。实际上，这样的纹样可能和豫中地区大河村类型早期流行的太阳纹有关系，如光芒等分、六角星的正中均加绘一黑色的圆圈或圆点的特点。有学者认为大河村类型的太阳纹借鉴了大汶口文化的八角星纹[32]。其实，大汶口文化中有特定的太阳崇拜符号，即大陶尊上的日形刻划符号，太阳的形象是一个圆，有学者谓之"明神"[33]。

在凌家滩遗址发现了和我们所说一样的八角星纹[34]，即夹在玉龟中间的玉牌。有人认为，这件刻画了八角星纹和箭头的玉片可能是远古的雒书与八卦[35]。有学者认为龟甲用于占卜，玉牌上的八个树叶形图案象征八方之树，和《淮南子·坠形训》记载的"天地之间，九州八极"一句中的"八极"相合[36]。也有学者推测它与式法有一定联系，"洛水神龟负文于背的传说，可能是来自龟形、龟纹对"式"的模仿"[37]。还有学者认为这个八角星纹是"巫"字[38]。我们对上引结论基本赞同。值得注意的是，考古发现的式盘中心一般呈斗星[39]，虽然它们是后代文物，但其思想源头大概不会是白日的太阳。即便如 M29 玉鹰上八角星纹的例子，可能是太阳的象征，但却另有源流，和本文讨论的八角星纹不是一回事。

那么它究竟象征什么呢？红色的方块同太阳联系起来，当然令人费解[40]。要解决这个问题，还得从最早、最有代表性的大墩子 M44 出土的彩陶盆入手。因为，这一图案单独绘于陶器上时，其单纯的原始意义尚存，由于有色彩，更为我们解释它的寓意提供了方便。笔者认为这个八角星纹中间的红色方块可能是史前火塘的象征，八角是火焰的概括描绘，可能也有方向的含义，彩陶盆腹部的红色底色描绘的应当是被房屋中央熊熊燃烧的火塘所照射的地面。

在史前，古人对火和火塘的崇拜是一个普遍现象[41]。大汶口文化刘林类型的火塘是什么样，我们只有很少的线索，在刘林遗址 T804 中发现一片边长约 5 米（北部尚未发掘）、厚 15 厘米的红烧土。在中部偏东处保存有一片烧土平面，面积约 1 平方米，厚仅约 2 厘米，表面光滑平整，呈灰黑色[42]。这里已位于墓区北缘，而且，周围探方大都有墓葬（见两报告墓葬登记表），重要的是没有发现柱洞。所以，不应当是房屋地面，而可能是进行墓祭烧火时留下的遗迹。如果是这样的话，这一地区在大汶口文化时期的火塘有可能是方形的。当时，其周边同时期的考古文化房屋中的火塘绝大多数是方形或圆角方形。如山东诸城呈子遗址（大汶口文化）[43]、山东长岛北庄遗址[44]、河南郑州大河村遗址（仰韶文化庙底沟类型）[45]、湖北枝江关庙山遗址（大溪文化）[46]、湖北青龙泉遗址（屈家岭文化）[47]。值得注意的是，以上提到的一些有方形火塘的大房子可能在原始社会中有特殊作用[48]。这种房子中的火塘无疑会同巫觋（或首领）一起在社会生活中扮演特殊的角色。就现有的考古材料而论，在中国史前，黄河下游和长江流域的原始文化火塘大都是方形的。所以，大汶口文化刘林类型的火塘可能会是方形的，而且这里也存在着对火和火塘的崇拜。古人还把这样的思想意识精心地绘在陶器上。这样，我们对八角星纹寓意的推测就有合理的可能性。

如果我们作进一步的推测，就会发现这个红色方块不一定是个人房屋中的火塘，可能是氏族（部落）公共的大火塘或是室外方形祭坛的象征。如在仰韶文化姜寨、北首岭和大地湾 F901 等遗址，其大房子中的火塘就应当是公共的大火塘，并具有特殊的功能（见前述）。在良渚文化中，我们已经发现了室外的方形祭坛[49]。如瑶山山顶的祭坛遗迹面积约 400 平方米，四周有砾石坎墙，中心有一 7×6 米的近方形红土台，台周为宽约 2 米、内填灰色土的围沟。发掘者推断，这处土台是"以祭天礼地为主要用途的祭坛"[50]。上海福泉山遗址也有这样的祭坛，有学者推测这是一处举行大型燎祭活动的场所[51]。因此，我们推测的可能性是存在的。是否如此，还有待以后的考古发现证实。

那么这个绘有火塘（祭坛）图案的陶盆和我们讨论的问题有什么关系呢？我们认为，这个体现火塘崇拜的陶盆正与 M44 墓主身份相符。巫觋进行巫术活动时，一般离不开烟火帮助：地上的火象征着天上的火，与天地、神仙沟通一般需要烟火作为媒介，烟火营造出的神秘震慑的宗教气氛能使巫觋和一般人进入一个特殊的境界。在这样的境界里，配合咒语、舞蹈和巫术用具，巫觋相信自己和神沟通成功，神所拥有的超自然力量附着在自己身上，并可通过他施加于一般人身上，而一般人对巫觋与神的沟通和超自然力的转借也深信不疑。最为重要的是，大家本来都崇拜火，崇拜火塘，相信超自然力，迷信火的神力，在这样的信仰背景之下，与巫术相结合的医疗活动就更有作用了。

巫师施行巫术和行医时，除了龟甲、骨锥和骨针外，免不了要用容器，这个赋予原始宗教崇拜意识的彩陶盆，无疑是一件必需的神器。其摆放的位置也透露出这样的信息。陶盆放于墓主身体左侧，紧靠大腿中部外侧，和鼎、瓶、獐牙勾、骨锥、骨针、穿孔龟甲、骨刮削器、穿孔石斧、穿孔石铲等主要随葬器物放于一处，另有一具狗架卧在彩陶盆和陶缸之上（图一）。显然这是一件非常重要的器物，作为"神器"，它在墓主生前的活动中起过重要的作用[52]。另外，有学者指出，此墓出土的陶尊，在大汶口文化中同样具有特殊的意义[53]，也可算作一件神器。

由此，也可知道 M44 墓主对于火和火塘崇拜有比常人深刻得多的认识，而且和医疗相结合，有一套自圆其说的理论。值得指出的是，此时龟甲和八角星纹的联系并不十分紧密，八角星纹还保留其原始含义。安徽凌家滩遗址的八角星纹进一步同龟甲相结合，八角星纹的原始寓意被进一步升华，并与另一通灵的"玉"合二为一，方向的意义被进一步肯定下来并被深化成至少三个层次，也许还被附加了新的天文象征意义，即先民对天神太一等的崇拜[54]，体现了这一原始宗教意识进一步系统化和理论化。

三

山东及邻近地区的北辛文化、大汶口文化到龙山文化，均属于东夷远古文化系统。

东夷集团有太昊和少昊，可能还有蚩尤的九黎集团⑤。M44 属于大汶口文化刘林（大墩子）类型前期阶段晚段⑥。因此，其墓主也属于东夷集团。古史把用九针治病的技术发明归功于伏羲。《帝王世纪》说伏羲"尝味进药，而制九针，以拯夭枉焉"。《周易·系辞下》歌颂了他的功绩："古者包牺氏之王天下也，仰则观象于天；俯则观法于地。观鸟兽之文与地之宜。近取诸身；远取诸物。于是始作八卦，以通神明之德，以类万物之情。作结绳而为网罟，以佃以渔，该取诸离。"我们对大墩子 M44 墓主随葬品分析的结果和伏羲的事迹有两点是有一定关系的，即"九针"和"八卦"的发明。只不过 M44 墓主治病是用六针和六锥，可能还用六枚骨锥及六枚骨针占卜及算卦，反映了"九针"和"八卦"的初始阶段。后人也把伏羲和太昊合为一人。太昊属东夷集团，太昊的时代大致在大汶口文化晚期，太昊的后人多居于山东西南部，可能是从河南淮阳"太昊之虚"北迁的⑤。江苏邳县大墩子遗址和河南淮阳在地域上相近，M44 的时代比太昊时代稍早，所以，大墩子 M44 墓主、伏羲和太昊三者之间似乎就有了某种联系。

将考古资料和文献互证，是中国考古的优势，但也容易使人误入歧途⑤。中国文献对传说时代的记载，在疑古派学者的眼中，几乎可以说是后人捏造的历史。国外学者也对用古史传说同考古材料拉关系持怀疑态度⑤。已有学者分析认为，伏羲显赫的身世以及和太昊合一是战国至西汉的历史学者根据南方的传说附会而成的。《史记·封禅书》说："虑（与伏同）羲封泰山，禅云云。"说明伏羲和太昊被合为一家是在太史公之前，或可早到战国后期。另外如前引《帝王世纪》对伏羲的某些记载就大有疑问⑥。但学者同时也认为这"虽说还谈不上合于精确的科学，可是当时也还有存在的理由"⑥。所以，对于传说时代的历史，我们虽说不可全部深信不疑，但也不可一笔勾销。关键在于对古史传说资料进行甄别整理，细致分析，谨慎使用⑥。就本文所论，关于伏羲的一些传说可能并不是无稽之谈。虽然，由于时空的差异和学术研究应有的严谨，我们不可以认为大墩子 M44 墓主就是伏羲，但古史传说为理解考古发现提供了一个背景。在这里，伏羲是否真有其人并不重要，重要的是针灸和八卦的发明可能同东夷集团有关。作为一种技术和思想理论，从考古现象看，至少现在可以追溯到大汶口文化早期的苏北鲁南豫东地区，这和有争议的文献记载是暗合的。

在进一步探讨此墓所反映的历史问题时，我们注意到一个可能来自东夷集团的传说人物——黎。《左传·昭公二十九年》曰："颛顼氏有子曰犁，为祝融。"《风俗通义·祀典篇》引述："〈周礼〉说：'颛顼氏有子曰黎，为祝融，祀为灶神'"。司马迁《史记》自序索隐说："案〈国语〉：'黎为火正，以淳曜敦大，先照四海'"。所以，黎，也叫祝融，曾为火正，并被尊为灶神⑥。祝融氏是苗蛮集团的代表，是三苗和楚的共同始祖。从考古的角度推测，洞庭、鄱阳之间，北抵伏牛山麓，南达江西修水一带以屈家岭文化为中心的原始文化可能就是三苗遗存⑥。但祝融氏族开始并不属于苗蛮集团，

《左传·昭公十七年》说："郑，祝融之虚也。"说明祝融原居于今河南新郑县境内，属于东夷集团，从其始居地及其后人的散居地也能佐证[65]。我们知道，与新郑接近的郑州大河村遗址三、四期考古学文化显然存在着火塘崇拜，而且，火塘为方形[66]，遗址中出有大汶口文化的遗物[67]。所以，我们怀疑出有火塘（灶）崇拜陶盆的 M44 墓主可能也和黎有一定关系。虽然 M44 墓主不可能是黎，但 M44 的考古现象说明，在黎之前，属于东夷系统的大汶口文化中已经存在发达的火崇拜和天文知识。正因为如此，到大汶口文化晚期，深谙火巫术、在火崇拜和天文历时方面有名的黎被帝喾看中，委以重任，命为火正以司地。如果再联系属于苗蛮集团的屈家岭文化中也发现大批大汶口文化陶器的现象[68]，关于祝融氏的传说和我们的推测就更有说服力了[69]。

古史所记黎的父亲颛顼是传说时代的一个重要人物，他是历史上一次非常重要的宗教改革的倡导人和组织者[70]。华夏集团的重要氏族，有虞氏、夏后氏均对他行祖祭[71]。但《山海经·大荒东经》说："东海之外大壑，少昊之国，少昊孺帝颛顼于此。"说明颛顼幼时曾被养育于少昊氏族。《帝王世纪》也说："颛顼生十年而佐少昊。"[72]所以，他既属于华夏集团，和东夷集团也关系极大[73]。中原考古学文化和苏北鲁南在磁山文化时期就有交流[74]。大汶口文化和西边的仰韶文化的关系更为紧密。早期主要受仰韶文化的影响，中晚期大汶口文化向西发展，和仰韶文化交流融合。大汶口文化的居民涌入今安徽省的淮北西部、山东省的西南部和河南省的杞县—周口一线以东地区，甚至到达今洛阳和信阳地区[75]。上节所论反映火塘崇拜的八角星纹彩陶盆的器形和口沿上的弧线三角圆点纹应当来源于庙底沟类型，表明了墓主同西边华夏集团的关系[76]。

四

大汶口文化早期比较发达的地区正是苏北鲁南地区。从现有的考古材料可以看出，在这一地区，巫觋的社会地位最高。原始宗教思想和主持原始宗教活动的巫觋受到氏族成员的一致信仰和敬重。这样的社会如果顺利发展下去，就会成为一个宗教主导一切的社会。已有的考古学文化研究结果说明，这样的社会，在和平环境中，会创造出惊人的物质文明和精神文明，但这些成果主要是为宗教活动而创造的。所以，在一切为了宗教的社会中，我们今天引以自豪的创造与其说是文明成就，毋宁说是一种社会人力、物力的非生产性消耗，是"浪费的艺术"[77]。最为重要的是，在史前，以宗教人物为第一阶层的社会，习惯于按大巫传达上天旨意生活的社会，已经在原始宗教机制下和谐运作很久的社会，一旦受到另外一个信仰系统——以政治人物为第一的社会的侵犯，或是大规模自然因素的破坏，作为最高统治阶层的巫觋，虽然有号召组织的能力，却可能没有有效的应对手段和经验。一切在迷信神、求救于神的过程中耽误了。因此，这个完全靠神灵和宗教法则维系秩序的社会就会迅速崩溃。中国史前良渚文化的衰落可能就是这样的例子[78]。

东夷集团一脉相承，历北辛文化、大汶口文化、龙山文化、岳石文化，一直作为中原东边一个强大的政治集团和华夏集团并存。在某些时期其文明程度甚至比中原的文明程度还要高，在夷夏的对抗中也曾占过上风。夏初，东夷曾一度取而代之，造成"太康失国"的局面。直到周初借平息武庚叛乱东征，灭掉了许多东夷国家，接着封邦建国，由王族或近亲进行统治，建立了齐、鲁等许多国家，才开始渐渐把东夷集团的绝大部分纳入华夏集团。即使这样，自春秋至王莽时，社会最上层的文化只有一个重心，这个重心便是齐鲁[79]。那么他政治上强盛不衰、文化上源远流长的原因何在呢？在大汶口文化早期的苏北鲁南地区，社会发展已初露重蹈良渚文化衰落覆辙的端倪，为什么他又能渐渐强大，立于不败之地呢？我们认为，这主要得益于东夷文化内部政治机制适时的调整。

据研究，大汶口文化早期的发达地区在苏北鲁南地区，但后来的文化中心渐渐转移到了以泰山为中心的大汶口类型分布地区[80]。同时，社会机制也发生了改变。在大汶口遗址我们可以大致看到这一机制的转变。在早期，大型墓有 M13、M26、M59。其中 M13 为男女合葬墓，除了象牙琮外，几乎没有特殊的祭祀用品，但却随葬了 14 个猪头。M26 为单人葬，出土了 2 件象牙琮，其中一件压在头下，还有一件龟甲。值得注意的是，此墓随葬了很多骨锥和骨针，这表明墓主可能是一个巫医。此时巫觋仍然具有突出的社会地位。到大汶口文化中期时，大墓中却没有再发现龟甲之类的巫术用品。至大汶口文化晚期，大墓的规模和随葬品的数量与质量远远超出前一阶段，如 M10，出有玉器、象牙雕筒和梳、精美的白陶器及鳄鱼鳞板等。但是 M10 和 M25 两座大墓都没有明显用于巫术的器物，特别是龟甲一类的灵物，而石铲却加大和增多了。M10 出土了制作精美的玉铲；M25 随葬了 6 件石铲，它们都放于显著的位置。此外，M10 还随葬了 3 件骨牙雕筒，M25 则随葬了 5 件骨牙雕筒。有学者认为，骨牙雕筒是用于宗教活动的礼器[81]。同时，我们在中型墓中发现了龟甲，如 M4 随葬了 2 副龟甲，虽然此墓随葬品不少，却一件石铲都没有，而且，墓葬也不位于墓地的特殊位置[82]。同时，随葬品较丰富的墓成组葬于氏族公共墓地外侧约 20 米处，反映了原来的氏族社会中孕育、分化出一些能占有更多资源的人，加之男女合葬墓的出现，说明氏族社会已处于解体的境地[83]。

以上考古现象说明，大汶口文化的中心转移到泰山周围以后，大汶口文化社会的内部机制发生了革命性的转变。社会秩序的维系和运作，已由苏北大汶口文化早期的巫觋至上慢慢转变为政治为主、巫觋为辅的机制。在对社会成员的评价上，那些在社会生产和管理中有重要发明，推动进步的人；那些信息灵通，能先于一般人得到其他人群先进技术和组织管理经验，促进社会和谐发展的人；那些具有军事才能，在保卫氏族安全和扩张掠夺中脱颖而出的人，等等；成为德高望重的能人，受到氏族成员的普遍敬仰。最重要的是，在各种人才辈出的情况下，能够有力控制和组织氏族中各种能人——包括巫觋——的政治人物在社会的变动、激荡中应运而生了。他们开始可能是某一方面的人才，由于突出的贡献，而受到人们的拥戴。

刘林类型文化中氏族成员社会评价的标示物——獐牙勾形器[83]，在大汶口类型晚期，只保留在巫觋中，如大汶口遗址 M4。如上所述，新的社会地位的标示物——穿孔石铲却显著地被突出出来。据研究，穿孔石铲是后世权力的象征——钺的前身，是王权和军权的标志[85]。大汶口文化考古材料反映的社会变革可能就是《国语·楚语下》所记颛顼"绝地天通"的体现，而这次由上而下的改革除了"九黎乱德，民神杂糅，不可方物"等内部原因外，很有可能也与周围宗教为主导的文化的迅速衰落有关，如良渚文化和红山文化的衰落[86]。这些文化曾经繁盛，但都迅速衰落了。其统治机制失败的教训，可能促使了东夷集团的改革。

在龙山时代[87]，由于政治、经济、文化的激烈竞争，这一机制表现得更为明显。保证原始社会长治久安、繁荣兴旺的要求，越来越强化了这一机制。有人分析了山东龙山文化的大型墓葬，如泗水尹家城遗址的 M4、M15、M126、M134、M138 以及临朐西朱封的 M1、M202、M203，发现这个时期高规格的墓葬中，已经形成了规范、严格的埋葬制度；而且，以陶器为主要随葬品，配以玉、石、骨、角、蚌器，主要是用于礼仪性的超规格器物，等级制度已初见端倪[88]。墓葬质和量的金字塔式结构正反映了社会成员的金字塔分层结构的形成[89]。棺、椁并用的木椁墓，以犬为牺牲，以鬶和蛋壳黑陶高柄杯为代表的一套酒器、食器，鼍鼓，兽面纹玉琮、玉钺，鸟形玉饰构成了海岱地区大汶口文化晚期——龙山文化礼制和礼器组合的特点。礼器制度的后面表明维系统治秩序"礼制"的初步成形和发展[90]。而其组合因地域、家族等因素相异的特点，以及礼器组合缺少明显的差别次序，说明这一思想的阶段性[91]。蛋壳陶杯表明"贵族物品交换网的存在"。而这个交换网的存在，为信息的交换、意见的协商统一和保持地区政治整合与稳定提供了可能[92]。值得注意的是，这些墓中几乎不见用于宗教目的的器物。相反，用于军事的镞多起来，用于强调王权的玉钺被置于墓葬的显著位置。这一切说明战争开始升级并频繁起来，成为政治生活中的重要组成部分[93]。此种情况在西朱封 M202 和 M203 中表现得最为突出。与此相适应的是作为政治中心——"城"的出现[94]。可以说，以政治人物为主导的社会格局在这里已经形成。社会权力集中到能领导各种人才和一般成员进行社会生产、宗教活动、改革家庭血缘关系、组织防卫甚至掠夺扩张行动的人物的手中。他们一开始可能在某一领域作出突出贡献，因为他们的贡献，他们便得以由具体的专业人士转变为政治人物。客观的实践和主观的努力，促成了这些政治人物的成熟，加之社会的筛选，他们中的佼佼者便成为社会的统治者。社会反过来也通过各种方式不断加强他的权威，而他们也积极利用各种手段巩固和加强他们的权威。他们的统治经验为续任者继承和借鉴。政治人物对外必须保证社会自身安全和对外交流的顺畅，对内则维护巩固其权力的基础和社会财富的分配，组织生产。在这个过程中，社会内部的分化也迅速加剧，不同层次、不同集团之间的矛盾日益激化，从而促使社会管理协调系统的建构和完善。急剧增加的政治、军事、经济、宗教和文化需求刺激着新资源的开发利用与新技术的发明。社会政治机制与理论的加强和完善、统治在更大范围和更深层次的扩张，为这些资源的利用和技术的发明提供了可能和保证，甚至是刺激。确切地说，这是一个相互促进、互为因果的互动辩证过程。文明的几大标志性因素可能就是在这样的背景中孕育出来的。山东龙山文化中的城[⑤]、铜器、初级的礼制和原始的刻划文字[⑥]就是这样的例子。

五 结束语

罗世长先生在中国文明发生问题上提出了一个"竞争压力"的理论，认为"高水平的东夷文化不但提供了强大的竞争压力，催促着中原地区社会人力的重组与整合，以及国家的形成；更因后来之助商灭夏，建立强大的中央集权王朝而使中国文明得以更璀璨的呈现出来"[⑦]。实际上，东夷社会强大的原因之一也未尝不是"竞争压力"引起的。

大汶口文化在解决自身社会矛盾的过程中，吸取了良渚文化等其他文化的成就与经验，适时地调整了自身内部的社会机制，熔造了新的文化成果，并延续至龙山时代及夏商周时期。更值得我们注意的是，东夷集团创造的很多成就和历史经验又为地处中心位置的中原华夏集团所吸取，并被创新和弘扬，特别是社会组织协调机制等统治经验，成为中原人群在"满天星斗"中最终脱颖而出并将其政治与文化推而广之的重要基石之一。从考古材料看，礼制即这个"多元一体"过程明显的物化实例之一[⑧]。因此，东夷族的文化在先夏和夏文化的内涵中，占有重要的地位[⑨]。由此可见，两者在政治上密切的关系，成为中国第一王朝兴盛的重要原因之一[⑩]。

社会的发展，最终是人的进步。表现在物质生产方面，就是社会生产力的迅速提高，如新材料、新技术的发现和运用，新的生产关系应运而生。表现在社会结构上，就是旧的社会关系的解体，新的社会关系的产生，还有社会权力分配系统的形成、调适和优化，以及维系这一系统的思想理论的形成、充实和物化。表现在意识形态方面，就是社会统治机制和理论的完善，新文化从旧文化中的脱胎和磨合成形。新的社会秩序和生活准则渐渐形成并成为一种传统，国家形成需要的社会基础和上层建筑在这个辩证的互动过程中渐渐完善。这一切，为国家的诞生准备好了先进的社会生产力和与之相适应的生产关系、必要的经济基础、强有力的社会政治统治机制和广泛认同的社会思想基础。

这其间，不同人群之间的相互对抗、交流与融合是尤为重要的。

如何利用考古材料客观具体地阐述和总结这一过程，是中国考古学给全世界的学者提出的一个重要课题。我们的想法是多作一些微观的研究，或者大一点，是所谓的"中层研究"。当然，在这个过程中，应当具有宏观的了解和把握，并适时地作一些理论的总结，其目的之一当然是得到一些结论。但更重要的是获得一些继续工作的正确指导。通过解析一个一个的小问题，并尽可能理清这些小问题之间的复杂关系，最终为构筑中国文明起源形成的理论大厦准备好扎实的材料和准确的观点⑩。本文就是这样一个小小的努力，目的在于抛砖引玉，得到方家的指教。

注　释

① 南京博物院：《江苏邳县四户镇大墩子遗址探掘报告》，《考古学报》1964 年第 2 期。

② 车广锦：《海岱地区文明起源初探》，《东南文化》1994 年第 4 期。张得水：《新石器时代典型巫师墓葬剖析》，《中原文物》1998 年 4 期。

③ 《汉书·郊祀志》曰："民之精爽不贰，齐肃聪明者，神或降之。在男曰觋，在女曰巫。"虽然 M44 墓主为 30 岁左右的壮年男子，应称其为"觋"，但为了行文方便，我们用"巫觋"一词。

④ 同②张得水文。

⑤ 此物出于陶瓶内，用大猪獠牙磨制而成，呈弯月形薄片状，中段有一孔。由于不是出于头部，因此，只能是一推测。见①第 30 页。《礼记·王制》云："东方曰夷，披发纹身。"这可能是对一般人的描述，特殊的人物自会有一些特殊的打扮，如此物真是约发，则说明墓主身份的特殊。

⑥ 江苏省文物工作队：《江苏邳县刘林新石器时代遗址第一次发掘》，《考古学报》1962 年第 1 期。

⑦ 高广仁：《中国史前时代的龟灵与犬牲》，《中国考古学研究》，文物出版社，1987 年。收入《海岱区先秦考古论集》291～297 页，科学出版社，2000 年。

⑧ 河南省文物研究所：《河南舞阳贾湖新石器时代遗址第二至六次发掘简报》，《文物》1989 年第 1 期。

⑨ 同②张得水文。

⑩ 在史前，取氏族英雄能人尸骨的一小部分作为护身符的习俗是常见的。

⑪ 四川省博物馆：《巫山大溪遗址第三次发掘》，《考古学报》1981 年第 4 期。

⑫ 陕西省考古研究所：《龙岗寺》第 70 页，文物出版社，1990 年。

⑬ 河南省文物研究所：《淅川下王岗》第 26～27 页，文物出版社，1990 年。

⑭ 张忠培：《窥探凌家滩墓地》，《文物》2000 年第 9 期。

⑮ 辽宁省文物考古研究所：《辽宁牛河梁第五地点一号冢中心大墓（M1）发掘简报》，《文物》1997 年第 8 期。

⑯ 在属于大汶口文化的刘林遗址 M182 等墓中也有随葬小石子的现象，见南京博物院：《江苏邳县刘林新石器时代遗址第二次发掘》，《考古学报》1965 年第 2 期。

⑰ 严文明：《东夷文化的探索》，《文物》1989 年第 9 期。

⑱ 山东省博物馆等：《邹县野店》，文物出版社，1985 年。

⑲ 中国社会科学院考古研究所山东工作队：《西夏侯遗址第二次发掘报告》，《考古学报》1986 年第 3 期。

⑳ 山东省文物管理处、济南市博物馆：《大汶口——新石器时代墓葬发掘报告》第 114 页，文物出版社，

1974 年，此为采集物；《大汶口续集》第 122 页，图八〇、图八二，第 127 页，图八七，第 163 页，图一一八，1、3，彩版一，1，科学出版社，1997 年。

㉑ 北京大学考古实习队、烟台地区文管会、长岛县博物馆：《山东长岛北庄遗址发掘简报》，《考古》1987 年第 5 期。

㉒ 南京博物院：《江苏海安青墩遗址》，《考古学报》1983 年第 2 期。

㉓ 上海市文物保管委员会：《崧泽》，文物出版社，1987 年。

㉔ 武进县文化馆等：《江苏武进潘家塘新石器时代遗址调查与试掘》图一，18，《考古》1979 年第 5 期。

㉕ 张明华、王惠菊：《太湖地区新石器时代的陶文》图二：11、12，《考古》1990 年第 10 期。

㉖ 郭治中：《内蒙古东部区新石器—青铜时代的考古发现与研究》，《内蒙古文物考古文集》第二辑，内蒙古文物考古研究所编，魏坚主编，中国大百科全书出版社，1997 年。辽宁省博物馆等：《辽宁敖汉旗小河沿三种原始文化的发现》，《文物》1977 年第 12 期。

㉗ 王孖：《八角星纹与史前织机》，《中国文化》第二期，1990 年。

㉘ 安徽省文物考古研究所、含山县文物管理所：《安徽含山县凌家滩遗址第三次发掘简报》，《考古》1999 年第 11 期。

㉙ 对称连体猪的形象可能是象征动物交尾，祈求神灵保佑动物的大量繁衍，从而为人们提供更多的食物，同时，也就能给神灵供奉更多的牺牲。参看宋兆麟：《后洼遗址雕塑品中的巫术寓意》，《文物》1989 年第 12 期。

㉚ 金文馨：《河姆渡文化日鸟图像试析》，《考古求知集》，中国社会科学出版社，1996 年。

㉛ 杜金鹏：《关于大汶口文化与良渚文化的几个问题》，《考古》1992 年第 10 期。

㉜ 栾丰实：《试论仰韶时代东方与中原的关系》，《考古》1996 年第 4 期。

㉝ 饶宗颐：《大汶口"明神"记号与后代礼制——论远古之日月崇拜》，《中国文化》第二期。论述这些符号的文章很多，一般都认为圆圈是太阳，这里仅引一文。

㉞ 安徽省文物考古研究所：《安徽含山凌家滩新石器时代基地发掘简报》，《文物》1989 年第 4 期。

㉟ 陈久金、张敬国：《含山出土玉片图形试考》，《文物》1989 年第 4 期。

㊱ 俞伟超：《含山凌家滩玉器和考古学中研究精神领域的问题》，《文物研究》第五辑，1989 年。

㊲ 李零：《中国方术考》新版第 62 页，东方出版社，2000 年。著者对"巫"及占卜等问题有深入系统的研究，除此书的相关文章外，还有《中国方术续考》一书中的若干文章，东方出版社，2000 年。

㊳ 李学勤：《论含山凌家滩玉龟、玉版》，《走出疑古时代》修订本，辽宁大学出版社，1997 年，120～121 页。如果真是"巫"字，就更与本文所论相合了。

㊴ 王振铎：《司南指南针与罗经盘》，《中国考古学报》第三册，《"中研院"历史语言研究所》专刊之十三。

㊵ 栾丰实：《海岱地区彩陶艺术初探》，《海岱地区考古研究》，山东大学出版社，1997 年。作者认为是大地的象征，是大汶口文化居民崇拜大地的表现。

㊶ 洪玲玉：《中国新石器时代的灶文化研究——一个民族考古学的观点及反思》，《青年考古学家》第十期。
李新伟：《我国史前房屋的废弃习俗》，《考古求知集》，中国社会科学出版社，1996 年。

㊷ 南京博物院：《江苏邳县刘林新石器时代遗址第二次发掘》，《考古学报》1965 年第 2 期。

㊸ 昌潍地区文物管理组、诸城县博物馆：《山东诸城呈子遗址发掘报告》，《考古学报》1980 年 3 期。火塘近方形。

㊹ 北京大学考古实习队、烟台地区文管区、长岛县博物馆：《山东长岛北庄遗址发掘简报》，《考古》1987 年第 5 期。这里的火塘加工精细，有的房屋有三个火塘，明显地反映了对"灶"的崇拜。值得注意的是，遗址中发现带八角星纹的彩陶。

㊺ 郑州市博物馆：《郑州大河村遗址发掘报告》，《考古学报》1979 年第 3 期；《郑州大河村仰韶文化的房基遗址》，《考古》1973 年第 6 期。

㊻ 中国社会科学院考古研究所湖北工作队：《湖北枝江关庙山遗址第二次发掘》，《考古》1983 年第 1 期。

㊼ 长办文物考古队：《一九五八年~一九六一年湖北郧县和均县发掘简报》，《考古》1961 年第 10 期。

㊽ 汪宁生：《中国考古发现中的"大房子"》，《考古学报》1983 年第 3 期。

㊾ 陈剩勇：《礼的起源——兼论良渚文化与文明的起源》，《汉学研究》17 卷 1 期，1999 年。作者总结了良渚文化的三种祭坛，其中两种为方形祭坛。

㊿ 浙江省文物考古研究所：《余杭瑶山良渚文化祭坛遗址发掘简报》，《文物》1988 年第 1 期。

○51 孙维昌：《福泉山良渚文化墓地试析》，《东方文明之光》，海南国际新闻出版中心，1996 年。

○52 西汉刘胜墓中出有一件铜盆，口沿上刻有二处"医工"铭文，是专门为医用制造的，所以，M44 所出陶盆的功能之一，应当也是医用。更为重要的是，刘胜墓中发现了金针 4 根、银针 5 根。据研究，这些针大都能和《黄帝内经》中《灵枢经》所说的九针对应起来。见钟依研：《西汉刘胜墓出土的医疗器具》，《考古》1972 年第 3 期。应当指出，据本文所论，这一传统医术至少可以追溯到苏北的大汶口文化时期。

○53 车广锦：《海岱地区文明起源初探》，《东南文化》1994 年第 4 期。

○54 关于含山玉版，冯时有深入的分析，认为"含山玉版图案兼涉太一、六壬、遁甲三式的内容，即富八方九宫系统，配合八节、八卦，又备四方五位系统，配合四门，且列太一下九宫之法。显然，这是太一、六壬这类尚未分立之前古式盘的一种原始形式，我们的分析同时可证明玉版中央乃至新石器时期出现的同类八角图案实际是五位九宫图像，而且种种证据显示，这种图像很可能就是目前我们所知最原始的洛书！"见冯时：《史前八角纹与古天数观》，《考古求知集》第 130 页，中国社会科学出版社，1996 年。

○55 同⑰第 4 页。

○56○80 吴汝祚：《论大汶口文化的类型与分期》，《考古学报》1982 年第 3 期。

○57 同⑰第 5 页。

○58 严文明：《以考古学为基础，全方位研究古代文明》，《古代文明研究通讯》第一期，北京大学古代文明研究中心编，1999 年。

○59 李零：《学术"科索沃"：一场围绕巫鸿新作的讨论》，《中国学术》第二辑，商务印书馆，2000 年。

○60 魏峻同学赐教，谨致谢忱。

○61 徐旭生：《中国古史的传说时代》（增订本）241~242 页，科学出版社，1960 年。

○62 李学勤：《走出疑古时代序言》，《论古代文明》，《出走疑古时代》（修订本），辽宁大学出版社，1997 年。李伯谦、徐天进：《关于中国古代文明研究的几点设想》，《古代文明研究通讯》第一期，北京大学古代文明研究中心编，1999 年。

○63 庞朴先生认为火正是因"火历"而设的官，其职务是观察大火星，即天蝎座第一星，中名大火或心宿二。庞朴：《火历钩沉——一个遗失已久的古历之发现》，《中国文化》第一期。

○64 俞伟超：《先楚与三苗文化的考古学推测——为中国考古学会第二次年会而作》，《文物》1980 年 10 期。

○65 徐旭生：《中国古史的传说时代》（增订本）第 62~66 页，科学出版社，1960 年。王迅：《东夷文化与淮夷文化研究》，北京大学出版社，1994 年。

(66) 郑州博物馆:《郑州大河村遗址发掘报告》,《考古学报》1979 年第 3 期。

(67) 武津彦:《略论河南境内发现的大汶口文化》,《考古》1981 年第 3 期。

(68) 中国科学院考古研究所编著:《京山屈家岭》第 75 页,科学出版社,1965 年。

(69) 东夷的一支西南迁,与大溪文化融合,形成屈家岭文化。这种情况在考古上也有反映。参阅韩建业、杨新改:《苗蛮集团来源与形成的探索》,《中原文物》1996 年第 4 期。

(70) 这次宗教改革记载于《国语·楚语下》,名曰“绝地天通”,其缘由、手段和历史意义已有学者作过精彩阐述,见(61)第 76 ~ 85 页。

(71) 《国语·鲁语》上。

(72) 《初学记》卷九引。

(73) 同(61)第 74 ~ 87 页。

(74) 严文明:《黄河流域新石器时代早期文化的新发现》,《考古》1979 年第 1 期。

(75) 武津彦:《略论河南境内发现的大汶口文化》,《考古》1981 年第 3 期。杜金鹏:《试论大汶口文化颍水类型》,《考古》1992 年第 2 期。又同㊵第 56 ~ 57 页。

(76) 高广仁:《试论大汶口文化的分期》,《考古学报》1978 年第 4 期。张忠培:《试论东庄村和西王村遗存的文化性质》,《考古》1979 年第 1 期。吴汝祚、胡秉华:《略论大汶口文化的彩陶——兼论与仰韶文化庙底沟类型彩陶的关系》,《齐鲁考古丛刊》,齐鲁书社,1986 年。

(77) Wu Hung, *Monumentality in Early Chinese Art and Architecture*, Stanford University Press, 1996, pp. 52 ~ 54. 转引自陈星灿:《青铜时代与玉器时代》,《考古求知集》,中国社会科学出版社,1996 年。

(78) 赵辉:《良渚文化的若干特殊性——论一处中国史前文明的衰落原因》,《良渚文化研究——纪念良渚文化发现六十周年国际学术讨论会文集》,浙江省文物考古研究所编,科学出版社,1999 年。

(79) 傅斯年:《夷夏东西说》,《历史语言研究所集刊》外编第一种,庆祝蔡元培先生六十五岁论文集,1933 年。收入《傅斯年选集》,中国现代社会科学家选集丛书,天津人民出版社,1996 年。

(81) 栾丰实:《大汶口文化的骨牙雕筒、龟甲器和獐牙勾形器》,《海岱地区考古研究》,山东大学出版社,1997 年。这种骨牙器产生于早期,盛于中晚期,龙山文化中不见,而且出此物的墓一般不出龟甲。

(82) 山东省文物管理处、济南市博物馆:《大汶口——新石器时代墓葬发掘报告》,文物出版社,1974 年。

(83) 吴汝祚:《试论大汶口文化的三处墓地》,《考古学报》1987 年第 3 期。韩建业:《大汶口墓地分析》,《中原文物》1994 年第 2 期。

(84) 吴汝祚:《大汶口文化獐牙勾形器和象牙雕筒含意考释》,《东南文化》1988 年第 1 期。吴汝祚:《大汶口文化的墓葬》,《考古学报》1990 年第 1 期。李健民:《大汶口文化时期原始居民随葬獐牙和獐牙勾形器习俗试析》,《文物资料论丛》(9),文物出版社,1985 年。

(85) 林沄:《说“王”》,《考古》1965 年第 6 期。

(86) 讨论良渚文化和大汶口文化各种关系的文章很多,请参阅秦岭:《良渚文化的研究现状及相关问题》,《考古学研究》第四辑,北京大学考古学系编,科学出版社,2000 年。这里需要指出的是,无论从地缘上,还是从文化联系上,大汶口文化人群吸取良渚文化迅速衰落的历史经验都是可能的。有学者甚至认为海岱区和太湖文化区的居民是具有亲缘关系的两大集团,因此,他们之间存在密切的交流更是在情理之中。见栾丰实:《大汶口文化与崧泽、良渚文化的关系》,《海岱地区考古研究》,山东大学出版社,1997 年。

(87) 严文明:《龙山文化和龙山时代》,《文物》1981 年第 6 期。

(88) 于海广:《山东龙山文化大型墓葬分析》,《考古》2000 年第 1 期。

(89) 何德亮：《山东龙山文化墓葬试析》，《史前研究》1989年辑刊。

(90) 高炜：《龙山时代的礼制》，《庆祝苏秉琦考古五十五年论文集》，文物出版社，1989年。

(91) 杜正胜：《从三代墓葬看中原礼制的传承与创新——兼论与周边地区的关系》，《中国商文化国际学术讨论会论文集》，科学出版社。朱凤瀚：《试论中国早期文明诸社会因素的物化表现》，《文物》2001年第2期。

(92) Li liu, *Social hierachy, ancestor worship, and long-distance exchange in prehistoric China: mortuary analysis of the Longshan Culture*, in press, 1995. 转引自陈星灿：《青铜时代与玉器时代》，《考古求知集》，中国社会科学出版社，1996年。

(93) ［日］冈村秀典著，张玉石译，朱延平校：《中国新石器时代的战争》，《华夏考古》1997年第3期。

(94) 严文明：《稻作、陶器和都市的起源》，《稻作 陶器和都市的起源》，文物出版社，2000年。刘庆柱：《中国古代文明形成的考古学研究几点意见》，《中国社会科学院古代文明研究中心通讯》第1期，2001年。

(95) 张学海：《试论山东地区的龙山文化城》，《文物》1996年第12期。栾丰实：《海岱龙山文化的发现和研究》，《海岱地区考古研究》，山东大学出版社，1997年。

(96) 《专家笔谈丁公遗址陶文》，《考古》1993年第4期。冯时：《龙山时代陶文与古彝文》，《光明日报》1993年6月6日。冯时：《山东丁公龙山时代文字解读》，《考古》1994年第1期。徐良高：《中国民族文化源新探》第235页，社会科学文献出版社，1999年。

(97) 罗世长：《试论中国文明的发生及其与东夷文化间的关系》，《人类学研究：庆祝芮逸夫教授九秩华诞论文集》，南天书局，1990年。

(98) 高炜：《中原龙山文化葬制研究》，《中国考古学论丛》，科学出版社，1995年。

(99) 吴汝祚：《夏与东夷关系的初步探讨》，《华夏文明》（1），北京大学出版社，1987年。

(100) 俞伟超：《早期中国的四大联盟集团"夏夷联盟、商狄联盟、周羌联盟、楚越联盟"》，《香港中文大学中国文化研究所学报》1988年19卷，香港中文大学创校二十五周年纪念专号。

(101) 赵辉：《以中原为中心的历史趋势的形成》，《文物》2000年第1期；《中国文明起源研究中的一个基本问题》，《稻作 陶器和都市的起源》，文物出版社，2000年。赵辉认为中国文明形成的过程中，在物质文化交流的背后，更重要的是信息的交流和借鉴，其中统治经验的交流是非常重要的。而具体搞清楚每个时期各个地方究竟发生了什么是至关重要的。研究这些事件总结出的历史经验，对其文化本身和其他文化的借鉴作用同样是探讨中国文明形成的关键（见赵辉：《关于古代文明研究的一点思考》，《古代文明研究通讯》第一期，1999年。

后记：

本文写作过程中，得到王仁湘先生、魏峻好友的指点，受益良多，谨致衷心谢意！

从牛河梁遗址看红山文化的社会变革

郭 大 顺

（辽宁省文化厅）

20 世纪 80 年代中期辽宁省西部山区红山文化"坛庙冢"和以龙形玉为代表的玉器群的考古新发现，掀起了一场关于中国文明起源的大讨论。在这场讨论中，苏秉琦先生以红山文化的这些考古新发现为主要依据之一，提出了古文化古城古国和中国文明起源的"三部曲"（古国—方国—帝国）和"三模式"（原生型、次生型、续生型）的观点，以为红山文化为"原生型""古国"。这一系统论述，特别是"古国"的概念，已引起史学界以至历史教育界的关注①。从牛河梁遗址所见红山文化的社会变革，十分有助于理解苏秉琦关于"古国"的概念。这里分五个方面加以论述。

一 积石冢所具有的"群体间极强的独立性"为主的社会分层

红山文化墓地已发掘 5 处，其中有四处可明确定为积石冢性质，即牛河梁、胡头沟、四家子、白音长汉②，由此可知，积石冢是红山文化墓葬的主要形制。这四处积石冢中，又以牛河梁遗址的积石冢群规模最大，发掘材料最为丰富，也最具典型性。

已发掘的牛河梁遗址积石冢为第二、三、五、十六等四个地点。这四处积石冢都各自选择在一个独立的山冈上（图一），有单冢，也有冢群，如第三、十六地点为单冢，第二、五地点分别为四冢一坛和双冢一坛组成的冢群。每个冢内有的只一座大墓，如第五地点 1 号冢；有以一座大墓为中心附以小型墓，如第二地点 2 号冢和第三地点；有的为多墓分行排列，如第二地点 1 号冢。墓上有封土积石并砌筑整齐的冢界（图二）③。

以上红山文化积石冢布局和结构的一个显著特点是，由于每个冢或冢群都各自处于一个独立的山冈之上，每个冢又都砌出明确的冢界，这就使每个有积石冢的山冈、每个山冈上的各个冢之间，都自成独立单元。同时，由于中心大墓的确立，冢与冢、墓与墓

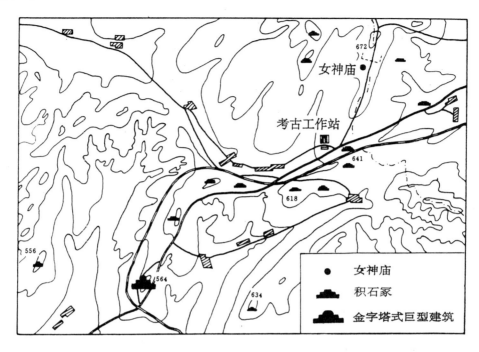

女神庙

考古工作站

672

641

618

556

564

634

● 女神庙

▲ 积石冢

▲ 金字塔式巨型建筑

图一　牛河梁遗址群布局图（图中数字为海拔高度）

之间的主次关系也很分明，与同时期其他史前文化常见的墓群相比，后者虽也有大小墓之分和大墓相对集中的情况，但都在同一墓区，连成一片，很难找到明确的分界，而红山文化积石冢的单元分化则至为明确，这就为探讨当时的社会结构提供了既较为完整成系统又更为直接的资料。

　　根据牛河梁积石冢的初步分期结果，已发掘的这四个地点和其他地点的积石冢，都是大约同时形成并经过了相近的时间变迁的，故每个山冈上的积石冢或积石冢群都为同时并存的独立单元[④]。有人已注意到这种现象，并同部落、氏族、家族相对应[⑤]。其实这种已有很明确单元界限并具有严格层次性的埋葬形式，除多冢共处一冈、多墓共处一冢尚具有氏族公共墓地的一些基本特征以外，其单元分化至为明确的基本形态，早已超越了以血缘纽带维系的那种氏族公共墓地的形式，而是表现为一种全新的社会组织形态。有群冢的单元，每个冢又自成单元，各个冢之间以石墙为各自的界限，独立性很强，而每个冢内各墓又分行排列，各单元之间、不同的行之间和诸墓葬间都显示出较多差别。如果以每个山冈的积石冢或积石冢群代表一个基本单元，有群冢的每个山冈上的各个冢是基本单元下的次单元，每个冢内各行代表次单元中更小的单元，再将冈间远近大小所表现的亲疏也考虑在内，如第二地点与第三地点之间相距甚近而规模规格悬殊所表现出的可能具有主附关系的冢群，那么，红山文化的单元分化已表现出一种依次分层

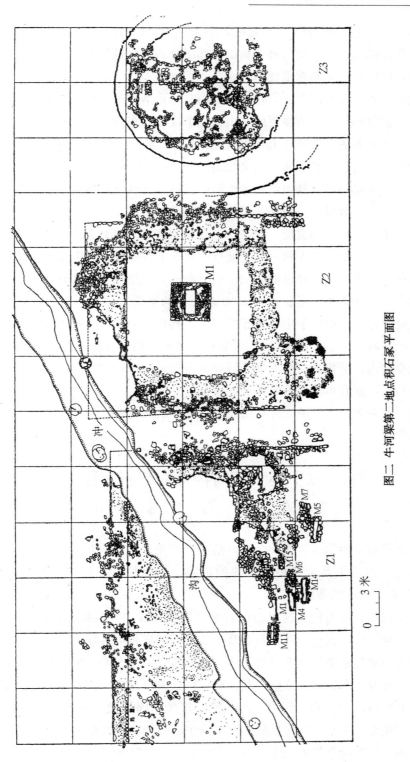

图二　牛河梁第二地点积石冢平面图

的"金字塔式"结构。而每座山冈上冢的多少，各个积石冢之间规模的大小，可能就是各个单元集团的大小、强盛与每个集团内部组合、兴衰过程的反映。这是红山文化积石冢反映社会结构的一个非常重要的方面。

牛河梁积石冢所表现的单元分化，在红山文化聚落分布中也有相应的反映，这主要是指在内蒙古敖汉旗境内调查发现的红山文化遗址的分布情况⑥。

敖汉旗境内调查的 502 处红山文化遗址，有依丘陵之间的河流为纽带分组群分布的情况，全旗六条较大的河流，将红山文化遗址分出六个组群，即大凌河支流组、牤牛河组、教来河组、孟克河组、蚌河组和老哈河组。每组又可依其群体组合情况分出近百群聚落，每群的遗址点数量，一般在 3 至 5 个，较多的可达 20 余个。每群中依遗址规模大小都可分出不同等级，小遗址一般在四五千平方米，大遗址达 3 至 10 万平方米，更大的达 2 至 3 平方公里，最大的一座遗址竟达到 6 平方公里。其中发现遗址点较多的孟克河流域，已可分出十余个遗址群。位于最下游的份子地遗址群共有六处遗址，分布在孟克河下游南岸南北宽 4 公里、东西长 10 余公里的平缓台地上，面积达 6 平方公里的大遗址就是这个遗址群中处于中心位置的遗址，其余五个较小的遗址分布在周围，面积在 3 万平方米左右。中心大遗址又以 10 米左右宽的空白带相隔而分为几个小区。一些大遗址都设有壕沟，采集到一些大型玉钺等等级较高的器物，有的大遗址附近还分布有陶窑区、积石冢，还有可能是玉器作坊的遗存。

以上积石冢和聚落址的单元分化情况说明，红山文化的社会变革已深入到社会的每一个基层单位。

二　以中心大墓为特征的积石冢体现
"一人独尊"为主的等级分化

红山文化积石冢所能表现的社会组织结构的变革，除社会单元之间的鲜明分化外，反映在人与人之间的关系上有更为重要的内容，那就是以大墓为中心所表现出的以"一人独尊"观念为主的等级制。

以牛河梁的积石冢为例，这里的积石冢可以按墓葬之间的差别明显地分为五个等级，即中心大墓、台阶式墓、甲类石棺墓、乙类石棺墓和附属墓。

中心大墓当然是冢中最高等级的墓葬。这类墓有大型土圹，如第五地点 1 号冢的中心墓土圹每边接近 4 米，而且墓壁都起 2 至 3 层台阶（图三）；第二地点 2 号冢中心大墓更在墓口上砌石椁式方台，形成三级台阶。这种中国古代表示墓葬高规格的台阶制度，在史前文化墓葬中是十分罕见的。大部分中心墓随葬玉器数量相对较多，且个体较大，玉质纯正，如牛河梁第五地点 1 号冢 M1 为 7 件、第十六地点 M2 为 9 件、胡头沟

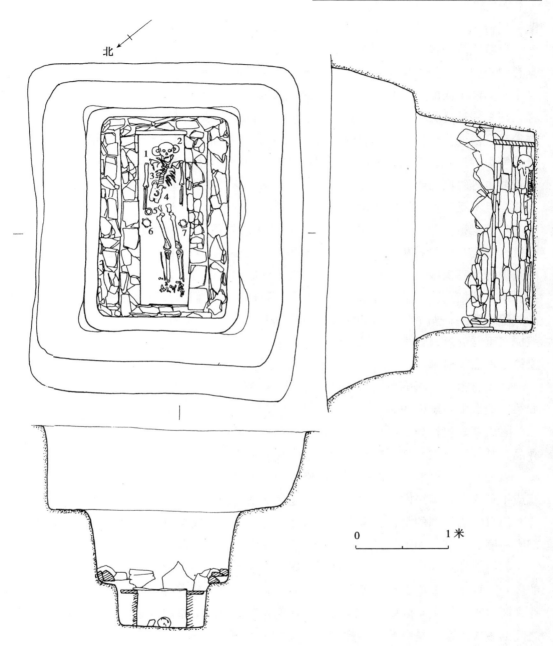

图三　牛河梁第五地点 1 号冢中心大墓（M1）平、剖面图

M1 为 10 件。从这类墓中的玉器组合可看出的规律性现象，一是多随葬有红山文化玉器中最具代表性的马蹄状玉箍、勾云形玉器和动物形玉器（例如龟、鸟）；二是这类玉器常成对成组出现，如牛河梁第五地点 1 号冢 M1 的双璧和双龟、胡头沟 M1 的双龟和双鸮。同时，中心墓之间也有差别，如牛河梁第三地点的中心墓 M7 为较大的土坑墓，墓

壁不起台阶，只随葬 3 件玉器，这与该冢规模较小是相应的。

台阶式墓为仅次于中心大墓的一类，见于牛河梁第二地点 1 号冢和 2 号冢。它们也具有中心大墓那种大型土圹、深凿入基岩、墓壁起台阶、石棺宽大等基本特征。不过，与中心大墓不同的是，它们只在墓圹的一侧筑多级台阶，这使得墓的整体结构虽很不对称，却是一种更为引人注目的做法，故可称为台阶式墓。如果墓葬起台阶作为墓主人具有较高身份地位的一种特定表现方式，中心大墓四壁起台阶是表现一人至高无上地位的最高等级的形式，那么，采用在一侧起台阶这种极为特殊的结构，就是墓主人低于中心大墓墓主等级而高于一般墓葬墓主的一种定制。这类墓所随葬的玉器数量也仅次于中心大墓，且不乏造型、纹饰复杂的高等级玉器。

牛河梁第二地点 1 号冢 M21 虽未发现墓圹筑石阶，却有较深的墓穴，大而讲究的石棺，规模与台阶式墓相若，尤其是随葬各式玉器达 20 件之多，且拥有玉龟壳、兽面纹玉牌饰等高等级玉器，故也可列入仅次于中心大墓的等级之列（图四）[⑦]。

甲类石棺墓，指随葬有玉器的中、小型石棺墓。它们似又可分为随葬包括等级较高的成组玉器墓，如牛河梁第二地点 1 号冢 M4（图五）、M14（图六）、M15 等；随葬一般成组玉器的墓，如牛河梁第二地点 1 号冢 M11；只随葬单件玉环、玉璧的墓，如牛河梁第二地点 1 号冢 M7 等。

乙类石棺墓，不随葬玉器，仍有讲究的石棺，并按顺序与甲类石棺墓排列在行内，如第二地点 1 号冢内的 M6；有的随葬单件彩陶器，如第二地点 4 号冢内的 M5 等。

附属墓，包括葬在冢顶、坛顶之上和冢界以外的两类，只有简单的墓坑，一般无随葬品，其身份显然与有石棺并排列在冢内行间的甲、乙两类石棺墓有本质差别。

以上五个等级似有依次排列的严格顺序，但又差别悬殊，那就是：带有附属性质的墓应不列入正式等级内，而中心大墓则超越一切等级，具有至高无上的地位。

值得特别提到的是，这类中心大墓并非每个冢内都能拥有。具单冢的冈丘，单冢内都有一座中心墓，如第三地点和第十六地点；有冢群的冈丘，则只一座冢内拥有中心墓，如第五地点的双冢中，只 1 号冢发现有中心大墓，第二地点的群冢中，只位于冈顶的 2 号冢具中心大墓，它们各为该冢群的主冢。从第二地点各冢的情况看，主冢位置往往在冈顶正中，主冢内中心大墓与冢内其他墓葬的主附关系、主冢与同一冈冢的其他冢之间的主次关系，是一目了然的。红山文化积石冢所表现的这种"金字塔"式的等级分化，与同时期前后诸史前文化所见墓葬分化，如良渚文化人工堆筑土墩上的大墓成群和大汶口文化墓群中大小墓之间的分化相比，更加突显了中心大墓主人"一人独尊"的身份地位。这一座座大墓置于冈峰中心，以中小型墓陪衬，封土积石，又层层垒起，形成方或圆形的巨大冢丘。这些冢丘高耸于山岗之巅，已具后世"山陵"的景观，或称为"陵区"、贵族墓地或近似于"王墓"[⑧]，中心大墓主人已具王者身份应没有多大

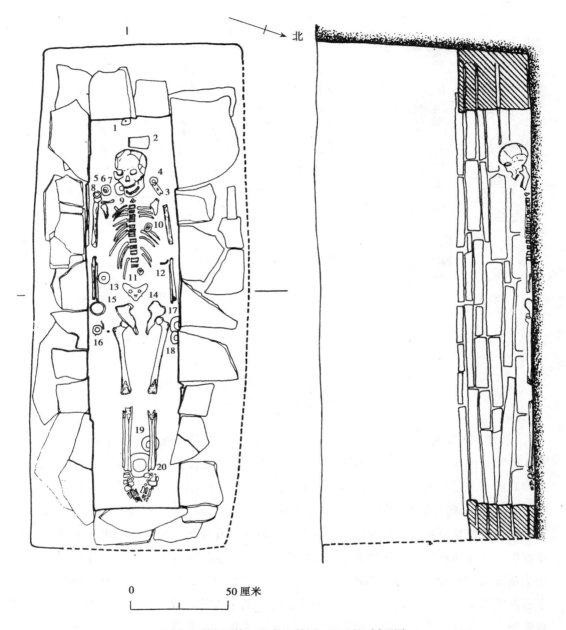

图四　牛河梁第二地点 1 号冢 M21 平、剖面图

疑问。

从阜新县胡头沟、敖汉旗四家子以至林西县白音长汉等地发现的红山文化积石冢看，牛河梁遗址积石冢所表现的以"一人独尊"为主的等级化，具有一定普遍性。

据报道，胡头沟墓地的 M1，位置在"石围圈的中心部位以下。墓底距地表深 4.5

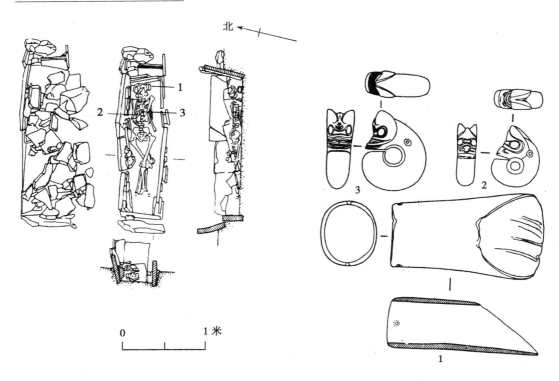

图五　牛河梁第二地点 1 号冢 M4 平、剖面图及部分随葬品

1. 玉箍形器　　2、3. 玉雕龙

米"。收集到的随葬玉器达 15 件，除勾云形玉器以外，另有成对的玉龟和玉鸟，还出有 4 件罕见的棒形玉器。位于石围圈外侧的 M3，则距地表的深度只有 1.1 米，石棺的规模和随葬玉器也远不能与 M1 相比，由此可知，胡头沟积石冢也拥有中心大墓，即 M1，且与同冢其他墓葬间对比悬殊，也已具备以"一人独尊"为主的等级分化[⑨]。

白音长汉是分布于西拉木伦河以北的一处红山文化墓地。从简略的报道中可知，该墓葬群分布在遗址所在山坡的坡顶上，"正居山顶中心部位的第 5 号墓有石砌围墙，其余诸墓皆为积石墓，沿山脊错列排开组成一处小型墓地。第 5 号墓为长方形石板墓，居于石围墙的中心……其余墓葬皆土坑竖穴，多数为单人葬，双人合葬仅一例，葬式为仰身竖膝。一般死者头向东北，个别向北。随葬品未见日用陶器，皆装饰品，有玉玦、玉管、玉蝉、穿孔贝壳、亚腰形贝饰、仿贝石臂钏、贝钏、石珠、石质螺纹棒饰、小型动物头饰、锥状石核等"。据此可知，白音长汉遗址的红山文化墓地也具有中心墓与一般墓葬之别[⑩]。

胡头沟在牛河梁以东 200 余公里处，已接近红山文化分布区的东缘，白音长汗更在西拉木伦河以北。这两处远离红山文化中心区的墓葬都具备红山文化积石冢的一般特

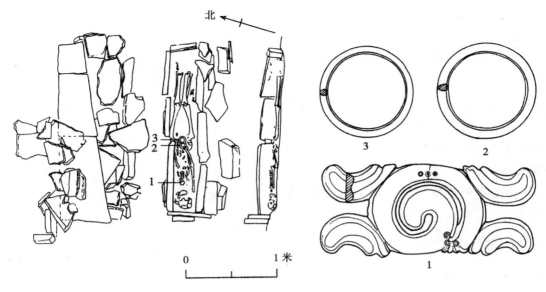

图六　牛河梁第二地点 1 号冢 M14 平、剖面图及部分随葬品

1. 勾云形玉器　　2、3. 玉环

征，特别是也拥有中心大墓。它充分表明，由积石冢所反映出的红山文化这种以"一人独尊"为主的等级分化，已经制度化。

三　女神庙围绕主神的群神崇拜体现以一人为中心的等级制用宗教形式固定下来

冢庙结合，以庙为主，是牛河梁遗址群组合关系中一个非常突出的特点。特别是积石冢所反映的以"一人独尊"为主的等级制，在女神庙也有相对应的表现[①]。

牛河梁女神庙为半地穴式结构和多室一体的布局，以南北轴线分为主体和附属两大部分，主体部分有主室和围绕主室的东西侧室，它们与南北前后室相互连接（图七），据此可知女神庙的结构布局是主次分明的。经试掘已分辨出庙内出土了六七个大小不同个体的人像残件，这虽只是庙中神像的一部分，却已表现出一些规律性。从这部分神像残件的规模和位置的相互比较看，它们各自的地位并不是完全等同的，而是分层次的。从规模上看，相当于真人三倍的只有一尊，相当于真人二倍大的也只一尊，其余都相当于真人原大，似已可依次分出三个等级。与此相对应，从它们的出土位置看，它们之间的排列也是有秩序可寻的，而且与庙的结构布局一样，也是有主有次的。相当于真人二倍的一尊单独置于庙的西侧室，相当于真人原大的各尊则位于主室的四周和其他各室，唯有一尊大鼻、大耳相当于真人三倍的残件，位于主室的中央部位。这表明，在多层次

的众神中，有一尊主神，这尊主神个体最
大，位置在庙的最中心部位，是整个神庙
所要突出的主要对象，其他神像围绕主神
而设。所以，这座女神庙具有围绕主神的
多神崇拜内容。如果墓葬是比较直接地反
映了当时人与人关系的话，那么等级高于
墓葬的神庙，则是当时具有统治地位的思
想观念的反映。从这一点来说，女神庙围
绕主神的群神崇拜，当是人世间已经制度
化的以一人至高无上观念为主的等级制在
宗教崇拜内容上固定化的表现。

四　通神及其独占权

　　这主要表现于积石冢随葬的玉器中。
可以从红山文化的"唯玉为葬"[⑫]的习俗说
起。

　　史前诸文化的墓葬，都有以陶器为主
要甚至是唯一的随葬品的葬俗，只有红山
文化是个例外。红山文化的墓葬里，极少
见有陶器以及石器随葬，而主要随葬玉器。
据统计，在牛河梁已发掘的 61 座红山文化
墓葬中，有随葬品的墓 31 座，其中有玉器
随葬的墓 26 座，占有随葬品墓葬的 80% 以
上。而且中心大墓和其他较大型的墓葬都
只葬玉器，个别有陶、石器随葬的都是较
小型的墓，且主要见于下层积石冢，表明
只葬玉器是牛河梁积石冢埋葬的一种特定

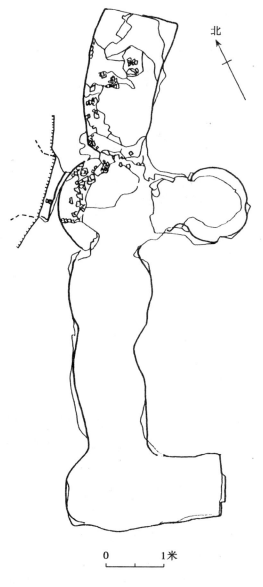

0　　　　1米

图七　女神庙平面图

制度。从牛河梁上层积石冢对唯玉为葬有更集中的表现看，这一埋葬制度是在红山文化
发展过程中形成的。在牛河梁遗址以外所见的红山文化墓葬，也都具有相同或相近的情
况。红山文化这一特殊的葬制还可以从该文化对各类文化内涵的制作和使用上来加以证
明。红山文化已具备相当发达的制石和制陶工艺，大型打制石器、磨制石器、细石器三
大类石器并用和石犁耜的大量使用，为同时期其他史前文化所不及。细石器更讲究选料

的硬度、色泽、纹理和通体精细加工，有的已是精致的工艺品。红山文化的制陶业，有以压印"之"字纹陶和彩陶器为代表的南北文化融为一体的陶器群，积石冢使用的成百上千个大型陶筒形器已属批量生产的产品，尤其是在东山嘴和牛河梁遗址都发现了一批与祭祀有关的特异型陶器，如牛河梁女神庙出土的大型彩陶镂孔器、熏炉器盖和彩陶方器，都是烧制技术甚高的祭礼器。但在红山文化墓葬中，却极少有这些高等级的陶、石器随葬，而只葬玉器。红山文化正处于由原始社会向文明社会过渡的社会大分化大变革时期，墓葬规模及随葬品的数量、质量是反映人与人等级差别最主要的标准，该文化却以非实用的玉器作为几乎唯一的随葬品而"排斥"陶、石器等与生产生活有着千丝万缕联系的器物，说明玉器主要不是反映财富占有的情况，也不限于只表现等级差别，而是自有其特定而具体的功能。

还要提到，红山文化墓葬中虽然以玉器为几乎唯一的随葬品，但数量均甚少，大墓多不超过 10 件。与此形成鲜明对照的是，每座积石冢的规模都很大，如牛河梁的大墓墓坑面积多在 9 ~ 16 平方米之间，整个积石冢的面积可达 200 ~ 400 平方米，在史前墓葬中属最大之列。墓葬的巨大规模与数量极其有限的玉器随葬品，虽很不相称，却反衬出这些玉器确是被赋予特定功能的，这就是作为通神的工具。以神化动物为主体的玉器造型，也是这些玉器通神功能的最好说明，因为动物被视为人与神沟通的最好媒介。牛河梁遗址积石冢与祭坛结合、冢坛又围绕神庙而设置，其所表现出的浓厚的宗教祭祀气氛和以神（也包括天和地）为明确的祭祀对象，也很能说明玉器作为其中几乎唯一的随葬品所应具备的通神功能。

玉器作为通神工具，古史有所记载：

《越绝书》："黄帝之时，以玉为兵，以伐树木为宫室，斸地，夫玉亦神物也。"

《说文·一篇上·玉部》释"靈"字下部之"巫"为："以玉通神。"

王国维在释"礼"（禮）字时也以为，"禮"字为"象二玉在器之形"，是为"以玉事神之器"[13]。

以上说明，古人一直是把玉器作为通神工具来对待的。掌握通神权力的巫者也以玉示名。

在牛河梁积石冢中，作为通神工具的玉器又有向大墓特别是中心大墓集中的明显趋势。中心大墓出土玉器数量相对较多，多大件，用料精。红山文化的代表性玉器种类及其组合，如勾云形玉器和玉龟的组合，就只见于中心大墓。牛河梁第五地点 1 号冢 M1 的一对玉龟出土时分别握于墓主人的左右手中，更是把古人视为神灵的龟这种动物作为具有通神权力的生动体现。这些中心大墓的墓主人，首先是通神的独占者，是宗教主，同时也已具备了王者身份。可见，玉器是以通神权力及其占有程度而成为最早出现的礼器之一的。

通神及其独占在中国古史上早有明确记载，这就是帝颛顼所实行的以"绝地天通"为主要内容的宗教改革。这一事件反映在《国语·楚语》中楚昭王与大臣观射父的一段对话中：

> 昭王问于观射父，曰：周书所谓重黎使天地不通者，何也？若无然，民将能登天乎？对曰：非此之谓也。古者民神不杂，民之精爽不携贰者，而又能齐肃衷正，其智能上下比义，其圣能光远宣朗，其明能光照之，其聪能听彻之；如是则明神降之，在男曰觋，在女曰巫。是使制神之处位次主，而为之牲器时服，而后使先圣之后之有先烈，而能知山川之号、高祖之主、宗庙之事、昭穆之世、齐敬之勤、礼节之宜、威仪之则、容貌之崇、忠信之质、禋絜之服，而敬恭明神者，以为之祝。使名姓之后，能知四时之生、牺牲之物、玉帛之类、采服之仪、彝器之量、次主之度、屏摄之位、坛场之所、上下之神、氏姓之出，而心率旧典者，为之宗。于是乎，有天地神民类物之官，是谓五官，各司其序，不相乱也。民是以能有忠信，神是以能有明德，民神异业，敬而不渎，故神降之嘉生，民以物享，祸灾不至，求用不匮。及少昊之衰也，九黎乱德，民神杂糅，不可方物，夫人作享，家为巫史，无有要质，民匮于祀，而不知其福。烝享无度，民神同位，民渎齐盟，无有严威，神狎民则，不蠲其为，嘉生不降，无物以享，祸灾荐臻，莫尽其气。颛顼受之，乃命南正、重司天以属神，命火正黎司地以属民，使复旧常，无相侵渎，是谓绝地天通。

张光直以为这段话把古代世界的分层以及巫、觋在层次之间沟通的关系讲得很清楚。这段话的大意是说，楚昭王向大臣观射父询问《周书》中重、黎绝天地之通是怎么回事。观射父回答说：古时候民神不杂，有特殊才力的男女（巫、觋）才是通天地的。到少昊之衰，九黎乱德，民和神混杂，就是说人人都可以通神了，颛顼就派重、黎把民和神分开，天属神，地属民。把世界分成天地人神等层次，这是中国古代文明重要的成分，也就是萨满式世界观的特征[14]。徐旭生则认为"民神杂糅，不可方物，夫人作享，家为巫史"。这种人人祭神，家家有巫史，是原始社会末期巫术流行时候的普通情形。但随着社会变革的新旧交替，这种"民神同位"就成了社会自身的一种严重威胁，颛顼实行"绝地天通"的宗教改革，使重和黎，一个管天，一个管地，整顿了社会秩序，而颛顼也就成为一位地位仅次于黄帝的宗教领袖[15]。

红山文化以祭坛、女神庙和积石冢群三位一体组合作为史前时期性质最明确、规模也最大的祭祀建筑遗址群，它所表现出的以发达的动物形玉等玉器作为通神的工具、通神独占的巫者同时具有王者身份等，都以充分的考古实证表明，通神及其独占和神权至上是中国文明起源和国家形成时期的一个主要特征。红山文化所表现出的这一特征在中国史前时期并非孤立，大约同时期前后的良渚文化以玉琮为代表的通神工具、以巫者大

墓为主的土墩大墓地和坛墓的结合，甚至仰韶文化酉瓶、彩陶等巫者专用的通神祭器的
大量出现等，说明通神独占导致文明起源，是中国文明起源道路的普遍特征。

五　最高层次聚落中心的形成

"古国"的最初提出，是"古文化古城古国"即古文化、古城与古国三者相互联系
的完整概念，目的是作为考古学文化区系类型理论转化为实践的中心环节，其重大指导
意义在于，提高田野工作中寻找中心聚落、特别是最高层次中心聚落的意识，即"都"
与"野"之别⑯。牛河梁遗址就已具备了红山文化最高层次聚落中心的规格。这可以从
以下几个方面加以论证。

首先是牛河梁遗址本身。除了遗址群规模宏大、单体遗迹和出土器物都规格甚高以
外，主要还表现为，遗址群分布范围虽十分广阔，地势又多有变化，却能顺山势，定方
向，按高低上下进行规划布置，这使得诸多建筑都按一条自然与人为相结合而形成的南
北轴线严格布局，既主次分明，又相互联系，彼此照应，从而起到将大范围的人文景观
与自然景观巧妙结合起来，将人文景观融于大自然之中的奇特而神圣的效果（图一）。
对于这样一个大规模祭祀礼仪性建筑群体，苏秉琦先生早在牛河梁遗址刚发现时，就曾
将它们与古代帝王举行的"郊"、"燎"、"禘"等祭祀活动相联系，值得深思⑰。同时，
牛河梁作为一个具有神圣意义的宗教祭祀场所，在庙区内外上百平方公里范围内，不见
任何居住遗址的迹象，表明当时牛河梁祭祀遗址群的级别已远远超出了以家庭为单位、
在生活区内设祭的家庭祭祀，也远远超出了以氏族为基本单位、以设在聚落以内如
"大房子"一类为祭祀场所的氏族祭祀，而是远离生活住地专门营建的独立庙宇、庙区
和陵墓区，形成了一个规模宏大的祭祀中心。显然，这样一个高等级的祭祀遗址群，已
远不限于一个氏族或部落的范围，而只能是红山文化这样一个文化共同体对共同先祖进
行崇拜的圣地，是凝聚红山文化人们的所在。

其次，从牛河梁在整个红山文化分布区所处的位置看，牛河梁遗址所在的辽西努鲁
儿虎山谷，正处于红山文化分布区中央部位而偏向于靠近华北平原的西南一侧，这一带
既属于大凌河流域，又距老哈河的河源不远，向北沿老哈河河川可通往内蒙古赤峰地
区，并继续向更北的广大蒙古草原深入；向南顺大凌河的南部支流，可一直抵达渤海海
滨；向东沿大凌河的主干，通向朝阳和阜新地区，更可直达辽河西岸；向东北，沿努鲁
儿虎山山谷可通达内蒙古敖汉旗及周围的教来河和孟克河流域；向西沿大凌河西部支流
经河北省承德地区，并越燕山山脉直下华北平原。以上这些地区都是红山文化所及地
区，且多数是红山文化遗址分布的密集区。而牛河梁遗址就处于红山文化分布区内四通
八达的中心部位（图八）。把牛河梁遗址选择在具有这种特殊优势的地理位置，显然与

充分发挥和延伸最高层次中心邑落对周围地区次中心和一般聚落的汇聚力和控制力有很大关系。这可以从牛河梁遗址群四周的赤峰、敖汉、阜新、承德等地区已发现的积石冢所处地势、冢的结构以及随葬玉器的种类、造型等与牛河梁遗址的高度一致性体现出来。

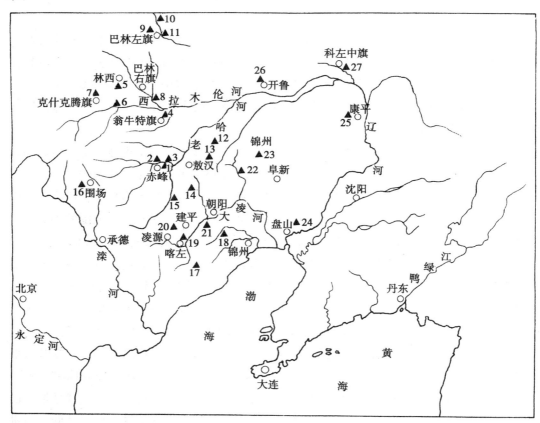

图八　红山文化遗址分布示意图

1. 红山后　　2. 蜘蛛山　　3. 西水泉　　4. 三星他拉　　5. 锅撑子山　　6. 白音长汉　　7. 南台子　　8. 那斯台　　9. 尖山子　　10. 葛家营子　　11. 二道梁　　12. 份子地　　13. 下洼　　14. 四家子草帽山　　15. 五十家子　　16. 下伙房　　17. 新营子　　18. 沙锅屯　　19. 东山嘴　　20. 牛河梁　　21. 十二台营子　　22. 胡头沟　　23. 福兴地　　24. 盘山县郊　　25. 康平县郊　　26. 坤都岭　　27. 新艾力

　　如积石冢作为红山文化特有的一种葬制，见于大凌河及其支流的各流域。以阜新县的胡头沟墓地为例，这是最早发现的红山文化墓葬。墓地位于大凌河支流牤牛河东岸，坐落在山冈之巅。冢的结构为方圆结合，冢上有成群彩陶筒形器排列，尤其是也有一座中心大墓。那些成对的玉龟、玉鸟等一批精美的玉器，就出土于这座中心大墓中。胡头沟西距牛河梁200多公里，在积石冢的形制和玉器造型特点上彼此之间没有多大差别。

就是在红山文化分布区最北部的西拉木伦河流域，已发现的红山文化墓葬也有为积石冢性质的，而且也发现了中心大墓的线索。尤其是西拉木伦河以北出土的几批红山文化玉器，如造型各异的方圆形玉璧、变化多端的勾云形玉，特别是高度抽象化的以玉雕龙为代表的各种动物形玉，尽管每一种玉类的形制都十分独特，并多变化，但也都同牛河梁遗址所出完全一致[⑱]。墓葬制度和玉礼器的高度一致性，是中心邑落对周围地区政治控制力在考古学上的表现[⑲]。

聚落考古的研究表明，聚落分化只产生了中心聚落和一般聚落这两层关系，并不能导致国家的产生。只有当中心聚落中又分化出最高层次的超中心聚落，即形成三个基本层次的聚落形态时，才可能出现国家，这是从聚落考古方面判断进入文明社会的一个最主要的标准[⑳]。牛河梁遗址群规模之宏大，组合之完整，在红山文化分布区内是唯一的，已具该文化最高层次中心聚落规格。而最高层次中心聚落的出现，是古国出现的一个重要标志。

至于在牛河梁遗址还可以看到一些原始氏族公社成分的保留，如一冈多冢和有中心大墓的冢内有时还有其他墓葬；女神庙保留着原始居住址所普遍采用的半地穴式和多室且联为一体的结构布局；遗址群布局顺山势，定方向，按高低上下进行规划布置所表现出的规范中有变的情况等等，正是古国时代所具有的过渡性特点的反映。苏秉琦先生在论述"古文化古城古国"特定含义时所提出的概念："古城指最初分化意义上的城和镇，而不必专指特定含义的城市。古国指高于部落之上的、稳定的、独立的政治实体。"就包含了这一过渡性特征的表达[㉑]。

以上关于红山文化社会结构及其变革的探索，是目前理解红山文化进入古国阶段的几个主要方面，它没有涉及金属的发明、文字的出现和城市的形成等诸文明要素，却必然会引起对中国文明起源具体道路的再思考。因为这是以中国史前考古发现的实际情况为认识基础的，从而也更能反映中国在文明起源和国家形成过程中的自身发展道路和特点。

注　释

① 谢维扬：《中国国家起源研究中的"古国"问题》，《学术月刊》2001 年第 4 期；《中华文明起源的新观点》，《义务教育课程标准实验教科书·教师教学用书·中国历史·七年级·上册》第 24 页，人民教育出版社，2001 年。

② 方殿春、刘葆华：《辽宁阜新县胡头沟红山文化玉器墓的发现》，《文物》1984 年第 6 期。内蒙古自治区文物考古研究所：《内蒙古林西县白音长汗新石器时代遗址发掘简报》，《考古》1993 年第 7 期。四家子红山文化积石冢的发现见《人民日报》2001 年 7 月 6 日第 4 版和《中国文物报》2001 年 8 月 29 日收藏鉴赏周刊第 33 期。

③ 辽宁省文物考古研究所：《辽宁牛河梁红山文化"女神庙"与积石冢群发掘简报》，《文物》1986 年第 8 期。魏凡：《牛河梁红山文化第三地点积石冢石棺墓》，《辽海文物学刊》1994 年第 1 期。辽宁省文物考古研究所：《辽宁牛河梁第五地点一号冢中心大墓（M1）发掘简报》，《文物》1997 年第 8 期。李恭笃：《辽宁凌源县三官甸子城子山遗址试掘报告》，《考古》1986 年第 6 期。

④ 辽宁省文物考古研究所：《辽宁牛河梁第二地点四号冢筒形器墓的发掘》，《文物》1997 年第 8 期。辽宁省文物考古研究所：《辽宁凌源市牛河梁遗址第五地点 1998～1999 年度的发掘》，《考古》2001 年第 8 期。

⑤ 尚晓波：《牛河梁红山文化遗存丧葬习俗初探》，《青果集——吉林大学考古专业成立二十周年考古论文集》第 110～113 页，知识出版社，1993 年。

⑥ 邵国田：《概述敖汉旗的红山文化遗址分布》，《中国北方古代文化国际学术研讨会论文集》第 97～102 页，中国文史出版社，1995 年。

⑦ 辽宁省文物考古研究所：《辽宁牛河梁第二地点一号冢 21 号墓发掘简报》，《文物》1997 年第 8 期。

⑧ 张忠培：《仰韶时代——史前社会的繁荣与向文明时代的转变》，《故宫博物院院刊》1996 年第 1 期。严文明：《略论中国文明的起源》，《文物》1992 年第 1 期；《中国王墓的出现》，《考古与文物》1996 年第 1 期。

⑨ 同②之方殿春、刘葆华文。

⑩ 同②之白音长汗发掘简报。

⑪ 同③之《辽宁牛河梁红山文化女神庙与积石冢发掘简报》。

⑫ 郭大顺：《红山文化的"唯玉为葬"与辽河文明起源特征再认识》，《文物》1997 年第 8 期。

⑬ 王国维：《观堂集林》第一辑第 290 页，中华书局，1959 年。

⑭ 张光直：《考古学专题六讲》第 4～5 页，文物出版社，1986 年。

⑮ 徐旭生：《中国古史的传说时代》（增订本）第 79～80 页，科学出版社，1960 年。

⑯ 苏秉琦：《辽西古文化古城古国——兼谈当前田野考古工作的重点或大课题》，《文物》1986 年第 8 期；参见高炜、张岱海：《汾河湾旁磬和鼓——苏秉琦先生关于陶寺考古的论述》，宿白主编《苏秉琦与当代中国考古学》第 654 页，科学出版社，2001 年。

⑰ 苏秉琦：《我的几点补充意见》，《座谈东山嘴遗址》，《文物》1984 年第 12 期。

⑱ 巴林右旗博物馆：《内蒙古巴林右旗那斯台遗址调查》，《考古》1987 年第 6 期。王未想：《巴林左旗出土的红山文化玉器》，《辽海文物学刊》1994 年第 1 期。

⑲ 严文明先生于 2004 年 7 月在内蒙古赤峰市召开的《红山文化国际学术研讨会》上作学术报告时指出：牛河梁遗址诸积石冢及墓葬间，在以共同性为主的前提下表现出某些差别，如各个地点积石冢的组合和每一座积石冢的结构都不完全相同，墓葬随葬玉器也各有不同组合，说明这些积石冢和墓葬的主人，都不是就近的人群，而多数应来自于较远的部落，也表明牛河梁遗址是红山文化一个大的中心遗址。

⑳ 陈淳：《国家起源之研究》，《文物季刊》1996 年第 2 期。

㉑ 同⑯之苏秉琦文。

夏商王朝更替与考古学
文化变革关系分析

——以二里头和偃师商城遗址为例

王 学 荣

（中国社会科学院考古研究所）

二里头遗址与偃师商城遗址皆是都城性质的遗址。本文试通过二里头遗址与偃师商城宫城及陶器组合的简单对比分析，探讨二里头遗址与偃师商城文化内涵所表现出的夏、商王朝的政权更替与考古学文化演变速度相对滞后的现象。

一 二里头遗址与偃师商城的时空关系

偃师商城遗址和二里头遗址同处于洛阳盆地、古洛河北岸，两者相距约6公里。考古资料表明，二里头文化第四期是二里头文化的衰落时期和作为都城的二里头遗址的废弃时期[1]，偃师商城的考古学年代上限相当于二里头文化第四期，至迟相当于二里头文化第四期偏晚阶段时，偃师商城已经建成并使用[2]。这里，是否有大规模的宫殿建筑群，不仅是衡量二里头遗址和偃师商城遗址是否为都城遗址的主要标准之一，而且，确认都城始建和废弃的标准同样主要仰赖宫殿建筑群的考古资料。二里头遗址在二里头文化第二期出现了成组的大型宫殿建筑，第三期出现了宫城，第四期表现出明显的衰落现象，以宫殿区主要宫殿建筑群的废弃为标志，作为都城的二里头遗址遭到废弃。以偃师商城宫城的建成和投入使用为标志，偃师商城已经建立。几乎同一地点，二里头都城遗址的废弃与作为都城的偃师商城之崛起，两者之间在年代上的紧密衔接关系是客观存在的历史事实。

二 二里头宫城与偃师商城宫城之比较

1. 二里头宫殿建筑群形制的变迁和宫城的布局

二里头宫城遗址的发现与确认，是近年二里头文化考古发现的重大突破。至迟在二里头文化第二期时，在遗址中心区域大型建筑基址比较密集区域的外围，形成了纵横交错、呈"井"字状的道路网络（图一）。宫城城墙始建于三期，"东、西墙的复原长度分别约 378 米、359 米，南、北墙的复原长度分别为 295 米、292 米，面积约 10.8 万平方米"[③]。

第一号宫殿建筑基址整体为略呈正方形的夯土台基，东西长约 108 米、南北宽约 100 米。主体殿堂的台基位于基址北部的居中位置，东西长约 36 米、南北宽约 25 米。沿第一号建筑基址夯土台基的四周，有夯土墙，西墙内侧为单廊，其余三面皆为复廊。门塾位于基址南部居中略偏西（图二）。该建筑基址始建于三期，废弃于四期[④]。

第二号宫殿建筑基址整体为长方形，东西约 57.5～58 米、南北约 72.8 米（以东墙长度计）。主体殿堂位于北部居中，东西长约 32.7 米、南北宽约 12.6 米。沿第二号宫殿建筑基址四周的夯土墙中，东墙实则是宫城的部分东墙，东、西两侧夯土墙内侧为单廊，北墙内侧中部略偏西，也有部分廊庑。门塾位于第二号宫殿建筑基址南部居中略偏东。门塾东、西两侧是复廊形式的建筑（图三）。该建筑基址始建于三期，废弃于二里头四期偏晚[⑤]。

第三号宫殿建筑基址东西宽约 50 米、南北长约 150 米。第三号宫殿建筑基址实际是由所谓"一体化的多重院落"即北院、中院和南院前后三进院落组成[⑥]。第二号宫殿建筑基址叠压在第三号宫殿基址之上，第三号宫殿建筑的始建年代为二里头文化第二期。第五号宫殿建筑基址与第三号宫殿建筑基址东西并列，相距约 3 米，结构相似，建筑年代亦应为二里头文化第二期[⑦]。

第四号夯土建筑基址尚未全部发掘，整体布局不甚清楚。"该基址可复原为一座由主殿、东西庑及庭院组成的建筑，复原宽度逾 50 米。方向与其北的 2 号基址及其东的宫城东墙相同"。主殿台基位于基址北部正中，东西长 36.4、南北宽约 12.6～13.1 米（图四）。该建筑基址的始建年代为二里头文化三期，废弃时间不晚于二里头文化四期偏晚[⑧]。

第六号夯土基址位于第二号宫殿建筑基址之北，始建于二里头文化第四期[⑨]。

第七号夯土基址平面呈长方形，东西长约 31.5 米、南北宽 10.5～11 米。第八号夯土基址尚未完全发掘，发掘部分南北长近 20 米、东西宽 9.7～10 米。"两座夯土基址

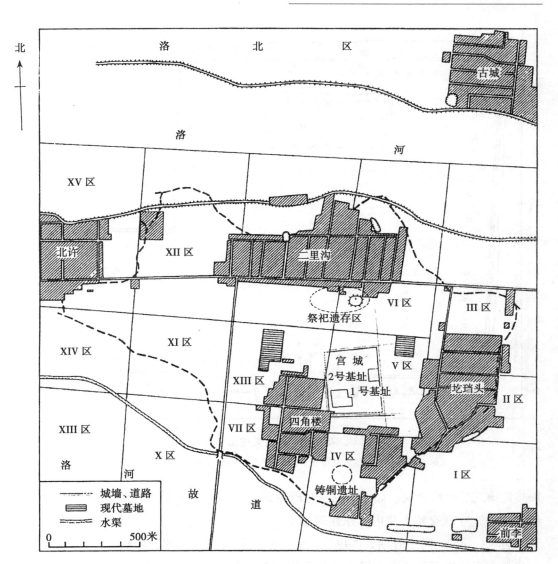

图一　二里头遗址平面图

（采自《二里头遗址聚落形态的初步考察》，《考古》2004 年第 11 期图一）

的建筑和使用年代与宫城城墙相同"⑩。

目前所知，与二里头遗址宫城有关的大型夯土建筑基址已经编到第九号，然已知作为相对独立结构比较清楚的，且具有宫殿性质的建筑只有第一号、第二号、第三号和第五号宫殿建筑基址（图五）。

二里头文化第二期时，出现了呈"井"字状交错的大道，第三号宫殿建筑与第五号宫殿建筑基址位于"井"字状交错大道内东侧略偏北的地带。第五号宫殿建筑的布

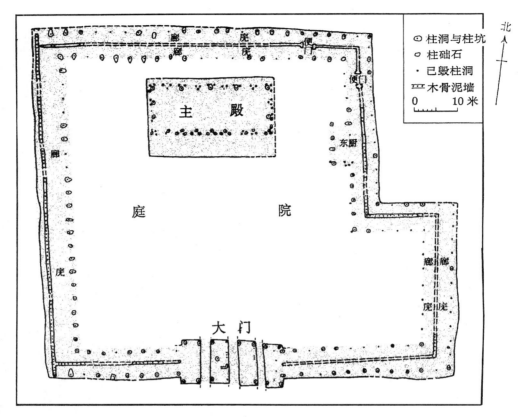

图二　二里头第一号宫殿建筑基址平面图

（采自《中国考古学·夏商卷》图 2～3，中国社会科学出版社，2003 年）

局接近第三号宫殿建筑，如以第三号宫殿建筑为标准，两者的东西跨度合计约 110 米，约占"井"字状交错大道内部东西跨度的三分之一，南北所占比例也约略相似，实则是偏居"一隅"。同一时期，"井"字状交错大道内部遗迹的分布状况尚不清楚[11]。目前的考古资料还不能证明二里头文化第二期时宫城已经出现。第三号宫殿建筑是"一体化的多重院落"，即由北院、中院和南院前后三进院落组成。从第三号宫殿和第五号宫殿位置并列、结构相似的关系分析，两者应是以经过它们之间的南北向道路为轴线，呈左右对称状的一组建筑。

　　二里头文化第三期时，出现了宫城，与宫城墙大约同时建造的建筑基址有第一、二号宫殿建筑，以及第四、七和八号夯土建筑基址，其他同时期的建筑布局尚不清楚。第一号宫殿建筑基址位于宫城的东南隅，第七、八和九号夯土建筑基址位于第一号宫殿建筑基址的西南和正南，结构比较单一，其中第八号、九号建筑基址分别与宫城西墙南段和南墙西段连为一体，尤其是第七号夯土建筑基址恰好位于第一号宫殿建筑基址南部门

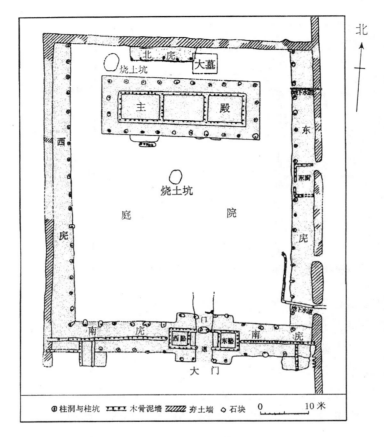

图三　二里头第二号宫殿建筑基址平面图

（采自《中国考古学·夏商卷》图2~4，中国社会科学出版社，2003年）

塾的正南方。由图五我们可以比较清楚地看出，第一号宫殿建筑主体殿堂、第一号宫殿建筑南门塾和第七号夯土建筑基址，三者南北大体呈直线分布，位置基本相互平行，各建筑单元的东西跨度大体相若。故此，我们认为三者在设计和建造时，是遵循了同一条中轴线而成，第七号夯土建筑基址应和第一号宫殿建筑基址是同组建筑。若结合偃师商城宫城，位于宫城西南隅的第七号和第三号宫殿建筑，分别建于偃师商城商文化第一期和第三期，皆有相对独立的门塾建筑。尽管宫城南墙中部设置有宫城南门，但并没有门塾建筑，通过第七号或第三号宫殿建筑的南门塾，也可以直接进入宫城。这说明第七号或第三号宫殿建筑南门之地位要相对高于整个宫城南门，属宫城内重要的礼制建筑之一，具有礼仪性质。由此可推测二里头宫城第七号夯土建筑基址的性质类似于前者，应是一处与第一号宫殿建筑配套使用的、重要的具有礼仪性质的门塾遗存。

第二号宫殿建筑位于宫城东侧偏北位置，第四号夯土建筑基址位于其正南。第四号

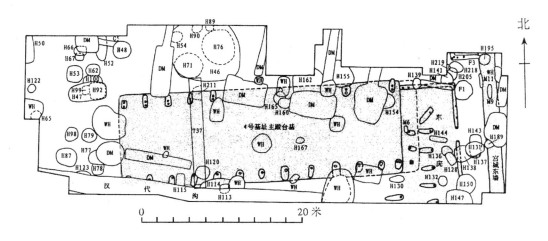

图四 二里头第四号建筑基址发掘平面图

（采自《河南偃师市二里头遗址四号夯土基址发掘简报》，《考古》2004 年第 11 期）

夯土建筑基址形制有待探讨，与第二号宫殿建筑相比，两者主体殿堂基址的面积基本相同，甚至前者还略大于后者。由第四号夯土基址形制判断，应是相对独立的具有宫殿性质的建筑。第二号宫殿建筑主体殿堂、第二号宫殿建筑南门塾和第四号夯土建筑基址的主体殿堂三者基本南北呈一直线分布，位置相互平行，在设计和建造方面，亦应遵循同一条南北中轴线而成，它们应是同组建筑。

由上所述，二里头宫城内，以东、西两条轴线所引领的两组建筑群，分别位于宫城的西侧和东侧。通过计算，我们认为两组建筑群东西间的水平距离尚有约 100 米。由第一号和第二号宫殿建筑的位置及形制判断，第二号宫殿建筑基址依托宫城东墙，以及第一号宫殿建筑基址东北部有大面积内凹，起因可能都是为了有意规避某个重要建筑，即为某个最重要的建筑留出空间位置。如果以第一号宫殿建筑基址内凹部分的边缘为基准线往北延伸，在基线以东，第二号宫殿建筑以西，位于宫城的正中间，尚有东西面阔约 125 米的位置。这足以容纳一座面积大于第一号宫殿建筑的大型宫殿建筑基址。由此，应可说明在宫城东、西两组建筑群之间，居于宫城的中心部位，很可能还分布有地位更重要、规模更大的一组建筑基址群。故此，我们认为二里头宫城内的建筑群可能呈左、中、右三组系列分布，并且位于宫城东、西两侧的两组建筑群很可能都不是宫城内最主要的建筑。

从二里头第二期宫殿建筑基址出现，到第三期发展出现宫城，二期和三期之间宫殿建筑群整体布局的比较研究目前尚难以进行。二里头第二期和第三期相比，就单体建筑形制而言发生了较大变化，即由第二期时的一体化的前后三重院落布局，改变为第三期的单一院落布局。关于宫殿建筑群布局组合方面，就目前的发掘材料，可以说是由第二

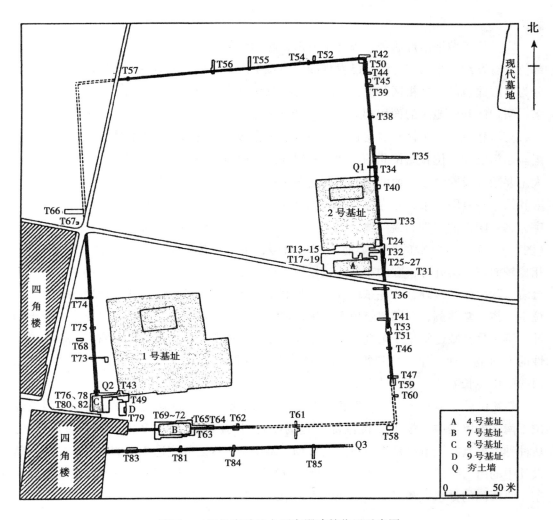

图五　二里头宫城和主要宫殿建筑位置示意图

（采自《河南偃师市二里头遗址宫城及宫殿区外围道路的勘探与发掘》，《考古》2004 年第 11 期）

期的东西向左右对称布局，转变为第三期之南北纵向式排列布局。然而，整个宫城内的宫殿建筑基址是否都是如此排列，尚难以确定。"早、晚期建筑又基本上保持着统一的建筑方向和建筑规划线。宫城建成后，其外仍为大道。早、晚期大道的外缘也大体一致。这说明宫殿区尽管在晚期筑以围墙，其内的建筑格局大变，但宫殿区的总体规划和范围却未发生大的变化"[12]。

2. 偃师商城宫城的基本布局

偃师商城的商文化分为三期，宫城在第一期就已经建成并使用，宫城布局制度也随之确立。

宫城位于城址南部居中，大体呈方形，除西南部利用第七号宫殿建筑外墙外，其余部位皆有宽约 2 米的夯土墙，已发现的门道位于南部居中。宫城内的布局由南往北，可分为宫殿建筑区、祭祀区和池苑区三部分，其中宫殿建筑区约占宫城总面积的二分之一多，祭祀区和池苑区的面积相差不大（图六）。

宫城建筑区各主体宫殿建筑的布局以通过宫城南门的道路为中轴线，分为东、西两组。东组已知有位置略偏北的第四号宫殿建筑；西组建筑主要由位置相互基本平行的三大主要殿堂及殿堂东、西两侧的附属建筑组成，由南往北依次为第七号宫殿、第九号宫殿和第十号宫殿。第四号宫殿是一座以坐北朝南的殿堂为主体，东、西和南三面配套以庑，具封闭性的"四合院"式的建筑，主门道位于南庑中部略偏东，西庑偏北置侧门（图七）。第七号宫殿的布局类似第四号宫殿，主门道位于南庑中部，且有门塾建筑。相比较而言，第九号宫殿的布局比较松散，坐北朝南的主体殿堂的南、北两侧各有踏步台阶。除主体殿堂外，北庑东段和东庑形状似侧置的"凹"字；北庑西段面积比较小，位于主体殿堂西侧；西厢建筑位于北庑西段以南，是一相对独立的形状呈方形的夯土基址。第一号宫殿建筑位于第九号宫殿东庑的东侧，实则是附属于第九号宫殿的一处封闭性的平面呈"回"字形的建筑。第十号宫殿的形制大大有别于前二者，为一独立的东西向的单体长方形"排房式"建筑[13]。

祭祀区位于宫殿区北部，祭祀 B 区和 C 区东西并列，各有一周夯土围墙，门道皆位于南部围墙居中。祭祀 C 区南部是宽阔而封闭的广场；祭祀 B 区南部被破坏很甚，从种种迹象判断，也应是相对封闭的广场。两个祭祀区之间宽逾 3 米的南北向通道，是设计中的由宫殿建筑区通往池苑区的唯一道路。池苑区是由位置居中的大型水池及其东、西两侧的排水道和引水道组成的人工引水造景的设施[14]。

3. 偃师商城宫城布局所表现的宫室制度

由偃师商城城址发展过程看，宫城的布局变迁与陶器群及城址总体布局的变迁基本同步，然宫城基本布局如宫殿建筑区、祭祀区和池苑区的三大分区及功用，以及宫殿建筑区的建筑群东、西两厢分列的排列方式等，自第一期宫城始创以来，虽几度变更，但基本格局始终得以保持。这应清晰地表明当时存在着比较成熟且严格的宫室制度[15]。

（1）宫、庙分列制度

以通过宫城南门的道路为中轴线，东、西两侧的宫殿建筑群之形制一直有区别。通过对布局和宫殿建筑自身的分析，我们认为位于东列的第四、五号宫殿（图八）可能为宗庙建筑；位于西列的第九、二、七、三、十和八号宫殿可能为宫室建筑。宫室性质建筑和宗庙性质建筑分离，并置于两者同等地位，分列宫城南部东、西侧，是偃师商城

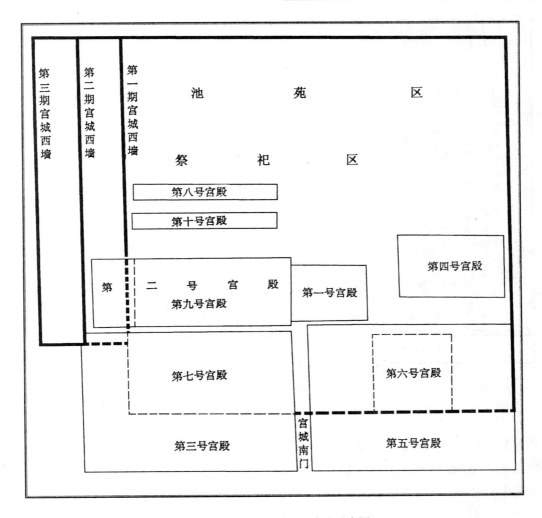

图六 偃师商城宫城主要遗迹示意图

宫城宫殿建筑群布局的特征之一。

（2）前朝后寝制度

宫城西列建筑群中，由第七号宫殿（或第三号宫殿）建筑和第九号宫殿（或第二号宫殿）建筑的形制和组合分析，它们应是举行国事活动、处理政务的场所，即所谓"朝"。第七号宫殿（或第三号宫殿）建筑更具礼仪性质，应为"外朝"；而第九号宫殿（或第二号宫殿）建筑则为更具实用性质的"内朝"。外朝与内朝，规范不同，结构有别，一前一后，连为一体。位于西列宫殿建筑最后端的第八号宫殿建筑为排房式建筑，分8间，各间相互独立，院前发现6眼之多的水井，生活气息浓厚，应是供居住的寝宫（图九）。第八号宫殿的早期建筑即第十号宫殿，在形制上应与第八号宫殿相似⑯。

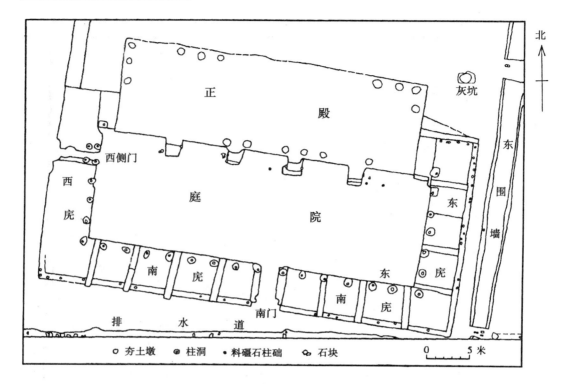

图七　偃师商城宫城第四号宫殿建筑基址平面图

（采自《中国考古学·夏商卷》图 4～6，中国社会科学出版社，2003 年）

外朝和内朝有别，居住之所位于朝的后部，从而形成事实上的"前朝后寝"制，是偃师商城宫城宫殿建筑群布局的特征之二。需要强调的是，宫城内可供居住的建筑数量相对较少，说明宫城内常住的人员只包括商王、王后及其他少量人员。

（3）庖厨独立制度

第一号宫殿和第六号宫殿建筑（图一〇）的建筑[⑰]时代不同，但形制布局基本一致，皆呈"回"字形。两者院落中皆有比较厚的灰土，大大有别于其他宫殿建筑。这说明两者的功用侧重于饮食起居类的日常生活，或许就是文献中所说的"东厨"。庖厨与宫室、庙堂分离，形成独立的建筑单元，是偃师商城宫城宫殿建筑群布局的特征之三。

4. 二里头宫城与偃师商城宫城的关系

相同或类似方面：

两者显然皆比较注重设计，有一定的规划蓝图；宫城的选址都约略居中；建造工艺上采用下挖基槽处理基础的方式；主体殿堂台基的尺寸比较统一，建筑形制大多为四阿

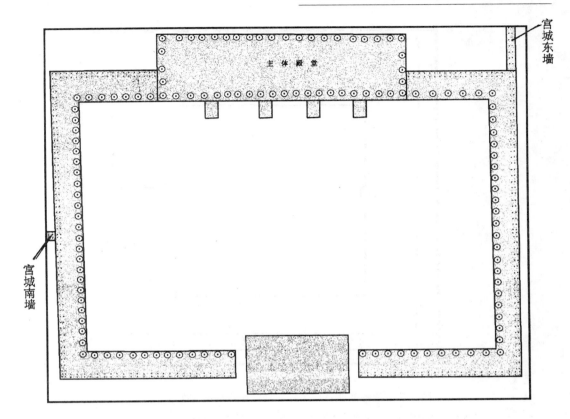

图八　偃师商城宫城第五号宫殿建筑基址平面示意图

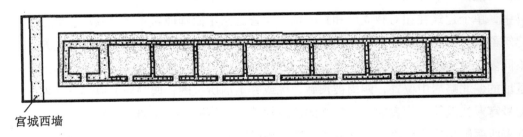

图九　偃师商城宫城第八号宫殿建筑基址平面示意图

（采自《偃师商城宫城第八号宫殿建筑基址发掘简报》，《考古》，待刊）

重屋；主体殿堂之外的附属建筑之承重方式多采用外侧为夯土墙和内侧使用柱子的廊庑式结构。

不同方面：

第一，宫城内主要宫殿建筑群的布局方式不同。偃师商城宫城建筑群分东、西两列分布；尽管我们对二里头宫城内的建筑群了解甚少，但从目前所知进行判断，其主要建

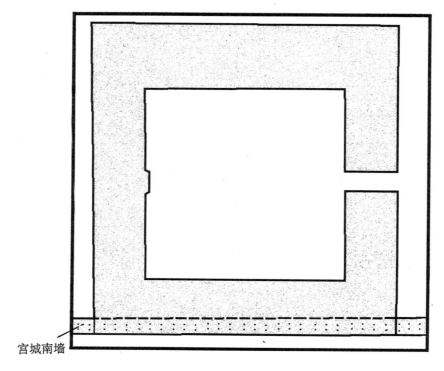

宫城南墙

图一〇　偃师商城宫城第六号宫殿建筑基址平面示意图
（采自《河南偃师尸乡沟商城第五号宫殿遗址发掘简报》，《考古》1988 年第 2 期）

筑群可能分左、中和右三组分列。第二，宫殿建筑组合方式不同。二里头宫城内的建筑群中，单个建筑在相对独立性和封闭性方面皆远甚于偃师商城；偃师商城宫城内除东组建筑群外，西组建筑群相对更注重多个宫殿基址间的组合。第三，主要单体建筑的形制不同。二里头以第一号宫殿和第二号宫殿建筑为代表的单体建筑中，主体殿堂独立位于基址的偏北略居中位置，四周被长廊、庑或夯土墙所包围；偃师商城以第三、四、五和七号宫殿建筑等为代表的相对独立的单体建筑，主体殿堂居北居中，廊庑直接与主体殿堂东西两侧相连接。第四，宫殿主体殿堂规模不同。偃师商城宫城主要宫殿主体殿堂的夯土基址，除第四号宫殿为东西 36.5 米，比较接近二里头宫殿外，其余第九、七、二、三、五号宫殿皆为东西 55 米左右，远远大于二里头的宫殿。第五，宫城沿革制度不同。二里头二期的宫殿建筑群无论整体布局，还是单个组合方面，都与第三期宫城出现后的宫殿建筑之间有着显著的差距。单体建筑上，由第二期时一体化的前后三重院落布局，改变为第三期的单一院落布局。如果早、晚期建筑有共性，也仅表现为"基本上保持着统一的建筑方向和建筑规划线"[18]。宫殿建筑群组合上，由第二期时的东西向左右对称布局，转变为第三期时的南北纵向式排列布局。表现出设计理念相对缺乏连续性或传承性，即尚没有形成比较严格的宫城制度。而偃师商城则不然，宫城制度比较严格，宫城布局自第一期确定后，历经改建和扩建，宫城的基本布局制度始终被很好地遵从。第六，宫城内的庖厨制度不同。二里头宫城内的庖厨皆分别建筑于宫殿建筑院落内东侧，与各自所属的宫殿建筑连为一体；而偃师商城则不然，庖厨与宫室、庙堂分离，形成独立的建筑单元。第七，宫城及主要宫殿建筑的朝向不同。二里头宫殿城墙及宫殿建筑的朝向皆为东南，而偃师商城及已经发现的有商一代的城址中，城墙和主体建筑的朝向皆为西南。

　　显然，二里头宫城与偃师商城宫城之间，差异明显大于共性，而差异方面又主要表现在宫城的布局及宫室制度方面。这说明：其一，偃师商城的宫城制度与二里头宫城之间缺乏传承。其二，它比较真实地反映出意识形态领域，夏、商王朝的统治阶级在信仰和理念方面也存在着明显差距。

5. 二里头遗址与偃师商城遗址陶器群组合之比较

　　（1）二里头遗址第一至四期的陶器组合

　　从二里头遗址第一至四期陶器群的变化，我们可以看出，深腹罐、圆腹罐和鼎等，始终是二里头遗址的主要炊器；以爵、斝、盉、鬹、尊（大口尊、小口尊、矮领尊）等为代表的酒器，在陶器群中一直占相当大的比重。一、二期基本不见鬲，三、四期时有鬲，但在整个陶器群中始终不占主导地位[19]。

　　（2）偃师商城商文化第一至三期陶器组合[20]

　　第一期的陶器群中，器类以盆类和罐类为主，且种类多数量大。第二期的陶器群基本延续第一期，最显著的变化表现在鬲和橄榄形深腹罐的数量大增，尤其是双唇折沿鬲出现并逐步取代卷沿鬲而成为最主要的炊器。第三期的陶器群继续延续第二期，比较显著的变化是卷沿鬲基本不见，折沿双唇鬲演变为折沿方唇鬲，且后者取代了前者；折沿圜底深腹罐、鼎的数量增势十分明显，而橄榄形深腹罐逐步消失。

　　值得注意的是，偃师商城第一期的陶器群绝大多数出土于宫城的祭祀区，并且祭祀区内出土的第二期陶器和宫城以外的相比，圜底深腹罐在宫城内继续保持一定数量，而宫城之外则相对较少见。第三期时，宫城内外的陶器组合基本相同。

　　（3）二里头遗址一至四期陶器群与偃师商城商文化第一期陶器群比较

　　总体而言，偃师商城第一期陶器群表现出一种混合型文化的特征，具体讲是其二里头文化和先商文化特征陶器群的混合体。具体表象为，陶器群中如圜底深腹罐、捏口罐、卷沿圜底盆、敛口盆（在二里头遗址称之为敛口罐）、刻槽盆、瓮、大口尊、甑、红陶缸、鼎、簋、深盘豆和器盖等，都可在二里头文化中找到其原形；而宽卷沿薄胎细绳纹鬲、橄榄形平底深腹罐、宽卷沿薄胎细绳纹鼓腹瓿、折肩盆、束颈盆、宽卷沿深腹平底盆等则是具有典型下七垣文化特征的陶器。从发展的态势看，具有二里头文化因素的器物在第一期文化中所占比例比较大，但有随时间推移又相对逐步减少的趋势。第一期早段（1 段）的陶器群组合中，以具二里头文化系统特征的陶器群占绝对多数，而具先商文化系统特征的陶器群，虽然形制很标准，但数量并不占优势。至第一期晚段（2 段）时，后者在数量上明显增多。在第二期早段（3 段）时，以陶鬲、橄榄形深腹罐经常保持相当数额为代表，早商文化已经完全成熟。

比较二里头遗址第一至四期陶器群，发现其变化不甚明显，代表性陶器群一直得以传承。与二里头第四期年代大体相当的偃师商城商文化第一期，却罕见或不见二里头文化最典型的陶器如鼎、圆腹罐、三足盘（皿）、盉和鬶等，而二里头遗址也少见典型的最能代表偃师商城商文化第一期特征的宽卷沿薄胎细绳纹陶鬲，尤缺乏具偃师商城商文化第一期早段（1 段）特征的陶鬲。相反，偃师商城第一期陶鬲等具下七垣文化特征的陶器群，则与分布于郑州及豫北、冀南地区的同时期遗址出土的陶鬲等基本一样[21]。二里头遗址与偃师商城相距仅 6 公里，后者与之相距 100 至 400 公里不等。同一时期，三者陶器群所表现的特征表明，偃师商城与豫北、冀南的关系，明显要比与二里头遗址的关系亲密。另外，偃师商城第一期中具二里头文化特征的陶器，不是简单或单纯地模仿二里头文化第四期的陶器，而是略有改造，形成了自己的特征。

（4）二里头遗址与偃师商城商文化年代相当的陶器群变化特征

除偃师商城商文化第一期外，相当于偃师商城商文化第二期时，二里头遗址仍生活着一定数量的居民。考古发现表明，该时期的人口主要分布于二里头宫城附近[22]，规模远远少于前期。有意思的是，该时期二里头遗址出土的陶器群与其他地区出土的陶器群相比，二里头文化传统器类中的深腹罐和圆腹罐等仍有一定数量，而其余如早商时期的典型陶器如鬲等，形态上与偃师商城同期仍有一定差距，而非如其他早商遗址与偃师商城之间的一致性。及至偃师商城第三期中段时，二里头遗址出土的陶器群特征才和偃师商城遗址的基本相同。

由上述比较分析，我们不难看出，如果将日用等陶器组合看作是日常生活习惯的主要表现形式之一，偃师商城建立及其以后的发展过程中，与毗邻的二里头遗址之间，生活在两个遗址上的人们，相当长时期内，生活习惯上存在较大差异，并且这种差异的距离远胜于偃师商城与其他早商遗址，此其一。其二，偃师商城遗址表现出偃师商城建立后，具二里头文化和下七垣文化特征的两组陶器群，经过偃师商城第一期的磨合和洗练，在相当于偃师商城商文化第二期时形成了成熟而稳定的早商文化陶器组合。相比而言，二里头遗址则表现出在与早商文化发展步调或节奏的协调方面明显滞后。其三，偃师商城商文化第一和第二期，宫城内、外以圜底深腹罐等为代表的二里头文化的遗留因素，在数量上明显有区别，宫城内大大多于宫城以外。商文化发展到第三期，则宫城内、外陶器群所表现的上述不对称现象已基本消失，但此时二里头遗址所表现的商文化面貌也已基本与偃师商城及其他早商遗址相同。

宫城是王权的象征，也是政治、思想制度表象形式的代表，日用陶器则是表现日常生活习性的载体。通过对比分析二里头遗址和偃师商城的资料，我们认为生活在二里头遗址和偃师商城遗址的人类群体之间，无论是居于社会上层的统治阶级，抑或普通民众，他们在意识形态、信仰及生活习惯等方面都存在较大差距。如果结合历史记载，那么偃师商城遗址的出现与二里头文化没落及作为都城的二里头遗址的废弃之间，彼衰此兴的衔接及文化蜕变关系，应是历史上商汤灭夏并立国的物化表象，即偃师商城在河洛地区的出现、在曾是夏王朝都城的二里头遗址之近旁出现，就应当标志着商人在当地的立足，亦即夏、商王朝已经更替[23]。

此外，通过上述分析，我们还可以看到：第一，商代立国后，生活在夏代都城废墟上的前朝遗老遗少，仍然一定程度上顽固或固执地保持、维系着自己原有的生活习性。直到相当长的时期后，才基本融入早商社会或被早商文化所同化。第二，商代立国后很长时期内，居于统治地位的上层社会中，仍一定程度崇尚夏代的生活习性，日常生活中使用具有前朝风格的器具来效仿其生活方式。而当生活在二里头遗址上的夏遗民基本融入商代社会时，生活在偃师商城地位居于普通阶层的商代民众，也开始一定程度上接受并认可部分夏代的生活习惯。应该说，当社会普通阶层较普遍接受和认同夏代的一些生活方式后，那些原本是夏代的生活习惯也就成为了当时社会生活的一部分。当然，也不能忽视商王等上层统治阶层在其间所起的播化作用。第三，与建立一座城市或推翻一个统治政权相比，有着不同传统因素的人类共同体所创造的文化之间相互碰撞、适应与融合，直至产生全新面貌的早商文化的进程，相对于政权更替或城市建设的速度而言，明显比较缓慢，而改变原本处于优势文化地位的传统生活方式的速度，则更远远滞后于政权的更替。换言之，政治制度的革新或确定，可以在短时期完成，而比较成熟、稳定的文化氛围的形成，则往往需要一定的过程。二里头遗址和偃师商城遗址所映衬的，正是中国历史上首次王朝更替与文化融合的真实画卷。

注　释

①⑬⑲⑳　中国社会科学院考古研究所：《中国考古学·夏商卷》，中国社会科学出版社，2003 年。

②㉓　杜金鹏、王学荣：《偃师商城考古新成果与夏商年代学研究》，《光明日报》1998 年 5 月 5 日第 5 版。

③⑩⑫⑱　中国科学院考古研究所二里头工作队：《河南偃师市二里头遗址宫城及宫殿区外围道路的勘探与发掘》，《考古》2004 年第 11 期。

④　中国科学院考古研究所二里头工作队：《河南偃师二里头早商宫殿遗址发掘简报》，《考古》1974 年第 4 期。

⑤⑧　王学荣：《偃师商城废弃研究——兼论与偃师二里头、郑州商城和郑州小双桥遗址的关系》，《三代考

古》（二），科学出版社，2005 年。

⑥⑦⑨　中国科学院考古研究所二里头工作队：《二里头遗址宫殿区考古取得重要成果》，《中国社会科学院古代文明研究中心通讯》第 5 期。

⑪　中国科学院考古研究所二里头工作队：《二里头遗址宫殿区考古取得重要成果》，《中国社会科学院古代文明研究中心通讯》第 5 期；《河南偃师市二里头遗址宫城及宫殿区外围道路的勘探与发掘》，《考古》2004年第 11 期。

⑭　中国社会科学院考古研究所河南第二工作队：《河南偃师商城商代早期王室祭祀遗址》，《考古》2002 年第 7 期；《偃师商城宫城第八号宫殿建筑发掘简报》、《河南偃师商城宫城池苑遗址发掘简报》，《考古》，待刊。

⑮　杜金鹏、王学荣：《偃师商城近年考古工作要览》，《考古》2004 年第 12 期。王学荣、谷飞：《偃师商城宫城布局与变迁研究》，《考古》，待刊。

⑯　中国社会科学院考古研究所河南第二工作队：《偃师商城宫城第八号宫殿建筑发掘简报》，《考古》，待刊。

⑰　中国社会科学院考古研究所河南第二工作队：《河南偃师尸乡沟商城第五号宫殿遗址发掘简报》，《考古》1988 年第 2 期。第六号宫殿建筑即原第五号宫殿下层建筑。

㉑　王学荣：《偃师商城第一期文化研究》，《三代考古》（二），科学出版社，2005 年。

㉒　中国社会科学院考古研究所：《偃师二里头——1959～1978 年考古发掘报告》，中国大百科全书出版社，1999 年。

对中国文字起源的几点看法

刘 一 曼

（中国社会科学院考古研究所）

学术界一般认为，文明的要素有城市、文字、青铜器、复杂的礼仪中心等。在这些要素中，以文字最重要。所以，研究中国文字起源是研究中国文明起源的一个不可缺少的、重要的课题。

关于中国文字的起源，学术界讨论了多年，但意见不一。如关于文字出现的时间有商代①、夏代②、新石器时代晚期③、新石器时代中期④、新石器时代早期⑤等几种看法。

我认为分歧的主要原因是由于对文字定义的理解和研究方法的不同。

一　什么是文字

能记录语言的符号才是文字。如殷墟甲骨文是学术界公认的能完整地记录语言的古文字。但是殷墟甲骨文是有一定体系和有较严密规律的文字，在它之前，文字的发生、发展必定经历了漫长的阶段。所以，在讨论关于文字起源问题的时候，学者们往往又将能完整地记录语言的文字称为"成熟文字"，将与文字起源有关的一些符号、图形冠以"原始文字"、"简单文字"、"自然文字"等几种称呼。近几年，学术界争论较多的是什么是"原始文字"的问题。

我们认为能够记录语句中的部分词语或者是在形体上与成熟文字相似，与图画有明确界线的表意符号，都可称之为原始文字⑥。但有学者将原始文字理解为"帮助人们记忆一些简单的事物，以免遗忘"⑦，有的甚至说"最初的文字并非一定与语言联系在一起，而是与意义联系在一起"⑧，持这一观点的学者主要的意思是认为用来记事和传递信息、表达一定意义的图形和符号，均可称为原始文字。照这一理解，符号与文字之间没有明确界线，因而他们能将原始文字出现的时间推至新石器时代早期。

二　文字产生的条件

文字是社会发展到一定阶段的产物。它的产生、发展是以社会生产力的发展为前提的。例如，为什么商代甲骨文不是在盘庚、小辛、小乙时期而是到武丁时期才发展到相当成熟呢？这是由于到武丁时，商王朝达到历史上的鼎盛时期。这时生产力有了迅速的发展，农业生产比商代前期有了较大的提高。代表当时先进生产力的青铜铸造业发展尤快，铸造出许多各式各样、纹饰华美的青铜器。制陶、制玉石、制骨等手工业也达到较高的水平。生产的发展促进了科技的进步。武丁时期，国力强盛，进行了一系列战争，以拓展疆土，扩大版图，对外的交流也日益频繁。为了使生产能持续发展，需要将生产经验、科学技术加以总结，并记录下来，传之后世；为了巩固统治，维护政令的统一，加强与方国、诸侯国的联系，需要加大信息传播的力度。在武丁时期，占卜之风特别兴盛，无论大事小事均需占卜，依照占卜的结果来决定王的行动。占卜过后，往往还需将所卜问的事情、应验的情况刻（或写）在甲骨上。这一切都需要对在此之前已使用的文字进行改革，使之更能准确地、完整地记录语言，记录社会上的事件，以适应社会的发展。所以，甲骨文到武丁时代，发展到比较成熟的境地。

成熟文字的出现，一般说来，是与国家的出现相联系的。统治阶级为了巩固政权，更有效地统治，必然需要将原始文字改造成比较成熟的文字。目前，虽然在夏代遗址中发现文字资料很少，只于某些器物上发现了单个的符号或文字，尚未发现成组的、排列成行的文字。但是，从夏代中晚期的都城遗址——二里头遗址发现的宫殿、铸铜作坊遗址、精美的玉器、青铜器和陶器等，使我们看到当时的生产力水平，较之新石器时代晚期有了很大的提高。当时已具备了产生成熟文字的条件。此外，从《史纪·夏本纪》中记载了夏王朝完整的世系，透露出夏代可能已用文字记录历史、使之世代相传的重要信息[⑨]。至于现在我们所见的夏代文字资料较贫乏的原因，也许如一些学者所分析的那样，当时的文字资料集中埋藏，有特定的地点；也可能与文字的载体有关，即当时的不少文字是刻于竹木上的，竹、木易腐，因而难于流传至今[⑩]。不过我们坚信，夏代成组的文字资料在不久的将来定会出土。

成熟文字产生、发展的历程，对我们研究原始文字的产生、发展是很有启迪的。那就是原始文字的产生也是以生产力的发展为基础的。它的产生，与其他几个文明要素的产生，在时间上大体是同步的（或稍有先后）。即到了公元前三千多年至二千多年的新石器时代晚期，农业有长足的发展，手工业水平有较大的进步。快轮制陶、精工琢玉、冶铜手工业得到发展；聚落更分化，大型城址相继出现，它与周围的遗址形成等级和从属的关系；社会财富集中在少数人手里，形成阶级对立，出现了金字塔式的多层结构⑪。这时社会已迈向"文明的门槛",或者如一些学者所说的处于"初级文明社会"阶段。此时简单的符号或图形已不能满足日益复杂的社会生产、生活的需要,迫切要求将它们加以改造并进行创新(创造假借字),使之发生质的变化,从表达一定的意义变为能记录成句语言中的词⑫。

我国有丰富的民族学资料,这些资料对于我们研究文字的起源是很有参考价值的。解放前夕,在一些还保留明显的原始公社制残余、社会经济发展水平较低的民族,如独龙族、佤族、黎族、傈僳族等,他们在农业生产中使用原始农具,有的还"刀耕火种",因而收获很低,手工业也不发达。这些民族居住的地区,交通不便,比较封闭,与外界的交往较少。他们采用物件表意、结绳记事、图画记事、刻符记事(竹、木刻)等方法帮助记忆、表达思想、传递信息。由于这几种记事方法已能满足日常生产、生活所需,所以直至20世纪50年代初,他们还没有本民族的文字。

基于上述认识,我们认为,在新石器时代早、中期(即仰韶文化时期及其以前的文化时期),从生产力和生产关系发展的水平看,尚不存在原始文字产生的条件。这时期器物上出现的符号或图形,尽管代表一定意义,但还不是文字。

三 研究方法

在探索新石器时代遗址出土的符号是否属文字或原始文字时,学者们最惯用的方法是将它与殷墟甲骨文进行比较,由已知推未知。笔者认为,这种比较是非常必要的。

例如,山西襄汾陶寺遗址 H3403 陶扁壶的腹部,发现了毛笔朱书的文字(图一),学者将之与商代甲骨文比较,发现它与"文"字极相似,故释为"文"字⑬。在这里,我们还想作一些补充,甲骨文的"文"字,从字形上看,是用交叉的线条表现文理交错之形,即后世纹理花纹之本字。这个字,与日、月、鹿、鱼等象形字不同,而是用比较曲折的方法表意,属于与图画有较明确界线的表意字。

陶扁壶所在的灰坑 H3404 及扁壶的形态特征,属陶寺文化晚期,时代约公元前二千多年,处于新石器时代末期(或已进入夏代)⑭。从当时整个社会生产力与生产关系发展的水平看,出现文字,应当是情理之中的事情。尽管目前我们能确认的只有这一个字,但"一叶知秋",从陶寺陶文的形态可以推测,当时已处于从原始文字向成熟文字的过渡阶段。

需要指出的是,我们在进行比较的时候,切忌简单化,应当慎重。因为某些笔画简单的符号,尤其是几何形符号,容易相似,可在不同的地区、不同的民族、不同的时期出现,有的符号即使是同形,其意义也不一样。如"×",甲骨文表示"五"字,纳西族的东巴文和海南黎族的竹刻符号表示"十",云南哈呢族用来表示"五十元",傈僳

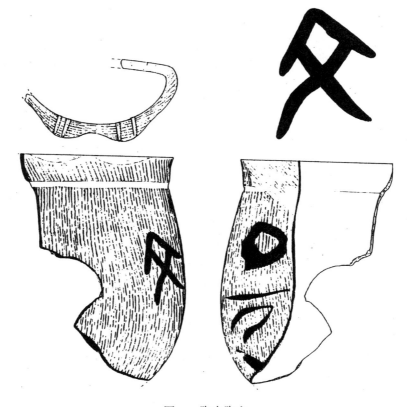

图一　陶寺陶文

族和独龙族曾用来表示"相遇"、"相会"的意思[15]。

下面，我们具体地剖析一下西安半坡陶符和河南舞阳贾湖刻符中的某些符号是否属"原始文字"。

1. 半坡陶符

西安半坡遗址有 113 件陶器或陶片上发现刻划的符号，有学者将其与甲骨文相比较，释"×"为五，"+"为七，"丨"为十，"‖"为二十，"丅"为示，"↑"作矛，"ᑺ"作阜等（图二）。如前所述，前四个符号，虽形同甲骨文，但其所代表的意义未必相同。裘锡圭先生指出"半坡类型的符号的时代大约早于商代后期的甲骨文三千多年。如果它们确是古汉字的前身，象形程度一定大大高于甲骨文。甲骨文里'阜'字多作ᑺ，'示'字比较象形的写法作示，半坡符号里的ᑺ和丅，如果确实是'阜'字和'示'字的话，为什么反而不如它们象形呢？"[16]我们认为，他的意见很有道理。上述考释半坡陶符的方法是不大妥当的。

图二　半坡陶符

2. 舞阳贾湖刻符

近两年来，随着《舞阳贾湖》发掘报告的出版，贾湖器物上的刻符受到学术界的关注。贾湖刻符有17例，分别刻于十多件甲、骨、石、陶器上。发掘报告的作者将其进行分类，认为其中九例（图三）"从其形状看都具有多笔组成的组合结构，应承载着契刻者的一定意图，因之具有原始文字的性质"。作者还认为"贾湖契刻就具有现代汉字书写的特点，也是先横后竖、先左后右、先上后下、先里后外"[⑰]。

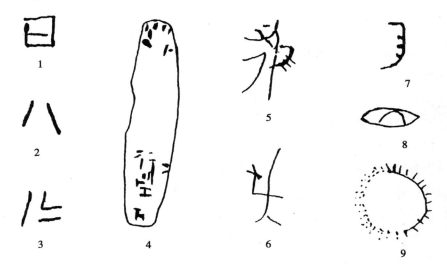

图三　贾湖刻符

1. M335：15 龟腹甲片　　2. M387：4 龟腹甲　　3. H123：5 牛肋骨　　4. M330：2 柄形
石饰　　5. M344：3 叉形骨器　　6. M387：4 龟背甲片　　7. M253：4 八孔骨笛
8. M344：18 龟腹甲　　9. H190：2 陶卷沿罐

上述看法是值得商榷的。难道多笔组成、结构较复杂、表达一定意义的符号就必定是原始文字吗？

民族学的资料可帮助我们回答这一问题。下面列举三例：

例一，黎族妇女在双腿上的纹身符号有"王、⊕、♀"等，是多笔组成的组合结构，但仅表示与他人相区别，没有什么特定的内容（图四）。

例二，傈僳族的传信木刻上也有一些多笔的符号，如一件木刻上刻着川、⊙、×、川四个符号（图五），表示"你们派来的三个人，在月亮圆时和我们相遇了，送上三包土特产，请分送大中小三位领导"。这些木刻符号需经过送信人作必要的解释，别人才能明白。

例三，苗族赛歌时，歌手们为了防止遗忘歌词，用小木条刻上一些符号来提示自己。如有的木刻三个米

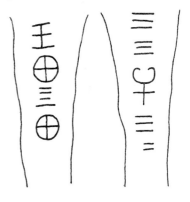

图四　黎族纹身图样

图五　傈僳族传信木刻

符代表三百两银子，三个丫符代表三百匹骡马，三个×符代表三百只鸡，⋉代表开始结亲。这些符号是帮助刻者记忆的，不少符号也是由多笔组成的[18]。

这些例子发人深思，使我们认识到新石器时代出土的笔划较多的符号，虽表达了某种意义，或起某种作用，但不一定就是"原始文字"。

至于说到契刻的问题，贾湖符号有十二例发现于甲骨上（九例龟甲、三例骨器），它与殷墟甲骨刻辞一样都是契刻在坚硬的甲骨上的。殷墟甲骨文是如何契刻的？有的专家曾对殷墟甲骨实物进行反复观察，并做了契刻的模拟试验。他们的实验表明"刻时无论横竖，凡直线均为推刻而成。但推刻的顺逆则根据骨料的形状而定，以便把握及运刀为准，不受任何限制。如在骨料的左下方边部刻字，竖划多由下而上推刻，横划多由左而右。在骨料右上方边部刻字，竖划多自上而下，横划多由右而左。在骨料中部刻字，笔顺则可灵活掌握"[19]。这说明殷墟甲骨刻辞的字体与汉字书写的笔划顺序是不大一致的。由此使人产生疑问：难道比甲骨文早几千年的贾湖刻符果真具有现代汉字的书写特点吗？

再者，贾湖符号出于贾湖二、三期，距今8600年至7800年，当时的生产力水平还不高，不具备原始文字产生的条件。贾湖刻辞距商代甲骨文约5000年，时间相当长。目前我们还难以依据发现不多的资料，勾勒出从贾湖刻符至商代甲骨文之间的演变轨

迹。所以，我们认为，目前不必急于将其称为"原始文字"，还是以称符号为好。说是符号也不影响其发现的重要性，因为毕竟它是我国乃至世界[20]考古发掘出土的与原始文字起源有关的最早资料，有着重要的意义。

我国是地大物博的多民族国家，不但现在存在着多种文字，在几千年前也有与甲骨文不属于一个系统的原始文字或符号存在。如山东邹平丁公陶文（图六）、江苏高邮龙虬庄陶文（图七）、1936 年出土的浙江余杭县良渚文化陶盘上的成组符号等（图八）。这几组陶文，字体多曲笔、连笔，而甲骨文的字体，大多是直笔、折笔，两者风格相差甚远，应视为不同系统的文字。有的学者对"不同系统"的问题有所忽略，在释读丁公陶文时，将之与商代甲骨文相比附，从而将第一行与第二行五个陶文释作"荷子以夒

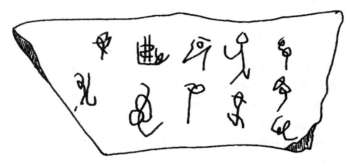

图六　邹平丁公陶文

图七　高邮龙虬庄陶文

犬"[21]。这种解释是难以成立的。因为，不同系统的文字有各自的特点及演变规律，它们不是甲骨文或古汉字的前身。

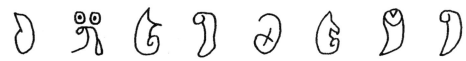

图八　余杭良渚陶文

我们还应注意到，使用不同系统的原始文字或符号的族群，在文化上是会发生交流、相互影响的。如大汶口文化陶器上的某些原始文字或象形符号，与商代甲骨文、金文较为相似，它们对古汉字的产生是有过一定影响的。

注　释

① 　汪宁生：《从原始记事到文字发明》，《考古学报》1981 年第 1 期。徐中舒、唐嘉弘：《关于夏代文字的问题》，《夏史论丛》，齐鲁书社，1985 年。

② 　邹衡：《中国文明的诞生》，《文物》1987 年第 12 期。

③ 　唐兰：《从大汶口文化的陶器文字看我国最早文化的年代》，《大汶口文化讨论文集》，齐鲁书社，1981 年。李学勤：《论新出大汶口文化陶器符号》，《文物》1987 年第 12 期。

④⑦ 于省吾：《关于古文字研究的若干问题》，《文物》1973 年第 2 期。

⑤ 　张居中：《八千年前的书法艺术》，《中国书法》2001 年第 1 期。

⑥ 　参见裘锡圭：《文字学概要》第 4～5 页，商务印书馆，1988 年；《究竟是不是文字——谈谈我国新石器时代使用的符号》，《文物天地》1993 年第 2 期。

⑧ 　徐义华：《略论文字的起源》，《中国书法》2001 年第 2 期。

⑨⑫ 裘锡圭：《文字学概要》，商务印书馆，1988 年。

⑩ 　李学勤：《夏文化研究论集·序》，《夏文化研究论集》，中华书局，1996 年。杜金鹏：《关于二里头文化的刻划符号与文字问题》，《中国书法》2001 年第 2 期。

⑪ 　参见任式楠、吴耀利：《中国新石器时代考古学五十年》，《考古》1999 年第 9 期。

⑬ 　参见高炜在《中国文明起源座谈纪要》的发言，《考古》1989 年第 12 期。李健民：《论陶寺遗址出土的朱书'文'字扁壶及相关问题》，《中国书法》2000 年第 10 期。

⑭ 　同⑬之李健民文。

⑮⑱ 同①之汪宁生文。

⑯ 　同⑨第 23 页，商务印书馆，1988 年。

⑰ 　河南省文物考古研究所：《舞阳贾湖》第 984～991 页，科学出版社，1999 年。

⑲ 　赵铨、钟少林、白荣金：《甲骨文字契刻初探》，《考古》1982 年第 1 期。

⑳ 　古埃及陶器符号出现于公元前 4000 年，两河流域苏美尔文字滥觞的黏土算筹符号出现于公元前 3350 年。参见李学勤：《文字起源研究是科学的重大课题》，《中国书法》2001 年第 2 期。

㉑ 　见 1993 年 2 月 23 日日本《朝日新闻》。

关于冶金起源研究的思考

孙 淑 云

（北京科技大学冶金与材料史研究所）

冶金技术是古代文明的重要组成因素，冶金技术起源的研究是古代文明起源研究的重要组成部分，对中国冶金技术起源的深入研究，将对揭示华夏文明的形成和早期发展历程提供重要论据。

一　已有的研究基础

冶金技术起源研究是以考古发掘的实物资料为基础的。新中国成立以来，特别是改革开放 20 余年来，考古发掘的商代以前的早期铜器 500 余件和一些冶金遗物，为探讨中国冶金技术的起源提供了极其宝贵的第一手资料。经老一辈到新一代考古学家和科学技术史专家、学者的共同努力，冶金起源和早期发展的研究蓬勃开展，取得了丰硕的成果。据不完全统计，截止 2000 年发表的经科学鉴定和分析的铜器及冶金遗物有 260 余件（表一），相关论文数十篇，在国内外引起对中国冶金起源问题的讨论。虽然到目前为止，许多问题还在探索过程中，但以往的研究成果为深入开展中国冶金技术起源和早期发展的研究提供了宝贵的资料，奠定了坚实的基础。

表一　　　　　经检验分析的中国早期铜器和冶金遗物统计表

器物名称	件数	材料	出土地点	所属文化	参考文献
铜片	1	黄铜（Cu－Zn）	陕西临潼姜寨	仰韶文化	①
铜笄	1	黄铜（Cu－Zn）	陕西渭南北刘	仰韶文化 上庙底沟类型	②
铜渣	1	红铜 （Cu－Si－Ca－Fe）	山西榆次源涡镇	龙山文化	③

续表一

器物名称	件数	材料	出土地点	所属文化	参考文献
铜铃 T3112M3296	1	红铜	山西襄汾陶寺	龙山文化	④
铜凿 H9∶7	1	红铜	山西夏县东下冯	二里头文化	⑤
铜镞 H20∶9	1	青铜（Cu－Sn－Pb）	山西夏县东下冯	二里头文化	⑤
铜镞 T1022∶4∶12	1	青铜（Cu－Sn－Pb）	山西夏县东下冯	二里头文化	⑤
容器残片 WT196H617∶14	1	青铜（Cu－Sn－Pb）	河南登封王城岗	龙山文化	⑥
炉壁内附着物 C13T1	1	青铜（Cu－Pb）	河南郑州牛砦村	龙山文化	⑦
炉壁内附着物 H28∶40	1	红铜	河南临汝县煤山	龙山文化	⑦
铜锥 T4③∶3	1	红铜	河南驻马店杨庄	二里头文化二期	⑧
残片	1	红铜	河南偃师二里头	二里头文化二期	⑨
熔铜块	1	锡青铜（Cu－Sn）	河南偃师二里头	二里头文化二期	⑨
斧	1	红铜	河南偃师二里头	二里头文化二期	⑨
锥	1	砷铜（Cu－As）	河南偃师二里头	二里头文化二期	⑨
熔铜块	1	类青铜〔Cu－(Sn)－(Pb)〕	河南偃师二里头	二里头文化三期	⑨
环首刀	1	锡青铜（Cu－Sn）	河南偃师二里头	二里头文化三期	⑨
残片	1	红铜	河南偃师二里头	二里头文化四期	⑨
锥	1	类青铜〔Cu－(Sn)－(Pb)〕	河南偃师二里头	二里头文化四期	⑨
残片	1	锡青铜（Cu－Sn）	河南偃师二里头	二里头文化四期	⑨
圈	1	铅锡青铜（Cu－Pb－Sn）	河南偃师二里头	二里头文化四期	⑨
斝	1	铅锡青铜（Cu－Pb－Sn）	河南偃师二里头	二里头文化四期	⑨
盉	1	铅锡青铜（Cu－Pb－Sn）	河南偃师二里头	二里头文化四期	⑨
斝	1	铅锡青铜（Cu－Pb－Sn）	河南偃师二里头	二里头文化四期	⑨
刀 ⅣT24⑥B∶9	1	青铜（Cu－Sn）	河南偃师二里头	二里头文化一期	⑩

续表一

器物名称	件数	材料	出土地点	所属文化	参考文献
渣ⅤT33D⑩:7	1	纯铜	河南偃师二里头	二里头文化一期	⑩
立刀ⅣT21⑤:6	1	青铜（Cu－Sn）	河南偃师二里头	二里头文化二期	⑩
铅片ⅣH76:48	1	铅片（Pb95.90%）	河南偃师二里头	二里头文化三期	⑩
铜器ⅣT203⑤:12	1	青铜（Cu－Sn－Pb）	河南偃师二里头	二里头文化三期	⑩
铜器ⅣH76:23	1	青铜（Cu－Pb）	河南偃师二里头	二里头文化三期	⑩
铜器ⅣH57:45	1	青铜（Cu－Sn）	河南偃师二里头	二里头文化三期	⑩
刀ⅣT31③:8	1	青铜（Cu－Sn－Pb）	河南偃师二里头	二里头文化三期	⑩
锛ⅣH57:27	1	青铜（Cu－Pb）	河南偃师二里头	二里头文化三期	⑩
刀ⅣT6⑤:9	1	青铜（Cu－Sn－Pb）	河南偃师二里头	二里头文化三期	⑩
刀ⅣT7④:11	1	青铜（Cu－Sn－Pb）	河南偃师二里头	二里头文化三期	⑩
纺轮ⅣH58:1	1	纯铜	河南偃师二里头	二里头文化三期	⑩
镞ⅤT122③:1	1	青铜（Cu－Sn－Pb）	河南偃师二里头	二里头文化三期	⑩
Ⅰ式镞ⅣT6⑤:54	1	红铜	河南偃师二里头	二里头文化三期	⑩
钩ⅤH82:9	1	青铜（Cu－Sn－Pb）	河南偃师二里头	二里头文化四期	⑩
Ⅲ式镞ⅤH101:6	1	青铜（Cu－Pb）	河南偃师二里头	二里头文化四期	⑩
Ⅳ式镞ⅤT17B⑤:2	1	青铜（Cu－Sn－Pb）	河南偃师二里头	二里头文化四期	⑩
Ⅲ式镞ⅤH108:1	1	青铜（Cu－Pb－Sn）	河南偃师二里头	二里头文化四期	⑩
Ⅲ式镞ⅤH20:1	1	青铜（Cu－Sn）	河南偃师二里头	二里头文化四期	⑩
Ⅲ式镞ⅤT24B④:1	1	青铜（Cu－Sn）	河南偃师二里头	二里头文化四期	⑩
Ⅱ式镞Ⅳ214③A:14	1	青铜（Cu－Pb－Sn）	河南偃师二里头	二里头文化四期	⑩
Ⅱ式凿ⅣT24④:116	1	青铜（Cu－Pb）	河南偃师二里头	二里头文化四期	⑩
Ⅵ式刀ⅤT26B⑤:13	1	纯铜	河南偃师二里头	二里头文化四期	⑩

续表一

器物名称	件数	材料	出土地点	所属文化	参考文献
Ⅲ式刀 Ⅴ T26A⑥：7	1	青铜（Cu－Sn）	河南偃师二里头	二里头文化四期	⑩
铜条 Ⅴ T119③：6	1	青铜（Cu－Pb－Sn）	河南偃师二里头	二里头文化四期	⑩
铜器 Ⅴ F3：11	1	青铜（Cu－Pb－Sn）	河南偃师二里头	二里头文化四期	⑩
Ⅰ式镞 Ⅴ T12B③：1	1	青铜（Cu－Pb－Sn）	河南偃师二里头	二里头文化四期	⑩
Ⅴ式刀 Ⅴ H51：2	1	青铜（Cu－Sn）	河南偃师二里头	二里头文化四期	⑩
Ⅴ式刀 Ⅴ T211③B：1	1	青铜（Cu－Pb－Sn）	河南偃师二里头	二里头文化四期	⑩
Ⅰ式凿 Ⅳ T23④：47	1	青铜（Cu－Pb－Sn）	河南偃师二里头	二里头文化四期	⑩
Ⅶ式刀 Ⅵ T13②：35	1	青铜（Cu－Pb）	河南偃师二里头	二里头文化四期	⑩
锥 Ⅳ T24④：59	1	青铜（Cu－Pb）	河南偃师二里头	二里头文化四期	⑩
锥 Ⅴ H103：3	1	青铜（Cu－Pb－Sn）	河南偃师二里头	二里头文化四期	⑩
斝（采集）	1	青铜（Cu－Sn）	河南偃师二里头	二里头文化	⑪
爵 T22③：6	1	青铜（Cu－Sn）	河南偃师二里头	二里头文化	⑫
爵（采集）	1	青铜（Cu－Pb－Sn）	河南偃师二里头	二里头文化	⑬
锛 Ⅲ T212F2	1	青铜（Cu－Sn）	河南偃师二里头	二里头文化	⑬
刀 63YLⅣ T24④6：135	1	青铜（Cu－Pb－Sn）	河南偃师二里头	二里头文化	⑬
铜条 63YL1T11③：4	1	青铜（Cu－Sn）	河南偃师二里头	二里头文化	⑬
锛	1	红铜	河南偃师二里头	二里头文化	⑭
铜锥 T110②：11，T21②：1	1	黄铜（Cu－Zn）	山东胶县三里河	二里头文化	⑮
铜锥 79SMZT10H37：29	1	青铜（Cu－Sn）	山东牟平照格庄	岳石文化	⑯⑮
铜削残把	1	青铜（Cu－Pb－Sn）	山东益都郝家庄	岳石文化	⑰
残铜片	1	青铜（Cu－Pb－Sn）	山东益都郝家庄	岳石文化	⑱
刀 79H5：4	1	青铜（Cu－Sn）	山东泗水尹家城	岳石文化	⑱

续表一

器物名称	件数	材料	出土地点	所属文化	参考文献
刀 T221⑦：21	1	青铜（Cu－Sn）	山东泗水尹家城	岳石文化	⑱
刀 T222⑦：25	1	青铜（Cu－Sn）	山东泗水尹家城	岳石文化	⑱
刀 T198⑦：5	1	青铜（Cu－Pb）	山东泗水尹家城	岳石文化	⑱
锥 T258⑦：7	1	青铜（Cu－Sn－Pb）	山东泗水尹家城	岳石文化	⑱
环 T216⑦：27	1	红铜	山东泗水尹家城	岳石文化	⑱
锥 T268⑦：4	1	青铜（Cu－Pb）	山东泗水尹家城	岳石文化	⑱
铜片 H479：1	1	红铜	山东泗水尹家城	岳石文化	⑱
铜片 T211⑦：6	1	红铜	山东泗水尹家城	岳石文化	⑱
铜牌 10②：339	1	红铜	河北唐山大城山	夏家店下层文化	⑲
铜牌 10②：335	1	红铜	河北唐山大城山	夏家店下层文化	⑲
耳环 J：1	1	青铜	河北唐山小棺庄	夏家店下层文化	⑮
耳环	1	红铜	辽宁凌源牛河梁	夏家店下层文化?	⑳
炉壁黏附渣	5	炼铜渣	辽宁凌源牛河梁	夏家店下层文化	㉑
铜针 T238③：1	1	青铜（Cu－Sn－Pb）	内蒙伊克昭盟朱开沟	夏代中、晚期	㉒
铜凿 T230③：1	1	青铜（Cu－Sn）	内蒙伊克昭盟朱开沟	夏代中、晚期	㉒
铜锥 H1044：1	1	红铜	内蒙伊克昭盟朱开沟	夏代中、晚期	㉒
臂钏 M4007：2	1	红铜	内蒙伊克昭盟朱开沟	夏代中、晚期	㉒
臂钏 M4035：1	1	红铜	内蒙伊克昭盟朱开沟	夏代中、晚期	㉒
铜镞 M4040：1	1	青铜（Cu－Sn－Pb）	内蒙伊克昭盟朱开沟	夏代中、晚期	㉒
指环 M4060：6	1	红铜	内蒙伊克昭盟朱开沟	夏代中、晚期	㉒
指环 M6011：4	1	红铜	内蒙伊克昭盟朱开沟	夏代中、晚期	㉒
耳环采集	1	青铜（Cu－Sn－Pb）	内蒙古伊克昭盟朱开沟	夏代中、晚期	㉒

续表一

器物名称	件数	材料	出土地点	所属文化	参考文献
耳环采集	1	青铜（Cu－Sn）	内蒙古伊克昭盟朱开沟	夏代中、晚期	㉒
耳环采集	1	青铜（Cu－Sn）	内蒙古伊克昭盟朱开沟	夏代中、晚期	㉒
耳环采集	1	青铜（Cu－Sn）	内蒙古伊克昭盟朱开沟	夏代中、晚期	㉒
耳环采集	1	青铜（Cu－Sn）	内蒙古伊克昭盟朱开沟	夏代中、晚期	㉒
铜碎渣 H54	1	炼铜遗物	甘肃东乡林家	马家窑文化	㉓
铜刀 77DD1T42③	1	青铜（Cu－Sn）	甘肃东乡林家	马家窑文化	⑮㉓
铜刀（残） 75XDT47③	1	青铜（Cu－Sn）	甘肃永登连城蒋家坪	马厂文化	⑮
铜块	1	红铜	甘肃酒泉高苜蓿地	马厂文化	㉓㉔㉕
铜锥	1	红铜	甘肃酒泉照壁滩	马厂文化	㉓㉔㉕
铜工具、装饰	13	红铜	甘肃武威皇娘娘台	齐家文化	㉓
铜工具、装饰	7	红铜、青铜	甘肃永靖秦魏家	齐家文化	㉓
残铜片	1	红铜	甘肃永靖大河庄	齐家文化	㉓
铜镜、斧	2	青铜、红铜	甘肃广河齐家坪	齐家文化	㉓
铜镰	1	红铜	甘肃广河西坪	齐家文化	㉓
铜镜 M25	1	青铜（Cu－Sn）	青海贵南尕马台	齐家文化	㉖
装饰、用具、 工具、武器	65	红铜、青铜	甘肃玉门火烧沟	四坝文化	㉓
工具、装饰	13	砷铜，砷锡青铜	甘肃民乐东灰山	四坝文化	㉗
工具、装饰， 镞、日用品	46	红铜、青铜， 砷铜及多元铜合金	甘肃酒泉干骨崖	四坝文化	㉓㉕
刀、锥、泡、镞	7	青铜（Cu－Sn）	甘肃安西鹰窝树	四坝文化	㉓㉕
小铜片	1	红铜	新疆罗布淖尔古墓沟	距今 3800 年前	㉘
小铜卷	2	红铜	新疆罗布淖尔古墓沟	距今 3800 年前	㉘
残铜片	1	红铜	新疆疏附	约公元前 2000 年	㉙
铜条	1	青铜（Cu－Sn）	新疆疏附	约公元前 2000 年	㉙

北京科技大学冶金与材料史研究所是较早从事中国冶金起源研究的科研机构，自 1974 年成立以来，在我国著名材料物理学家、中国科学院院士柯俊教授的指导下，该研究所会同中国科学院自然科学史研究所等国内多个研究单位的科研人员，共同开展中国冶金技术发展史的研究。中国冶金技术起源与早期发展作为冶金史研究的一个重要内容，一直是北京科技大学冶金与材料史研究所的主要课题。该研究所近 27 年来在中国社会科学院考古研究所和全国各省市、自治区考古、文博单位以及北京大学等多所高等院校考古学系的支持和合作下，对我国出土的早于商代的铜器、炼渣、炉壁、铸范等冶金遗物 200 余件运用现代科学仪器和研究方法进行了检测分析（表一），获得了珍贵的信息和大量数据。在分析检测的基础上从冶金学、金属学、矿物学等角度开展了理论上的研究，并有针对性地进行了一些必要的实验室模拟实验，就中国早期铜器的技术特征和发展道路提出了初步的看法，发表的论文在国内外学术界产生了一定的影响，对推动中国冶金技术起源的研究起到重要的作用。

二　研究要解决的迫切问题

对冶金技术起源的研究虽已取得突出成果，但在当前开展中国古代文明起源和早期发展研究的课题中，要推进冶金起源的研究，必须要解决以下几个问题：

1. 加强中原地区早期冶金技术的研究

从表一可知，分析检测的样品主要集中于中原以外的北方和西北地区，中原地区陕西、山西、河南的早期铜器及被检测的冶金遗物样品数目仅有 61 件，这无疑是探索华夏文明起源的一大缺环。河南偃师二里头文化在夏商周断代工程中具有重要的地位，对二里头文化铜器和冶铸遗物的研究对搞清我国夏代冶金技术水平以及与周边地区冶金技术的关系，进而探索夏文化的起源和早期发展都具有重要的意义。目前检测的样品数量较少，且早期所做的分析有些还需要重新考察，对炉壁、炉渣和陶范的研究基本上没有开展。因此，下一步应加强二里头文化冶金技术的研究工作。

2. 加强夏家店下层文化冶金技术的研究

分布于辽西地区和京津唐地区的夏家店下层文化是我国北方早期青铜文化的重要组成部分。表一所列已分析的夏家店下层文化铜器仅有 4 件，内蒙古赤峰市敖汉旗大甸子夏家店下层文化遗址集中出土了 50 多件铜器，此外三座店、大山前遗址也有铜器出土。近期已对 41 件大甸子铜器进行了初步分析研究，发现这些铜器都是锡青铜[20]。对上述地区的冶金遗址和遗物尚需进行深入地调查研究，这对于研究我国北方古代冶金技术水平以及其与中原地区的交流和影响，阐明其在华夏文明形成中的作用具有重要意义。

3. 加强对火烧沟四坝文化铜器的定量分析

20 世纪 70 年代末和 80 年代初，北京科技大学冶金与材料史研究所利用便携式 X—射线荧光仪、电火花源原子发射光谱和激光光谱仪，对甘肃玉门火烧沟四坝文化遗址出土的 65 件铜器进行了定性分析，由于当时不允许对器物取样，所以进行的仅是器物表面带锈的分析。有的器物表面锈层较厚，有的明显锈蚀产物分布不均匀，故对这类器物表面分析的结果往往与基体金属的成分存在差别，加之所用便携式 X—射线荧光仪分辨率不高，致使定性分析的结果具有一定局限性。如对砷的分析问题，由于使用同位素放射源所辐射的 X—射线及其他射线光子产额低，使用的闪烁计数器本身对能量分辨本领低，所以对激发样品所产生的特征 X—射线荧光的分辨无法采用通常晶体分析的色散方式进行，故配以平衡滤波器进行"能量甄别"，以满足对铜器定性分析的要求，但仪器滤波器所配备的透过片和吸收片中没有用于对砷进行分析的滤波片，故当时的分析结果中没有对砷的分析。而铜、锡、铅的结果以"有"、"无"表示，比较粗略。随着研究的深入开展，定性分析结果显然不能满足研究的需要，必须进行定量分析。最近，北京科技大学冶金与材料史研究所与甘肃文物考古研究所合作对 26 件火烧沟铜器进行了取样，初步的分析结果显示有红铜、青铜、砷铜及多元铜合金[30]。红铜所占比例最大，多用于制作刀、锥、斧类工具，具热锻组织的只有 4 件，器物以铸造成形为主。总的趋势与定性分析的 65 件铜器相同，所不同的是增加了砷铜材质。

对部分齐家文化铜器的检测存在着与火烧沟出土铜器检测的同样问题，对它们作进一步的检测，对于研究我国西北地区冶金技术发展规律以及与中原地区冶金技术的交流和影响具有重要意义。

4. 加强新疆地区早期冶金技术的研究

新疆地处祖国的西北边疆，是古代东西方文化和技术交流的重要区域，对新疆地区出土的早期铜器进行研究，并与其相邻地区的冶金技术进行比较，对搞清新疆地区冶金技术的起源和发展历史以及在中西文化交流中的地位有着重要意义，这也是研究华夏文明起源和早期发展的重要课题之一。目前考古工作者发掘了不少年代属于公元前第一、二千纪的墓葬和遗址，出土了大批包括铜器、铁器在内的文物，为研究新疆的古代冶金技术提供了丰富的实物资料，但对这些资料的技术研究还较缺乏。

北京科技大学冶金与材料史研究所与新疆文物考古研究所、博物馆、哈密地区文物管理所、库车县文物管理所等单位合作，重点对哈密天山北路遗址出土属于公元前 2000 年至前 1200 年的铜器进行研究。所分析的 89 件铜器以锡青铜为主，还有红铜、砷铜和多元铜合金[32]。梅建军等对该遗址出土的 19 件铜器也进行了分析[33]。但总体而言，新疆地区的研究工作尚有待进一步深入和加强。

5. 加强冶金遗址和矿物来源的研究

研究冶金技术的起源和早期发展仅仅靠对出土铜器的检测分析是不够的。冶金遗物包括炉渣、炉壁、燃料、矿石等，这些遗物携带大量的古代冶金信息，对其加强研究对于搞清古代冶金技术的起源和发展水平尤为重要。但目前有关冶金遗址和遗物的发掘资料较少，特别是与早期铜器有关的这方面资料十分缺乏，应加强普查工作和有目的的考古发掘，从而获取大量的实物证据，以进行深入研究。

矿料来源的研究方面，国内外学者已做了大量的工作，这其中包括铅同位素比值和微量元素测定。但到目前为止还缺乏有效的方法，特别是铜器的主元素铜的来源问题是一大难题。需要加强古代矿源的地质调查、矿样的收集和分析，以积累大量数据。特别是对研究方法的探索，找到切实可行的解决办法是一大研究课题。应进一步加强这方面的工作。

6. 有关铜器材质分类标准的问题

根据成分和金相检验结果对铜器材质进行分类，是提供给冶金史、考古学进一步研究的必要资料。但对于早期铜器来说，由于冶炼条件原始，未有金属精炼技术，所以铜器所含由矿石带入的杂质元素较多，给材质分类带来一定困难。如砷铜和红铜的界限，以最低含砷量划分，至今国内外没有确切的标准。一些学者把那些公元前第四至三千纪的含有 1% 砷的铜器都称之为砷铜[34]，把 1% 作为砷铜含砷量的下限；有学者认为在原始条件下冶炼砷铜，通常砷含量是在 2%～10% 范围内[35]，2% 则为砷铜含砷量下限；还有的学者则依照现代工业标准，从组织和性能方面对砷铜分类：砷铜（arsenic copper）含 <0.1% As，低砷的铜砷合金（Low arsenic copper – arsenic alloy）含 0.1%～0.5% As[36]，砷青铜（arsenic bronze）含 >0.5% As。据此，砷铜的含砷量下限是 0.1% 以下。可见对砷铜的判定往往是因人而异。一件铜器若含砷量在 1.5%，以 1% As 为标准，它则被判定为砷铜；若以 2% As 为标准，此铜器则为红铜；若以 0.1% 为标准，此铜器则为砷青铜。因此不同的标准对铜器材质的划分完全不同。目前国内一般采用 2% 作为判断某元素为"合金元素"的下限。无论是 1%，2% 还是 0.1% 都是人为制定的标准。

按现代金属学概念，"合金元素"指有意识加入某金属中使之合金化的元素，"合金元素"的加入量是根据材料所需要的性能决定的。如型号 QBe_2 铍青铜的"合金元素"除 2% 铍（Be）外，还加入 0.35% 的镍（Ni）。型号 QSn6.5～0.1 的锡磷青铜，除 6.5% 的锡外，还有 0.1% 的磷（P）。因此，现代铜合金中尽管所含某些组分很低，如上述型号合金中的镍（Ni）、磷（P），但它们都是人们有意识加入纯铜中的合金化元素，故都是"合金元素"。而古代的早期铜器中除铜以外的元素，如锡、铅、砷等是否是有意识加入的"合金元素"，则不能靠单纯的化学分析结果来判断。有些元素即使在早期铜器中含量很高，按现代"合金元素"的概念它们也不能称为"合金元素"。如砷（As），有学者指出含砷量达 1%～3% 的砷铜中砷都不是人们有意识加入的，而仅仅是使用了某些富砷矿的结果[③]。所以区分古代铜合金中的"合金元素"和"杂质元素"是一个很困难的问题，不可能完全按现代金属学的概念。那么应该以什么概念和标准进行判断又是需要在今后文明探源研究中解决的一个问题。

7. 冶金技术的早期交流问题

目前考古发掘出土和经检测分析的中国早期铜器集中于甘肃地区，以齐家文化和四坝文化的铜器最多。甘肃的地理位置在中国西北部，紧邻新疆，靠近中亚，且发现部分铜器形制包含有西亚文化的因素，加之砷铜在甘肃四坝文化中出现，引起了中外学者对东西方冶金技术早期交流和探索中国冶金技术起源的热情。

目前，东西方冶金技术存在着早期交流和影响这一点在学术界似乎没有什么争议。冶金技术交流是东西方文化交流的一个组成部分，东西方文化历来存在着不同的差异，但并不排除互相交流和影响，冶金技术也不例外。问题在于这种交流和影响是相互的，有来有往。目前，研究西方对中国的影响多，而研究中国对西方的影响则很缺乏，应该加强这方面的研究。此外，交流和影响与起源不能等同起来，有学者看到西方对东方的影响，得出中国的冶金技术或早期铜器是由西方传入的观点或推断[③]，有的学者则对此说提出异议[③]，因此应加强东西方冶金技术交流和影响的研究，搞清所谓西方的影响究竟是什么？影响的程度如何？这对探讨中国冶金技术的起源有重要意义。另外，此问题的解决不能就冶金单独而论，而应该从东西方文化的早期交流和影响的整体上进行研究，才能得出较切实的结论。

三 加强多学科综合研究，推进冶金起源研究的深入开展

冶金技术起源研究中存在的许多难题，包括上述提及的七个问题的解决光靠冶金史单一学科是不行的，必须加强多学科的紧密合作，才能使研究深入开展。

1. 冶金史与考古学研究紧密结合

考古发掘的金属器物和冶金遗物是冶金史研究的基本素材，对冶金起源的研究更需要早期的冶金遗物为基础，在以往近 30 年中，冶金史与考古学的结合，使冶金起源和早期发展的研究有很大进展，做了一些基础性的工作，但还不够，为使此项研究深入开

展，今后应更加密切结合，特别是对冶金遗址的考察和挖掘，只有冶金史和考古学研究者互相配合，才能不遗漏掉任何有用的冶金学和考古学的信息。

对已有的分析检测数据，应进行多视角的综合分析。冶金学仅仅是一个视角，今后还应加强，同时还应大力提倡从考古学的视角进行研究。在这方面，已有一些考古学者进行了工作。张忠培先生通过对齐家文化铜器的分析数据进行综合考虑，提出齐家文化铜器是由使用纯铜发展到青铜阶段的见解[40]。这一见解很独到，对冶金史研究者很有启发。李水城和水涛先生利用四坝文化铜器的分析结果作出了四坝文化冶金工艺的发展大致经历了一个从纯铜→砷青铜→锡青铜的演变过程的推断[41]，这又是一个从考古学视角研究铜器工艺技术的实例。

要搞清中国冶金技术起源和早期发展的脉络，必须结合铜器和冶金遗物出土层位的早晚、墓葬年代的前后细致地研究其技术特征，从中找出规律性的东西。对于新疆地区铜器和冶金遗物的技术研究，更需要考古学的背景材料为基础。否则理不出头绪，很难得出科学的结论。只有冶金史和考古学研究者互相结合，共同对出土的金属及相关遗物进行多视角的综合研究，才能使冶金起源的研究深入开展。

2. 冶金史与自然地理环境、地质、矿产方面的研究相结合

冶金技术的产生是人类进化和文明发展到一定阶段的必然结果，而人类是地球诸圈层的组成部分之一，是自然界生物链上的一环。地球是宇宙中的无数天体之一，它的运行遵循着宇宙固有的法则，因此，地球上的万物也必然受其制约，包括人类在内。人类作为高等动物和其他生物一样无时不在受着大自然自身规律的支配和影响。研究世界范围内冶金技术产生和发展的历史，可以发现在距今 8000 年至 3000 年期间，冶金技术在世界文明发达的地区相继产生和发展起来，究其原因离不开自然地理环境的变迁。古自然环境的研究表明，距今 8000 年至 3000 年正是与全新世中期大致相当的时期，整个地球变得气候温暖湿润，湖沼增多，土壤变得肥沃起来，植物生长茂盛，动物也日益繁衍，这就为人类创造文明提供了良好的自然环境大舞台[42]。这种环境的变化不仅仅发生在两河流域，也发生在尼罗河流域、印度河流域，同时也发生在中国的黄河、长江流域。所以文明几乎同时形成于上述地区不是偶然的。冶金术的产生也要从古自然环境变迁的角度加以考虑。

地球作为一个天体，在形成和地质演变过程中形成了各种不同的地质构造与矿体。矿产资源与冶金术的产生有直接的关系。中国地质构造的复杂多样性造成中国的金属矿藏十分丰富，地表露头的矿床也较多。在漫长的自然风化、氧化和淋滤作用下，形成了易于被古人识别和冶炼的矿物，如闪亮的自然铜和色彩斑斓的铜氧化矿等。世界其他地区也是一样，只要具备自然资源，又有较发达的制陶技术，就有可能产生冶金技术。特别是冶铜所要求的设备和技术并不高，所以很容易较早的为先民所发明。

冶金技术的产生与自然地理环境和矿产资源的密切关系在理念上是不言而喻的。但要搞清中国冶金技术的起源问题必须要进行深入的研究，找出充足的论据。这就需要将冶金史的研究与古自然环境、地质学、矿床学等学科紧密结合起来，共同进行研究。比如，中原地区的古自然环境是如何变迁的？气候的变化，如温度增高、雨量增加、水位的上升对矿床的风化、淋滤、富集有无影响？影响的程度怎样？中原地区是否有冰川的影响？冰川对矿物的搬运作用如何？中原地区的矿床分布？是否有锡矿等等？诸如此类的问题，都与冶金技术的起源有关，需要多学科结合具体深入地进行研究。

总之，冶金起源与早期发展的问题是一个复杂的课题，在现有研究的基础上，需要冶金史学科与多学科结合进行综合研究。除上面提及的几方面以外，还应结合文献资料，综合历史学、民族学、宗教学、人类学等多学科的研究。

注　释

① 韩汝玢、柯俊：《姜寨第一期文化出土黄铜制品的鉴定报告》，《姜寨》，文物出版社，1988 年。

② 样品由巩启明先生提供，北京科技大学冶金与材料史研究所孙淑云检验，报告待发表。

③ 安志敏：《中国早期铜器的几个问题》，《考古学报》1981 年第 3 期。

④ 中国社会科学院考古研究所山西工作队：《山西襄汾陶寺首次发现铜器》，《考古》1984 年 第 12 期。

⑤ 中国社会科学院考古研究所等：《夏县东下冯》第 208～246 页，文物出版社，1988 年。

⑥ 北京科技大学冶金史研究室：《登封王城岗龙山文化四期出土的铜器 WTl96H617：14 残片检验报告》，《登封王城岗与阳城》第 327～328 页，文物出版社，1992 年。

⑦ 李京华：《河南龙山文化冶铜技术》，《有色金属》1983 年第 35 卷第 3 期。

⑧ 北京大学考古学系、驻马店市文物保护管理所：《驻马店杨庄》第 183 页，科学出版社，1998 年。铜器检验由北京科技大学冶金与材料史研究所孙淑云进行。

⑨ 金正跃：《二里头青铜器的自然科学研究与夏文明探索》，《文物》2000 年第 1 期。

⑩ 曲长芝、张日清：《二里头遗址出土铜器 x 射线荧光分析》，《偃师二里头 1959 年～1978 年考古发掘报告》，中国大百科全书出版社，1999 年。

⑪ 冯富根等：《殷墟出土商代青铜瓿铸造工艺的复原研究附录Ⅱ》，《考古》1982 年第 5 期。

⑫ 中国社会科学院考古研究所二里头工作队：《河南偃师二里头遗址三、八区发掘简报》，《考古》1975 年第 5 期。

⑬ 李敏生：《先秦用铅的历史概况》，《文物》1984 年第 10 期。

⑭ 马承源：《中国青铜器》第 508 页，上海古籍出版社，1988 年。

⑮ 北京钢铁学院冶金史组：《中国早期铜器的初步研究》，《考古学报》1981 年第 1 期 。

⑯ 中国社会科学院考古研究所山东队等：《山东牟平照格庄遗址》，《考古学报》1986 年第 4 期。

⑰ 样品由严文明先生提供，检查由北京科技大学冶金史研究所孙淑云进行，检验结果收入，吴玉喜：《岳石文化地方类型初探——从郝家庄岳石遗存的发现谈起》，北京大学硕士研究生论文，1985 年。

⑱ 北京科技大学冶金史研究室：《山东泗水县尹家城遗址出土岳石文化铜器鉴定报告》，《泗水尹家城》，文物出版社，1990 年。

⑲　河北省文物管理委员会:《河北唐山市大城山遗址发掘报告》,《考古学报》1959 年第 3 期。

⑳　韩汝玢:《北京科技大学冶金考古方面新进展》,庆祝北京大学赛克勒博物馆国际会议论文,1994 年。

㉑　李延祥等:《牛河梁冶铜炉壁残片研究》,《文物》1999 年第 12 期。

㉒　李秀辉、韩汝玢:《朱开沟遗址出土铜器的金相学研究》,《朱开沟——青铜时代早期遗址发掘报告》,文物出版社,2000 年。

㉓　孙淑云、韩汝玢:《甘肃省早期铜器的发现与冶炼、制造技术的研究》,《文物》1997 年第 7 期。

㉔　李水城等:《酒泉县丰乐乡照壁滩遗址和高苜蓿地遗址》,《中国考古学年鉴(1987 年)》,文物出版社,1988 年。样品由李水城提供,检验由北京科技大学冶金与材料史研究所孙淑云进行。

㉕　李水城、水涛:《四坝文化铜器研究》,《文物》1999 年第 12 期。

㉖　李虎候:《齐家文化铜镜的非破坏鉴定快中子放射性分析法》,《考古》1980 年第 4 期。

㉗　孙淑云:《东灰山遗址四坝文化铜器的鉴定及研究》,《民乐东灰山考古——四坝文化墓地的提示与研究》,科学出版社,1998 年。

㉘　王炳华:《新疆地区青铜时代考古文化试析》,《新疆社会科学》1985 年第 4 期。其中铜片样品由北京科技大学冶金史研究所孙淑云进行检验分析,确定为红铜,铜卷样品由新疆冶金研究所分析,确定为红铜。

㉙　Jianjun Mei etc.: A Metallurgical Study of Early Copper and Bronze Artifacts from Xinjiang China, *Bullitin of the Metals Museum*, Vol. 30, 1998, No. 2, pp. 1 – 22.

㉚　李延祥、贾海新、朱延平:《大甸子墓地出土铜器初步研究》,《文物》2003 年第 7 期。

㉛　北京科技大学冶金与材料史研究所、甘肃省文物考古研究所:《火烧沟四坝文化铜器成分分析及制作技术的研究》,《文物》2003 年第 8 期。

㉜　北京科技大学冶金与材料史研究所等:《新疆哈密天山北路墓地出土铜器的初步研究》,《文物》2001 年第 6 期。

㉝　梅建军、刘国瑞、常喜恩:《新疆东部地区出土早期铜器的初步分析和研究》,《西域研究》2002 年第 2 期。

㉞　R. F. Tylecote: Furnaces, Crucibles, and slags, *The Coming of the Age of Iron*, Edited by Theodore A. Wertime and James D. Muhly, New Haven London Yale University Press, 1980, pp. 183 – 185. D. Heskel and C. C. lamberg – Karlovsky: An Alternative Sequence for the Development of Metallurgy, Tepe Yahya, lran. *The Coming of the Age of Iron*, Edited by Theadere A. Wertime and James D. Muhly, New Haven London Yale University Press, 1980, pp. 229 – 252.

㉟　J. A. Charles: Arsenic and Old bronze, *Chemistry and lndustry*, Vol. 15, June, 1974, pp. 470 – 252.

㊱　H. Lechtman: Arsenic Bronze: Dirty Copper or Chosen Alloy? A view from the Americas, *Journal of Field Archaeology*, 1986, Vol. 23, pp. 477 – 514.

㊲　A. Hauptmann, G. Weisgerber and H. G. Bachmann: Early Copper Metallurgy in Oman, *The Beginning of the Use of Metals and Alloys*, Cambridge MA: MIT press, 1988, P46.

㊳　L. G. Fitzgerald – Huber: Qijia and Erlitou: the Question of contaction with distant Cultures", *Early China*, 1995, Vol. 20, pp. 56 – 67. 安志敏:《试论中国的早期铜器》,《考古》1993 年第 12 期。

㊴　同⑨第 61 ~ 63 页;同㉕第 43 页。

㊵　张忠培:《齐家文化研究》(下),《考古学报》1987 年第 2 期。

㊶　同㉕第 41 页。

㊷　周昆叔:《中国文明形成时期的自然环境》,中国古代文明起源及早期发展国际学术研讨会论文,2001 年。

关于中国冶金起源及早期
铜器研究的几个问题

梅 建 军

（北京科技大学冶金与材料史研究所）

关于中国的铜和青铜冶金的起源，过去半个多世纪里学术界一直存在着广泛的争议。在 20 世纪中期，欧美学术界普遍认为中国的青铜冶金是从西方传入的。例如，研究青铜器的专家罗越（Max Loehr）就曾认为，商代发达的青铜冶金出现得很突然，看不出存在一个初始的演进阶段[①]。随后数十年里，新中国的考古发现提供了大量的证据，表明铜和青铜的使用远在商代以前已经出现。一些中外学者随之提出冶金术在中国本土起源的观点，并在学术界得到广泛地认同，但对此持疑义者也一直大有人在[②]。近年来，随着中国北方及西北地区一些新的考古发现的出现，外来文化因素在中原地区早期文明发展中的影响开始引起讨论[③]。尤其值得注意的是，安志敏先生就中国早期铜器的出现提出了新看法。他认为铜器的起源"很可能是通过史前时期的'丝绸之路'进入中国的"[④]。的确，近期的一些冶金考古工作，尤其是在甘肃河西走廊和新疆东部发现早期砷铜，给中国早期铜器的研究提出了新的课题：首先，砷铜的发现是否意味着中国的冶金起源也遵循着红铜—砷铜—青铜的模式呢？其次，这是否表明外来文化影响的存在呢？再者，西北地区早期冶金的演进对中原地区有影响吗？或者说两者之间有关系吗？本文拟就这些问题谈几点粗浅的看法，不妥之处，请大家批评指正。

一　关于中国的冶金起源

追溯中国冶金的起源离不开对早期铜器的研究。目前，早期铜器的发现大致集中在两个地区：一是黄河上游的甘青地区，二是黄河中下游地区。长江中游及东北地区近期也有一些零星发现涉及到早期冶金，但详情尚不明朗[⑤]。应当说，到目前为止，我们对中国冶金起源的认识仍相当模糊，现有的考古证据尚不足以勾画出一条明晰的技术演进的轨迹。就黄河中下游地区而言，陕西临潼和渭南的两处仰韶文化遗址所出的铜片和铜笄被认为是迄今所知中国最早的铜器。经北京科技大学冶金史研究所鉴定，这几件铜器均为铜锌合金的黄铜所制[⑥]。无独有偶，山东胶县三里河龙山文化遗址所出的铜锥经鉴定也为黄铜所制[⑦]。从陕西到山东这样广的地域内，早期黄铜的出现已非孤例，这的确是令人惊异的。在西亚和欧洲，最早的冶金活动都是从冶铅、熔炼自然铜或冶炼红铜开始的，黄铜的出现和使用是相当晚后的事[⑧]。这看起来似乎成了一种"规律"。正基于此，安志敏先生才对黄铜的早期出现深表怀疑[⑨]。然而，有"规律"就有例外，在世界冶金史上，黄铜的早期出现也并非中国独有的现象。例如，在中亚的纳马兹加（Nama-zga）第五期文化遗址中就曾发现公元前第二千纪中叶的黄铜[⑩]。另一方面，北京科技大学冶金史研究所曾用铜锌混合矿进行冶炼模拟实验，炼得黄铜，说明从技术的角度看，黄铜的早期出现也并非不可能[⑪]。其实，早期黄铜所以不能让人完全信服，关键还是出土资料不足。现有的发现虽不再是孤例，但远不足以阐明早期技术的演进过程。从仰韶文化到龙山文化，在长达一二千年的时间进程中，冶金术究竟是怎样一种演化的脉络呢？难道始终处于炼制铜锌共生矿的阶段吗？如果承认资源是决定早期铜器种类的主要因素，那么先民们当时是否只对铜锌共生矿情有独钟，而不及其他的铜矿呢？很显然，现在要回答这些问题是不可能的，这里有很多缺环，期待着新的出土资料来填补。

就甘青地区而言，情形略为明朗些。从马家窑文化到马厂文化，再到齐家文化和四坝文化，早期铜器的发现相对呈现出一种连贯性。唯一有些争议的是马家窑文化的铜刀（图一，1）。该刀出自甘肃东乡林家遗址，经鉴定为锡青铜铸成，含锡量估计约在6%～10%，是中国目前所知最早的青铜器，年代在公元前 2800 年左右[⑫]。有学者因其形制相当进步，而对其可靠性颇有疑义[⑬]。也有学者以为在马家窑文化中出现铜的冶炼尚可能，但出现青铜合金的冶炼则略嫌过早，因为后来的齐家文化的铜器仍是以红铜为主，故推定林家遗址出土的青铜刀只是一种"偶然的合成"[⑭]。近期的研究也认为该刀"有可能由铜锡共生矿冶炼制成"[⑮]。这些探讨对揭示马家窑青铜刀的科学价值无疑都是有益的。但应当看到，铜锡共生矿一般很少见，甘青地区是否有这类矿藏目前尚无资料说明；另外考虑到马厂、齐家和四坝诸文化中均有锡青铜的存在，故在得到进一步的证据之前，似不宜过早排除马家窑文化阶段出现青铜冶金的可能性。

值得注意的是，马厂文化（约公元前 2300～前 2000 年）的铜器目前已发现三件：一件残铜刀（图一，2）出自永登蒋家坪，一件铜块和一件铜锥分别出自酒泉苜宿地和照壁滩；铜刀经激光光谱分析表明为锡青铜，而铜块和铜锥经检验均为红铜[⑯]。如果说马家窑的青铜刀尚为孤证的话，那么到马厂文化阶段铜和锡青铜的出现及使用则是较为肯定的了。应该看到，马厂文化的分布从甘肃东部已远及河西走廊的西端，其影响甚至

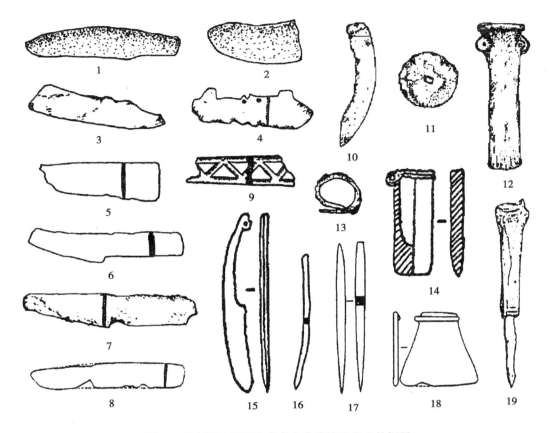

图一 马家窑、马厂和齐家文化诸遗址出土的铜器

1. 马家窑文化林家遗址出土铜刀 2. 马厂文化蒋家坪遗址出土残铜刀 3～19. 齐家文化诸遗址出土的铜器（1、2 据孙淑云、韩汝玢：《甘肃早期铜器的发现与冶炼、制造技术的研究》，《文物》1997 年第 7 期 76 页图一和图三绘制；3～19 据戴蔻琳（Debaine-Francfort）：《中国西北地区的新石器和青铜时代：齐家文化及其联系》（*Du Neolithique a l'ge du Bronze en Chine du Nord-Ouest：La clture de Qijia et ses connexions.* Paris：ditions Recherche sur les civilisations）一书 86 页图 49、104 页图 61 及 119 页图 71 绘制）

有可能抵达新疆东部[17]。这样看来，马厂文化与更西边的早期文化发生接触的可能性恐怕是不能不加以考虑的。

就现有的发现而言，黄河中下游地区所出最早的铜器为黄铜，而甘青地区则为青铜，这与西亚和欧洲所见的由红铜至砷铜再至锡青铜的技术演进模式相比，看来是不相吻合的。然而，要断言中国的冶金起源即以黄铜或青铜的使用为特色，现在还为时过早，毕竟出土资料中的缺环太多。目前，也没有任何证据表明，公元前 2000 年以前，黄河中下游地区的冶金术与甘青地区存在什么联系。换言之，这两个地区的冶金或各自有独立的起源。但这仅为猜测而已，离科学的结论还有很远的距离。要真正论定冶金在中国起源的时间、地区和技术特征，还有待更多的出土资料和相应的科学鉴定。

二 关于中国早期冶金发展中外来影响的问题

近年来，四坝文化的砷铜发现在学术界引起广泛的兴趣和讨论。据报道，民乐东灰山遗址出土铜器 15 件，经鉴定，其中有 12 件为砷铜、二件为锡砷青铜、一件为锡砷铅青铜；酒泉干骨崖遗址出土铜器 48 件，46 件经过鉴定，其中有 10 件砷铜、22 件锡青铜、5 件锡砷青铜，余为其他；这些砷铜和含砷青铜的砷含量均在 2%～6% 的范围内[18]。最近对玉门火烧沟遗址出土铜器的鉴定表明，在 37 件样品中有 13 件含砷量超过 2%[19]。这样四坝文化的三处主要遗址均有使用砷铜的现象，唯有安西鹰窝树遗址例外，其所出的七件铜器经检验均为锡青铜。在有关四坝文化铜器的一项最新研究中，李水城和水涛注意到，砷铜在遗址中所占比例似随时代演进而减少，如时代偏早的东灰山遗址，所出铜器基本为砷铜；而在时代偏晚的干骨崖遗址，所出铜器主要是锡青铜，其次才是砷铜；到了时代最晚的鹰窝树，所出则全为锡青铜。他们还注意到，位置偏东的遗址，砷铜比例高；而位置偏西的遗址，锡青铜的比例高[20]。这一观察是以玉门火烧沟遗址所出铜器均为红铜和青铜为前提的，现在在火烧沟也发现了砷铜，说明实际的情形可能比已经观察到的要复杂一些。

关于砷铜在四坝文化遗址的出现，多数研究者倾向于把它视作与欧亚草原地带文化接触或交流的结果。这一方面是因为在公元前第三千纪，砷铜在西亚、中亚及欧亚草原地带的使用已相当普及，但却不见于中原和甘青地区；另一方面是因为四坝文化铜器中有一些在类型上表现出北方草原文化的风格，比如环首弓背刀、一端呈喇叭口状的耳环、联珠形饰及有銎斧等（图二）[21]。但这种文化的接触或交流是怎样发生的呢？近期对新疆东部出土早期铜器的研究为回答这一问题提供了一些线索。新疆东部的青铜时代遗址主要包括天山北路（或雅林办）、五堡、焉不拉克及南湾等，年代大致在公元前两千纪到一千纪初期[22]。最初的分析首先鉴定出五堡遗址出土的一件铜环和一件小铜铃为砷铜，砷含量在 3%～4%；另在天山北路铜器中发现一件含砷约为 2% 的锡青铜[23]。最近，潜伟等人对新疆东部的早期铜器做了进一步地分析鉴定，发现天山北路、南湾、五堡、焉不拉克及黑沟梁等遗址均出有砷铜[24]。由此看来，砷铜在新疆东部的使用不仅相当普遍，而且持续了千年之久。新疆东部地区的早期文化与甘青地区的紧密联系，早有学者从彩陶的角度论证过[25]。砷铜的发现为这种联系的存在提供了进一步的依据。

接下来的问题是新疆东部的砷铜处于一个什么样的地位，是传播途径中的一个环节呢还是有自身的演进轨迹可循？从现有的资料看，无论是四坝文化的铜器，还是天山北路的铜器，都表现出与欧亚草原文化的某种联系。李水城最近提出，天山北路的陶器可以分成甲、乙两组，其中甲组与四坝文化中期的陶器相近，年代可定在公元前 1800 年

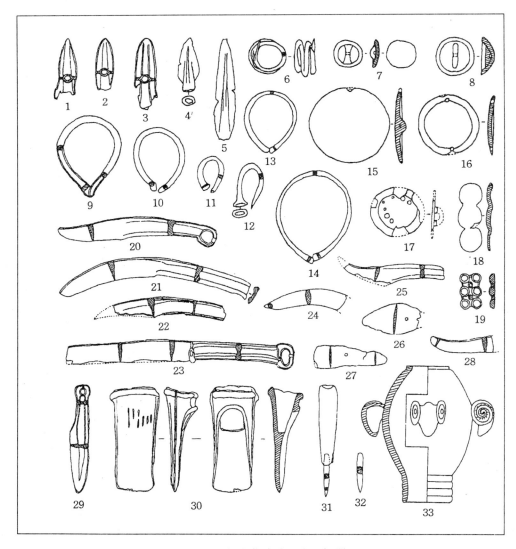

图二　四坝文化诸遗址出土铜器

1～5. 箭镞　　6. 环　　7、8. 扣饰　　19～14. 耳环和环　　15～19. 装饰品　　20～29. 刀　　30. 穿銎斧　　31～32. 锥　　33. 权杖头（据白云翔：《中国的早期铜器与青铜器的起源》，《东南文化》2002 年第 7 期第 29 页图三绘制）

至公元前 1600 年；而乙组则可能与新疆北部阿尔泰山地草原青铜时代的文化相关[24]。这一观点实际上暗示着新疆东部可能是四坝文化与草原地带青铜文化联系的中介地区。韩康信在研究孔雀河古墓沟墓地的人骨时，早已提出南西伯利亚早期文化在公元前第二千纪初期南下进入新疆的可能性[27]。在公元前第二千纪中后期，新疆北部地区则有明确的证据表明安德罗诺沃（Andronovo）文化影响的存在[28]。由此推断，新疆东部及北部应是东西文化早期接触的一个关键地区，从现有的出土资料看，这种接触的发生当不晚于公元前第二千纪初期。更早时期的接触也是可能的，比如，俄国学者库兹米娜（Elena E. Kuzmina）认为孔雀河古墓沟墓地的发现在很多文化特征上与南西伯利亚的阿凡纳羡沃文化（Afanasievo）相似，两者之间应存在某种联系[22]。如果这一见解能得到更多考古证据支持的话，那就有可能把东西文化早期接触开始的时间推前至公元前第三千纪。

值得注意的是，不仅是四坝文化的铜器显示出与欧亚草原文化的联系，齐家文化的铜器也复如是。菲兹杰拉尔德—胡柏（Louisa G. Fitzgerald-Huber）曾著有长文讨论齐家文化与草原地带早期文化的联系。在她看来，齐家文化的一些铜器在形制上与塞伊玛—图比诺（Seima-Turbino）文化的铜器颇为相似，这主要包括甘肃岷县杏林遗址出土的一件单耳有銎斧和一把弓背有柄刀，以及武威皇娘娘台遗址出土的一件残刀柄（图一，14、15、9）[30]。循此思路，广河齐家坪遗址所出的一件双耳有銎斧（图一，12）也可纳入这类铜器之中。但最引人瞩目的是青海西宁沈那遗址出土的一件大铜矛（图三，1），长达61厘米，銎上左右两侧各附一倒钩和小耳，形制甚为特异[31]。日本东京国立博物馆的高滨秀注意到，吉谢列夫20世纪60年代初曾报道过一件铜矛（图三，2），此铜矛藏于陕西省博物馆，其形制与沈那所出铜矛极为相似。到目前为止，这类造型独特的铜矛有四件出自位于西伯利亚鄂木斯克附近的茹思托夫卡（Rostovka）墓地（图三，3～7），另有一件出自阿尔泰山一带（图三，8），而在欧亚草原其他地区却罕有发现。茹思托夫卡的铜矛在形制上跟沈那所出基本相似，但也存在一些明显的差别。比如，茹思托夫卡铜矛长度均小于40厘米，矛身窄且尖，倒钩与小耳均置于矛銎的同一侧，銎与矛身交接处可见三道突起的棱；而沈那的铜矛尖部圆钝，尺寸硕大，明显是一件礼仪性用器而非实用器。高滨秀认为沈那铜矛的形制可能是从茹思托夫卡铜矛演变而来的[32]。茹思托夫卡墓地是塞伊玛—图比诺文化的一处极为重要的遗址，不仅出有铜器，还出有铸造刀、斧和其他工具的石范，表明茹思托夫卡很可能是当时铜器制作的一处中心[33]。

问题是塞伊玛—图比诺文化的年代，依契尔耐赫（E. N. Chernykh）的看法，为公元前16世纪至公元前15世纪[34]。这显然要晚于齐家文化的年代，怎么可以说塞伊玛—图比诺文化影响到齐家文化呢？说齐家文化影响到塞伊玛—图比诺文化或许更恰当一些吧？如果单就沈那的铜矛而言，把它定为卡约文化，那年代上的矛盾自然迎刃而解。可是还有杏林和齐家坪所出的有銎斧呢？这又该作何解释？这里就涉及到对整个欧亚草原早期文化序列的重新考察。早在二十年前，美国学者就根据在伊朗和中亚南部的考古发现，指出前苏联学者有关中亚及欧亚草原地区早期文化的断代有偏晚的现象[35]。近年来获得的一些碳十四数据表明，一些重要的草原文化遗址的年代比原来估计得要早。比如与塞伊玛—图比诺文化密切相关的新塔西塔（Sintashta）文化，按契尔耐赫的意见，其年代在公元前16世纪左右，这也是他推定塞伊玛—图比诺年代的依据，但新测定的碳十四数据表明，新塔西塔的年代当在公元前2000年左右。正是基于这种新的年代观，

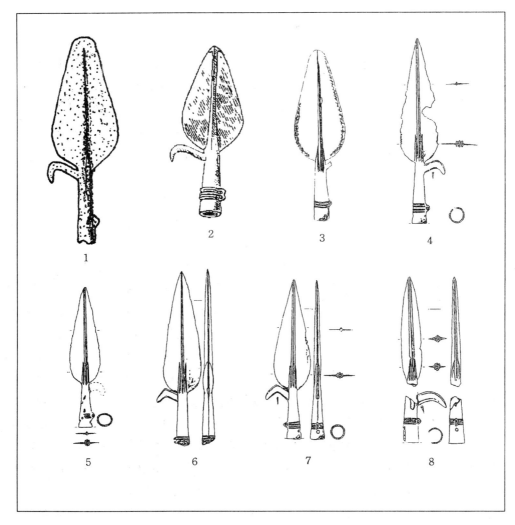

图三　中国西部和南西伯利亚地区出土的有銎铜矛

1. 青海西宁沈那遗址出土　　2. 陕西省博物馆藏品（吉谢列夫早年报道）　　3. 山西省博物馆藏品

4～8. 南西伯利亚地区出土（据高滨秀：《关于公元前两千纪前半页欧亚大陆中央地区的若干铜器》，

《金属与文明》122 页图 3 改绘，奈良，2000 年）

菲兹杰拉尔德—胡柏才提出塞伊玛—图比诺文化同齐家文化发生接触的问题[⑩]。如果我们注意到，与齐家文化的年代大致相当或稍晚的四坝文化也有不少铜器，如有銎斧和带喇叭口的耳环，显示出同欧亚草原的联系，那么就不会觉得谈齐家文化与草原文化的接触是件荒唐的事，尽管现在还很难阐明这种接触的中间环节。

综上所述，由砷铜的存在及铜器的类型特征，可以初步肯定，甘青地区在齐家文化和四坝文化阶段同新疆及欧亚草原地带存在文化上的联系及相互影响。需要强调的是，甘青地区早期文化的演进有自己的轨迹可循，这由彩陶的演变可以看出；由铜器上表现出来的外来文化影响的存在，是与相邻的各种文化或人群长期接触和交流的结果，而非某一个文化自始至终单向输入所致，故外来文化因素的来源很可能是多源的、不连贯的。还应看到的是，当某种技术传入某一地区后，当地的土著文化就有可能根据自己的需要采纳、改造或发展该种技术。这种创新性的过程在甘青地区早期冶金的发展中也是可能存在的。四坝文化火烧沟遗址所出的双连镞石范和四羊首权杖头，可能即是铸铜技术在当地存在并获得很大发展的例证[37]。

三　关于西北地区的早期冶金同中原地区的关系

迄今为止，还没有人系统地探讨过西北地区的早期冶金同中原地区的关系。安志敏先生认为齐家文化的铜器发展远盛于中原地区，"可能是首先接触到铜器的使用，并影响及龙山文化"[38]。但这一看法仅为推测，尚无具体的论证。中原地区龙山时代的冶铜遗物包括小件铜器、铜渣及坩埚残片等，已在很多地点有发现，但没有一处像某些齐家文化遗址那样集中出土较多的铜器[39]。所以，在目前这个阶段，要就齐家文化与龙山文化的关系作出具体的讨论是非常困难的。

到了二里头文化时期，铜器的发现就比较多了。金正耀最近对十三件二里头文化的铜器做了成分分析，发现在属于第二期的四件铜器中，有二件锡青铜、一件红铜和一件砷铜。这件砷铜含砷近5%，是迄今为止在中原地区发现年代最早的砷铜。属于第三期的铜器有二件，一件为环首刀，含锡达15%；另一件为熔铜块，含锡为1.5%。属于第四期的铜器有七件，其中有四件为铅锡青铜，而且均为容器。这表明在二里头文化后期，铅锡青铜已被有意识地用来铸作容器[40]。这项研究成果的意义是多方面的：首先我们看到，锡青铜和铅锡青铜的冶铸技术在二里头时期已相当成熟，尤其是高铅（20%）的铅锡青铜的出现奠定了中原地区青铜冶金发展的基础和特色。其次是二里头文化冶金技术的演进，从第二期到第四期有明显的轨迹可循。第三是砷铜在二里头的首次发现，它暗示出中原与西北地区可能存在的某种技术上的联系。因为就目前所知，与二里头文化同一时期，砷铜的大量使用仅见于西北地区的四坝文化。

关于二里头文化与北方草原文化的联系，最早是由林沄提出来的。他认为二里头遗址第三期所出的环首刀应归入北方系青铜器[41]。换言之，这把环首刀在二里头的出现应是北方草原青铜文化影响的结果。但到目前为止，在中国北方草原地区还没有见到年代与二里头文化相当的环首刀，而在西北地区的四坝文化中却有发现（图二，20）[42]。内蒙古朱开沟遗址的发现表明，中国北方草原地带与中国西北地区的早期文化联系可以追溯到第二千纪初期的齐家文化[43]。西北地区的早期铜器是否可能先影响到北方草原地区，进而影响到中原呢？这个问题还有待进一步地研究。不过，这里有必要提及的是，一端为漏斗状的耳环，既见于中国北方与二里头文化大体平行的夏家店下层文化，也在西北的四坝文化中有发现（图二，12）[44]。考虑到四坝文化本身与欧亚草原文化的密切联系，出现这种同类装饰品远距离相似的现象应是不奇怪的。

菲兹杰拉尔德—胡柏在题为《齐家和二里头：与远方文化接触的问题》一文中，进一步探讨了二里头文化与北方草原文化的联系[45]。在她看来，与北方草原文化相关的，不仅仅是第三期的环首铜刀，还应包括铜牌饰、铜铃和带有"十"字纹的"铜镜"。她进而推测，铜牌饰和铜铃可能用作马的装饰，尽管目前在二里头遗址还没有发现马的遗迹。她注意到二里头"铜镜"上的"十"字纹饰以及齐家文化尕马台铜镜上的七角星纹饰，均能在中亚巴克特利亚的早期文化中找到对应的图案，从而推断中亚的早期文化可能对二里头文化产生影响，影响所及甚至包括了早期铜容器的造型。这种推断显然有些过于勉强了，不仅没有考虑到二里头文化与中原龙山文化之间的传承关系，也缺少必要的中间环节的考古证据。最近，已有学者撰文对菲兹杰拉尔德—胡柏文章的一些观点提出批评[46]。

总之，二里头时期是中国中原地区青铜冶金急速发展并形成特色的关键时期。这一时期，究竟在多大程度上受到来自中国北方和西北方的影响，是个有待深入探讨的课题。从已有的资料看，来自西北地区的文化影响是存在的，但目前还看不清这种影响对中原地区青铜冶金的发展究竟起到了什么作用。

四　结论

现有的考古证据仍不足以就中国的冶金起源问题作出明确的论断。在黄河中下游地区，尽管早期黄铜的出现可以从考古和技术的角度给予肯定的解释，但由仰韶文化到龙山文化，还看不出冶金技术演进的脉络；相比之下，在黄河上游的甘青地区，早期铜器的发现显示出一种相对的连贯性。有证据表明，至晚从齐家文化和四坝文化起，甘青地区与欧亚草原地带的青铜文化即存在联系和相互影响。砷铜合金在甘肃河西走廊与新疆东部的发现，既表明了两个地区间密切的文化联系，也暗示出新疆东部可能是东西文化最早发生接触和碰撞的关键地区。就冶金技术而言，尚无资料说明公元前 2000 年前甘青地区的发展是否与中原地区存在关联；只是到了二里头时期，方有一些零散的证据表明两个地区间存在着某种联系，但这种联系的性质及意义还很不清楚，有待今后进一步地研究。

致　谢

　　本研究得到日本学术振兴会博士后奖学金的资助。在论文写作过程中，得到了金泽大学文学部教授高滨秀先生和东京国立文化财研究所平尾良光先生的热情指导和帮助。在收集和查阅资料中得到了东京大学文学部考古学研究室大贯静夫、今村启尔和安斋正人等先生的多方关照和协助。有关新疆东部早期铜器的鉴定工作得到了新疆文物考古研究所的刘国瑞、常喜恩、伊第利斯和张玉忠等先生的大力支持和帮助。吕恩国先生对本文初稿提出了很好的评论，谨此一并致以衷心感谢！

注　释

① 罗越（Max Loehr）：Weapons and tools from Anyang and Siberian analogies（安阳的武器和工具及西伯利亚的对应物），*American Journal of Archaeology*，53（1949）：126 – 144.

② 自 20 世纪六七十年代以来，力倡中国冶金本土起源的学者很多。主要文献有以下数种：a. Cheng Te-K′un（郑德坤）：Metallurgy in Shang China（中国商代冶金）. *Toung Pao*，60. 4/5（1974）：209 – 229. b. Ho Ping-ti（何炳棣）：*The Cradle of the East：An Inquiry into the Indigenous Origins of Techniques and Ideas of Neolothic and Early Historic China*，5000 – 1000 B. C.（东方的摇篮），Hong Kong：Chinese University of Hong Kong Press，1975. c. 北京钢铁学院冶金史组：《中国早期铜器的初步研究》，《考古学报》1981 年第 3 期。d. Noel Barnard：Further evidence to support the hypothesis of indigenous origins of metallurgy in ancient China（支持冶金在古代中国本土起源的进一步的证据）. In David N. Keightley（ed.）：*The Origins of Chinese Civilization*（中国文明的起源），Berkeley，Los Angeles：University of California Press，1983，237 – 277. e. 严文明：《论中国的铜石并用时代》，《史前研究》1984 年第 1 期。f. T. Ko（柯俊）：The development of metal technology in ancient China（中国古代金属技术的发展）. In Cheng-Yih Chen（ed.），*Science and Technology in Ancient Civilisation*，Singapore：World Scientific Publishing Co.，1987，225 – 243. g. 华觉明：《论中国冶金术的起源》，《自然科学史研究》1991 年第 4 期。西方学者中对中国冶金本土起源论持怀疑态度的人也为数不少，请参阅以下两种文献：h. James D. Muhly：The beginnings of metallurgy in the Old World（旧大陆冶金的起源），*The Beginning of the Use of Metals and Alloys*，Robert Maddin（ed.），Cambridge：MIT Press，1988，2 – 20. i. William Watson：An interpenetration of opposites? Pre-Han bronze metallurgy in west China（中国西部汉代以前的冶金），*Proceedings of the British Academy* 70（1984）：327 – 358.

③ 刘学堂：《新疆地区青铜时代到早期铁器时代考古文化中的两个问题》，《青果集——吉林大学考古专业成立 20 周年考古论文集》，知识出版社，1993 年。王巍：《商代马车渊源蠡测》，《中国商文化国际学术讨论会论文集》，中国大百科全书出版社，1998 年。林沄：《早期北方系青铜器的几个年代问题》，《林沄学术论集》，中国大百科全书出版社，1998 年。

④㊳ 安志敏：《试论中国的早期铜器》，《考古》1993 年第 12 期。

⑤ 郭大顺：《赤峰地区早期冶铜考古随想》，《内蒙古文物考古文集》第一辑，中国大百科全书出版社，1997 年。李延祥等：《牛河梁冶铜炉壁残片研究》，《文物》1999 年第 12 期。

⑥ 孙淑云、韩汝玢：《甘肃早期铜器的发现与冶炼、制造技术的研究》，《文物》1997 年第 7 期。

⑦⑪ 北京钢铁学院冶金史组：《中国早期铜器的初步研究》，《考古学报》1981 年第 3 期。

⑧ 同②h，第 4 ~ 11 页。

⑨ 同④第 1111 页。

⑩ V. M. Masson & V. I. Sarianidi：*Central Asia：Turkmenia Before the Achaemenids*（中亚：阿黑门尼德之前的土库曼尼亚），London：Thames & Hudson，1972，120.

⑫ 同⑥第 75 ~ 77 页。

⑬ 同④第 1111 页。

⑭ 王韩钢、侯宁彬：《试论中国古代青铜器的起源》，《考古与文物》1991 年第 2 期。

⑮ 同⑥第 82 页。

⑯ 同⑥第 77 页。

⑰ 水涛：《新疆青铜时代诸文化的比较研究》，《国学研究》第一卷，1993 年。

⑱ 同⑥第 78 ~ 83 页。孙淑云：《东灰山遗址四坝文化铜器的鉴定及研究》，《民乐东灰山考古——四坝文化墓地的揭示与研究》，科学出版社，1998 年。

⑲ 潜伟、孙淑云、韩汝玢：《古代砷铜研究综述》，《文物保护与考古科学》2000 年第 2 期。

⑳ 李水城、水涛：《四坝文化铜器研究》，《文物》2000 年第 3 期。

㉑ 同⑥第 82 页。同⑳第 43 页。甘肃省文物考古研究所、吉林大学考古学系：《民乐东灰山考古——四坝文化墓地的揭示与研究》，科学出版社，1998 年。

㉒ 同⑰第 448 ~ 451 页。陈戈把焉不拉克和五堡划归早期铁器时代文化。见陈戈：《史前时期的西域》，《西域通史》，中州古籍出版社，1996 年。

㉓ Jianjun Mei（梅建军）：*Copper and Bronze Metallurgy in Late Prehistoric Xinjiang*（新疆早期青铜冶金），BAR International Series 865，Oxford：Archaeopress，2000，39 - 40.

㉔ 同⑲第 48 页。

㉕ 同⑰第 465 ~ 469 页。

㉖ 李水城：《从考古发现看公元前二千纪东西方文化的碰撞与交流》，《新疆文物》1999 年第 1 期。

㉗ 韩康信：《新疆孔雀河古墓沟墓地人骨研究》，《考古学报》1986 年第 3 期。

㉘ 李肖、党彤：《准噶尔盆地周缘地区出土铜器初探》，《新疆文物》1995 年第 1 期。周金玲、李文英：《托里县萨孜村古墓葬》，《新疆文物》1996 年第 2 期。Mei Jianjun（梅建军）、Colin Shell：The existence of Andronovo cultural influence in Xinjiang during the second millennium BC（公元前第二千纪安德罗诺沃文化影响在新疆的存在），*Antiquity* 73. 281（September 1999）：570 - 578.

㉙ Elena E. Kuzmina：Cultural connection of the Tarim Basin people and the Andronovo culture：Shepherds of the Asian Steppes during the Bronze Age（塔里木盆地与安德罗诺沃文化的联系），in Victor H. Mair（ed.）. *The Bronze Age and Early Iron Age Peoples of Eastern Central Asia. The Journal of Indo-European Studies*，Monograph No. 26，Washington：Institute for the Study of Man，1998，68 - 70.

㉚ Louisa G. Fitzgerald-Huber，Qijia and Erlitou：the question of contacts with distant cultures（齐家与二里头：与远方文化接触的问题），*Early China* 20（1995）：17 - 67.

㉛ 《中国文物精华》编辑委员会编：《中国文物精华》文物出版社，1997 年。第 38 号，阔叶倒钩铜矛，年代定为齐家至卡约文化。

㉜ 高滨秀：《关于公元前两千纪前半页欧亚大陆中央地区的若干铜器》，《金属与文明》第 111 ~ 123 页（日文），奈良，2000 年。

㉝ E. N. Chernykh: *Ancient Metallurgy in the USSR: The Early Metal Age*（苏联冶金史：早期金属时代），Translated from the Russian by Sarah Wright. Cambridge: Cambridge University Press, 1992, 218 – 233.

㉞ 同㉝第 194 页。

㉟ Kohl, Philip L. The Namazga civilization: An overview（纳马兹加文明：总论），in Philip L Kohl, （ed.）: *The Bronze Age Civilization of Central Asia: Recent Soviet Discoveries*（中亚的青铜时代文明），New York: M. E. Sharp, 1981, xxviii-xxxi.

㊱ 同㉚第 49 ~ 52 页。

㊲ 同⑳第 37 ~ 38 页。

㊴ 同④第 1111 ~ 1114 页。严文明：《论中国的铜石并用时代》，《史前研究》1984 年第 1 期。

㊵ 金正耀：《二里头青铜器的自然科学研究与夏文明探索》，《文物》2000 年第 1 期。

㊶ 同③之林沄文。

㊷ 同⑳第 37 页图一：2。

㊸ Katheryn M. Linduff: Zhukaigou, steppe culture and the rise of Chinese civilization（朱开沟：草原文化与中国文明的兴起），*Antiquity* 69: 133 – 145.

㊹ 同㊶第 290 页：2。同⑳第 38 页图二 13。

㊺ 同㉚第 25、52 ~ 63 页。

㊻ 同㊵第 62 ~ 63 页。

我国史前至商代前期筑城技术之发展

佟 伟 华

（中国国家博物馆考古部）

人类筑城是生产力发展到一定阶段，社会发生激烈变革的产物。从史前时期构筑的夯土城址到历史时期筑起的恢弘的城市，人类筑城的历史在古代文明的发展中占有重要的一页。在中国古代文明起源与早期发展的研究中，古代城市的起源与发展的探讨是其中一个极为重要的课题。

从史前时期开始，或许是为了建立维护本集团利益的统治中心，或许是为了建立抵御外来战争的军事城堡，城址的出现，已成为历史的必然。但是，要想构筑起一定规模的夯土城址必须具备某些必要条件，一是当时生产力的发展所达到的物质水平已经能够满足在短时间内集聚大批人力和聚敛大量物资的需要；二是筑城者必须具有能够规划、组织和构筑大规模防御设施的统治权威，不仅必须具有役使在本地区内外集聚起来的大批劳动力的权力，而且必须具有占有和支配大批筑城以及生活所需物资的权力；三是必须具备建筑大规模城垣等建筑的技术实力，必须具有一批技术娴熟的工匠，他们所掌握的筑城技术足以建造起规模宏大的城垣。在以上诸条件具备的前提下，筑城这样大规模的集体行为才有可能出现。

目前在我国的黄河流域和长江流域已发现多座从仰韶晚期到龙山时期的史前夯土城址，而夏商时期特别是商代前期的夯土城址也已发现数座，这些发现成为探讨我国古代城址从出现到早期发展的珍贵资料。不少学者已就城址的性质、年代及其与文明起源的关系等问题做过多方面研究[①]，而本文则从筑城技术史的角度，初步探讨我国的夯土城址从史前到商代前期的建筑历程。这里所讨论的筑城技术主要是从城址的整体设计规划、规模、形制、布局并侧重城垣的夯筑技术等方面进行研究，城内的夯土台基及其他建筑遗迹未作重点讨论。需要说明的是，我国在黄河河套的岱海文化区还发现了许多史前时期的石城，其建筑技术与夯土城垣有很大不同，这里暂不做讨论。另外，我国虽然还发现了济南章丘城子崖岳石文化和河南偃师二里头两个处于夏代时期的城址，但亦不在本文讨论范围之内。

一　史前夯土城址的建筑技术

　　在我国的黄河和长江两大流域先后发现了多座史前时期的夯土城址。黄河流域的城址主要分布在中游的中原文化区和下游的海岱文化区。发现于中原地区的史前城址共有七座，即安阳后冈[②]、淮阳平粮台[③]、登封王城岗[④]、郑州西山[⑤]、辉县孟庄[⑥]、郾城郝家台[⑦]和新密古城寨城址[⑧]，大体分布于豫北和豫中地区，以郑州西山城的年代最早，属仰韶文化晚期（约距今5300年），其余几座均属中原龙山文化时期（约距今4600～4000年）。黄河下游山东地区的史前城址也发现了十余座，大体分布于山东半岛的中部和鲁西地区，主要有济南章丘城子崖[⑨]、寿光边线王[⑩]、邹平丁公[⑪]、临淄田旺[⑫]、五莲丹土[⑬]、阳谷景阳岗城等[⑭]，这些城址的年代均属龙山文化时期（约距今4600～4000年）。长江流域已发现的史前城址分布于中游的江汉地区和上游的川西地区。江汉地区发现了澧县城头山[⑮]、澧县鸡叫城[⑯]、天门石家河[⑰]、石首走马岭[⑱]、荆门马家院[⑲]、荆州阴湘城[⑳]、公安鸡鸣城[㉑]等七座城，城头山属大溪文化（约在距今6000年），其余均属屈家岭文化和石家河文化（约距今5000～4000年）。川西成都平原发现的史前城址有新津宝墩城[㉒]、郫县古城[㉓]、温江鱼凫城[㉔]、都江堰芒城[㉕]、崇州双河城[㉖]、紫竹城[㉗]等六座，这些城址所代表的史前文化被发掘者命名为宝墩文化，相当于中原地区的龙山文化时期（约距今4900～4000年）。

　　黄河流域史前夯土城址的修筑经历了早、晚两个发展阶段，早期阶段为仰韶文化晚期，这一时期中原地区城址的规模还比较小，郑州西山夯土城垣的直径只有180米，面积约3万平方米，建于丘陵与平原的交界地带。此城的平面形状虽略呈圆形，但已显现出较明显的城墙拐角，如西北隅成45°相交，比北墙中段宽3～5米。此城在北部和西部各设一门，西门宽17.5米，门北侧有多排柱洞密布的纵横基槽，可能为望楼建筑。北门宽10米，东西两侧有略呈三角形的附筑城台，门外还筑有一道长约7米、宽约1.5米的护门墙。正对北门有一条南北向道路，残长25米、宽1.75米。西门内东侧有一座扇形夯土基址，周围有数座小房环绕，北部面向一广场。城内西北和东北部共有200余座木骨泥墙房址，门向北或城中部。另外城内还分布着大量灰坑、窖穴、墓葬等遗迹。城外有一条宽约4～7米的护城壕，深约3～4.5米。城垣湮没于地下，保留265米，墙宽3～5米、残高1.7～2.5米。其建筑方法是先挖倒梯形基槽，自槽底筑夯土，到达地面后采用小方块版筑法筑墙体，依城墙宽度多排列三板，最多五板，每板长1.5～2米、宽1.2～1.5米，版块厚度多为0.5米左右。版筑方法有的是以立柱夹板、四面版块同时夯筑；有的是一块块先后夯筑，墙体中部则在版块中部直接填土夯筑，夯层多较厚。墙体逐层加高，呈阶梯状内收，每层内收 0.2～0.3 米。城墙夯土呈黄褐色或褐灰色，包含较多的烧土粒、碎陶片等，夯层厚 4～5 厘米。夯窝圆形，直径 3 厘米、深 0.3～0.5 厘米。从"品"字形夯窝看，使用的夯具应为三根捆成一组的束状棍夯（图一）。

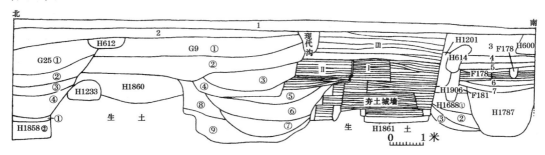

图一 郑州西山城址东北角城墙 TG5 东壁剖面图

Ⅰ、Ⅱ、Ⅲ. 城墙夯土

晚期阶段为龙山文化时期，这一时期的龙山文化城址在黄河流域普遍崛起，其筑城技术有了很大进步。此阶段城址的建筑方法大体可分为两种，一种为平地起建，中原地区的淮阳平粮台、登封王城岗等城多如此修建；另一种为依托河崖和高台等自然地貌起建，山东地区的城子崖等城址多是如此，城内与城外地表的高差明显，城内低缓，城外高耸，形成高台状城址。这一时期中原地区城址的平面形状多较规则，淮阳平粮台和辉县孟庄为正方形，郾城郝家台和新密古城寨呈长方形，而登封王城岗则为并列的正方形，西城的西南拐角呈凸圆形，类似马面。山东地区城址的平面形状多呈不规则方形和扁椭圆形，有些呈圆角方形或圆角长方形，拐角多为弧形，不够规整。它们的规模，淮阳平粮台、登封王城岗、郾城郝家台及寿光边线王等城的面积较小，均只有数万平方米；而辉县孟庄、新密古城寨、邹平丁公、临淄田旺等城的面积较大，均在 10 多万平方米以上。与仰韶晚期相比，这一时期城址的规模已明显扩大，出现了面积达数十万平方米的城址，章丘城子崖、五莲丹土的面积均为 20 万平方米以上，最大的阳谷景阳岗城，面积可达 35 万平方米。

各城城门的设置多依城址自身的需要而确定，如淮阳平粮台和新密古城寨均在南北各设一门，下有路土。章丘城子崖也是南北各有一门，其间有一路相通。郾城郝家台东墙有一缺口。寿光边线王内城的东、北两面各有一门，外城的东、西、北三面各有一门。景阳岗城也在南、西、北三面各设一门。由此看来，各城城门的设置尚无定制。值得注意的是，平粮台城南门的东西两侧发现了门向相对的二座土坯房址，应为门卫房，两房之间的路土宽 1.7 米。门卫房的设置，增加了城址的防御功能，是史前城址中少见的。南门的路土下还发现了一条北高南低的沟渠，沟底铺设一条陶水管道，其上再并列铺设二条，这样完好的排水管道是我国现已发现的最早的城市排水设施。一些城址建有环绕城垣的壕沟，多数是在修筑城垣时取土形成的，也有的是为排水而开挖的。辉县孟庄城和新密古城寨墙外均建有很宽的护城河，章丘城子崖的城垣建于河崖边缘，以河为壕。各城的布局有很大区别，城内建筑的分布无一定规则，淮阳平粮台、郾城郝家台及安阳后冈等城内分布着长方形排房或圆形白灰面房址，一些城内还分布有大型夯土台基。城子崖的夯土台基似建于城北部；王城岗的夯土台基分布于西城内中西部和东北部，下为奠基坑；古城寨的大型房基是现已发现的龙山时代面积最大的结构复杂的宫殿式建筑。夯土城垣的建筑程序一般是先清理城墙所经过的地段，自地面起下挖基槽，再开始筑夯土，如王城岗东城与西城的基槽均呈倒梯形，宽约 3～5 米、深 2～3 米，夯层薄厚不一，约 5～20 厘米。边线王的墙基槽宽 4～6 米，深 2～3 米，夯层厚 5～15 厘米。墙体宽度亦有很大不同，较窄的 3～5 米，较宽的约十余米至数十米，城子崖和平粮台墙基的宽度为 13～14 米，规模巨大的新密古城寨城墙宽度竟达 40～60 米，实属罕见。城垣有的采用版筑，有的采用堆筑与版筑结合的方法筑成。新密古城寨的城垣采用版筑法筑成，版筑的方法是用立柱固定夹板，夯筑一版后，隔开一版的位置不夯，先夯下一道版，整排夯完后，再夯留下的空版，这种版筑方法比郑州西山城址有了明显进步。版筑与堆筑相结合的方法是墙体内外壁面或城门以小版夯筑，中心部分堆筑。如城子崖的北墙曾经多次修筑，其内部用堆筑，内壁呈小斜坡形，高 2.5 米，夯层呈两面坡形，分为不规整的多小层，层厚 20～30 厘米；外壁采用版筑，壁面陡直，高 7 米，版筑宽度 1～2 米，夯层整齐，厚 20～30 厘米，夯窝浅圆，直径 2～3 厘米。淮阳平粮台的城垣也是由版筑和堆筑相结合的方法筑成的，内壁采用小版夯筑，高 1.2 米，版筑宽度 0.8～0.85 米，夯层厚 15～20 厘米；其外部堆筑成斜坡再夯实，逐层加高后超过版筑高度（图二）。这一时期城垣夯土的结构都不够坚硬，夯层薄厚不匀，夯窝不甚清晰，有的夯层之间垫有 1 厘米左右的细沙层。夯筑工具有的使用圆形、椭圆形、不规则形卵石，夯窝大小不一；有的使用三根或四根成捆的木棍，夯窝直径 4～10 厘米、深 1～2.5 厘米。

长江流域的史前城址以澧县城头山的年代最早，城址平面形状呈圆形，规模仅有 7.6 万平方米，代表着长江流域史前城址早期的发展水平。晚于城头山的龙山文化城址，平面形状有圆形、圆角长方形、椭圆形等，多呈不规则状，少数为长方形，其原因在于这些城址多依托岗地沟崖或河沿构筑，因此形状必然受到所处地理环境的制约。城址的规模有一部分较小，石首走马岭、公安鸡鸣城、都江堰芒城、崇州双河城、紫竹城等城仅为数万或 10 余万平方米，其余规模较大。澧县鸡叫城、荆门马家院、荆州阴湘城、郫县古城、温江鱼凫城的规模均在 20～30 万平方米，新津宝墩城为 60 万平方米，最大的天门石家河城面积达 80 万平方米。各城的城门设置，有的四面各有一缺口，有的还不明确，石首走马岭和荆门马家院发现了与城壕相通的水门。城内道路发现较少，仅在城头山东门正中发现有河卵石路，同时，城内还发现有稻田、祭坛和大量祭祀坑。由于地处长江流域，多数城都有发达的排水设施，护城壕环绕，江汉地区的城址周围有宽数十米的护城河，有的为人工开挖，有的是人工与天然河道结合。成都平原的一部分城址具有双道城垣，其间为护城壕。各城内多只有一般性建筑，少数有较大的夯土建筑，如郫县古城中部发现了长 50 米、宽 11 米的大型夯土台基。夯土城垣多为平地起建，采用堆筑法，这种方法建筑的城墙坡度多较缓，石家河城为 25°，城头山城的内坡为 15°～25°。与山东地区情况相同的是，不少城由于依托岗地和河崖，因而城垣形成外陡内缓。堆筑法建成的城垣较宽，底部宽度一般为 20～30 米，城头山城、公安鸡鸣城、新津宝墩城、温江鱼凫城城墙的宽度都在 20～30 余米，最宽的天门石家河城墙基的宽度竟达 50 米。当然，有些城墙并非一次堆筑成，因多次补修故而逐步加宽，据解剖部分城垣的横剖面看，首次筑城时城头山的城垣宽 11 米、高 1.5 米，有的城墙建筑在先行铺垫的红烧土层上（图三）；宝墩城城墙宽 10 米、高 4 米；鱼凫城城墙宽 11.5 米、高 3 米；古城村城宽 10 米、高 2.4 米，宽度大体一致。堆筑的方法是使用纯黏土成层倾斜堆积，如石家河城和宝墩城都是先堆筑墙体中部，然后再堆筑内外两侧斜面，经夯打形成坡状大夯层，大层厚度多为 40～50 厘米，夯土的硬度，两侧斜坡一般不如墙体中部。每大层夯土由多小层组成，小层夯土堆积多呈水平状，也有的为倾斜堆积，每层厚度不一，一般厚 10～30 厘米（图四、五）。宝墩城城墙的小层夯土之间常抹一层很薄的草木灰，温江鱼凫城城墙的小夯层表面夹有一层卵石，可增加固定作用。施夯方法有的是用木棍或卵石夯打，有的是用板拍打，夯土较松，夯窝不明显。这一时期在长江流域未见黄河流域的版筑技术。

二　商代前期城址的建筑技术

黄河中游是我国夏商周三代文明的策源地，迄今为止这里发现了郑州商城[⑳]、偃师商城[㉒]、东下冯商城[㉚]、垣曲商城[㉛]和焦作府城[㉜]等数座商代前期的城址，其中郑州商城和偃师商城是商代前期先后修建的商王朝都城，而东下冯商城、垣曲商城和焦作府城则是方国小城或军事重镇，另外在长江流域还发现了偏居南国的方国都城盘龙城。商代前期的筑城技术比史前时期有了极大发展，城址规模明显扩大，作为商王朝都城的郑州商城和偃师商城因建于靠山面水的豫中或豫西的大平原上，其规模已达到 200～300 万平方米，但东下冯、垣曲商城、焦作府城等地域性小城则多建于山间丘陵地带，规模只有 10 多万平方米或不足。成熟的版筑技术使这些城址的平面形状均较为规整，或呈长方

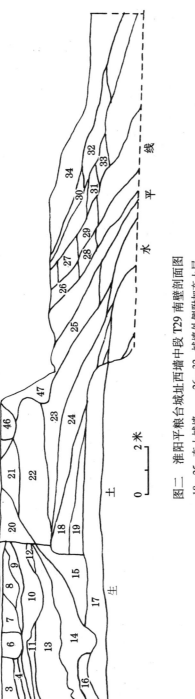

图二　淮阳平粮台城址西墙中段 T29 南壁剖面图

18～25. 夯土城墙　　26～32. 城墙外侧附加夯土层

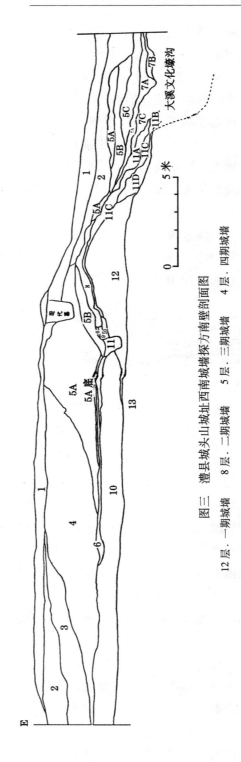

图三　澧县城头山城址西南城墙探方南壁剖面图

12 层. 一期城墙　　8 层. 二期城墙　　5 层. 三期城墙　　4 层. 四期城墙

形，或呈梯形，也有的城垣形状
因地貌条件的限制而产生小的折
曲。各城的城门、道路规划有
致，垣曲商城、焦作府城和盘龙
城各面墙都发现有缺口或城门，
有的在一面墙上，有的在三面或
四面墙上。郑州商城和偃师商城
也都发现了多座城门和缺口，郑
州商城的每面城垣都有 2～3 个
缺口，但尚未得到确认。偃师商
城大城的东、西城垣各有二座
门，东西两两相对，北墙中部还

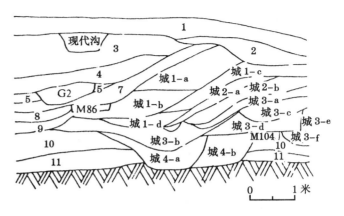

图四　天门石家河城址西墙北段 T8 南壁剖面图

城 1～城 3　城墙夯土　城 4　墙体基槽

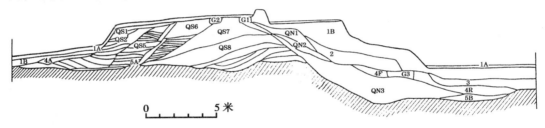

图五　新津宝墩城址北墙东端 T1 西壁剖面图

QS1、2、5～8. 城墙南（内）侧夯土　QN1-3. 城墙北（外）侧夯土

有一门，自北门向南有一条南北大道，成为城址的中轴线。城内分布着纵横 10 余条道
路，均与城门的位置相应。城内还发现了我国最早的池苑遗迹和完整的排水系统。池苑
位于宫殿区北部，为一用石块砌成的长方形水池，东西两侧各有一与水池相通的石砌排
水与注水渠道，它们分别穿过城门通往城外壕沟。还有的城门下发现了大型排水涵道，
水道由石板顺水流方向层层叠砌，亦通向城壕。几座商城内布局井然，已有了宫殿区、
手工业作坊区、居住区等比较明确的区划，宫殿区所在的位置多在城内的偏东部，有的
在南部，虽不尽相同，但都建于城内的制高点上，由多座大型夯土台基组成，并有宫城
围墙，突出了宫殿区的主体地位。其方向多为坐北朝南，整个城址面向西南。宫殿区均
经精心设置，偃师商城的宫殿区位于大城西南，亦为小城中部偏南，坐落在南北中轴线
上，形成了以宫殿区为中轴线，城门东西对称的布局。郑州商城的宫殿区位于城内东北
部，由数十座大型夯土台基和蓄水池、水井等组成，并有宫墙相围。垣曲商城的宫殿区
位于城内中部偏东，两座夯土台基的方向与北城垣相平行，宫城围墙为规整的长方形，
其方向为正东西南北方向。盘龙城的三座宫殿前后平行排列，也表现了明确的方向性。

虽然各城内其他手工业作坊区、居住区、墓葬区等区划所在的位置均不相同，但商代前期的城址在建筑布局上已初步形成了一定规则，表现为以宫殿区为中心，其余各生产、经济、生活区围绕宫殿区分布的格局。

几座商城多有壕沟围绕，城池的结合构成了严密的防御系统。偃师商城的城壕环绕于外城城垣四周，与城垣基本平行，距各面墙的宽度约 10～20 米，护城壕宽约 20 米左右，深 6～8 米，沟内填土多带水浸痕，斜壁较陡。东下冯城壕紧临城垣环绕，与城墙距离仅 2.5～3 米，口宽 5.5 米、深 7 米。垣曲商城因东、北、南三面环水，故仅在西墙外设置了护城壕，壕沟距西外墙 6～8 米，沟全长 446 米、宽 8～9 米、深约 4 米。沟内壁几近垂直，外壁呈斜坡状，底部较平。这三座城护城壕的宽和深都与城址规模相应，偃师商城壕沟的宽度与深度都比垣曲商城大约一倍，东下冯的壕沟规模最小。郑州商城是否存在护城壕，目前尚不十分清晰，仅在东南城角外发现有河相淤积层，有待进一步证实。盘龙城因位于四面环水的岗地上，自然已无必要再挖壕沟。

商代修建城垣的基本方法与史前大体相同，亦多采用下挖基槽上筑墙体的构筑方式，但其结构各有不同。郑州商城各面城墙的基槽似不明显，未见形制很规整的梯形基槽，只有最近发现的西南外郭墙的修建是先挖基槽，再填筑夯土，然后修筑墙体。夏县东下冯与盘龙城是否有墙基槽不明。偃师商城和垣曲商城的四面城垣均有基槽，形制多为口大底小的梯形，偃师商城的基槽宽而浅，上口宽度约为 18 余米，深 0.6～1.3 米不等。垣曲商城各面墙基槽的宽度与深度均不相同，北墙与东墙的基槽为宽而浅，上口宽 11～15 米、深 0.8～1.2 米；西墙与南墙基槽窄而深，上口宽 4～10 米、深 2～6.5 米，这些基槽内筑满夯土，当所挖基槽跨越尚未填满或虚土填充的沟壕、房址、灰坑等遗迹时，均将这些遗迹内的松土全部清除，并加筑夯土，使基槽常常加深加宽。几座商城基槽上口的宽度最窄的仅为 2 米多，宽者可达 19 米，深度从不足 1 米至 6.5 米，相差很大。几座商城墙体的保存都很差，多残存很少部分。郑州商城各面城墙的宽度相差不大，底部残宽约为 19～22 米、残高 3.4～5.7 米。偃师商城城墙的墙体，外城西墙底部宽约 18 米、残高 1.7～1.85 米；外城北墙底部宽 16.5～19.6 米、顶部残宽 13.7 米、残高 1.5～2.9 米。盘龙城北墙残高约 1 米，保留夯土 16 层。东下冯商城南城墙保存较好，底宽 8 米、顶宽 7 米、残高 1.2～1.8 米；东城墙保存较差，残高 1 米、底宽 7.8 米、顶残宽 6.7 米。垣曲商城的南墙较宽，内墙底宽 10.75 米、顶部残宽 10.5 米、残高 1.3～1.75 米；北城墙破坏严重，残宽 5 米，西墙和东墙墙体无存。从以上比较看到，墙体宽于基槽的情况较多。郑州商城和偃师商城两座大城城墙的边长多在千米以上，宽度多在 18～22 米之间。而东下冯和垣曲商城因规模较小，故城墙明显变窄，东下冯城墙仅宽 8 米左右，垣曲商城宽 10～15 米，仅是偃师商城和郑州商城的一半（表一）。

表一 　　　　　　　　　　商前期城址城垣建筑结构比较表　　　　　　　　单位：米

		郑州商城	偃师商城（大城）		盘龙城（宫城）	东下冯商城	垣曲商城	焦作府城
城垣概况	形状	纵长方形	长方形		方形	不明	梯形	方形
	周长	6960	5800		1100	共探出632	1470	约1128
	面积	300万平方米	190万平方米		7.5万平方米	不明	13万平方米	8万平方米
北墙	总长度	1690	1240		260		338	284
	探方号	C8T27	T2	T11			T5	
	墙体 底宽	19	19.6	16.5			残宽5	西宽6、东宽0.5~3
	墙体 残高	3.4	2	1.5~1.8	1		1	2~3
	基槽 口底宽	未见基槽	19~18.6	18.6			15.75~15	
	基槽 深		1.2	0.2~1.3			1.2	
	护城坡		内侧宽2.3 外侧宽1.6	宽13 高0.7	外侧陡坡状，内侧二层台状		无存	
	夯土	红褐土、砂土、灰土，层厚0.1	红褐土	灰褐土，层厚0.08~0.12	层厚0.08~0.1		棕红土，层厚0.1~0.15	
西墙	总长度	1870	1710		290		外墙：268 内墙：395	280
	探方号	CWT5	T1				T4	
	墙体 底宽	19.35	18.4~18.7				无存	4~8
	墙体 残高	1.5~5.15	1.7~1.85		1~3			2
	基槽 口底宽	未见基槽	18.35~17.7				外墙:4.15~1.4 内墙:7.75~1.8	15
	基槽 深		0.6~0.9				外墙：6.55 内墙：5.8	0.9
	护城坡		内侧宽3.3 外侧宽5.1~5.25				无存	
	夯土	红褐土，层厚0.08~0.1	红褐土，层厚0.08~0.13					

续表一

			郑州商城	偃师商城（大城）	盘龙城（宫城）	东下冯商城	垣曲商城	焦作府城
南墙		总长度	1700	740	260	440	外墙残长：164 内墙：375	284
		探方号	C3T3 C3T4			T5500	T1	
	墙体	底宽	22.4	18		8	外墙：残 内墙:10.5~10.75	无存
		残高	5.7	0.5	1~3	1.2~1.8	外墙：0.3 内墙:1.3~1.75	
	基槽	口底宽	2.5~2.3	19.4~17.5	未见基槽		外墙:残宽3~2 内墙:10.6~5	
		深	0.55	0.8~1			外墙：2.7 内墙：2	
	护城坡		内侧宽3.65，顶面铺一层砂礓石碎块			外侧残宽2.5~3，高1.5，内侧残宽3.5，高1.8	宽6，高0.15~0.6	
	护城坡		红褐土，层厚0.08~0.12			红褐土，层厚0.08~0.1	棕红土，层厚0.1~0.12	
东墙		总长度	1700	1640	290	仅探出52	残存45	280
		探方号	CET7			T7700	T8	
	墙体	底宽	21.85	20~25		7.8	残宽9.5	
		残高	5.4	2.5		1	0.65	
	基槽	口底宽	未见基槽			未见基槽	11	
		深					0.8	2.1
	护城坡		内侧宽7.25 外侧宽4			外侧宽1.2、高1.15、内侧宽1.85、高1	宽2.4，高0.3	
	夯土		红褐土，黄灰土，层厚0.07~0.1	红褐土		黄褐土，层厚0.1	棕红土，层厚0.1~0.15	黄花土，层厚0.08~0.12

注：郑州商城外廓城已发现5000余米，未列入表中。

　　几座城址的墙体均采用分段版筑法，即在墙体一端用木板围住内外壁和横向一侧边，形成一定长度的长方形槽，一段夯完后，向前移动围板继续夯筑。墙体在每层板上移时均向内错，使城墙逐渐内倾。各城址均在墙体内外壁面上发现了版筑痕，尤以郑州商城最为清晰。郑州商城南城墙内侧壁保留较好，高1.5米，每块木板痕迹长约3米、宽0.16~0.19米。东城墙内外壁均保存近于垂直的版筑壁面，高3.5~3.6米，版筑痕迹清晰，木板长 2.5～3.3 米、宽 0.15～0.3 米。主墙体系分段版筑而成，每一段长 3.8 米（图六）。盘龙城北城垣的墙体内侧与斜坡夯土交接处也见有垂直的木板朽痕。偃师商城外城的北城垣在夯土中发现一明显的斜向分界线，将夯土分为东西两段，两侧夯土判然有别，夯层上下相错，西侧夯土每层都翘起一小角，为挤压所致，说明夯土是由东向西逐段施工的。在两段夯土的接合面上发现上、下三列，横向的长方形木板印痕；最清晰的一列从南到北连续三个，每个高约 0.1 米、长约 0.3～0.4 米（图七）。垣曲商城的版筑痕也很清晰，南城墙内侧壁上的版筑痕保留了上下四列木板，每板高 0.18～0.2 米，长度不明，每上板较下板内错 0.01 米，城墙内倾（图八）。以上几座城的版筑方法基本相同，使用的木板多为窄长条形，只是长度和高度不等，高度约为 0.1～0.7 米、长约 2～3 米。

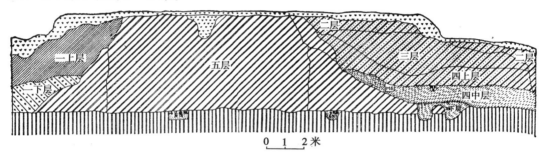

图六　郑州商城东墙北段 CET7 南壁剖面图

五层．城墙夯土

　　几座商城均有城墙附属堆积，即斜向护城坡。郑州商城南城墙的护城坡在紧靠主城墙版筑壁面的内侧，底宽 3.65 米，顶面铺有一层料礓石碎块，有可能是为防水而铺设的保护层。东城墙内外侧均有护城坡，外侧宽 4 米、内侧宽 7.25 米，在护城坡表面也铺设有砂礓石碎块的保护层。偃师商城外城西墙内外两侧的护城坡表面平整，呈倾斜状，分为三层，未经夯打，墙内侧堆积宽约 3.3 米、外侧宽约 5.1～5.25 米。盘龙城的北城垣在主墙体内侧也发现有斜向堆积，呈二层台状，外侧为陡坡状，显然也是护城坡。垣曲商城的护城坡在宫城墙及南墙、东墙内侧都有发现，南墙内侧的护城坡呈缓坡状堆积，土质坚硬，未经夯打，分为三小层，每层厚 0.1～0.15 米，坡总宽 4～7 米、高 0.4～0.45 米；宫城墙墙基两侧均铺垫了约 1.5～1.8 米宽的均匀的红烧土块，呈倾斜状堆积，用以防潮。从以上比较获知，几座城址护城坡的结构十分相似，均呈斜坡状堆积在墙的内外两侧，分作多层，土质坚硬，但未经夯打。

　　各城垣的夯土都具有夯层水平、土质坚硬等共同特点，几座商城的夯土原料均取自当地，夯土颜色有红褐色、灰色、酱红色、棕红色等，有的含少量碎陶片、烧土碎块和蚌壳。厚度一般为 8～10 厘米，每层夯土表面都密布尖圆底小夯窝印痕，直径多为 2～

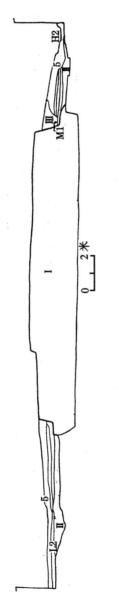

图七　偃师商城大城西墙北段 T1 北壁剖面图

I. 城墙夯土

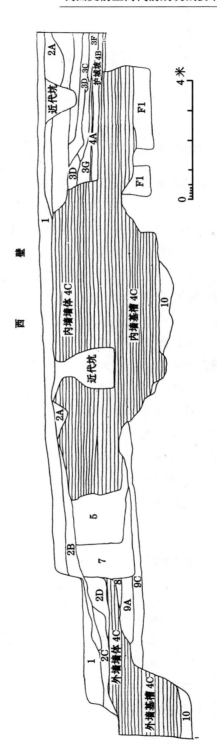

图八　垣曲商城南墙中段 T1 西壁剖面图

4C. 城墙墙体及基槽夯土

4厘米，大小与深度均相差无几，多以圆木棍绑束成捆而后施夯，焦作府城有的每捆有15～20根木棍。郑州商城有少量三角形或长方形窝为其他几座城所不见。

三　史前至商代前期筑城技术的发展历程

1. 筑城的环境选择和利用

人类从史前筑城以来，设计思想便也随之产生了。主宰筑城的人，首先是要选择城址的位置和环境。如果排除战争和自然灾害等因素，首领或统治者多是在自己生活及统辖的一定区域内选择合适的地理位置和自然环境筑城，从史前时期各城址所处的位置看，城址多在山地与丘陵之间地势高亢的岗地上，或近水源或紧临河岸，与史前聚落多选择近水台地的地理环境相一致。黄河流域地处中原黄土地带，取土筑城极为便利，因此这一地区城址的防御体系多以城垣为主，而长江流域因水网密布，城址多直接依托河沿陡崖作护城河，故而在城址四周形成了发达的防御和排水系统，这些都表现了史前城址对环境的选择和依赖。在人对自然的适应抑或利用的关系中，史前时期的人类对环境的被动适应所占的比重可能更大些。

商代前期，人类除了对环境的适应力有了进步外，还大大地增强了对环境的积极利用和改造能力。郑州商城和偃师商城均选择在交通便利、水源丰沛、物产丰富的豫中或豫西大平原兴建，宽广的地域条件和当时所掌握的筑城技术为这两座王都设计思想的体现以及建筑规划的具体实施提供了广阔的舞台，商王朝的统治者已经完全可以按照自己的意志和要求，建造起标志着王权的都城。而垣曲商城和盘龙城则依托河、湖、山，占领战略要地，并充分地占有当地的自然资源，巧妙地利用几面环水的半岛形地势，提高了军事防御能力。

2. 形状与规模的设计

城址的形状和规模，既是设计思想的体现，也受到地理环境的限制。史前城址的形状除了中原地区的少数几座为方形外，多为圆形或椭圆形，特别是黄河下游山东地区和长江中游江汉地区的城址，由于采用堆筑法构筑城垣，其拐角多呈圆弧形，形状很不规整。城址的规模一般较小，多为10～20万平方米；少数较大，面积可达60～80万平方米。

而商城的形状不论是在宽阔的平原还是在山间高地，版筑法构筑的城垣均为较规整的方形或长方形，拐角不见明显的圆弧形。城址的规模扩大很多，虽然方国小城也仅有10余万平方米，但出现了数百万平方米的宏大城市。郑州商城内城的面积达300万平方米，如果加上外郭城的面积可达600万平方米。

3. 城址方向的确定

史前城址的方向多随地理环境和地貌条件而定，常与水流方向一致，从多数史前城址看，在方向的确定上尚未掌握准确的方法。而商代前期城址的方向确定已比较准确，《周礼·考工记·匠人》："匠人建国。水地以县，置槷以县，眡以景。为规，识日出之景，与日入之景。昼参诸日中之景，夜考之极星，以正朝夕。"这里所说的悬绳法、以水平法定地平、树立标杆观察日影、夜考北极星等确定方向的方法，在商代前期很可能已经为商人所掌握。垣曲商城宫城围墙的方向为正东西南北向，围墙内东西纵长方形的大型夯土基址的方向也为正东西向。偃师商城城门位置的等分和对称；盘龙城宫殿的前后平行；以及各城宫殿区多位于城东北部，整个城址面向西南等；都说明商代前期对建筑方向的测定和掌握已达到了较高的水平。

4. 城址的布局规划

史前城址布局简单，城内多只有土坯筑成的方形或长方形排房建筑，少数房址为圆形，有的夯土基址下发现有奠基坑。只有很少的城内建有较大的夯土台基，新密古城寨发现的廊庑式大型宫殿建筑是我国龙山时期最宏伟的建筑。这些建筑基址在城的分布上无一定规则，城内尚无手工业区、居民区等明确的区划。在城址内发现的道路很少，各城城门所在位置无一定规则，多是根据环境条件和自身需要而定，但有一部分城常设有南北相对的两门，其间有道路相通。值得注意的是，郑州西山的北城门外设置了护门墙，淮阳平粮台的南门内建有门卫房，并有路土，大大地提高了城址的防御能力。

而商代前期城址的布局已经较为明确，城门规划有致，城内道路纵横。各城都有由多座大型夯土台基构成的宫殿区，宫城多有围墙与其他区域分隔开，突出了宫殿区作为王权的物化标志和统治中心的主体地位。虽然各城址内宫殿区、手工业作坊区、居民区、墓葬区所在的位置不完全一致，但各有不同的生产与生活经济区的分划已十分清楚，形成了以宫殿区为中心，其余的手工业作坊区、居民区、墓葬区围绕宫殿区分布的基本格局。显然，商代前期城址在建筑布局上已经初步形成了一定规则。当然，这种制度尚未形成十分严密的规则，如偃师商城表现出的以中轴线为中心的对称制度并不普遍存在，因此各城布局仍带有很大自主性，其建筑制度尚未严格规范化。

5. 护城壕与排水设施

护城壕在史前城址中就已出现，最初是筑城取土时自然形成了壕沟，它与城垣的结合，既提高了城的防御能力，又实现了城址排水的需要。因此这一时期的护城壕有些是人工挖成的，也有的系人工壕与自然河道结合，筑城时充分利用河崖为壕，形成护城河。特别是长江流域的史前城址由于排水的需要，城壕更是不可或缺，城壕往往十分宽阔。中原地区版筑的史前城址在对外防御上常以城垣为主，城壕为辅，而长江流域堆筑的城址多为城垣、城壕并重或以城壕为主。城址内人工修建的排水设施亦开始出现于史前时期，虽然只在平粮台南城门发现了整齐的陶质排水管道，但这一创举，首开城市地下排水管道设置的先河，这些排水设施与护城壕共同构成了史前城址的排水系统。

商城的护城壕多较规整宽大，平行环绕在城垣四周，这一时期的城壕已不仅仅是建筑城垣的副产品，而是经过精心设计和开挖的护城沟，它在降低城外地表高度的同时，实际上增加了城垣的高度。另外，壕沟难以跨越的宽度有效地阻止了外来的进犯，使深陷的城池与高大的城垣共同负载起防守的使命。商城内的水利设施更趋完善，除了环绕城墙的护城壕外，偃师商城的池苑、水渠和排水涵道，郑州商城的蓄水池和水井，构成了两个王都完整的蓄水和排水系统。

6. 城址的附属防御设施

史前时期的城址开始出现马面，如王城岗的西城西南角呈凸圆形，很可能是后期城垣马面的雏形。商代前期的城址亦使用了马面技术，偃师商城的北、东、西三面宫城墙上的凹凸折曲，类似后期城墙的马面。还有的史前城址在城门外和城垣上附加了防御设施，如郑州西山的西门北侧有望楼建筑，北门外筑有城台和护门墙，荆门马家院的城垣上筑有高台。商代前期的一些城址则采用筑双道城垣的方法以增强城垣的防御能力，垣曲商城的西城门修建了内外二道城垣，外墙设拐角将西门掩蔽在城内，这比郑州西山北门护门墙的防御能力大大提高。

7. 城垣夯筑技术

史前城垣的建筑方法多为先挖基槽，槽内筑满夯土后再从地面起建筑墙体。基槽多较浅，也有的城址无基槽，墙体宽度不同，城址规模越大，墙体越宽。城垣主要采用三种方法修建，即版筑法、堆筑法以及堆筑与版筑结合的方法。版筑法为小板夯筑，自郑州西山城所处的仰韶晚期即已产生，这一时期所使用的板较小，墙体不太规则。龙山文化时期的新密古城寨亦采用小块版筑法，在一整排中每间隔一块板先夯筑，而后再夯筑剩余部分，这种方法使所夯墙体比较规则，夯层水平，墙体坚固，标志着这一时期的小块版筑技术发展到新一阶段。黄河流域的平粮台、城子崖、景阳岗等城都采用堆筑与版筑结合的方法，很可能是因为这一区域的黄土松散，黏结性较差，如果城墙不采用版筑，城墙整体就很难筑到所需的高度。而长江流域的大多数城址都采用堆筑的方法建筑，这是因为这里广布的红土具有极强的黏结力，用堆筑加夯的方法即可筑到一定高度。另外，长江流域的水系发达，不少城址凭借护城河的天堑加强了城垣的防御能力。

相对而言，城垣所负载的防御功就降低了许多，因而长江流域堆筑的城垣高度很可能比中原版筑的城垣要低，坡度较缓，而其宽度也比中原的城址更宽。史前城址各城垣墙体的宽度有很大不同，多是根据所在位置的地理条件、城址规模等因素确定的。另外，建筑方法的不同，也使城墙宽度有所区别，堆筑的城垣一般较宽。史前城址的夯土不够坚硬，夯层厚度不等，有的水平，有的倾斜，采用木棍、木板、卵石等多种工具夯筑的夯窝不太清晰，这是我国在筑城的初始阶段所经历的必然过程。

商代前期的筑城技术有了很大进步，城垣建筑的基本方法虽仍是下挖基槽，上筑墙体，但倒梯形基槽和墙体均比史前时期明显规整。基槽有宽而浅和窄而深两种，当所挖基槽遇到松软土质时，均进行了加夯处理。各城墙体的宽度相差很大，与基槽的宽度大体相应，它们的宽与深的确定，多与城址规模、城墙所处地理条件及需要修筑的高度有关。这一时期开始采用大版版筑法，不论是商代的王都还是方国小城，用版筑法建筑的城垣都极其坚固，两侧用立柱和夹板固定，城墙壁立，壁面向上内收，筑成逆墙。正如《周礼·考工记·匠人》所云：“囷窌仓城，逆墙六分。”这充分说明商代前期的版筑技术已经十分普遍与成熟。版筑的商城夯土极其坚硬，其密度大大高于史前城址。夯层水平，厚度均匀，不同城址所见的夯窝十分相像，多为尖圆形，密集而清晰。施夯工具比较单一规范，多使用集束状木棍，史前时期使用卵石等其他工具砸夯的做法已经消失。商代前期城垣下多有护城坡，从而加固了墙基底部。另外，这一时期采用铺设料礓石和红烧土块对墙基进行防潮处理的方法，也是我国建筑史上的重要发明。

总之，从史前时期到商代前期，我国古代筑城的历史经历了飞跃性的发展和变化，其筑城技术也伴随着文明时代的到来进入了成熟发展的阶段。

注　释

① 杨宽：《中国古代都城制度史研究》，上海古籍出版社，1993 年。许宏：《先秦城市考古学研究》，北京燕山出版社，2000 年。任式楠：《中国史前城址考察》，《考古》1998 年第 1 期。张学海：《试论山东地区的龙山文化城》，《文物》1996 年第 12 期。张玉石：《史前城址与中原地区中国古代文明中心地位的形成》，《华夏考古》2001 年第 1 期。张绪球：《屈家岭文化古城的发现和初步研究》，《考古》1994 年第 7 期。张绪球：《长江中游史前城址和石家河聚落群》，《稻作　陶器和都市的起源》，文物出版社，2000 年。王毅、蒋成：《成都平原早期城址的发现与初步研究》，《稻作　陶器和都市的起源》，文物出版社，2000 年。

② 梁思永：《后冈发掘小记》，《梁思永考古论文集》，科学出版社，1959 年。

③ 河南省文物研究所等：《河南淮阳平粮台龙山文化城址试掘简报》，《文物》1983 年第 3 期。

④ 河南省文物研究所等：《登封王城岗与阳城》，文物出版社，1992 年。

⑤ 国家文物局考古领队培训班：《郑州西山仰韶时代城址的发掘》，《文物》1999 年第 7 期。

⑥ 河南省文物研究所等：《辉县孟庄龙山文化城址》，《中国考古学年鉴（1993）》，文物出版社，1995 年。

⑦ 河南省文物研究所等：《郾城郝家台遗址的发掘》，《华夏考古》1992 年第 3 期。

⑧ 蔡全法等：《龙山时代考古的重大收获　河南新密发现中原面积最大保存最好的龙山时代晚期城址》，《中

国文物报》2000 年 5 月 21 日第 1 版。

⑨ 张学海：《城子崖与中国文明》，《纪念城子崖遗址发掘 60 周年国际学术讨论会文集》，齐鲁书社，1993 年。

⑩ 杜在忠：《边线王龙山文化城堡试析》，《中原文物》1995 年第 2 期。

⑪ 山东大学历史系考古教研室：《邹平丁公遗址发现龙山文化城》，《中国文物报》1992 年 1 月 12 日第 1 版。

⑫ 魏成敏：《临淄田旺龙山文化城址》，《中国考古学年鉴（1993）》，文物出版社，1995 年。

⑬ 山东省文物考古研究所：《山东文物考古工作五十年》，《新中国考古五十年》，文物出版社，1999 年。

⑭ 张学海：《鲁西两组龙山文化城址的发现及对几个古史问题的思考》，《华夏考古》1994 年第 4 期。

⑮ 湖南省文物考古研究所：《澧县城头山屈家岭文化城址调查与试掘》，《文物》1993 年第 12 期。湖南省文物考古研究所：《澧县城头山古城址 1997～1998 年度发掘简报》，《文物》1999 年第 6 期。

⑯ 张绪球：《长江中游史前城址和石家河聚落群》，《稻作 陶器和都市的起源》，文物出版社，2000 年。

⑰ 石家河考古队：《石家河遗址群调查报告》，《南方民族考古》第五辑，1992 年；《湖北天门市邓家湾遗址 1992 年发掘简报》，《文物》1994 年第 4 期。

⑱ 张绪球：《石首市走马岭屈家岭文化城址》，《中国考古学年鉴（1993）》，文物出版社，1995 年。

⑲ 荆门市博物馆：《荆门马家院屈家岭文化城址调查》，《文物》1997 年第 7 期。

⑳ 荆州博物馆等：《湖北荆沙市阴湘城遗址东城墙发掘简报》，《考古》1997 年第 5 期。荆州博物馆：《湖北荆沙市阴湘城遗址 1995 年发掘简报》，《考古》1998 年第 1 期。

㉑ 贾汉清：《湖北公安鸡鸣城遗址的调查》，《文物》1998 年第 6 期。

㉒ 成都市文物考古工作队等：《四川新津县宝墩遗址调查与试掘》，《考古》1997 年第 1 期。中日联合考古调查队：《四川新津县宝墩遗址 1996 年发掘简报》，《考古》1998 年第 1 期。

㉓ 成都市文物考古工作队等：《四川省郫县古城遗址调查与试掘》，《文物》1999 年第 1 期。

㉔ 成都市文物考古工作队等：《四川省温江县鱼凫村遗址调查与试掘》，《文物》1998 年第 12 期。

㉕㉖㉗ 王毅、蒋成：《成都平原早期城址的发现与初步研究》，《稻作 陶器和都市的起源》，文物出版社，2000 年。

㉘ 河南省博物馆、郑州市博物馆：《郑州商代城址发掘报告》，《文物资料丛刊》1 期，文物出版社，1977 年。河南省博物馆、郑州市博物馆：《郑州商代城址试掘简报》，《文物》1977 年第 1 期。河南省文物研究所编：《郑州商城考古新发现与研究（1985～1992）》，中州古籍出版社，1993 年。曾晓敏等：《郑州商城考古又有重大收获 发现商代宫城墙和完整的城市供水系统》，《中国文物报》1995 年 7 月 30 日。

㉙ 中国社会科学院考古研究所洛阳汉魏故城工作队：《偃师商城的初步勘探和发掘》，《考古》1984 年第 6 期。中国社会科学院考古研究所河南第二工作队：《1983 年秋河南偃师商城发掘简报》，《考古》1984 年第 10 期；《1984 年偃师尸乡沟商城宫殿遗址发掘简报》，《考古》1985 年第 4 期；《河南偃师商城东北隅发掘简报》，《考古》1998 年第 6 期；《河南偃师商城小城发掘简报》，《考古》1999 年第 2 期。杜金鹏、张良仁：《偃师商城发现早期帝王池苑》，《中国文物报》1999 年 6 月 9 日第 1 版。

㉚ 中国社会科学院考古研究所等：《夏县东下冯》，文物出版社，1988 年。

㉛ 中国历史博物馆考古部：《垣曲商城（1985—1986 年度勘察报告）》，科学出版社，1996 年。

㉜ 杨贵金等：《焦作市府城古城遗址调查报告》，《华夏考古》1994 年第 1 期。袁广阔、秦小丽、杨贵金：《河南焦作府城遗址发掘简报》，《华夏考古》2000 年第 2 期。

㉝ 赵芝荃：《偃师商城建筑概论——1983 年～1999 年建筑遗迹考古》，《华夏考古》2001 年第 2 期。

重提"文明"与"国家"
的概念问题

彭 邦 炯

（中国社会科学院历史研究所）

在我国学术界，不少学者把"文明"一词用来指人类氏族制度解体进入了阶级国家以后的社会阶段。持这种观点的学者认为："文明首先表现为社会组织制度的变化，即国家的出现。""文明的起源指的就是家庭私有制和国家的起源。""文明的本质就是社会进化史上的国家社会阶段。""只有国家的出现，才算文明出现"；主张"以国家的出现作为进入文明社会的标志"[①]。照上举看法，显然讲文明起源就是讲国家起源，或讲国家起源即讲文明的起源。"文明"和"国家"成了同义语，可以相互代替。

我以为上述说法仍有可商。

"文明"和"国家"是两个不同的概念，不能混而为一或相互替代使用。

"文明"是相对于"野蛮"而言的，是指人类文化发展的一个高级阶段。它缘于美国人类学家摩尔根《古代社会》一书，将人类社会的发展分为"蒙昧、野蛮、文明"三个阶段的"文明"（Civilization）一词[②]，就摩尔根的意思看，主要指人类社会发展与进步的物质和精神文化的状态。这一涵义对译成汉语为"文明"一词，但它不是古文献《周易》和《尚书》讲的"文明"，那是对文德文采光明灿然的一种形容和赞誉；我们所讲的"文明"到有点近乎王夫之《思问录外篇》讲的"文明"[③]。

我们从摩尔根划分的各个阶段的主要标志及相关论述便不难看出"文明"是基于人类生产技能的物质变化及思维能力的发展而讲的。用《古代社会》一书前引威廉·德怀特·惠特尼说的：

> 文明的全部要素，诸如生活技术、艺术、科学、语言、宗教、哲学等等，都是人类心灵与外界大自然两者之间所进行的缓慢而艰苦的斗争中产生出来的。

可以认为："文明"主要是从物质与精神层面上提出的一个概念，或者说是从文化意义方面讲的，是指文化发展的一个高级阶段。主要包括：（1）科学技术上的发展和进步，如冶金、手工业技术、天文历法等；（2）精神文化的发展和进步，如原始宗教的发展及祭祀礼仪的程式化，伦理道德行为的规范；（3）尤其重要的是文字的产生和应用，"认真地说来，没有文字记载，就没有历史，也没有文明"④，一个没有文字的民族，很难说是进入了文明阶段的民族。

"国家"则是从政治社会制度方面而言的一个概念。它应该是摩尔根说的"以地域和财产为基础而建立起"来的一种"政治社会"。虽然摩尔根也说了"以地域和财产为基础"建立起来的"国家"基础有物质的部分，它与"文明"的基础虽有共同之处，但是国家是一种政治社会组织制度的最高表现形式。它的基础除物质的外，还有更为重要的：（1）财产和阶级的分化，形成了少数人剥削多数人，财富为少数人所占有的情况。等级和阶级更加强化，穷人和富人，贵族奴隶主和奴隶的矛盾日益尖锐。（2）为维护这种不平等的社会秩序，神权与军权结合在一起的世袭王权产生了。作为王权统治工具的官僚机构、军队警察、法庭监狱等也出现了。（3）它不像从前那样是以血缘关系形成的氏族组织划分其管理范围，而是通过战争征服，把不同血缘的各个族群纳入其中最为强大的征服者的控制之下，又形成了某种区域性的所谓"地域"关系。这样就出现了不同于氏族社会的政治社会——国家。它是人类自身的从"第一种政治方式"即氏族社会的组织、管理与权力结构的层面上发展而来的。所以构成"国家"的要素与构成"文明"的要素也是不完全相同的。

"文明"和"国家"都不是人类与生俱来的，它在出现的时间上也不一定同时。从摩尔根在《古代社会》一书中列举的不少例证和相关论述就不难知道。比如摩尔根讲到希腊、希伯来人和罗马人的相关问题时说：

> 希腊人和罗马人在进入文明以后，竭心尽智才创造了乡和市区；由此而创立了第二个伟大的政治方式。

摩尔根说希伯来人：

> 在他们到达文明社会之时尚处于氏族制度之下，并且对政治社会一无所知。

在讲到雅典人的情况时，他说：

> 到梭伦时代，雅典已经出了有能力的人物；各行手艺已经到达了很高的水平；海上贸易已成为国计民生利害攸关的事业；农业和工业都很先进；用文字写成的诗篇已经开始出现了。他们事实上已经是一个文明的民族，而且已经进入文明有两个世纪了；但是他们的政府组织仍然是氏族组织，仍然是通行于野蛮阶段晚期的那种类型的组织……从那以后又度过了将近一百年之久，经历了多次的纷扰，才在他们的头脑中充分地发展起国家观念⑤。

由上不难得知，文明的到来和国家的出现确有先后之不同。近现代民族学和考古成果还揭示：也有一些地区，国家还先于使用文字记载前出现。如南美的印加帝国，虽然已经是一个名副其实的古代王国，但还没有用文字记事，而是用称为"奎谱"的原始"结绳记事"⑥。用摩尔根的"文明"出现的标志衡量，这是文明未到来以前，国家就先建立了（这样的国家我们不妨叫它"欠文明国家"，以与文明产生的国家相区别）。

总之，"文明"和"国家"不一定是一同出现的，不好把"文明"一词用来指氏族制度解体而进入了国家组织的阶级社会。当然，一旦进入文明，随着阶级矛盾的加剧，迟早会建立起国家组织。但国家则不一定能涵盖全部文明，当然也不能以国家的出现作为文明的标志。只有将"文明"与"国家"两者分开来看，才便于说明为什么有的民族先进入"文明"而后才创立"国家"；有的民族已建立起"国家"而尚未达到公认的"文明"程度标准。

从整个人类社会发展的角度看，人类进入文明以后还将不断发展下去，且永无止境，绝不会自行消亡。"国家"是一种政治统治机关，按照马克思主义的观点，它是阶级分裂和斗争的产物，是一个阶级压迫另一个阶级的机器。"国家是表示：这个社会陷入了不可解决的自我矛盾，分裂为不可调和的对立面而又无法摆脱这些对立面。""国家"将随着社会的发展，"阶级的消灭，国家也不可避免地要消灭"⑦。

我国学术界用"文明"以指氏族社会解体进入了阶级国家以后的社会阶段，将"文明"和"国家"视为一回事，将两者等同起来，我个人认为这是缘于对《家庭、私有制和国家的起源》一书中的有关论述存在理解上的偏差。

恩格斯在《家庭、私有制和国家的起源》一书中援用了摩尔根的"文明"一词，并对有关生产技能方面的论述给予了肯定，明确指出："文明时代是学会对天然产物进一步加工的时期，是真正的工业和艺术产生的时期。"

但我们注意到，恩格斯主要强调和发挥了社会政治的一面，他说：

> 随着在文明时代获得最充分发展的奴隶制的出现，就发生了社会分成剥削阶级和被剥削阶级的第一次大分裂。这种分裂继续存在于整个文明期。奴隶制是古代世界所固有的第一个剥削形式，继之而来的是中世纪的农奴制和近代的雇佣劳动制。这就是文明时代的三大时期所特有的三大奴役形式⑧。

从《家庭、私有制和国家的起源》一书的整个论著看，恩格斯按马克思的遗愿，根据马克思的《摩尔根〈古代社会〉一书摘要》的手稿及有关批语和资料，站在马克思主义的立场上，运用辩证唯物主义与历史唯物主义，对摩尔根的研究成果重新进行阐述，对原著使用的某些术语则有所选择有所"改造"，目的是为建立马克思主义关于阶级斗争与国家的学说奠定基础。为此，恩格斯虽然多次援用"文明"一词，却没有在任何地方像摩尔根一样把文字作为文明出现的标志。仅仅在讲野蛮的高级阶段时说："由于文字的发明及其应用于文献记录而过渡到文明时代。"在恩格斯看来，文字的发明和应用于文献记录也不是文明时代开始的标志，只不过是向文明时代"过渡"而已。显然，恩格斯与摩尔根所强调的："文明时代始于标音字母的发明和文字的使用"是不同的。关于这一点，最好的说明就是《家庭、私有制和国家的起源》一书中第九章《野蛮与文明》。此章在全书中占了约八分之一的篇幅。标题是明白地讲"野蛮与文明"，但全章只字未提及文字的出现，而是重点讲氏族社会的解体、私有制及阶级的发生发展的历史、国家形成的过程和特点。在整章中明显地可见：恩格斯用的"文明"和"国家"不仅是同一回事，而且更重视的是"国家"这一政治概念，所以他说"国家是文明的概括"，并用马克思主义的阶级观点进一步认为："文明的基础是一个阶级对另一个阶级的剥削"⑨。

我们都知道，恩格斯的"这本书是现代社会主义的主要著作之一"，是马克思主义国家学说的重要基础论著，是一部讲政治的书。这和摩尔根讲的就不一样，虽然都用了"文明"一词，但摩尔根强调"文明"的基础是建立在金属的冶炼使用与文字的发明运用上；恩格斯讲的"文明"是从政治层面上讲的，"国家"是一个政治概念。恩格斯的"文明"确实是指的"国家"，指的是氏族社会（即"野蛮"时代）解体以后的阶级社会；摩尔根说的"文明"和"国家"，虽然也都是"野蛮"以后的，但不一定同时出现。只有将"文明"与"国家"加以区别，才能比较好地理解为何有的民族还没有发明和运用文字就产生了国家；另外有的民族虽然物质与精神上早已跨过了"野蛮"阶段，却没有建立起国家。

注　释

① 持类似观点的学者较多，为节省篇幅这里没有一一详注其所见论著。

② 杨东苑、马雍等译：《古代社会》第 10 ~ 11 页，商务印书馆，1977 年。

③ 《易·乾》："见龙在田，天下文明。"谓阳气出于地表草木萌发，大地文绣而明亮，显现出一派生机勃勃的景象。又《易·象传》以离卦象征"文明"，六十四卦的上下卦体中凡有离卦者，《象传》多以"文明"称颂之。如大有☲，下乾上离，《大有象》称"其德刚建而文明，应乎天而时行"。《尚书·舜典》有"浚哲文明"。《孔疏》："经纬天地曰文"，"照临四方曰明"，这是称赞帝舜的美德光照天下。王夫之在《思问录外篇》说过："今日两粤、滇、黔渐向文明，而徐、豫以北风俗人心益不忍问。地气南徙，在近小间有如此者，推之荒远，此混沌而彼文明，又何怪乎！"这里的"文明"就是相对于野蛮状况、文化落后、开化差而言的。

④ 同②第 30 页。

⑤ 同②第 7、550、268 页；同时参见马克思《摩尔根〈古代社会〉一书摘要》第 63、191 页，人民出版社，1965 年。

⑥ 印加帝国是一个早期国家，16 至 18 世纪的西班牙编年史家将它看作与欧洲中世纪的封建王国差不多，而摩尔根又估计过低，认为尚处于氏族社会。根据近现代民族学和考古学研究成果，印加王国应是一个早期的阶级国家，它的统治阶级是印卡人的王族、官吏、贵族和祭司，被统治阶级是印卡平民和被征服族的居

民与奴隶，王位父子相传，为保证王族血统的纯洁，国王娶自己的姊妹为后（婚姻落后）。印卡人的结绳记事法叫"奎谱"，它是在一根主绳上系垂一条条小绳，小绳颜色也有不同，打上不同的结，表示不同的事物。

⑦⑨　《马克思、恩格斯选集》第四卷第170、173页，人民出版社，1972年。

⑧　同⑦第172页。

中国文明起源考古学研究
理论与方法的若干问题

何　驽

（中国社会科学院考古研究所）

　　中国文明起源研究是当今中国社会科学战线最宏大的系统工程，也是一个理论与实践紧密相连的工程。因而，在中国文明起源研究中，理论与实践是同等重要的二元。缺乏实践检验的理论失于空泛，而缺乏正确理论指导的实践会陷于盲目。笔者通过对长江中游文明进程的研究和聆听"中国古代文明的起源及早期发展国际学术讨论会"与会代表的发言，对中国文明起源理论问题进行了一些思考。

一　"文明"的理论概念问题

　　关于"文明"的概念，政治家、社会学家、经济学家、历史学家、人类学家、考古学家都从各自的观察角度做出过千差万别的定义，很难说谁是谁非，均有各自的道理。但是，我们研究中国古代文明起源，必须对我们所研究的"文明"有一个比较明确而统一的界定。目前大多数中国学者对中国古代文明的实质达成了一定的共识，恩格斯在《家庭、私有制和国家起源》中所说的"国家是文明社会的概括"仍是最经典的表述。但同时有部分学者在赞同国家是文明形成标志的前提下，认为文明与国家是两个不同的概念，"文明"强调人们知识、技能和社会管理与秩序的强化；"国家"则相对于社会组织与结构而言[①]。李伯谦师也认为："文明、阶级社会、国家是从不同角度对同一特定社会发展状况所做的概括。"[②]笔者认为，"文明"与"国家"的确是既有区别又有联系的两个概念，所谓"文明"是指国家社会（state society）的社会生活方式和政治生活方式（the way of life）。这就应是我们中国文明起源研究所要探讨的"古代文明"。于是，文明起源研究不仅包括国家社会组织起源过程的探讨，而且还包括探索古代社会在认知领域和经济技术领域以及政治手段方面的发展与进步。这样的"文明起源研究"当然就不局限于"国家起源"的研究，前者研究的范围更加广阔。

二　如何从考古学系统研究文明起源

既然我们已经明确"文明"是国家社会的社会生活和政治生活方式，那么探讨中国文明起源实质上是在探讨社会复杂化的进程。这个复杂化包括社会组织的复杂化和社会生活与政治生活方式的复杂化，所考察的人类社会发展阶段是从平等的部落社会（trible society）向阶级对立的国家社会发展的过程。从考古角度说，就是新石器时代晚期阶段，这一阶段恰是当时没有文字记载的历史阶段，我们称之为"史前"，由是研究这段史前阶段文明进程时考古学就具有了无可替代的优势。然而考古资料有其自身的特殊性，已"死"的实物资料却蕴藏着古代社会方方面面的片断信息，如何将林林总总的考古资料有机地综合起来，看清复杂社会发展的脉络，迫切需要一种行之有效的方法论。

考古学研究文明起源固然以考古学的方法为主，那就是在考古学文化的范畴内综合探讨社会的复杂化过程。笔者认为，考古学文化不仅包括物质遗存（遗物和遗迹），而且还包括物质遗存所蕴涵着的古代社会各种信息。从哲学角度可将考古学文化各要素类别分为三大类：物质、精神和信息。物质包括遗迹和遗物；精神包括遗存所反映的精神领域；信息领域超越物质与精神世界，却是客观存在的，信息具有知识的秉性，是人类适应外部世界并使这种适应同外部世界进行交换的内容的名称。考古学文化因素类别中，经济、科技和政治艺术符合信息的特征。如此，考古学文化各类要素存在着层级差异，由低级到高级分成五个层级。

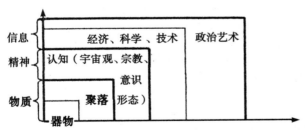

第一层级即最基础层级为"器物"，主要在时空框架内解决考古学文化谱系。

第二层级为"聚落形态"，在文化谱系的基础上开始进入分析社会组织结构的层面。聚落形态分析有微观与宏观之分。微观聚落形态是通过遗址内部的建筑、区划、墓地内部墓葬关系与等级等分析，探讨一个聚落的社会组织结构和社会等级分层状况。而宏观聚落形态主要着眼于聚落之间的各种关系，在复杂社会中，聚落等级制尤为突出。

第三层级为"认知领域"，探讨人类社会的精神世界的变化。根据 Kent V. Flannery 和 Joyce Marcus《认知考古》一文的观点，认知考古学主要是研究古代社会的宇宙观、宗教、意识形态以及与前三项相关的图像（iconography）③。第一、二层级都能够反映出认知领域的状况。在复杂社会中，宇宙观深刻影响着社会生活和聚落形态。而酋邦社会中宗教是最主要的政治手段，尤其是酋邦社会依赖宗教作为维系社会的中枢神经，一旦一个酋邦的宗教系统崩溃，这个社会就会分崩离析。社会从平等过渡到等级制、从等级制过渡到阶级都需要相应的意识形态变化来支撑，从精神的层面上使等级制或阶级合法化和制度化。图像包括与宇宙观、宗教、意识形态有关的图像（icon）、图像化符号（glyph）和抽象符号（mark），在考古上则主要表现为器物上具有特别意义的装饰图案、器物上的刻划符号和书写符号。

第四层级为经济、科学、技术领域，主要研究古代社会的经济类型和科学技术手段的变化。人地互动关系（interaction）是否沿着可持续发展道路前进，这是决定一个考古学文化能否成功步入文明社会的关键。

第五层级为"政治艺术"，代表着人类社会组织能力所能及的最高成就。酋邦社会主要以宗教为政治谋略。国家社会则是以王权政治手段为主，军事、外交、疆域政治等政治谋略大不同于酋邦社会。

通过以上五个层级在时间纵向上的变化与演进的考古学研究分析，可以比较系统而全面地把握住一个考古学文化文明进程的大体脉络，将文明探源研究推向具体和深化。

三　社会分层与阶级分化在考古上的差别

社会分层（stratification）与阶级（class）虽同属不平等社会的人与人之间关系类型，但却是不完全等同的两个概念。社会分层更强调社会成员被按照分枝的宗族制度（segmentary lineage system）④或者宗教教阶制度（hierarchy）以同一个继嗣世系群（家族或扩大家庭）为单位划分等级。不同等级的社会成员之间虽然存在着贫富分化，但是宗教权利和社会地位上的等级差别在价值观中占首要地位。社会分层是酋邦社会最基本的社会关系。考古上表现为同一个继嗣世系群（家族或扩大家庭）内部在贫富和社会地位上没有太大的差别，而不同等级的继嗣世系群之间在贫富和社会地位上的差别很大。上、下等级关系实质是社会阶层的级差，并非各世系群在利益与权利上的根本对立与冲突。

阶级分化则打破以血缘关系为基础的继嗣世系群的界限，以剥削者与被剥削者、统治者与被统治者之间的对立关系为划分基准。人与人之间的亲疏被"亲不亲，阶级分"的原则所左右。财富向极少数人手中集中，控制和支配财富的权力作用甚至超过了宗教权利的作用，成为获得政治权利和地位的主要手段。因此，阶级是国家社会特有的社会关系。当然，在国家社会中，于同一个阶级中再划分不同的阶层。考古上表现为财富和权力向个人手中集中的特征尤为明显，同一继嗣世系群内部贫富两极分化极为严重，社会权力与地位差别极为悬殊，有可能会找到一些迹象表明同一继嗣世系群内部极少数权贵富人剥削本族绝大多数成员。

　　例如湖北天门肖家屋脊遗址⑤肖家屋脊文化时期（原石家河文化晚期），在东部瓮棺葬墓地，家族财富向少数人手中汇集，特等至 V 等（出玉器者）的贵族墓占家族墓葬总数的 36.4%，而他们却占有家族财富的 100%，其他 63.6% 的家族成员都一贫如洗，无随葬品。比如，B 群之家共有 14 座瓮棺葬，其中 W 6 出土玉器 57 件，另随葬陶斜腹杯 1 件、猪牙 1 颗；F W 104（笔者据地层出土零散玉器复原瓮棺葬编号）残留玉蝉 1 件。然而，其余 12 座瓮棺葬空无一物。似乎 W 6 集中了 B 群扩大家庭 99% 的财富。值得注意的是，这些少数富有者包括"富甲肖家屋脊文化"的 W 6 在墓位上，既无中心地位，也无先祖地位，更分不出长幼。相反，从地层上看，肖家屋脊东部家族偏早的瓮棺葬以 A 群扩大家庭最多，其作为该家族"长房"的可能性最大，但 W 6 却出自"次子扩大家庭"B 群。这充分说明，肖家屋脊文化时期，屈家岭文化草创、石家河文化鼎盛的分枝的宗族制度到此废弛，财富或权力的获得不再依赖分枝的宗族制度的权力分配与继承系统，而主要凭个人的能力。由于财富或权力是通过个人拼搏获得的，所以财富或权力更趋向于个人化，并未对本扩大家庭成员给予多少恩泽。如 B 群的 W 6 富甲肖家屋脊文化，而他却没给其扩大家庭 85.7% 的Ⅵ等赤贫人口施舍一片残玉。正是财富或权力的个人化，使扩大家庭之间的等级分层的界限暗淡下去，而家族内部 36.4% 的暴发户与 63.6% 的贫困户之间不受宗族亲情伦理关系制约的贫富两极分化加剧，大有向阶级分化转变的态势。这是因为，肖家屋脊文化时期，财富似乎成为划分社会等级的实际标准，也就是说财富成为通往权力的最主要道路，而不像屈家岭文化和石家河文化时期以分枝的宗族制度为划分依据，从而导致私有制突破分枝的宗族制度旧礼制的清规戒律，得到了前所未有的发展空间和市场。在这样的背景下，巨大财富的所有者，也就是社会的统治者，他们走的是王权与神权相结合的道路，而不是沿着石家河酋邦分枝的宗族制度过多依赖宗教的老路前行。新贵们往往不是旧酋长、族长之家的成员，而是普通扩大家庭的成员，他们打破血缘亲情的羁绊，追求巨额财富和个人权力，必然形成一个新的统治阶级。肖家屋脊文化对外扩张几乎为零，因而新贵们榨取财富的对象主要是广大的本土、本族的普通成员，这些普通成员最后必然沦为一个新的被统治阶级。家族墓地内部扩大家庭成员之间，从石家河文化时期的分枝的宗族层级关系转变为富人与穷人的阶级对立关系。肖家屋脊遗址肖家屋脊文化时期东、西两家族瓮棺葬墓地共出土玉礼器 61 件，而这两个家族无随葬品的赤贫瓮棺葬数量恰好为 61 座，富者财富以玉器为标志的数量与贫者瓮棺葬数量如此对应准确，个中意味颇耐人寻味。

四　国家社会行政体制中的中央与地方的关系

判断早期国家社会的标志除了国都、王墓、王权遗存、官僚体制遗存（如官衙建筑、官印）之外，中央王朝与地方行政关系所造就文化类型上的差别和聚落形态本着政治意义上的分布，是判断早期国家的另一条易于操作的重要途径，更值得中原以外周边地区的考古学家们充分重视。

比如，湖北荆州市（原江陵县）荆南寺遗址⑥坐落在今荆州城西门外 1.5 公里处的一个自然台地上，同期张家山遗址位于荆南寺东北约 500 米处，但两个遗址不连为一体。荆南寺遗址总面积约 1 万平方米左右，是一个小型聚落，既无环壕也无城墙，更无大型宫殿建筑。房子遗迹破坏严重，从残留遗迹看，原来的房子规模也都不大。房子有圆形和方形两种地面建筑，有墙槽、柱洞和红烧土居住面等遗迹，建筑技术比较简陋。还发现一座面积不足 10 平方米的半地穴式房子。这些均证明荆南寺聚落的等级远低于湖北黄陂盘龙城封国之都，不过是一个据点罢了。

整个二里岗期，荆南寺聚落中存在着荆南寺文化荆南寺类型的典型因素（釜、鼎）与郑州二里岗商文化因素（鬲、大口尊等）的对峙状况，并形成两类文化面貌迥异的垃圾坑同时并存。笔者据典型因素釜鼎与商文化因素鬲的统计，分出两组代表性灰坑单位。荆南寺类型原住民单位有 H70②、H70①、H62、H12、H10。商移民单位有 H17、H15、H14，第五期该组无灰坑，以 T21④A 层堆积做参考；第六期该组无灰坑也无地层堆积。不仅如此，中子活化分析结果显示，荆南寺遗址商移民所使用的组合完整的二里岗商文化因素陶器很可能也是在当地烧造的，不过与荆南寺类型的原住民制造陶器的土场不同⑦。可证，商移民与本地居民各自保持各自的生活方式，恰好说明商移民与原住民的杂居特征，文化相互融合是微弱的。

商人自二里岗下层时期进驻荆南寺直至殷墟一期前后撤离，一直与郑州商城保持密切的联系。钟祥的碾盘山遗址可能就是这条二里岗商文化政令南北通达孔道上的一个驿站。

商王朝派驻移民杂居于荆南寺，目的非常明确，那就是戍边，执行"五服"行政体制中绥服的功能，南扼澧水流域的皂市中层文化，西谋峡区古蜀国的边地。皂市中层文化中的乙组因素⑧虽然是二里岗商文化因素的变体主要用于礼制范围，体现"守平常之教事王者而已"⑨，但毕竟既不与商人杂居，更看不到澧水流域直接受商王朝的统治，只是接受了商文化的礼教影响使用了改形了的鬲、假腹豆、簋、斝、爵、大口尊等，上事商王恐怕只是名义而已，"去京师弥远，差复简易"⑩，贡赋徭役微乎其微。因此，澧水流域的皂市上层文化区不是商王朝的版图，属于"要服"、邦方。于是商王朝在荆南寺贯彻"三百里揆文教，二百里奋武备"的绥服职能，以保障对皂市中层文化的要服约束。

荆南寺遗址中二里岗文化因素陶器组合里除了鬲、甗、甑、中口罐、商式器盖、盆等炊器和盛储器外，还有比较完备的陶礼器组合，如爵、斝、仿铜陶斝、簋、仿铜饕餮纹簋、大口尊、仿铜陶尊、假腹豆、罍、商式鼎等。由此可见，荆南寺商人基本上带来了全套的礼仪方式，以展示"商文明"的教化，并且成功地影响到南部的皂市中层文化出现乙组商文化变体因素，正体现了荆南寺商人"揆文教"的成效。

再者，长江中游地区史前文化中一直没有用甲、骨占卜的信俗，而荆南寺遗址中出现了与中原二里岗文化一样的卜甲和卜骨。荆南寺卜甲用龟腹甲，有椭圆形凿无钻，对贞关系严格；卜骨用牛胛骨或肋骨（？），牛甲用圆钻无凿，也有只灼无钻、凿者，皆无刻字。制龟、制骨、钻灼方式、对贞关系等都可见于郑州商城。有趣的是郑州二里岗遗址出土过陶龟 T54：18[①]，荆南寺遗址也出土了二里岗期的陶龟（尾残）。商人将对灵龟的信俗也带入荆南寺。荆南寺一灰坑（非垃圾坑）中出土不可多得的虎头骨二具、完整卜甲十余片，说明这应是用后的窖藏卜甲，正合《礼记·曲礼上》所谓"龟荚弊则埋之"的礼制，安阳和周原都发现了甲骨窖藏坑，意在《郑注》所云："此皆不欲人亵之也。焚之必已，不用埋之，不知鬼神之所为。"当然，甲骨占卜在荆南寺出现，也远不止是一种原宗教迷信习俗的输入，而具有政治统治的作用。《礼记·曲礼上》曰："龟为卜，荚为筮。卜筮者，先王之所以使民信时日、敬鬼神、畏法令也，所以使民决嫌疑、定犹豫也。故曰：疑而筮之，则弗非也。日而行事，则必践之。"因此，中原传统的甲骨占卜进入荆南寺，同样标志着商王朝的政治文教对边疆的渗透与风化由商移民得到贯彻。

荆南寺遗址不大，却有一些战争遗迹。T21H31 是一个圆形浅坑，南部被另一坑所打破。H31 出土人骨遗骸半具，南部被打掉，北部残留有头骨和上肢，手指骨、肋骨和骨盆未见痕迹，左腕处出土残铜戈的援部中末段，此外再无任何随葬品，很显然是与兵燹有关的乱葬。这正体现了"奋武备"以威慑蛮夷方国。

"揆文教、奋武备"集中体现在荆南寺首领墓 M26 上。M26 是荆南寺遗址中唯一一座夏商时期的墓葬，具体时代为二里岗上层。荆南寺 M26 墓室面积约 3 平方米左右，为竖穴土坑墓。共出土 7 件器物，包括铜斝、陶爵 1 套，配以仿铜陶尊 1 件、青铜戈漆盾 l 套、青铜"烟荷包"式钺 1 件、铜削 1 件、长舌形石钺 1 件。人骨尚存。其中二里岗商文化因素器物有铜斝、陶爵、仿铜陶尊、铜削，荆南寺类型典型因素包括戈盾、铜钺、石钺。铜斝内有成层的白色垢，当为实用器；陶爵为荆南寺二里岗文化常见形制；仿铜陶尊肩部饰拍印雷纹，腹部饰拍印云纹；铜削也为二里岗文化常见铜削形制；铜钺为銎首、束腰、圆刃，銎内有朽木痕，是战国时期巴式"烟荷包"形铜钺的最早祖形；

石钺具有当地史前石钺特征，为长条体形。

铜戈出土时为竖立，周围有大片红漆痕，原以为漆痕为葬具，由于不在墓坑中央，因此不确，当为朱干（盾）。M26 铜戈形制比较特殊，从中原直内戈借鉴过来，直内无胡；内后缘平直，内部饰三道浅槽；上下有阑；援之本部近阑处有一个算珠形的穿，穿的前侧有木朽痕，表明木质部件安在本部。戈柄安在本部不符合力学原理，结合铜戈出土时竖立、周围有朱漆痕，可推测此戈原安在朱干的顶部，成为戈盾，如陈志达先生在《殷墟武器概述》中所复原的小屯 M167 画盾戈[12]。荆南寺 T46H70② 出土一件泥质小釜，米粒纹，肩部刻画两个陶符"⌥"和"⌖"。西周《小臣宅簋》铭文中有"畵中戈"，"中"即为"盾"的象形字。荆南寺 T46H70② 小釜上前一个陶符象形为"盾上有两戈"；后一个陶符象形为一躺倒的"中"即"盾"，上面也有戈。M26 首领墓出土的戈盾与 H70② 小釜"盾戈"陶符相映成趣，而前文已述 H70 为荆南寺类型原住民的灰坑单位，说明 M26 作为荆南寺聚落的首领是荆南寺类型的原住民，那么陶符"盾戈"就是其族徽。

然而，戈尤其是铜戈并非长江中游地区史前文化的传统兵器，而是随夏商文化从中原传入的。且荆南寺 H70 小釜陶符"盾戈"的写法显然与中原商周青铜器铭文属同一文字体系，不一定是原住民的书写体系（writing system）。因此，渊源于王湾三期文化白庙类型的荆南寺文化荆南寺类型原住民不大可能以"盾戈"命名本族，而应是中原王朝的赐姓氏，因为白庙类型和荆南寺文化峡区类型早期的中堡岛遗址中均不见戈，白庙类型也无陶符传统。商王朝赐姓荆南寺原住民族徽为"盾戈"，与卜辞中称荆南寺这类"殷边"据点为"四戈"竟会如此巧合，不能不令人惊叹！这说明商王朝在"殷边"设立"四戈"的措施是十分灵活的。在商移民与原住民杂居镇守的前提下，四戈据点上的军政首领并不一定都是商人官吏，而有可能是归顺商王朝的、愿意接受商赐姓氏族徽的当地原住民的首领转化为商王朝的边关官吏，相当于后世的"土司"，但是被安置在"四戈"的体系之内。这套做法可能起自夏朝。《墨子闲诂》辑《随巢子佚文》云："禹乃克三苗，而神民不违，辟土为王。"这里的辟土为王很可能包括部分原住民归顺部族首领。《竹书纪年》有云："成汤二十一年，商师征有洛，克之。遂征荆，荆降。"荆南寺类型里强大的二里岗商文化因素证明荆南寺原住民当属被降伏之列。荆南寺"盾戈"族首领 M26 以铜斝、陶爵、仿铜陶尊揆文教，以盾戈、铜钺、石钺奋武备，不折不扣地执行"绥服"职官的责任。由此可证，荆南寺聚落是商王朝在最南边境上的一个边关据点，荆南寺 M26"土王"实际是商王朝委任的绥服内四戈之类的守边之官。荆南寺遗址所表现出来的原住民与商王朝移民政治性杂居的特征，在湖南岳阳铜鼓山遗址[13]中也同样表现强烈。荆南寺类型这类政治性杂居文化类型，恰好体现了中原夏商王朝中央对长江重要地区南疆边陲的"五服"行政控制体系，从一个侧面证明夏、商文化的国家社会体制。由此及彼，我们在考察其他文化是否进入国家社会时，也可考虑从中央与地方行政关系入手。

此外，中央与地方行政关系连接的纽带必定有驿站来承传。驿站遗址在考古上可以确认。据笔者发掘湖北钟祥双河乱葬岗、胡集丽阳驿、松滋西斋汪家嘴遗址所得到的一些规律，可以看到驿站遗址的特征为：

第一，遗址选址多在古今水陆交通的孔道沿线。如笔者发掘的上述三处驿站遗址沿《禹贡》荆州贡道、今焦（作）柳（州）铁路和 207 国道分布。

第二，遗址面积很小。面积多在数百至数千平方米，一般不逾 1 万平方米。

第三，遗址基本没有生产功能，尤其缺乏农业、渔猎等生产功能。比如几乎没有农具、渔猎工具。

第四，遗址是一个专职送往迎来的单纯的消费单位。如汪家嘴遗址建筑面积反映出常住居民在 5 人左右，而炊器数量反映出就食的人在 20 人左右。

从考古上确定驿站遗址的意义在于，驿站的配置、供给、维持都是政府的行政行为，目的是保障国家政令传达和军队调动的畅通，是中央与地方行政关系联系纽带存在的物化表现。

五　人地关系在文明进程中的作用不容忽视

中国古代文明起源研究固然是以探讨中国古代社会演进为主要对象。但是，我们在研究一个文明起源中心曾经发生了什么之后，势必要继续追寻该文明起源中心的文明进程为什么走的是这样一条道路。虽然人类社会的演进有一定的自身规律，然而人地互动关系是否沿可持续发展道路发展，最终会对人类社会演进自身规律的发挥产生促进或制约作用。笔者曾经在《可持续发展定乾坤》[⑭]一文中，从可持续发展的角度就石家河酋邦的崩溃与中原文明核心成功崛起的原因加以对比探讨。

距今 5000 年至 4000 年间，中国大地上西辽河流域、黄河中下游、长江流域上中下游的各文化都同时在向文明迈进。但是，西辽河流域的红山文化在到达发达的酋邦社会后提早衰亡了。长江中游的石家河文化与下游的良渚文化也在到达复杂的酋邦社会后，于跨入文明门槛前的一瞬间崩溃了。红山文化、石家河文化、良渚文化社会与文化崩溃的具体原因可能各异，但共有的通病是它们的文化选择都一味以牺牲自然环境资源为代价创造文化和社会的泡沫式繁荣，走上了违反可持续发展的道路，三个文化过分狂热的宗教祭祀活动在客观上造成人力、物力、财力的很大浪费，这也是违反可持续发展的典型行为之一。

相形之下，黄河中游的王湾三期文化则未表现出明显违反可持续发展原则的行为，其宗教迷狂的程度远比红山文化、石家河文化和良渚文化逊色得多，为中原文明核心形成提供了一个理想生境。长江上游成都平原从宝墩村文化⑮开始也基本上走的是可持续发展道路，在后来的三星堆文化⑯时期，顺利进入文明阶段。不幸的是在晚期（相当于殷墟文化阶段）当三星堆文化的宗教狂热达到巅峰的时刻，以广汉三星堆 K1、K2 号祭器坑⑰为标志，三星堆文化及其政权也经历了一次巨大的挫折，强大的三星堆文化嬗变为孱弱的十二桥文化⑱，文化中心从今四川的广汉三星堆迁到今成都市金沙村一带。由此可见，人地互动关系在文明进程中的促进与制约作用不可低估。以往我们对人地关系方面的考古资料收集与分析不够重视，今后在各自的文明探源研究中应大大加强。

有关中国文明起源考古研究所需思考的理论与方法论问题远不止上述这些，笔者的上述思考也很可能失之偏颇，实指望能起到些微抛砖引玉的作用，引起更多的有识之士都来勤于思考，努力实践，共同完成好中国文明探源这项伟大的社会科学研究工程。

注　　释

① 王巍：《谈谈文明与国家概念的异同》，《中国古代文明的起源及早期发展国际学术讨论会论文集》，待刊。

② 李伯谦：《中国文明的起源与形成》，《中国青铜文化结构体系研究》第 38 页，科学出版社，1998 年。

③ Kent V. Flannery and Joyce Marcus：*Cognitive Archaeology．In Contemporary Archaeology in Theory：A Reader．* Edited by Robert W. Preucel and Ian Hodder. Blackwell Publishers Ltd. , 1996. pp. 350 – 363.

④ 张光直：《中国古代王的兴起与城邦的形成》，《中国考古学论文集》第 389 页，三联书店，1999 年。

⑤ 石家河考古队：《肖家屋脊》，文物出版社，1999 年。

⑥ 荆州地区博物馆等：《湖北江陵荆南寺遗址第一、二次试掘简报》，《考古》1989 年第 8 期。

⑦ 何弩、陈铁梅等：《湖北荆南寺遗址陶器中子活化技术与文化因素综合分析》，《考古》1999 年第 10 期。

⑧ 王文建：《商时期澧水流域青铜文化序列和文化因素分析》，《考古类型学的理论与实践》，文物出版社，1989 年。

⑨ 语见《尚书·禹贡》"三百里夷"之《孔疏》。

⑩ 同注⑨，"二百里蔡"之《孔疏》。

⑪ 河南省文化局文物工作队：《郑州二里岗》图贰拾，科学出版社，1959 年。

⑫ 陈志达：《殷墟武器概述》，《庆祝苏秉琦考古五十五周年论文集》，文物出版社，1989 年。

⑬ 湖南省文物考古研究所等：《岳阳市郊铜鼓山遗址与东周墓葬发掘报告》，《湖南考古辑刊》第 5 辑。

⑭ 何弩：《可持续发展定乾坤——石家河酋邦崩溃与中原崛起的根本原因之对比分析》，《中原文物》1999 年第 4 期。

⑮ 孙华：《宝墩村文化的初步认识》，《四川盆地的青铜时代》，科学出版社，2000 年。

⑯ 孙华：《试论三星堆文化》，《四川盆地的青铜时代》，科学出版社，2000 年。

⑰ 关于三星堆 K1、K2 的性质，学术界存在一些争论，不论是"祭祀坑"也好，是"亡国宝器坑"也罢，抑或是毁庙之"不祥宝器"，都体现出了三星堆文化前所未有的宗教狂热。具体争论可参见孙华：《关于三星堆器物坑的若干问题》，《四川盆地的青铜时代》，科学出版社，2000 年。

⑱ 孙华：《成都十二桥遗址群分期初论》，《四川盆地的青铜时代》，科学出版社，2000 年。

他山之石，可以攻玉

——英美学术界"文明起源"研究的理论及其启示

徐 良 高

（中国社会科学院考古研究所）

一

人类及其社会的演进，总的看来是一个渐进的过程。但在这一发展过程中，又有一些重要的阶段，人类社会的发展出现了飞跃，即所谓"革命"。如柴尔德提出的"新石器革命"、"城市革命"等。前者更多地表现为"技术"或食物获取手段上的革命，后者更多侧重在社会组织的变化，即由平等社会到制度化的等级社会，部分人脱离直接的食物生产而成为专业管理者或精神文化及手工业生产者。这一变化构成了后来社会的基本面貌。因此，可以说世界不同地区出现的文明是人类社会发展的一件大事。这在百余年的考古学界、历史学界和人类学界一直备受关注，是一个久盛不衰的课题。每一次新材料的发现，新方法的产生，新理论的出现都刺激了对这一问题讨论的热潮。如民族学调查，考古学发现和方法创新，人类学理论等等，有关著作汗牛充栋。考古学将这一问题的研究归入"社会考古学"。

一般认为，将文明社会与其他社会区别开来的特征包括：

1. 城市化社会：这一社会建立于具有庞大而复杂的社会组织的城市基础之上。

2. 共生经济：以缴纳贡赋与税收而集中积累资本，由此使专业工匠、祭司等非食物生产者得以生存。

3. 令人印象深刻的公共建筑物和纪念物。

文明社会的本质是剩余财富的增加、集中和再分配，它使一部分人脱离直接的生产活动而从事专门的生产、管理、制度建设以及文字、思想、艺术、大型建筑、城市、交通系统等等各种文明标志物的创造和建设。在形式上，文明社会有常设的制度化的多层社会等级、系统的行政管理体系、规范化的法律和常设军队。在意识形态上，有系统理论和神话，即赋予现行制度合法化的宗教或哲学理论，文明的象征物往往是为了宣扬或强化这些制度和理论而制造的。在经济和资源上，则有足以支持这一体系的疆域和人口。国家的出现是文明形成的主要特征，故肯特·V·法兰纳瑞（Kent V. Flannery）认为"文明是一种伴随着特殊的社会政治组织，如国家而产生的复杂社会现象"。

从西方学术界关于"文明起源"问题的研究简史中，我们将会发现材料、方法和理论之间的互动关系。19 世纪，西方考古学界和人类学界受到达尔文和斯宾塞的生物进化论和社会进化论的影响，认为人类社会是由低级向高级单一线形发展的，并认为"文明"是社会进步的标志，文明社会是人类社会发展的高级阶段。由此开始，学术界开展对人类社会发展史和文明出现的研究。泰勒（Tylor）将人类社会发展分为三个阶段：简单狩猎社会的原始阶段（savagery），简单农业生产社会的野蛮阶段（barbarism）和文明社会。

摩尔根在《古代社会》中，通过对北美洲印第安人的研究，提出了人类社会从"蒙昧社会"经"野蛮社会"到"文明国家"的几个阶段发展的假说，并构成恩格斯《家庭、私有制和国家起源》一书的基础。由此，这一学说成为我国史学界几十年来研究史前社会的指导理论。

这种单线进化论思想一直流行到 20 世纪三四十年代。考古学家柴尔德将这一进化论思想运用到考古学研究中，在其《远古文化史》中将旧石器、中石器时代的处于狩猎、采集阶段的人类社会等同于蒙昧阶段，新石器和红铜（或铜石并用）时代的农业社会约等同于野蛮阶段，而将青铜时代社会视为文明社会，并将考古实物资料作为一些社会阶段的物质标志，提出了"新石器时代革命"和"城市革命"的著名论断。柴尔德认为这种进化是必然的，同时，他相信，技术革新和谋生模式是城市革命的核心。柴尔德的思想在考古学界有长期的影响，尤其是他的关于文明社会出现的几种物质标志更成为人们长期划分文明社会与野蛮社会的主要标准。柴尔德提出的城市革命的十个标准如下：

1. 最初的城市较过去任何聚落均为广大，其人口亦较稠密。

2. 城市人口的构成和功能与前迥异，包括不从事农业、畜牧或采集以取得食物的其他阶层——专门化的工匠、运输工人、商人、官吏与僧侣。

3. 直接生产者必须向神或神权下的国王缴纳赋税，以产生剩余财富的集中。

4. 规模巨大的公共建筑不但标志城市与此前村落的不同，而且作为社会剩余财富的象征。

5. 僧侣、官吏和军事首长形成统治阶级，从事计划、组织等劳心活动，下层阶级从事劳力活动。

6. 财富的经营迫使文字的发明。

7. 文字的发明进一步推动科学的产生——数学、几何学、天文学。

8. 由剩余财富所供养的其他专家从事美术活动。

9. 剩余财富更用于外来商品的输入，造成原料贸易的发达。

10. 由于原料能够输入，同时受到以地缘（而非血缘）为基础单位的国家的保护，专门化的工匠成为城市政治构成的下层成员。

后来，查尔斯·瑞德曼（Charles Redman）将柴尔德的标准划分为"根本"特征和"衍生"特征，根本特征包括：城市和国家，专业化的劳动分工，剩余产品的集中以及分层的社会结构。衍生特征是由前者变化产生的现象或副产品，如纪念性公共工程，长距离贸易，标准化的艺术品，文字与科学。

其实，并不是所有文明均具有这十个特征，有国家没有城市是可能的。随着世界各古代文明研究的深入和考古工作的积累，这些标准的普遍适用性受到了怀疑和挑战，其中许多已经被否定了。有些持久的文明从来就没有存在过城市，玛雅文化只有礼仪及宗教中心，人口主要在农村；中美洲的印加文明没有文字，而玛雅和阿兹特克文字只被用于一种复杂的历法，而不是用于行政管理和经济活动。中国古代城市的构成可能也与两河流域的不同。在中国古代，地缘组织代替血缘组织成为基本的社会组织可能发生得很晚。布鲁斯·特瑞格（Bruce Trigger）将古代文明区分为两个类型，即城邦国家（City-states）文明，诸如美索不达米亚、玛雅和希腊古文明，和地域国家（territorial states）文明，诸如埃及、印加和中国商文明等。前者的城市人口由社会的各类人，如手工业者、农民和统治精英构成，有繁荣的市场；而后者的早期城市主要是政治中心，农民生活在乡村内地的小聚落中，农民与城市中心的关系主要是前者向后者交税，与城邦国家相比，农民更少依赖于城市的手工业者和市场。

20 世纪 50 年代，美国人类学家埃尔曼·塞维斯（Elman Service）发展出一种新的人类社会分类理论。这一理论渐渐被多数学者所接受，尽管它一直被修正。这一理论将人类社会的发展分为"游团"（mobile hunter - gatherer groups 或者 bands）、"部落"（tribes）（即平等社会［segmentary societies］）、"酋邦"（chiefdom）和"早期国家"（early states）。有学者认为酋邦与国家的主要区别包括：

	酋邦	国家
人口数	5000～20000	20000 以上
社会组织	在世袭领导人下建立的在血缘关系基础上的等级制和高等级武士	在国王或皇帝下建立的在阶级关系基础上的等级制和军队
定居模式	设防城市和礼仪中心	城市化城镇、边境防御及道路

宗教组织	负宗教职责的世袭酋长	职业宗教祭司阶层以及泛神论和一神论宗教
建筑	大型纪念性建筑	宫殿、寺庙和其他公共建筑

酋邦社会的等级制主要是建立在血缘关系上。酋长在确定社会等级的划分中的作用是根本的。作为政体的中心是永久性祭祀礼仪中心，而不是后来的官僚机构及城市中心。税收是通过向酋长的贡纳方式进行的。酋邦中的高等级成员往往用奢侈品、特殊物品，如玉器、金器等来强化自己的社会等级。考古学家辨认酋邦的一个线索是高等级儿童墓葬——因为年龄小，所以他的等级一定来自其出身，而非个人能力。

关于国家的主要特征，一些学者指出，许多早期国家保留了酋邦的许多特征，但其主要区别是有高度专业化的强有力的中央政府和专门的统治阶层。统治者有明确权威来建立法律制度，并拥有常备武装。人口数量较多。社会不再依赖于血缘关系，地缘组织和专业化分工成为主要的社会组织特征。农民和城市平民成为最低阶层，手工业者居于中间，祭司和统治者及其亲属高居其上。行政统治者的职责与宗教祭司职责分离，宫殿与寺庙分离。有与现实政治对应的神话体系。有常设的行政官僚机构，主要用于征税和再分配财富以供养政府、军队和手工业者。首都是主要中心，辅之以区域或次级中心，最后是乡村聚落。

在当代多线进化论的思想影响下，学术界一般认为，过分强调这四种类型的重要性而试图将任何一个社会强行归入某一类型的做法是错误的。同样地，假定一个社会必然从一个阶段进入另一个阶段，如从酋邦到国家，也是错误的。对这几个类型的社会，也不能用谁更进步，谁更落后来评价。有人指出，酋邦并不是进入国家经历的必然阶段，罗曼·约菲（Norman Yoffee）就认为，在前苏美尔文明中没有酋邦。对于塞维斯（Service）的四个社会类型划分的概念也不应生搬硬套，有些学者提出"塞维斯（Service）的分类仅仅是提供了我们对早期社会组织认识的框架，它不应阻碍或限制对古代社会诸多问题和各地独特性的研究"。

在20世纪60年代以后，随着新考古学及过程主义考古学的影响，对古代文明研究从对文明社会的界定、标准的讨论更多地转到对文明社会为什么产生以及怎样产生的动力、机制和过程问题的关注上。对机制和动力的讨论渐渐取代了对"文明"的简单认定和标准讨论。

关于文明社会或国家产生的动力的理论主要有：

1. 生态学解释

20世纪20至30年代提出的"沃月地带"理论认为，美索不达米亚的冲积平原和尼罗河流域的肥沃富饶是这些地区城市和国家出现的一个最基本的原因。土地肥沃和气候温和导致食物过剩，这样就能供养构成复杂文明社会组织的手工业工人和其他专业人员。但也有学者提出质疑。他们认为，真正的过剩是一种社会的过剩，是由社会的审慎行动所创造出来的，是通过某些政府力量而达到的再分配。从某种意义上讲，这是一种征税的权力，是个人或组织从生产者那里夺取剩余产品，也即首先有社会控制组织和强制手段，才有剩余财富的生产和集中。

另一种理论由罗伯特·亚当姆斯（Robert Adams）提出，他认为在美索不达米亚，谋生的专门地带差异甚大，如小麦生长在亚述的高地，大麦生长在沼泽地边缘和平原的堤旁，湿地的果园中出产海枣，农业与在定居地区的休耕地里放牧牛群结合起来；游牧民则在固定居住地界外的半干旱草原上放牧牲畜，从河流和沼泽地捕来的鱼为人们提供必需的蛋白质，而河流和沼泽地又有可作建筑材料的芦苇。这种生态小环境使社会各相连部分之间形成相互依赖，由此，社会的专门化分工不断加强，几个各自生产着不同主要食物产品的亚生态地带相结合，并随着最初礼仪中心的形成而形成一种社会政治单位。这个地方化的权力中心能够管理不同的生态地带及其生产，对剩余食物进行规划，较多地考虑对策以防备饥荒。也有学者指出，生态环境仅仅是导致文明产生的诸多变化的因素之一。还有学者提出，海平面的上升和气候变化与美索不达米亚文明的兴衰有密切关系。

2. 人口增长论

这一理论认为社会进化是由人口增长压力引起的。但也有人提出不同意见，认为没有证据表明就在文明社会出现的前夕有一次人口的猛增。

3. 技术进步论

正如柴尔德所认为的，技术进步和谋生手段的变化是文明社会产生的动因，如冶金术的出现导致剩余产品增加，社会分工出现，社会等级和国家产生。但也有人指出，在美索不达米亚，农业技术是在文明开始之后很久才发达起来的。铜以及其他外来原料首先用于祭祀用品和珠宝类的小批量生产，直到文明开始几个世纪之后，随着运输和军事上的突然需要，紫铜和青铜的产量才有所增加，技术的发明和推广是社会需要的产物，而不是动因。有人还认为，事实上，技术越进步，人们就工作得越少，产品剩余的原因只能是权威的逼迫。

由此，我们也联想到，在对文明社会出现的标志讨论中，不能教条地将某些物品或技术的出现作为文明的标志，而应该首先问一问"为什么"，看它在文明社会的产生和发展中是否发挥了关键作用，即重视研究某类物品、技术与文明社会的关系。由机制讨论去研究每个具体文明社会的出现及其标志是什么，比教条地采用对其他文明研究而得出的标准来硬套中国的考古材料要科学得多。

4. 灌溉论

斯图尔特（Steward）和威特福格（Wittfogel）均认为灌溉与社会分层的发展相关联，国家官僚政治机构垄断着水利设施并发生了水利政治，即社会对灌溉的需求导致了国家和城市社会的发展。但也有学者提出，不管大规模灌溉的需求对政府机构有多么大的影响，大规模灌溉的引入仍是集团统治国家机构的结果，而不是该机构产生的原因，并指出在美索不达米亚和埃及均是如此。

5. 贸易发展论

这一理论认为，复杂社会的起源和进化与贸易密切相关，对贸易资源和路线的控制导致国家机器的产生。这类贸易主要是铜铁矿等必需的原材料和各式各样的奢侈品。但也有人认为这一观点是将复杂的过程过分简单化了。

6. 战争论

罗伯特·卡尼罗（Robert Carneiro）通过对秘鲁沿海地域的考古调查，提出一种"限制理论"的国家起源论。认为在一些地区，由于环境的限制，农业土地极为有限，散布在这一地区的分散而自治的村庄，随着人口的增长，更多的土地被占用，各社会为了争夺有限的土地开始互相争斗，彼此侵犯对方的土地。不久以后，某些村庄头人们作为成功的战争首领脱颖而出，成为酋长，并建立起统治较大部落的政权。但是，此流域人口的不断增长，使战争不断加剧，直至全流域归于一个统治集团之下。然后，这个野心勃勃的统治者及其继承者又开始对邻近的地区发动侵略，最后，一个强大国家终于出现，它统治着几个流域地区，创造了更为广大的文明，被征服者则构成了奴隶等社会底层。

有学者对此提出不同意见，认为大规模的军事冲突似乎是文明的结果之一而不是文明的直接起因之一，比较早期的分散村社社会组织未曾导致由于财富和权力集中于垄断者手中所造成的惯例性战争，只有当专制和世俗的君王掌权之时，战争才成为用入侵和军事出征来攫取对重要资源的控制和解决政治问题的手段。况且，最早的礼仪中心往往是不设防的。

7. 宗教论

这一理论认为神庙和圣地普遍存在于许多远古农业聚落中，如杰里科、卡塔尔·休于等。管理礼仪中心的祭司或宗教领袖由自己所服务的村庄提供食物，他们属于最早从食物生产的负担中解脱出来的人们之列。在每一地区，礼仪中心都是权威的最初焦点，而这种权威归属于宗教象征和有组织的僧侣集团。他们控制着经济剩余，祭品和货物的再分配。神庙成为组织新兴政治、社会和宗教结构的一个新手段。随着社会发展得更为复杂，更加复杂的伦理和信仰就成为批准社会新目标的手段。神庙是传播这些新信仰的工具，是新的首领为其行为辩护并制订相应政策的手段。社会的和宗教的道德模式为限定经济制度，建立社会秩序提供了神圣规则。与之对应的，最早城市的核心是某种形式的神庙或礼仪中心，国家的、世俗的或宗教的事情都在这种大型建筑物的周围进行。

8. 社会理论

近年，考古学家开始从过多的生态系统研究角度转向更关注社会组织和个人。他们认为所有人类社会最终是由相互作用的人和组织构成的。有学者提出"三种领域力量相互作用"理论。这一理论认为一个社会存在经济力量、社会和意识形态力量与政治力量。经济力量即经济生产能力，包括对资源、食物和财富分配的控制；社会和意识形态力量指社会分层体系的形成和维持以及与之相应的意识形态；政治力量即由强力维持控制的能力。以上三种力量是早期国家的根本组成部分，它们互相联系，共同作用。罗曼·约菲（Norman Yoffee）相信，这三种力量相互作用导致新的国家机构产生和超级统治者出现。

9. 系统论理论

由于早期的那些将灌溉、贸易、生态或宗教等作为文明社会产生的原动力的单一动力解释理论均有各自的缺陷和不足。一种新的多变量系统理论出现了。首先是罗伯特·亚当姆斯（Robert Adams）提出国家形成是多因素的，他在 60 年代就提出灌溉农业、日益频繁的战争和"地方资源"的易变性、互补性是新出现的文明中的三个重要因素。每个因素都以有助于相互增强的正反馈形式影响着其他两个因素。生产的提高和人口的增长导致了对重要资源的垄断。这些社区由此而更强大，通过军事征服，扩大其版图，从而更有效地对其他民族进行剥削。

肯特·V·法兰纳瑞（Kent V. Flannery）则提出了一个更为复杂的国家起源系统理论，即多变量理论。这一理论认为一个社会是由多个亚系统，如农业、技术、宗教、信仰等组成的，每个亚系统都有一个控制阀。当各亚系统均在其控制阀范围内变化时，整个系统保持一种稳定。一旦由于某种内部或外部压力导致某一亚系统超控制发展，就会引起整个系统的破坏和重组，促使系统制订新的规则，这种机制将导致更高的集中化，即国家的出现。这一理论所强调的社会运行机制包括"提升"和"线形化"；内因有"meddling（干预）"、"usurpation（侵夺）"、"hypercoherence（高度一致性）"；变化过程有"分离"和"集中"；对社会运行机制进行选择的外因，即社会环境压力包括食物短缺、战争、人口增长、灌溉、贸易、多元亚生态环境等等。这一理论强调在社会运行中对信息流的控制与处理，认为国家与以往社会的主要不同是决策体系的线形化和多级化。这一理论实际上是一种多变量互动理论，将过去从社会人类学和生态学角度研究文明起源的多个理论结合到一个系统中，解决了过去各种理论面对复杂的社会变化过程而过于简单化的问题，是当今英美学术界对古代文明和国家起源进行研究的流行理论。但由于其复杂性，在研究中要求注意多个变量的变化及互动以及复杂过程，这就要求对古代社会作更多的、多角度的、更细致的基础研究和多学科合作研究。

此外，还有从能量获取角度对复杂社会进行研究的，如用生物群落营养层的生态概念来研究人类社会等。

关于文明起源动因的讨论，实际上，涉及到对国家性质、作用的根本认识的哲学问题，即协调论和冲突论。前者认为国家机器的出现是为了协调、管理社会的需要，后者则认为国家机器是暴力工具，是一个阶级压迫另一个阶级的工具。

通过这些理论的介绍，我们可以看到英美学术界对"文明起源"的讨论，由标准认定到动力机制研究，由现象到发生过程，由单一动因论到多变量动因论的演变轨迹。

所有这些理论的产生不是闭门造车、凭空臆造的，而基本是从某些具体案例的分析中得来的。这些具体案例有人类学家对近代一些民族的调查和研究，如摩尔根对北美印第安人的调查，一些人类学家对夏威夷等地酋邦的研究。有考古学家对某些区域的考古调查和研究，柴尔德（Childe）、罗伯特·亚当姆斯（Robert Adams）等对两河流域的考古工作、罗伯特·卡尼罗（Robert Carneiro）在秘鲁地区的考古调查、肯特·V·法兰纳瑞（Kent V. Flannery）在墨西哥奥萨卡（Oaxaca）谷地的考古研究等。这些来自具体案例分析的理论假说有其合理性，但其普遍适用性却值得考虑，从对各案例的比较研究中，我们就不难发现彼此间在环境、历史背景、社会运行机制和文化物质表现诸方面的不同，一个模式不一定适用于每个早期国家。由此，我们联想到西方关于"文明"的相关理论和标准在中国的适用性问题，这一点后文将有所讨论。尽管如此，这些西方的研究思路、方法和理论对我们的启示作用却是不可否认的。

二

此外，还有一些与"文明"有关的概念和课题对我们的研究有重要的参考价值。

1. "文明"、"国家"、"酋邦"与"复杂社会"

文明是人类社会发展的一个新阶段，表现在多个层次上，包括物质技术、社会组织、制度、思想观念、意识形态等。文明首先表现为社会组织的变化，即国家的出现，与之相关的是物质技术和思想意识的变化。

国外有学者提出文明与国家有一定的区别。比如，有学者提出，一个文明可能等同于一个国家，也可能包含几个国家，或曰"国家"一般被视为政治或政府单位，而"文明"则被视为与政治或政府单位相关联的"文化圈"。正因为如此，在西方学术界，对文明的讨论中，很多文章集中于对国家起源的讨论。

由于对国家这一政治组织形式起源的讨论又涉及到从原始平等社会向制度化的、规范化的国家过渡阶段——酋邦起源问题。酋邦的讨论又是一个与文明起源密切相关的问题。关于酋邦与国家的区分，塞纳斯（Service）等人列出了一系列的标准，但在许多案例中，酋邦与国家是很难明确区分开来的。比如，关于地缘关系代替血缘关系，在东方社会就未必很明显。另外，根据有关个案分析，有学者提出，有些地区的文明经历了从部落到酋邦到国家的发展历程，有些经历了从部落直接到国家的发展，还有些地区文明只发展成酋邦、而未发展成国家。这是各地区文明所选择发展道路不同的结果。

正是由于这种复杂性，所以有些学者不明确提"文明"、"国家"概念，而是用"复杂社会"这一比较概括性的概念来统称这一社会发展变化。

2. 中外古代文明的异同问题

通过前面的理论对比，我们已经可以看到各学者基于对不同地区文明的具体案例研究而提出的不同理论观点。即使是在同一个大的文明圈内，如希腊的雅典与斯巴达之间在国家形式和运作机制上就存在巨大差别。由此可见，在古代文明研究中，具体对象具体分析的重要性。那么，关于中国古代文明与其他古代文明的比较研究问题，国外学者也有涉及，如认为中国古代文明是地域国家（territorial states）特征，与城邦国家（city－states）（注：也有学者对 city－states 一词提出怀疑，认为可能不是国家，而是大的国家分裂后出现的过渡政治形式）不同。查尔斯·V·麦塞尔斯（Charles K. Maisels）提出，从血缘关系的平等社会发展到国家形态的分层社会没有统一的轨迹，由于不同的生态、历史原因，有两种不同的原生国家形成方式：亚细亚或乡村国家（village－states）产生模式，它建立在大范围地理生态环境一致的基础上，血缘组织起重要作用。另一种是城邦式的城市化国家（city－states），它出现于美索不达米亚等地貌多样性和小生态环境内产品、资源单一化的地区，在这类国家的城市化中地缘组织代替血缘组织成为基本的社会组织。城邦国家的分层和城市化植根于经济上的分化，而乡村国家则植根于意识形态和政治上的分化。乡村国家只有行政和宗教礼仪中心——城市，而缺乏真正意义上的城市，并认为中国古代文明是乡村国家的代表。

我们赞同这样的观点：虽然文明社会的本质在各地区是一致的，但不同地区、不同人群，由于其不同的文化传统、自然环境及资源配置不同，以及不同的周边族群环境，不同地区的文明社会进程应该会走一些不同的道路。由此，各文明在规模、政治体制、聚落结构、社会组织结构、经济运行方式、行政管理体制上也会有所不同。正因为如此，我们认为，对中国古代文明进行具体分析和具体研究非常重要，只有这样，才能真正认识中国文明的起源和发展之路，也才真正谈得到，通过研究中国古代文明来丰富我们对世界人类发展史的认识。事实上，对各地区古代文明特殊性的认识与对人类发展史的一般规律的认识是互补的，只有在充分研究各地区特殊演变轨迹之后，才能对人类发展的一般规律有科学的、清晰的总结和认识。

3. 原生文明与次生文明

原生国家或文明：指由自身内在过程独立发展出的国家或文明，而不是通过外在的、已有国家影响产生的。一般被认为埃及、两河流域、印度、中国、中美洲一些古国是原生国家或文明。当这些原生国家通过贸易、战争、移民和思想观念的传播影响，与他们周边较落后的地区互动，就会产生一些次生国家或文明。

次生国家或文明：其形成受到另外的长期形成的国家或文明的决定性影响而产生的国家或文明，如米诺斯、迈锡尼文明、早期南亚文明等。

早期文化传播论者简单地认为世界只有一个原生文明——埃及，全世界各地的文化均是它传播的结果。20 世纪初以来在美索不达米亚和尼罗河流域的考古发现推翻了这种过于简单的假说。随着苏美尔文化和早期埃及文化的发现，学者们认识到，早期文明是在相当长的时期内，在多个地区各自发展起来的。今天，学术界已经接受了文明起源多中心论。具体到中国区域内，我们认为，古代文明也存在一个原生国家与次生国家问题。我们知道，新石器时代文化是多元的，那么，到早期国家阶段，这种多元是否就是国家形成中的多源？它们与早期国家的关系如何？在早期中国文明中，同样存在原生国家与次生国家的关系问题，比如中原地区政权与周边文化或政权，谁是原生？谁是次生？他们彼此的关系如何？等等。

4. 文明起源研究中的考古学问题

从西方学术界比较有影响的研究案例来看，如罗伯特·亚当姆斯（Robert Adams）对美索不达米亚古文明的研究、法兰纳瑞（Flannery）对中美洲奥萨卡（Oaxaca）谷地古文明的研究，区域调查和聚落考古是成功的手段。从研究目标来看，如要研究社会组织结构及其变化，区域调查和聚落考古是从考古学研究这一内容的基本方法。这种研究不仅要调查一定区域内聚落的分布、大小、等级划分，还要求了解聚落之间的各种变化、各级聚落之间的物流关系、人们生产生活方式的异同及同一聚落内不同人群的差异和分布。有学者甚至提出，国家社会在聚落表现上应有四个等级以上，聚落内应有永久性储藏食物和商品的设施等。

此外，从考古学中研究古代国家和酋邦，还包括对中心聚落的辨认及对其作用的研究，通过居址、墓葬、造像等艺术品对社会等级的研究，通过手工业作坊研究看专业化分工程度如何等，通过艺术品、宗教用品看其反映的政治等级制和思想意识、宗教信仰的一致性和政治力量控制、影响范围等诸多问题。

从西方研究实践看，新的理论假说指导促进了考古学田野工作的发展，而新的考古资料信息又丰富发展了理论假说。

5. 文明的崩溃研究

汤因比认为文明像各种生命一样，会产生、成长，也会衰亡、崩解。由于中国古代文明保持着表面上的延续性（注：实际情况尚缺乏分析研究），即所谓中国文明是连续的，而其他古代文明均在表面上中断了，即所谓的断裂性。所以，中国人对文明的崩溃研究极少关注，至多是从传统王朝兴衰角度对夏商周诸政权给予一定的关注。而在西方学术界，对文明的崩溃研究则是文明课题的一个重要组成部分，面对一个个神秘消失的辉煌文明和当今社会的种种危机，这也是学术界的必然反映。对于文明崩溃是灭亡，还是一种解析和重组；崩溃的过程如何；崩溃的原因是生态环境的恶化，还是多变量系统的失衡等等均有热烈的讨论。或认为崩解并不一定是灾难，而是面对危机要求社会组织改变的理性选择。

从中国文明的起源及发展角度看，中国古代文明的形成、演变，尤其是尽管表面上仍保持了一种延续性，但实质上历史上曾多次出现的分解与重组（注：我们认为，汉语语言文字系统、历史学传统、祖先信仰宗教和独特的学术传统等起了重要作用），均值得予以充分的重视。另外，良渚文化、三星堆文化等周边诸文明的不同发展轨迹及其崩溃原因也应成为中国早期文明研究中的重要部分。

三

"他山之石，可以攻玉"。通过考察西方学术界关于早期文明研究的理论，带给我们对中国古代文明起源和发展研究的一些有益的启示。

第一，对中国古代文明形成机制和过程的研究应予以足够的重视，而不应教条地用西方学术界几十年前提出的文明几个标志的假说来剪裁、取舍中国古代文明的实际材料，并予以贴标签式的认定。也只有通过对机制和过程的研究才能提出中国古代文明自身的特点和标志。

由列举特征的"贴标签式研究"转向对"过程和机制的研究"，要求我们在研究方法、思路、课题设计上作出调整。对文明形成机制和过程的研究要求真正的多学科结合，比如研究生态环境的变化、人口压力是否存在、资源的分布、灌溉系统与水系、商品生产、贸易流通等，只有通过古气候学、古动物学、古植物学、冶金史、微量元素分析、人口研究、地质学等多学科结合才能给出一个科学的说法。

第二，如果我们要研究社会组织及其演变，考古学上的基本手段就是区域调查和聚落考古。因为聚落调查和发掘应是古代文明研究中考古学应做的基础工作。聚落考古不仅仅是一般的区域调查，还应包括系列的不同等级聚落和同一聚落内不同区域、不同类型遗址的发掘。只有这样，我们才能通过分析聚落考古资料研究当时社会组织的分层结构，不同阶层之间生产生活状态，彼此之间的关系，城市的作用、性质等。区域调查和聚落考古也同样必须多学科合作，只有这样，才能获得相关的信息。

从某种意义上说，正是在过程主义理论影响下的区域调查和聚落考古及生态观念、多学科手段的采用刺激了新一轮文明起源研究的热潮。

第三，正如前文所说，各区域文明均有自己独特的特点，因此，对国外的相关文明理论，只能参考，不能照搬。我们对中国文明的研究应立足于自身的材料、分析，形成自己的理论。中国古代有发达的礼器系统，血缘组织长期保存，祖先崇拜发达，城市的政治礼仪中心作用似乎更突出，等等，这些都是其特征。实际上，我们现在对中国古代社会的特征认识尚很少，比如，三代时期中国的环境与资源的分布状态以及人们的开发利用状况，三代城市的结构、人口构成如何？中国古代的贸易有无？特征是什么？其社会作用如何？社会基层组织和平民生活怎样？手工业分工及其专业化程度如何？等等。诸如此类基本问题，我们迄今均不甚清楚。三代社会尚且如此，遑论更早时期。因此，我们认为，在中国古代文明起源研究中，对这些涉及文明和国家基本要素的问题，首先应弄清楚其在三代社会时的状况，然后方能总结出中国早期文明或国家的特征，并上溯其源头，探讨其形成机制。肯特·V·法兰纳瑞（Kent V. Flannery）也提出："我们不能依赖于文献信息去辨认最早的古代国家，因为它们大部分没有文字或仅有有限的文字，但我们可以通过研究第二、三代古代国家的考古学特征来建立一系列的标准去辨认缺乏文字信息的早期国家。"由此，我们认为，对夏商周三代国家的研究在中国古代文明起源研究中应占有重要地位。

第四，跨文化的比较研究能使我们更清楚地认识中国古代文明的特点，使中国古代文明研究成为世界学术界探讨人类发展史的一部分。

最后，参照西方关于"文明"的研究史，我们知道对文明的起源和发展的研究是一个长期的任务，现有的各种理论均是假说和推论，这也正是其魅力之所在。正是这种多元理论的讨论和交流深化了我们对人类过去的认识，这恰是这一课题的特点所在。因此，我们认为多理论、多观点共存在很长一段时间内将是"文明起源"研究的基本特征之一。

主要参考书目：

1. Colin Renfrew &Paul Bahn, *Archaeology*, the Third edition Thames & Hudson 2000.

2. Kent V. Flannery, The Cultural Evolution of Civilization, *Annual Review of Ecology & Systematics*, Volume 3, Page 399 – 426, 1972.

3. Gary M. Feinman and Joyce Marcus eds, *Archaic States*, New Mexico, School of American Research Press, 1994.

4. Christopher Scarre and Brian M. Fagan, *Ancient Civilizations*, Longman, 1997.

5. Gordon V. Childe, Urban evolution, *Town Planning Review*, Vol 21, 1950, page 3 – 17.

6. Robert M. Adams, *The Evolution of States*, Chicago, Aldine, 1966.

7. William T. Sanders, Jeffrey R. Parsons, and Robert S. Santley, *The Basin of Mexico: Ecological Processes in the Evolution of a Civilization*, Orlando, FL: Academic Press, 1979.

8. Robert L. Carneiro, A Theory of the Origin of the State, *Science*, Vol 169, 1970.

9. Joseph A. Tainter, *The Collapse of Complex Societies*, Cambridge University Press, 1999.

10. Charles K. Maisels, Models of Social Evolution: Trajectories From the Neolithic to the State, *Man* (N. S) 22.

11. Service, E. R. *Origins of the State and Civilisation: the Process of Cultural Evolution*, New York, Norton 1975.

12. J. Friedman & M. J. Rowland eds, *The Evolution of Social Systems*, London, Duckworth, 1977.

13. Henry T. Wright, Recent Research on the Origin of the State, *Annual Review of Anthropology*, 1977, 6, Page 379 – 397.

塞维斯的酋邦学说及其
相关文化演进理论

易 建 平

（中国社会科学院世界历史研究所）

一 引 言

文明与国家起源长期以来都是国内外学术界研究的重要课题。20 世纪 80 年代以来，尤其是夏商周断代工程结束以来，起源课题又在中国学术界受到了前所未有的重视。进行这一研究，首先要回答的一个问题是，从平等的原始社会发展到以阶级为基础的国家，人类经历过怎样一个阶段？我国学者通常根据自己所理解的摩尔根学说认为，人类是从平等的氏族社会的最高组织"部落联盟"发展为国家的。然而，使用这一理论来解释近几十年来中国原始社会和夏商周一些重要考古发现的意义时，比如陶寺大墓所显示的首领世袭制度时，遭遇到不少困难。于是，许多学者开始把眼光盯向国外其他新的社会演进理论。张光直教授运用酋邦理论来探讨中国原始社会到文明的过渡阶段①，在中国学术界引起很大兴趣，不少学者也开始关注 20 世纪中期以来出现的以怀特（Leslil Aloin White，1900 ~ 1975）、斯图尔德（Julian Haynes Steward，1902 ~ 1972）、塞维斯（Elman R. Service，1915 ~ 1996）、弗里德（Morton H. Fried，1923 ~ 1986）、萨林斯（Marshall Sahlins，1930 ~ ）等人为代表的新文化演进理论。其中塞维斯的游团—部落—酋邦—国家四阶段演进学说，特别是他的酋邦学说，在中国竟然渐渐有与摩尔根的社会演进理论，尤其是其中的部落联盟或者军事民主制理论，分庭抗礼之势②。在介绍与运用酋邦理论的过程当中，目前最具影响的有童恩正和谢维扬等人，尤其是谢维扬。谢维扬利用酋邦学说，对中国学者传统的部落联盟的普遍适用性命题，提出了强有力的挑战，并且，糅合新旧理论，构筑了一套自己的解释中国早期国家产生与整个古代世界民主政治与专制政治起源的学说，在史学界产生了广泛影响③。然而，应该指出的是，我国学者对酋邦学说的介绍，还只是零零碎碎的，并且常常不够准确，有的时候甚至是错误的，这导致在此基础上所形成理论的可靠性的动摇。

酋邦理论的正式形成可以塞维斯 1962 年发表的著作《原始社会组织的演进》④为标志。20 世纪 30 年代以来，弗思（Raymond Firth）、利奇（Edmund R. Leach）、奥贝格（Kalervo Oberg）和基希霍夫（Paul Kirchhoff）等人发现了一种不平等的原始社会制度，不同于摩尔根所描述的那种平等的氏族组织。基希霍夫（Paul Kirchhoff）将之概括为"圆锥形氏族（conical clan）"。奥贝格将其称之为"酋邦（chiefdom）"。塞维斯采纳了基希霍夫的概括而使用了奥贝格的"酋邦"这一名称，将其纳入了自己的游团—部落—酋邦—国家四个发展阶段之中，使之成为影响至今的一个重要的人类社会演进理论的备受瞩目的部分。之后，国际学术界对酋邦进行了大量研究，包括理论探讨和实证调查，成绩可谓斐然。可以说，目前在国外，酋邦已经成为民族学、历史学尤其是考古学的一个必备概念，部落联盟或者说军事民主制则更多地成为了一个学术史上的理论。

当代的人类学家比如塞维斯认为，摩尔根的一个严重错误在于，把所有的血缘群体都当作了类似于易洛魁人社会那样的一种平等的社会组织⑤。这也正如中国学者童恩正和谢维扬后来所指出的，摩尔根学说的一个缺陷在于，把人类的原始社会在哪里都看作是一片"平等、自由、博爱"的景象，几乎到处都是一种"无差别、无矛盾的和谐的境界"⑥。在摩尔根看来，整个原始社会都是与政治社会截然相反的，"是以平等的外婚制血缘群体（gens）为特征的"⑦。用塞维斯的话来概括就是，在摩尔根眼中，原始社会的实质是家庭性的、平等的、无阶级的和共产性质的，在那里缺乏私有财产、企业家、市场、经济意义上的阶级和强制性质的政府，文明社会则在这些方面完全与其相反⑧。虽然，原始社会在摩尔根那里被划分为六个"民族学时期"，从低级蒙昧（savagery）阶段、中级蒙昧阶段、高级蒙昧阶段到低级野蛮（barbarism）阶段、中级野蛮阶段和高级野蛮阶段，然而，从平等的"氏族（'gentil'或者'clan'）"社会，向一个权力更为集中、不平等（世袭阶等制）、出现新的财产形式等等现象的社会发展的这一过程，在他那里却没有相应的阶段划分。因而，在摩尔根看来，"从原始社会（societas，原文斜体，下同——引者）到政治社会（civitas）的政治变迁，相对而言是突然发生的"⑨。摩尔根的这种理论并不孤立。塞维斯告诉我们，在 19 世纪的其他进化论者甚至 20 世纪的许多进化论者如柴尔德（V. Gordon Childe）和怀特那里也都是一样："文化演进的主要区别都是存在于原始文化和文明之间的，也即摩尔根的 societas（亲属社会）（原文斜体，下同——引者）与 civitas（文明社会或者国家社会）之间的。"⑩

然而事实上，情况并不如此。在当代的人类学家看来，有一种氏族组织是不平等的，那就是菲斯泰尔·德·古朗士（Numa Dennis Fustel de Coulanges）的早期印欧人、闪米特人和后期希腊人与罗马人的氏族（gens）⑪，弗思的分支（ramage）⑫，利奇的贡萨（Gumsa）[13]，奥贝的酋邦[14]，基希霍夫的圆锥形氏族[15]，等等。

简单地说，为了弥补摩尔根学说的上述缺陷，在菲斯泰尔·德·古朗士、弗思、利奇、奥贝格、基希霍夫与弗里德等人研究的基础之上，塞维斯提出：

> 如果我们认为，等级氏族社会不同于平等氏族社会，而且晚于平等氏族社会，处于平等氏族社会和政治文明社会的中间阶段，那么，许多悬而未决的问题将得到解决[16]。

塞维斯说，那些问题自摩尔根时代起一直存留了下来，困扰着许多现代进化论者，如柴尔德、斯图尔德和怀特，以及可能所有的马克思主义者[17]。由于在平等的原始社会和文明社会之间，引进一个不平等的过渡社会阶段，原来在 *societas* 和 *civitas* 之间发现的显著区别——无阶级的社会和有产阶级的社会，无政府和国家，习惯统治和镇压性的法律统治，等等之间的显著区别，就不再存在了。这个过渡社会阶段，塞维斯就把它叫作酋邦，弗里德就把它叫作阶等社会（以及分层社会）[18]。酋邦或者阶等社会（以及分层社会）一部分是原始的，一部分又已经不是原始的了。在存在着一种既不同于平等的氏族社会又不同于以阶级为基础的国家社会的过渡阶段社会问题上，塞维斯、弗里德等当代酋邦或者阶等社会等理论的创立者们并未发现什么完全新的东西。他们只是把弗思的分支、利奇的贡萨、奥贝格的酋邦和基希霍夫的圆锥形氏族等等名称统一起来，放进了他们各自人类社会演进理论中的适当位置而已。塞维斯使用了酋邦这个词并且把它放进了游团—部落—酋邦—国家四阶段中的第三阶段。弗里德使用了阶等社会这个概念而且把它放进了平等社会—阶等社会—分层社会—国家四阶段中的第二阶段，并且在塞维斯的酋邦也即自己的阶等社会与国家之间，加进了一个称作分层社会的发展阶段（下面我们将会看到，弗里德的理论极大地影响了塞维斯，使他一度产生了放弃自己上述四分法的念头）。这种做法，也就是在平等的原始社会和划分为阶级的国家社会之间加进一个特殊的等级制社会（当然，弗里德更有一个分层社会）的过渡阶段的理论，被塞维斯看作是摩尔根以后文化人类学所取得的一个重大成就[19]。从此文化人类学相关领域的研究无不受到他们的影响，产生了一大批重要的成果，大大地推动了直至今日的史学、民族学、考古学和社会演进理论方面的探讨。如今，在张光直、童恩正、谢维扬和王震中等人的努力之下，中国学者也越来越注意到他们的学说，而不仅仅局限于摩尔根的理论，这应该说十分有利于中国原始社会的研究，十分有利于中国文明和国家起源的研究，十分有利于近几十年来中国相关领域新的重大发现，尤其是考古学上发现的解释。

下面，我们就来看看塞维斯的酋邦学说及其相关理论。在此之前，先简单地介绍一点有关塞维斯及其理论的背景知识。

塞维斯是新文化演进论者怀特和斯图尔德的学生，是一位终生从事着文化演进理论研究工作的人类学家。

1958 年，他发表了《原始文化概览》一书㉓，讨论了游团—部落—原始国家—现代民间社会的许多具体例子。1962 年，塞维斯出版《原始社会组织的演进》一书，对"酋邦"首次进行了系统的理论阐述，确立了他的游团—部落—酋邦—国家四阶段的人类社会演进序列。在这一基础之上，1963 年《原始文化概览》修订再版，书名也改为《民族学概览》㉑。在 1958 年版中，该书"部落"名下有八个例子。在那里，很容易发现，在北美大平原上的沙伊安人（the Cheyenne of the North American Plains）与上尼罗河的努埃尔人（the Nuer of the Upper Nile River），同不列颠哥伦比亚的努特卡人（the Nootka of British Columbia）和波利尼西亚的塔希提人（the Tahitians of Polynesia）之间，其社会组织结构存在着十分显著的差异。在 1963 年版中，基于他 1962 年在《原始社会组织的演进》中所确立的四阶段社会演进理论之上，该书作了重大修改，塞维斯在"部落"与"原始国家"之间增添了"酋邦"一项，其名下列入原属于"部落"项下的努特卡人和塔希提人，新加上美拉尼西亚的特罗布里恩德人（the Trobriand Islanders of Melanesia）和菲律宾群岛上的卡林伽人（the Kalinga of the Philippine Islands），总共四个例子。

塞维斯在哥伦比亚大学的研究生同学与终生好友弗里德，1967 年也发表了他的代表作《政治社会的演进》㉒。在这部著作中，人类社会从最初的原始社会演进到国家社会，这一过程他一共划分为前面所言四个社会发展阶段。

自 1958 年以来的二十多年中，塞维斯还撰写和参与编辑（撰写）了其他几部涉及原始社会演进、国家和文明起源方面的著作，其中比较有名的是：（1）《进化与文化》㉓；（2）《文化演进论：实践中的理论》㉔；（3）《国家与文明的起源》㉕；（4）《国家的起源》㉖；（5）《狩猎者》㉗；（6）《民族学百年争论：1860～1960》。

在文化人类学领域，如今只要是研究原始社会，尤其是研究原始社会瓦解和国家起源以及早期国家发展，恐怕是无人不知道塞维斯的四阶段社会演进理论。但是，人类社会历史的发展情况千差万别，要想把它们统统都归纳为四种形态，绝非是一件容易的事情。比如，菲律宾群岛上的卡林伽人社会，就曾经使得塞维斯左右为难，不知道是将其放进哪一类里为好㉘。也许正是归类问题的不易把握，以及弗里德理论的影响等等原因，导致后来塞维斯对自己四分法理论的有些把握不定㉙。

根据延戈扬的研究，在 1958 年至 1978 年的二十年间，塞维斯一直在重新审视有关自己进化类型的若干问题㉚。比如，首先是，塞维斯感觉混合游团这种类型应该去掉，部分原因在于认为，这种游团并非是一种原始的形态，而是可能为应付欧洲文化侵入而产生的一种适应的形态㉛。由于受到弗里德等人的影响，塞维斯在他 1971 年的《文化演进论：实践中的理论》一书里甚至宣称，游团—部落—酋邦—原始国家四阶段划分法并不符合"事物的原生状态"，"它们也许可以用来进行现代民族志的分类，却难以用来从现存诸阶段推论已经消失的时代"㉜。这种想法在他后来的著作中也有反应㉝。延戈扬认为，这实际上等于放弃了他原来的四阶段发展论㉞。在这个时候的塞维斯看来，可能只有用三个阶段来划分比较合适：（一）平等社会，和从中成长出来的（二）等级制社会——在世界上，其中只出现过少数为帝国—国家所代替的例子——以及（三）早期文明或古典帝国（The Archaic Civilization or Classical Empire）㉟。我们注意到，谢维扬似乎也发现了这一点，但是他认为，塞维斯并未对他"把部落和群队……（归并为）平均主义的社会"这一说法作进一步的论证㊱。

正如延戈扬指出的，塞维斯后来的三阶段理论，过于一般化，失去了理论或者进化解释上的潜在价值㊲。塞维斯为人所称道的仍旧是他的四阶段理论，尤其是其中的酋邦理论。时至20世纪的八九十年代乃至今天，仍有大量的有关酋邦的著述出现，研究的时间范围从原来主要集中于近现代与当代的原始民族，逐渐扩展于上古及中古时期主要文明社会的史前历史，空间上则从原来主要集中于南北美洲、非洲、澳洲而扩展至亚洲与欧洲。

下面我们收住话题，具体来看看塞维斯的社会演进学说，尤其是他的酋邦理论。谈到酋邦理论，塞维斯的《原始社会组织的演进》仍旧是最具权威的不可绕开的著作。在这部书中，塞维斯在理论上探讨了人类早期社会组织进化次序上的三种类型，所谓游团、部落和酋邦。此外，在塞维斯那里，最为重要的著作便是1975年出版的《国家与文明的起源》。在这部书中，以及在此前1971年发表的《文化演进论：实践中的理论》等著述中，塞维斯对自己的游团—部落—酋邦—国家四阶段学说作了不少的重要修订。比如，在他的《国家与文明的起源》一书中，塞维斯认为自己的四阶段论也许在探讨分析当代以及历史上所知道的原始社会方面有用，但是不一定对于研究史前考古材料那么有用㊳。但是总的来说，他并未完全放弃自己的四阶段理论，更未放弃自己的酋邦理论。这不仅在他的《国家与文明的起源》一书中，也在他后来的研究中，清楚地表现了出来。比如，塞维斯在1978年修订版的《民族学概览》中，仍然使用游团—部落—酋邦—原始国家—现代民间社会的分类法，就是一个明确的证据㊴。下面我们主要根据他《原始社会组织的演进》和《国家与文明的起源》两部著作，来看看他的酋邦理论以及相关的社会演进学说。

二　游团

游团（bands）处于塞维斯人类社会发展的第一个阶段。如果涉及到人类，"band"这个词的原意只是指一群人，因此在汉译中许多学者包括谢维扬把它译作"群队"或

"群团"之类。在当代文化人类学家的著作中，"bands"多是用来指定居社会以前的一种社会组织；在那个时期，人们通常需要四处游荡寻找食物，故而这个词我们还是以为译作"游团"更为贴切。

早在塞维斯之前，人类学界已经对游团这种组织进行了大量研究，普遍把它视作"社会起源"的阶段。从旧石器时代起直到较大规模地种植植物驯养动物以前，人类的生存都依赖于野生的动植物，人们主要进行狩猎采集活动。游团就是这样一种狩猎与采集经济阶段的人类社会组织。但是，并不是所有依赖野生食物生存的人类都处于游团发展阶段。塞维斯告诉我们，在北美西北沿海依赖野生食物生活的族群人口众多，当地物产又十分丰富，他们的社会就已经发展成为了酋邦；在加利福尼亚，也有这样一些社会超越了游团发展阶段，他们也都有着良好的自然生存环境⑩。

塞维斯的老师斯图尔德把民族学上所知道的游团分作父系游团（the patrilineal band）和混合游团（the composite band）这样两个相对的大类，《原始社会组织的演进》关于游团的分类基本上也是在这个基础之上做出的⑪。父系游团是一种外婚制的游团，婚后的居住模式实行从夫家居（virilocal）。混合游团则缺乏外婚制规则和看得出来的婚后居住模式，因而，塞维斯认为，这种游团与其说是一种具有结构的社会，还不如说是一种临时的聚合体⑫。塞维斯的主要修订是把"父系游团"改作"从夫家居游团"，或者"从父家居游团"（the patrilocal band）。"父系游团"是人类学家广泛采用的一个概念。"从夫家居游团"或者"从父家居游团"，按照塞维斯的解释，意思是孩子依父亲的而不是依母亲的团体居住的游团⑬。

塞维斯认为，从夫家居游团是游团的正常形式，是社会结构最为简单也最为基本的形式，因而也有可能是人类最早的社会组织的完整形式，在低密度人口的各种环境条件下，也最具有适应性，因而广泛发现于世界各个地区，包括沙漠、沿海、平原和丛林地区，从热带、温带到极地的寒带，可以说都有游团的身影⑭。比如，在澳大利亚的土著人口因疾病而减少以前，所有的游团都是从夫家居游团。这说明，这种社会的生存能力很强，可以生存在多种多样的食物结构环境当中，有的地方食物充足，有的地方食物则十分缺乏，有的地方全年都可以找到食物，有的地方则只有季节性食物，这都不妨碍这种社会的生存。

一个从夫家居游团的人数多在 25 至 100 之间，也有超过 100 的，各个游团生活地区的人口密度多在每英里一人以下⑮。这种游团最主要的特征是游团之间的交换外婚制（reciprocal band exogamy），以及与之相联系的婚后依夫家居住模式（the associated virilocal marital residence mode），正是它们创造了游团的关系结构⑯。在游团社会里，除性别年龄之外别无其他分工。核心家庭是游团的最具凝聚力的组织，这种家庭常常单独在游团界内寻找食物。在沙漠地区，核心家庭单独生活的时间就更长了；在那种地区，比较大的在一起活动的团体也至多就是几个核心家庭偶尔组成的一个小群体（a camp），由兄弟们带领。当然，不管怎样，比起其他家庭来，兄弟们的几个家庭还是更为经常地聚集在一起，这是游团社会中比较多见的现象，由此形成游团社会中一种多少可以辨别的居住小团体，这也就是人类学上的所谓"父系扩展家庭"（the patrilaterally extended family）⑰。偶尔，整个游团在好的季节里，也有聚在一起的时候，举行庆典之类的活动。在物产更为富足的主要依靠采集植物生活的或者采拾贝类生活的地区，核心家庭单独生活的时间也很长。在有可能进行大型狩猎活动的地区如中非森林地区，所有游团成员都聚集在一起的时间就多一些，因为这种狩猎活动本身需要许多人的合作，而打猎后，猎获物也往往足够让大家都饱餐一顿⑱。

混合游团则常常是一些大的松散团体，有的超过200人甚至300人，其中可以包括许多相互并不认作亲戚的家庭。核心家庭的意义增加，大团体的重要性减少，整个游团常常显得像一个松散的家庭联盟。它们一般都缺乏明确而固定的婚姻规则。在阿萨巴斯卡印第安人（the Athabaskans）那里，只禁止认识的血亲之间结婚，只要不是那种关系，同一游团之内的成员就相互可以结婚，婚后的居住模式则是权宜从事的，它们可以是从夫家居的，也可以是从妻家居的（uxorilocal），或者是独立居制的（neolocal）⑭；也就是说，婚后居住模式完全没有规则可寻⑮。

塞维斯认为，混合游团并非原生的或者说原始的游团，它们是原生游团与文明社会接触以后被破坏或改变的产物⑯。在所有混合游团的例子中，都能够找到人口急剧减少的证据。人口减少，加上面对的共同威胁，使得原先并无关联的人们合并在一块。谢维扬告诉我们，"群队（也即游团——引者）在社会组成原则上的一个重要特点是它们不一定是血缘性的团体"⑰，这种说法看来并不十分准确。确实有些游团如混合游团的成员之间并无血缘联系，但是根据塞维斯的说法，这种游团似乎不是游团的原生形态或者说正常形态。

游团社会无政府，无法律制度，也无家庭与游团之外的宗教组织，只有家长和暂时性领导非正式的低微权威。"游团文化的经济、政治和意识形态都是非专业化的和非正式的；简而言之，都仅仅是'家庭式的'。"⑱

三　部落

部落在旧石器时代就已经存在，但是只有到了新石器时代，部落制度才广泛地散布于世界各地，并历经青铜时代和铁器时代，在个别地方甚至一直存在到现代⑲。驯养家畜种植植物的方式，使得更高的、更稳定的生产力发展水平成为可能，由此使得与旧石器时代同样大小的一块地域，可以聚集更多的人口。所以，与游团比较起来，部落首先在规模上是一种更大的共同体，由许多相互拥有亲属关系的部分组成，这些部分又由各个家庭组成[55]。部落可以说是许多游团的集合体，但又不仅仅是它们的一种集合体。在部落社会中，把各个部分结合在一起的方式比仅仅"集合"更为复杂。这主要是指存在着一些泛部落团体，比如氏族、年龄阶团（age - grades）、秘密结社、战争团体和仪典团体之类，它们将部落的各个组成部分比仅仅"集合"更为紧密地联结在一起。所谓：

> 泛部落组织使得部落成其为部落。如果没有这种组织，那么，除了一系列游团之外别无其他，虽然人们生活得比狩猎采集者更为富足，但是仍然是游团，联系某些团体之间的手段只有相互婚姻。换句话说，泛部落组织的发展是新出现的特征，它使得游团成为过去，使得社会文化的整合进入一个新的阶段，由此使得一个新的文化类型出现[56]。

这种整合性泛部落团体得以发展起来的一个重要原因在于，新石器时代各个社会之间的相互竞争[57]。部落之间的竞争与斗争提供了部落内部团结的需要。但是，部落之间的征服战争尚未开始，因为被征服者没有能力来养活征服者[58]。在这个时期，战争的主要目的在于掠夺，在于驱赶敌人或者保护自己。

泛部落组织可以根据是否源于血缘关系（the kinship order）而分为基本的两种[59]。血缘团体通常有氏族、家族（the kindred）以及较为罕见的分散性质的世系（the rarer segmentary lineage）；非血缘团体有年龄阶团、武士社团和仪典社团之类。

部落与游团一样，也是平等主义的，并没有一个团体凌驾于另一个之上的现象[60]。不平等现象只是存在于年龄和性别之间，完全是一种家庭式的。部落缺乏任何真正的常设政治—政府制度，没有政治上的等级制度，领导只是一种个人性质的魅力型的领导，他们往往因为要做成某件事情的具体目的而成为领导，事完也就了了。部落社会并无真正的政治职位，并无拥有真正权力的领导："'酋长'仅仅是一个具有影响的人物，一位顾问而已。"[61]部落与游团一样，也是一种"分散的组织"（segmental organizations）（Durkheim 1933 年语），意思是这种社会的基本居住单位之间相互无大差别，它们大体上都是可以在经济上保证自给自足的自治组织[62]。与酋邦和国家比较起来，部落也是一种不稳固的脆弱社会。过错由团体处罚，争执容易引起世代仇杀，因而容易导致部落解体[63]。

部落像游团一样，可以分为直系继嗣群部落（tribes with lineal descent groups）和混合部落（composite tribes）[64]。在这之间还有一种较为罕见的非直系的（nonlineal）或者共系性的（cognatic）[65]部落。直系继嗣群部落的典型例子有美国东北森林地区的易洛魁人部落（园圃农民）和东非高地的努埃尔人部落（牧人），混合部落在现代的例子有双山易洛魁人（the Two Mountain Iroquois）的避难部落（园圃农民、狩猎者和渔人）和菲律宾的伊富高（the Ifugao）人部落（实行灌溉的园圃农民）[66]。

直系部落（the lineal tribe）的基本特征是单系居住规则（unilocal residence）和直系血统计算法（lineal descent reckoning）[67]。这种部落的婚后居住模式可以是从妻家居或者从夫家居的，血统可以依母系或者父系计算。从妻家居——母系部落在世界上广泛存在，原因可能在于新石器时代妇女协作劳动的重要性[68]。

世系（the lineage）是直系部落社会的基本居住单位（the basic residential unit），它或者是父系的，或者是母系的，实行外婚制，成员都拥有一个公认的或者实际的祖先。与后来的酋邦社会比较起来，部落社会的内部关系是一种平等的关系，并无一个大宗凌驾于其他小宗之上的现象，而一个世系或者其他一个亲族团体比如一个氏族的所有成员，也都是全权的成员，他们与祖先的关系都是一样的亲近，他们都拥有相同的权利[69]。通常，一个世系的成员共同拥有土地以及可能其他的财产，他们协作劳动，分享食物。成员之间一旦发生纠纷，问题也在世系内部处理。在有些例子中，一个世系的成员甚至可能全部都居住于一座长屋之内，在一口锅里吃饭，比如南美洲和北美洲森林地区的园圃农民就是那样[70]。不管是在父系世系里，还是在母系世系里，权威都是掌握在男性手中的[71]。

相对来说，氏族在部落社会中的地位就不如世系那么重要。在有些例子中，氏族掌握着土地；在有些例子中，氏族又只有仪式上的职能；在还有一些例子中，氏族又仅仅只在战争中或者维护和平的事业中才发挥作用[72]。在氏族内部成员之间维护和平，处理与其他氏族所发生的纠纷，维护与其他氏族之间的友好关系，这是一个氏族的主要职责。

共系性部落与混合部落同直系部落在社会结构方面的区别在于，在它们的居住团体和社团（solidarities）中缺乏直系（lineality）[73]。非直系的或者共系性的团体由从母方或者父方或者双方追溯的亲属组成。因此，血统计算是一般性的而非特定的，婚后居住模式也是没有定规的，多依方便行事的。塞维斯认为，混合部落也与混合游团一样，是受到文明世界影响之后的产物[74]。因此，直系部落是正常的原生形态的部落，混合部落则是受到文明世界冲击之后处于瓦解形态的部落[75]。

四 平等主义

前面已经约略提到，游团社会和部落社会有一个重要的共同之处，那就是平等。当然，在这两种社会中间也还是可以发现一些不平等现象的，但是这种不平等是家庭式的，基于长幼、性别之上的，在此之外，人与人之间的关系基本上是平等的，因此，几乎所有的当代文化人类学家都把这两种社会称作平等的社会[76]。这也就是所谓自然状态中的社会，它是一种家庭式的社会，等级身份仅仅表现在夫妻关系与父母子女关系之中，表现在性别和年龄关系之中。当然，这也是一种不平等的关系，因为它也基本上是一种拥有权威关系的制度。但是，这又不是一种权威与等级的政治制度，而是一种家庭制度⑦。问题的关键在于，在这种社会中，在这种家庭式的基于性别年龄之上的不平等之外，人们的相互关系大致是平等的。这就是游团和部落同酋邦与国家在社会关系方面的根本区别，后两者在家庭之外的人与人之间的关系是等级制的。平等的游团社会和部落社会缺乏非家庭的权威位置，真正的等级社会则拥有这种位置⑱。这使得这两种类型的社会在解决政治问题时所采取的方式完全不同。

游团和部落社会也有首领，不过他们是马克思·韦伯所谓的那种"魅力型的"首领，那种没有正式地位的权威，他们依靠自己的能力尤其是经验智慧体力等等获得一种往往只是暂时性的地位⑲。在这种社会中，权力其实只是一种影响（influence）⑳。或者说，领导只是顾问，而非手握大权的执行者。平等社会没有常设首领职位，这是一个特点，在那里没有"真正的"酋长；首领只是一个没有正式职位的权威，其权威完全依赖于他自己的个人品质㉑。而且："权威与平等必不相容，因为真正的权威依赖于等级制度。"㉒这就是说，没有常设地位的权威，权威的地位是随时可以变动的，因而在平等社会中，不同的场景常有不同的领导。主持祭祀者多为老人，战争首领则多为年轻人。会议也非常设，它们只是依据不同的情况聚集或者吸引不同数量的人员而已㉓。每次会议都暂时地起到一种政治社会的作用㉔。

在游团与部落的社会发展水平上，平等的原始社会缺乏正式的权威职位与正式的权威等级，缺乏正式的法律和超出于单个家庭之上的权力；在那里，只有拥有影响的个人与一般的公共习惯约束力㉕。由于平等社会的规模一般都很小，冲突往往是在亲族成员之间发生的，解决的办法，也通常是由老年的或者其他受到尊敬的亲戚来调解㉖。在一个平等社会里，使用暴力的权力，并没有被一个公共权力或者任何其他一个权威所垄断，因此在那里，并没有合法手段压制内部冲突㉗。

只是随着社会的演进，那种仅仅拥有影响力的暂时性的领导地位，逐渐演化为等级制的职位，演化为世袭的等级制的职位，由此永久性的社会阶层才产生了，酋邦产生了，历史发展到更高一个阶段。

按照塞维斯的说法，平等社会还有一个特点就是"忽聚忽散"，成员多少常因情境而变化，大家有事聚集在一块，无事则各奔东西，因此这种社会也经常被有些人称作分散社会（segmentary societies）㉘。在这方面比较典型的是所谓部落联盟的问题。一些部落有时组成相当规模的联盟，以对付外部情况比如外敌入侵，一旦这种办法无效，部落联盟则会瓦解分散，各个部落分头逃逸。塞维斯指出的处于这种情况联盟的例子有，北美洲东部的阿巴纳基联盟（the Abnaki confederacy）、莫希干联盟（the Mohigan confederacy）、克里克联盟（the Creek confederacy）和易洛魁联盟，以及存在时间更为短暂的大平原诸联盟（the confederations of the Great Plains）[⑩]。造成这种状况的主要原因也在于平等主义，在于平等社会缺乏可以担负起责任的政府权力，所以在游团社会和部落社会阶段，在团体与团体之间，难以通过缔结联盟或者条约的方式来组织一种力量，有效地发动战争或者维持和平[⑪]。因为，在平等社会中，对外问题的处理，也是采取平等方式的，采取个人方式或者家庭方式的，也就是说，谁都可以自行其是。比如，在对付欧洲人的问题上，易洛魁人联盟在进行战争还是维持和平的决策问题上，各个部落就是按照这种方式行事的，因而由于意见不统一，常常不能采取一致行动。在讨论到易洛魁人联盟"所有的公共问题必须得到**全体首领的一致同意**（黑体为引者所改，下同）才能决定，每一项公共法令也只有得到**全体首领的一致同意**才能生效"这样一项"基本法则"时，摩尔根特别在注释中补充了这方面的证明材料：

> 当美国革命初起之时，易洛魁人未能共同向我们的联邦政府宣战，因为他们在会议上未获得一致同意的决议。鄂奈达部有几位首领反对这项提案，最后拒绝同意。因为摩霍克部已无保持中立的可能，而塞内卡部又决定参战，于是只好决定每一个部落可自行参战并由自身负责，或者保持中立。其余如对伊利部的战争、对中立部和苏斯魁罕纳部的战争、对法国的几次战争，都在大会上取得决议[⑪]。

当然，正如上面所见，联盟并非一定不能取得一致同意的结果；但是，问题在于，如果大家不能一致同意，整个联盟就无法采取共同行动。

在平等社会的对外关系中，联盟具有极其重要的作用，联盟的成功也即意味着联盟诸方之间和平关系的建立，否则也即意味着它们之间进入战争状态[⑫]。

在平等社会中，对外通好的方式主要有两种：联姻与交换物品（礼品）[⑬]。因此，在平等社会的对外关系中，可以称作互惠交换（reciprocal exchanges）的这两种最为重要的活动，具有不同寻常的意义[⑭]。

五　大人社会

如果说游团和部落都是一种分散的平等主义的社会组织，在文化演进的道路中所处的地位并无根本的差别，因而导致后来弗里德取消部落而塞维斯犹豫着要把游团和部落都归并为平等主义社会同一个发展阶段的话[⑮]，酋邦则在人与人之间的关系问题上，与此有着本质性的差异，它是一种等级制的社会组织，具有集中的权力，或者更为准确地说，具有集中的权威，因而在文化演进的道路上展现出一种前所未有的活力。我们下面来看看塞维斯这种引起20世纪60年代以来学术界极大兴趣的概念具体是指些什么。先从大多数文化人类学家仍旧归为平等社会阶段的大人社会开始谈起。

在酋邦社会那里，各种"职位"组成了世袭等级制度，由此产生了永久的社会阶层[96]。而在平等社会里，则没有正式的权威等级，在那里起作用的主要是"影响"[97]。通常，有影响力的人物称作"大人"，他们的能力可以在战争、舞蹈、赠送礼物等活动中得到证明。在平等社会转变到等级社会的过程中，当代人类学家一般都认为，这种拥有影响力的"大人"起着十分重要的作用。有着大人的集团往往比较小，一般只有几百人。在有些新几内亚部落中，"大人"称作"中心人"，因为他吸引了一群追随者，自己成为一个群体的中心[98]。"中心人"的能力突出地表现在赠礼节庆里。他先从自己的追随者那里获得许多物品，尤其是猪，然后举办一次奢侈的宴庆，招待其他集团。这与北太平洋沿岸（the North Pacific Coast）美洲印第安人的夸富宴（the potlatch）有些相似。塞维斯认为，大人与其追随者的关系，在某些方面相似于一种萌芽状态的酋邦制度：集中的领导（leadership is centralized），按等级安排的地位，一定程度的世袭贵族特点[99]。

从萌芽状态的酋邦转变为真正的酋邦，关键因素在于人们通常相信，父亲优异的品质会传承到儿子身上，尤其长子身上。通观波利尼西亚、密克罗尼西亚（Micronesia）、美国东南部、加勒比海沿岸与诸岛的情况，许多非洲社会的情况，以及中亚游牧族的情况，会发现长子继承制几乎是酋邦的普遍特征（在母系酋邦中，是舅父的职位传与长甥）[100]。塞维斯认为，长子继承的趋势一旦稳定下来，成为一种习惯或者制度，大人集团之领导的稳定性也会随着时间的进展而大大增加，他们的权力或者说权威也会增长，这可能还包括，集团本身的规模也会随着时间的变化而增长，因为长子继承制使领导权制度化了[101]。因此，长子继承制在这一转变过程当中具有关键性的意义。

六　再分配机制与酋邦的兴起模式

在《原始社会组织的演进》第五章《酋邦的社会组织》里，作者开宗明义地告诉我们，较之部落社会，酋邦通常是一种生产力发展水平更高、人口密度更大的社会。更具社会发展指标意义的是，酋邦是一种更为复杂、组织程度更高的社会，这与部落社会比较起来，尤其表现在，酋邦具有协调经济、社会与宗教活动的中心这一点上[102]。酋邦社会生产力发展水平的提高，人口密度的增加，并不一定就是某种特殊技术发展的结果，虽然在有的例子中，这种发展的情况确实存在。塞维斯认为，更为经常出现的是，并且在所有例子中都很重要的是，酋邦的兴起与整个环境情况相关，那种环境情况有利于生产分工，有利于产生一个控制中心，进行产品再分配[103]。作为结果，社会整合的组织基础提高了整个社会的整合度，转而导致生产与分配效率的提高，最终导致了社会人口密度的增加[104]。

　　酋邦社会是再分配的社会，拥有一种常设的中心协调机构，在塞维斯的酋邦理论中，这一点占有着十分关键的地位[106]。他告诉我们，这种中心机构不仅在经济方面起着重要的作用，而且还另外具有社会、政治和宗教的职能；中心机构在酋邦起源过程中的意义是根本性的[106]。社会更为复杂，组织程度更高，尤其是在协调经济、社会与宗教活动的中心出现这一点上，使得酋邦社会十分明显地与部落社会区分开来[107]。牵涉到目前在中国学术界十分知名的所谓酋邦"中央集权"理论[108]，顺便提醒大家注意的是，这里的"中心"一词，塞维斯使用的是复数"centers"。

　　生产分工，产品分配，必然产生相关的协调活动，这就需要一种实行再分配活动的中心。在分工、分配、协调、再分配过程中，交换活动的作用十分重要。一般来说，生产力发展水平越高，一个社会生产出来的剩余产品就越多，交换的需求与进行交换的可能性也就越大，而交换反过来又刺激这个社会产生一种需要，由一个中心权威进行产品再分配。在典型的酋邦社会里，居民群体不再是部落社会里那种相对自给自足的自治的经济与社会政治实体，不同的居民群体之间开始进行分工，他们不但阶等不同，经济角色也渐趋不同[109]。酋长是再分配者，他经常做的一件事情就是，从社会其他成员手中接受食品以及其他一些生活必需品，并将其中一些再分配给大家，一些储备起来用作庆祝节日或者准备渡过饥荒。

　　此外，某种生产活动本身也需要进行分工与再分配[110]。比如，为了捕获鲸鱼、鲑鱼等，需要在参与者之间进行全面的协调与再分配活动[111]。塞维斯列举了北美西北沿海印第安人的捕鲑活动[112]。捕鲑需要整个公社一块努力，需要复杂的分工与协调活动。大规模的放牧、捕猎、捕鲸也与捕鲑一样，需要参与者之间的分工与一种中心权威的指挥。

　　在酋邦的兴起过程中，再分配活动扩展与正式化到一定程度，首领的权力或者说权威也有可能随之扩展与正式化，因为他作为再分配者的地位愈益成为有用的，甚至能够说愈益成为不可缺少的。"反过来说，领导权越好，越稳定，也就越有可能有利于扩展交换系统，把它正式化。当然，一旦社会变得十分依赖于这一系统，也就会变得十分依赖于领导权的继续。"[113]这就是说，再分配活动与领导权的兴起和巩固密切关联。

　　地区分工、个人分工、进行再分配的中心管理机构的产生，使得酋长的权威逐渐提高，职位逐渐巩固。"酋长一职一旦成为社会结构中的一个常设的职位（原文斜体——引者）之后，社会不平等便成为这个社会的特征了，最后消费也成为不平等的了。"[114]一开始，再分配者可能是共同体中的贡献最大者，"最后他因为是（原文斜体——引者）再分配者而获得了一种地位"[115]。酋长逐渐获得了高的等级。随着酋长职位世袭制的实行与酋长地位的提高，酋长家庭所有成员的地位都高于了普通家庭的成员，随后，他所属的地方亲族群各个家庭成员的地位也提高了，乃至最后，他的整个世系处于了社会的中心位置[116]。塞维斯告诉我们，在波利尼西亚人与北美西北沿海的印第安人等等的一些十分有名的酋邦社会中，每一位成员都以与其酋长世系关系的远近来确定自己的地位[ⅢⅡ]。这说明，酋邦同部落和游团的突出区别，不仅仅在于经济与政治组织上，而且在于社会阶等上。

"游团与部落是平等的，酋邦是极度（profoundly）不平等的。"[ⅢⅧ]但是，塞维斯认为，不管个人的阶等分等现象在一个发达的酋邦中作为社会特征是如何的突出，应该强调的是，不平等在酋邦社会里："是协调中心本身发展的一个结果（原文斜体——引者），而不是其发展的原因。是酋长职位的出现产生了酋邦。"[Ⅲ9]而集中的管理指挥者一旦产生，其权威也容易向新的方面扩展。常设领导权的兴起起初与再分配活动相关联是源于经济因素，但是最终它也会将自己的权威扩展于社会、政治、军事和宗教各个领域[⑳]。

塞维斯也认为，在酋邦的兴起过程中，部落与部落之间激烈的竞争与经常性的战争，在起初也可能是一个重要的条件，因为计划与协调本身对进行战争十分有利[㉑]。何况，与部落社会比较起来，就其本身而言，酋邦的"再分配经济具有扩张的潜能"[㉒]。但是，我们不能由此认为，塞维斯把战争看作是酋邦起源最为重要的原因。我们知道，塞维斯多次强调的是，在酋邦的起源过程中，经济再分配这一因素是最为关键的因素[㉓]。我们也知道，弗里德关于阶等社会形成原因的看法，也与塞维斯关于酋邦起源原因的观点相近[㉔]。

在农业出现以前，人们常常迁徙不已，以获取各种自然出产。农业出现以后，人们逐渐定居下来，地区分工成为最有利于居民的经济活动，互惠交换因而成为经常性的行为。这种交换在游团与部落阶段就有，然而它在酋邦时期规模更大。随着互惠交换活动在数量方面的增长，它在经济与社会发展中的意义就会增加，达到一定程度，这将会把整个社会推进到酋邦发展阶段[㉕]。有两个可变因素影响到这里所谓的数量和意义，一个是居民的定居程度，一个是地区差别所实际达到的程度。居民定居程度越高，物品流通而不是人本身流动的可能性就越大；地区差异越大，交换的需求或好处也就愈为明显[㉖]。由于定居程度高，地区环境差异大，地区交换于是得以兴起，随之而来，地区分工得以发展。我们看到的是，大多数酋邦似乎都兴起于这种情况在经济生活中占有着十分重要地位的地方。可见，某种特殊的地理环境，能够给交换活动提供需求与可能性，是酋邦兴起的重要环境因素。在原始社会中，社会与社会之间进行的互惠交换，涉及的永远是公共的或者说团体的利益，这就要求一种生产组织的出现，以组织生产用作交换的剩余产品，并且要求把交换过来的物品再分配给大家，由此在交换物品的整个过程中，在生产用于交换的物品方面，在接受交换过来的物品方面，都需要拥有某种形式的领导权威组织的介入[㉗]。

因而，塞维斯告诉我们，酋邦经常兴起于某种特殊的地理环境之中。在那种特殊的地方，进行生产分工与产品再分配的需求很大，这容易导致控制中心的出现^⑫。塞维斯指出，有许多民族志材料中的酋邦发现于复杂的地理环境之中^⑫。那种环境常常包括不同气候、土壤、降水量与自然产物的几个区域。比如，定居者的酋邦通常发现在一种地理环境有着较大变化的地区，其中几个组成部分的自然资源往往不同，居民的经济生活因而常常是相互依赖的。有些酋邦发现在山谷中，在那里，各个地区常常纬度高低不同，向阳背阴不同，通不通向溪流湖泊不同；冲积谷地、森林、开阔地、降水量，等等，各个可居住的地区所拥有的条件往往是各不相同，因而各处的自然出产和居民生产的物品都不相同^⑬。有些酋邦又发现在沿海地区，在那里，各个居住区所拥有的土地或海洋资源十分不同，并且，捕鲸和捕鲑等作业本身又要求有全面的协作与再分配活动^⑬。塞维斯认为，像这样的地理环境有利于再分配活动的发展，结合大人系统一类的领导权萌芽现象，将刺激领导权朝向拥有一种制度化的中心权力（central power）系统或者说中心权威系统的身份等级制方向发展^⑫。

在《国家与文明的起源》一书中，塞维斯还举了下面一个例子，来说明自然环境的差异、地区分工与交换活动同典型的酋邦兴起之间的关系^⑬。

山谷中流出一条湍急的溪流，流速随着地势的渐趋平缓，逐渐减慢了下来，蜿蜒在肥沃的冲积谷底，最后在山谷下端形成一片沼泽。山谷上端有一处燧石矿；四英里以外，在山谷下部末端沼泽中，生长着一片可以用作箭杆的芦苇，栖息着各种候鸟。

在谷底有一个年代久远的小村子 A，村民们种植玉蜀黍、豆子、花生、西葫芦和烟草，以及几种香料药草。随着时间的推移，人口渐次增多起来，村子开始容纳不下他们，最终从中分化出小村子 B 于下游。下游土地更为泥淖，不那么适宜种植玉蜀黍，但是适宜种植烟草，捕鱼猎鸟也更为方便，芦苇也生长良好，可以用来制造箭杆。再后来，又一个亲族群分化出来，居住于北方的山坡之上，组成小村子 C。小村子 C 的居民发现，玉蜀黍、豆子、西葫芦在岩石土壤上生长尚可，烟草则根本不适宜在那样的地方种植，但此处地近森林，宜于捕猎，又有燧石矿，可为制造石器与投射类尖状武器提供良好的材料。

假定三个小村子之间一直保持着和平关系，它们的各个家庭之间将会相互交换礼物。小村子 A 的依赖性不如另外两个小村子，农业产品也更为丰富，又位于捕猎和燧石小村子与野鸭、芦苇和烟草小村子之间，因而处于进行交换活动的有利位置。它是原生村庄，物产最富，位置最好，地位最高，并且也有可能规模最大。由于位置居中，它比 C 更易得到 B 的特产，又比 B 更易得到 C 的特产。若其他条件都等同的话，互惠交易活动可能采取从 A 到 B 然后返回 A，从 A 到 C 然后返回 A 的形式。这样，A 可以把从 B 得到的物品储备起来，然后将一部分和自己的一些物品一道与 C 进行交换，自己逐渐变为整个山谷的仓库，A 的交易行为转变为真正的再分配行为。在这个时候，如果

A 有一个适宜的大人，这种情况自然会对他更为有利，提高他的身份，巩固他的地位。由于地区分工对各方都有好处，因此将会自然增长，最后小村子 B 和 C 都有可能放弃玉蜀黍生产，转而依赖于小村子 A 之供给，小村子 A 也有可能放弃烟草生产，自己也不再捕鱼猎鸟。

生产增长，人口增加，新的小村子继续分化出来，小村子 A 所拥有的权力也会相应增加，尤其是整个社会对小村子 A 确立一种权力或者说权威的需求也会增加。小村子 A 是首要的村子，其首领建立了最高阶等的血统世系（the highest‐ranked descent line），并逐渐采用了长子继承制，有目的地与其他小村子的相互联姻，又使得建立阶等制的其他顺序的世系（lines）关系成为可能。比如，使其他各个小村子的地位，也按照建立的时间顺序排列。最后，我们看到，小村子 A 的主世系高于小村子 B 的主世系，小村子 B 的主世系高于小村子 C 的主世系，小村子 C 的主世系又高于小村子 D 的主世系，如此等等，往下排列；小村子 A 的主世系成为了"大宗"。最古老的也是等级（阶等）最高的，似乎是一条普遍的贵族原则。此外，在酋邦社会中通常可以发现，建立新村庄或入赘新村庄的人多出身于高贵世系，但是他们在其出生村落的继承权，往往排在了最后（如幼子）。

塞维斯的这种酋邦兴起模式，厄尔概括为，在一种需要地区分工（local specialization）的有着差异的环境中，过着定居生活的人民，为适应人口增长而出现的变化或者演进[134]。

塞维斯为上述聚集在这样一个拥有不同自然资源之地区的诸村庄画了一张草图（图一）[135]：

就是这样，分工，交换，再分配，促使协调管理的中心出现了。再分配过程中出现的首领的领导权与身份地位，随着时间推移，为长子继承这一制度所稳固，最终转变了一个社会的亲族关系结构。平等社会的世系或者氏族（the lineages or clans of egalitarian society），变成了"圆锥形氏族"。在那里，各个人在家庭中的地位，所有旁系世系（collateral lines of descent）的地位，都各不相同了，他（它）们都分成不同的阶等。地位高低不同的根据，从世系角度看，是主世系的始祖以及从该世系所分衍出来的分支世系的始祖们的长幼次序，各个世系的每一相续后代不朽人物们的长幼次序；从个人角度看，则是他们在家庭中的排行[136]。这就是基希霍夫的"圆锥形氏族"。这种根据谱系划分阶等的方式，是大不列颠的古代塞尔特人和欧洲的贵族阶级所十分熟悉的，在《旧约》中的闪米特"部落"中也很容易见到。弗思把它叫做"*ramage*"，这是借用的一个古法文单词，意思是"分支（branch）"[137]。比较起基希霍夫的"圆锥形氏族"来，弗思的"分支"这一术语似乎更为可取，因为它的词源让人注意到，根据与其"主干（the 'parent stem'）"距离远近而划分阶等谱系（the genealogy）的"分支和再分支（the

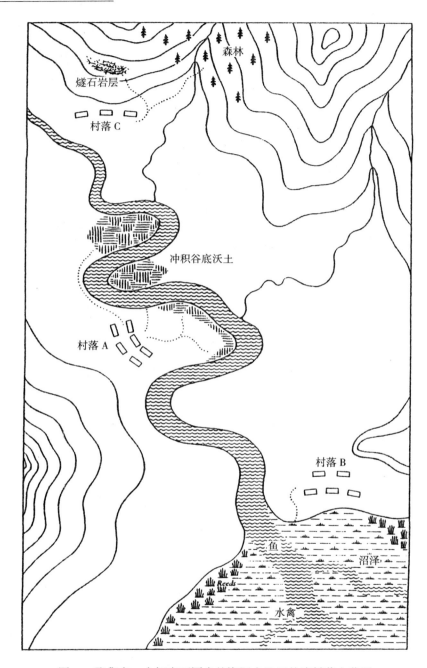

图一　聚集在一个拥有不同自然资源之地区的诸村落之草图

'branching and rebranching'）"现象。塞维斯画了下图（图二），作为参考。

显然，酋邦社会这种分支亲族关系结构拥有某种意义上政府的性质，而与游团社会和部落社会所处"自然状态"中的平等的亲族关系结构不同。其世袭不平等、长子继

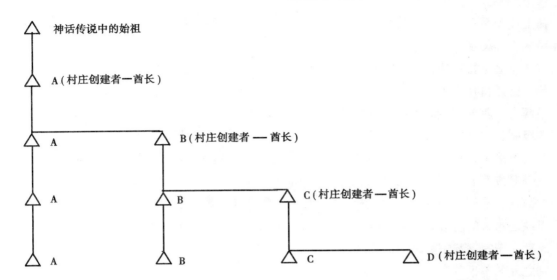

图二　主要分支的阶等草图，在谱系上反映了诸村庄的阶等与诸村庄所建立的先后次序⑬

承制、常设领导与等级权威等等，与欧洲的封建社会制度有些相似⑬。但是酋邦社会并无后来封建社会那样复杂的土地占有制度⑭。

七　等级制与常设领导

就是这样，不平等的酋邦社会通过再分配活动，从平等社会中兴起了。塞维斯的酋邦社会具有两个根本的特征。

一个是它广泛存在的不平等性，它的等级制，这是酋邦社会最为显著的特征："在某种意义上，酋邦结构是金字塔形的或者说圆锥形的。"⑭不平等现象存在于酋邦社会的各个部分、各个角落，整个酋邦的社会结构就是一座大的金字塔，小的地方性的组织、小的亲族集团的结构，也是一座座微形的金字塔。集团与集团之间，家庭与家庭之间，个人与个人之间，都不平等。在最开始，酋长作为再分配者，获得了高等级的地位，后来这一地位通过长子继承一类制度而制度化，接着人们根据与他关系的远近，分为不同的阶等⑫。

在酋邦社会中，阶等处处存在。阶等是特定的、精确的。因此，在某种社会关系中："一位贵族也是一种特殊的贵族。"⑭由于这些阶等是个人性质的，一般是由长子继承的，所以按照出生次序来决定个人地位的谱系一扩展，阶等也随之扩展。在酋邦的谱系观（the genealogical conceptions）中，有长子下传其长子的大宗，还有次子下传其长子的小宗，次子下传其次子的小小宗，等等。"这就是所谓的圆锥形谱系。"⑭这种谱系在上述关系中反映出，传承自同一始祖的所有同时后裔的不平等的身份关系，也就是所谓的阶等关系。

总之，特殊的社会地位与广泛的阶层的兴起，所有这些不平等身份也即阶等的兴起，就是酋邦社会的第一个特征，也是它最为突出的特征[⑭]。当然，就人与人之间的关系而言，酋邦社会的不平等并非是完全特殊的现象。较之酋邦社会，原始国家社会中的等级制度常常并无逊色，只是它立足的基础有所不同。更早阶段的更小规模的原始社会中的不平等，是个体性的不平等，也即个体与个体之间在技能、智力、精力、长相、力气等等方面的不平等，而且，所谓高地位者并不拥有特权，也没有比其他成员掌握更多的财富，他们所拥有的所谓"权力"，其实主要是在少数特定环境下的个人影响；在那里缺乏永久的阶级（classes）或者家庭权力的等级（hierachies of family power），亦即缺乏存在于家庭与家庭之间的等级，或者说，缺乏存在于家庭之外的不平等，缺乏年龄性别之外的不平等[⑮]。

由于在酋邦社会中，职位与阶等继承过程中的谱系观念十分突出，因而谱系较之在游团与部落社会中，通常计算得更为严格，也涉及到更多的世代；在高等级的人那里，尤其是如此，他们为了保持自己高贵的血统，甚至常有实行内婚制的事情[⑯]。波利尼西亚酋长的谱系据说可以上溯至前五十代。中国凉山黑彝白彝的谱系之长也是一个佐证[⑰]。在大多数酋邦的各个社会层面上，出生次序也占据着十分重要的地位，它影响到个人在家庭中的地位，家庭与家庭之间的关系，亲族集团与亲族集团之间的关系，等等[⑱]。

各种社会观念，涉及习惯规定、禁忌、消费限制规定、婚嫁习俗与规定、谱系观念，以及其他一般的礼仪规定，共同创造并巩固了酋邦的社会政治秩序，依次又影响了社会结构和社会地位用语，以及人们的礼仪行为[⑲]。消费限制规则与习惯把不同阶等或等级的人们区分开来，使得他们在衣服和饰物上都各不相同[⑳]。其他的区分包括食物、娱乐和处于仪式中的地位，有时甚至所用语汇，不同阶等的人们也不相同。有一个明显的趋向是，消费限制规则不仅用来区分不同的个人等级，而且用来区分两类或者更多类人[㉑]。在开始时，这些规则可能用于把酋长之类人物与其他人物区别开来，后来则扩大用之；最后，继承规则需要创制了。

酋邦的等级职位传承似乎一般采取长子继承制[㉒]。通常，在父系酋邦中，酋长的职位由长子继承；或者在较为罕见的母系酋邦中，由长甥继承[㉓]。但是，塞维斯又指出，真正稳定的完全构造的酋邦概念只是一种理想化的东西，事实上并非所有的酋邦都拥有完全世袭的权威的职位[㉔]。居住于新西兰的波利尼西亚人找到了一个开阔的环境，有广阔的地域去进行扩张，一个低等级的世袭领袖仍然可以自己的魅力获得支持者，开拓领地，从而提高自己的地位。"因此，较之大多数其他的波利尼西亚酋邦，新西兰的毛利人（the Maori）社会被描绘成更为'民主的'酋邦。萨摩亚（Samoa）社会也被说成是允许以成就作为阶等标准的酋邦。"[159]在波利尼西亚其他一些地区和北美西北沿海地区的一些酋邦那里，由于人口减少和欧洲人商业活动的影响，许多高贵的地位也是开放性的，以成就作为标准的，由此人们相互之间进行地位竞争的活动也盛行起来了[159]。这些都说明，世袭制度并非酋邦社会绝对的普遍特征。

在这一点上最后还需要介绍一下的是，在酋邦的社会地位与经济生活的关系方面，塞维斯认为，两者之间并无必然的联系，因而，在酋邦社会中，"阶级"一词并不太适合用于经济方面。在这个地方他与弗里德关于阶等社会中阶等与经济关系的观点十分相同[158]。在塞维斯看来，酋邦社会并非像中世纪欧洲的封建社会那样，成员区分为拥有土地而自己并不耕作的贵族阶级与耕作而自己并不拥有土地的农民阶级，在那里并无明显的经济分层。虽然，在酋邦社会中，阶等划分得很细，它甚至细细划分到各个家庭；在那里，往往从顶端到底部都有一种连续的阶等区分[159]。比如，在努克塔人（the Nootka）那里，就像有人指出过的那样："若有阶级，则每一个人自己即是一个阶级。"[160]在酋邦社会里，人们实行的"内部分等，很像一个封建贵族阶级实行的内部分等那样，但是在他们之下并无一个广大的农民阶级"[161]。这是酋邦社会和中世纪欧洲封建社会的一个根本区别[162]。在酋邦社会中，在各个社会阶层之间，并无截然不同的经济差异。许多发达的酋邦似乎有一个"概念上（原文斜体——引者）的阶级划分"，但是，用来区分的一些方式是人为的，而不具有真正意义上经济的两分基础，并不像在封建社会中那样[163]。塞维斯举出了几个例子来作证明[164]。在塔希提人（the Tahitians）那里，酋长们叫作 *Ari'i*，一般贵族叫作 the *Ra'atira*，其他人叫作 *Manehune*。中亚游牧人的骨头有两种，一种是白骨头（贵族），一种是黑骨头（普通人）。在纳齐兹（the Natchez）酋邦与其他一些美洲印第安酋邦的社会中，有太阳人（*Sun people*）、贵族（*Nobles*）和斯丁卡德（*Stinkards*）之分。在这些区分中，重点在于禁止某一类人像其他类人那样去吃喝、说话、唱歌以及做其他一些事情，而不是在于经济方面。因而，像消费限制规则之类，尤其是关于食物、衣服等等消费物限制的规则，其起源显然无关于经济目的。

总结起来，在这个问题上塞维斯告诉我们的是：

在酋邦社会中，所谓的"阶级起源是社会方面的和政治方面的，而非经济方面的。事实上，许多酋邦中的消费限制规则，往往限制酋长们与贵族们的行为，以至于对于他们这些阶等的人的享受来说，这些规则显然并无价值；这些规则的价值在于巩固与提高他们的威望"[165]。

故此：

真正的经济阶级在后来阶段社会的社会分析中具有极其重要的价值，同样，这种观念上创造出来的阶级也在分析酋邦社会时意义重大[166]。

塞维斯甚至认为，在国家起源的过程中，基于经济上的分层或者阶级划分，换句话说，基于财富、地产形式，或者"对战略资源不同占有"形式[⑯]之上的阶级，都不具有意义，这样的分层或者说阶级，在原生的文明中（the archaic civilizations）[⑱]，在民族学上次生的原始国家中，以及历史上我们所知道的酋邦社会中，都找不到例子[⑲]。这又是他与弗里德的观点存在着重大分歧的地方。我们知道，弗里德的经济分层是国家产生的基础与前提[⑳]。塞维斯则认为，政府起源的主要原因，是集中领导权本身的发展演化，或者说制度化，是在维持社会生存与发展的管理功能的演进过程中，这种领导权本身成长为一种世袭的贵族政体；而官僚们的基础与其说是经济的，还不如说是政治的[㉑]。刚刚形成的官僚体制在其服务活动与规模扩展的过程当中，发展了它自己的经济与宗教职能。因此，塞维斯强调，最初的政府运行起来保卫的是自己，而非这个社会其他所谓的经济方面的阶级或者阶层；政府起源的关键在于统一领导权或者说集中领导权本身的制度化，国家的起源与城市、私有财产以及阶级斗争并无必然联系[㉒]。在自己维护整个社会生存和发展的过程当中，是集中领导权本身使自己的角色合法化了[㉓]。最初的两个基本的阶层或者阶级，就是统治者与被统治者；统治者创造了自身，而非被别的什么如"有产"的阶级或者说经济上占具优势的阶级所创造[㉔]。

总之，在塞维斯看来，是政治权力组织经济，而非相反。制度是再分配性质的、分配性质的，而非获取性的；个人财富并非是获得政治权力所必需的基础[㉕]。国家的一个基本特点是，社会划分为各种政治经济上的阶级。酋邦社会也有它独特的阶等划分，社会往往在观念上划分为两到三个大的社会阶层，但是其起源是社会性的，而非政治上或者经济上的阶级分化[㉖]。酋邦社会成员之间身份差别的程度，为消费限制规则扩大起来；某些种类的衣服、饰物、甚至食物，只允许某个阶层所使用，正如前面所言[㉗]。消费限制规则在原始国家中继续使用，但是在那里阶级成为完全的社会分化与官僚分化的一个方面。"这样，贵族在国家中成为民政官僚、军事领袖与上层祭司。其他的人则'劳作'。"[㉘]

酋邦社会第二个根本的特征是拥有固定的或者说常设的领导，人类学家又都把酋邦社会的领导称之为"集中的领导"。关于这种常设的集中领导的基本特点，我们觉得有必要专门列出一节另外进行讨论，此节只是做个引子。

部落与游团的领导是暂时性的魅力型的领导，因具体情境而出现的，其存在主要依赖于领导者个人的能力与当时特殊的情境，能力一消失，情境一变化，领导者的权威也就随之而消失。酋邦的领导则是职位型的。

大体上说来，在酋邦社会中，可以把与酋长职位以及其他成员有关的规则划分为两个大类：一类便是刚刚提到的限制消费规则或者禁忌（sumptuary rules or taboos），这把酋长一类人专门列入一个特殊的类型；一类是关于酋长以及各个群体和阶等的继承事务和关系事务的规则（rules of succession and affiliation to this category, and to the various groups and ranks）^⑦。塞维斯认为，酋邦专有的首要规则，对这一社会其他方面起着重要影响的，也许就是关于酋长职位创建与巩固的规则^⑧。这是一些把酋长与所有其他人分离开来的规则，这些规则使他神圣化与合法化，也使他的权利、特权与义务规章化，同时还规定了这一职位的继承方式^⑨。其中，有关继承的规则尤为重要。这些规则使得酋长的领导成为常设的领导。

权力或者说权威之制度化采取了世袭权威的形式，也成为了不平等的制度化的形式。随着这种社会的发展演化，酋长的家庭成员与属员的职位与职能也随之增长，直至通过有利的婚姻关系与内部成长过程，整个统治集团成为按等级排列的特权贵族，高处于普通民众之上。在这一过程中间，统治者学会了熟练地运用超自然的权力或者说权威，以获取被统治者的同意，而再分配制度也获得了新的职能，可以规划对外战争与贸易等等冒险事业^⑩。

酋邦具有集中的管理组织，具有治理的具体事务，但是并无合法暴力支撑其决策的真正政府，这是酋邦社会常设领导权的一个重要特征，酋邦以此区别于无中心的游团社会和部落社会，也以此区别于合法暴力支撑的国家社会，这一点我们放在下一节里进行讨论。这里需要多说一句的是，塞维斯认为，也许正是因为这一缘故，在文化演进过程中的酋邦阶段，消费限制规则与阶等制度的意义才会骤然地显得如此突出^⑪。

八　集中的领导：权威与暴力；酋邦与国家

关于酋邦社会结构的演化，我们注意到，与《原始社会组织的演进》这部著作比较起来，《国家与文明的起源》一书更为注重酋邦的"统一的领导权"或者说"集中的领导权"方面。前面提到过，在塞维斯看来，政府起源的关键在于集中领导权的制度化^⑫。作为从平等的氏族社会向国家社会过渡阶段的酋邦，"集中的领导权"也是将酋邦与以前的游团和部落区别开来的最为重要的标志之一。按照塞维斯以及其他许多人类学家的理论，原始社会在很长时间内都是由分散的亲族集团所组成的，在家庭关系之外，人与人之间的关系基本上是一种平等的关系，最后从这种平等的社会中有些演变为等级制的社会，在那里存在着一个权威性的中心权力（a central authoritative power），控制和管理着社会。平等和分散两个词，都可以用来准确地反映前一种社会的基本特征；酋邦和等级制这两个词，也都可以用来准确地反映后一种社会的基本特征。但是，许多人喜欢用"分散社会"来指称平等的游团社会和部落社会，用"酋邦"来指称等级制的社会。塞维斯的解释是，这是因为，是领导权本身的演化后来创造了世袭等级制，所以较之"等级制"，"酋邦"这一标签更为能够反映这一过程的真实状况。而相应地，较之"平等的"一词，"分散的（segmental）"〔＝无"中枢神经系统（central nervous system）"的〕这一术语也更为适宜^⑱。

那么，酋邦社会集中的管理权，或者说，集中的领导权，又与国家社会集中的领导权，有着什么样的根本区别呢？

要讨论酋邦社会领导权的演进，或者说，那种常设的集中领导权的演进，有必要先来看看塞维斯有关酋邦社会"权威"与"权力"或者"暴力"的界说。我们知道，"权威"这一概念在酋邦学说中具有十分重要的意义，塞维斯引用了阿兰德特（Hannah Arendt）的一段界定来说明它，我们这里照录如下：

> 由于权威总是要求服从，因此大家都错误地把它当作某种权力或者暴力。然而权威排除使用外部强制力量；暴力一旦使用，权威本身即已失效。从另外一个方面看，权威又与说服不能相容；说服以平等关系为前提条件，通过辩论的过程起作用……在发号施令方与服从方之间确立的权威关系，既不基于共同的理由，也不基于前者的权力；双方共同拥有的是等级本身；双方都承认等级为正当与合法，双方都拥有自己预先确定在等级制结构中的稳定的位置。^⑱

在此还有必要把塞维斯《国家与文明的起源》一书中关于"权力"（power）的界定^⑱介绍几句。

塞维斯认为，"权力"一词最为广泛使用的涵义是：某人或某集团使他人或他集团服从的相对的能力；或者反过来说，某人或某集团对他人或他集团"不必屈服"的能力^⑱。这里所谓"服从"或者"屈服"，可以包括十分不同的类型。一个人可因某人处于权威地位而服从他，比如牧师服从主教；或者因其是专业权威而服从他，因为尊重他的知识。权威的权力，最理想的状态是，完全依赖于人与人之间或者集团与集团之间的等级关系。在这个时候，服从并非因使用某种暴力或暴力威胁的控制而获得，而是因习惯、习性、礼仪、利益、或者其他加强与合法化了的权力、使得其可以接受的考虑而获得。强制性的实质权力（the physical power to coerce），他认为可以简单地标为"暴力"（force）。因此，必须在权威（authority）和暴力（force，也即阿兰德特 的"power"）之间做出区分。

在塞维斯看来，酋邦社会权力结构的一个最为重要的特征，就是权威；它以等级或阶等为基础，而不建构在强制性的暴力之上，也即不建构在阿兰德特的"权力"（power）之上。他明确地告诉我们："在原始社会里，我们往往发现，传统的等级制度完全不使用任何形式的暴力而胜任统治。"^⑱酋邦社会的上层分子根据世袭的权威角色分成各种阶等，但是，他们的"权威"并未得到那种垄断武力的政府的支持，酋邦缺少镇压的暴力^⑲。下面这段话比较清楚地概括了塞维斯酋邦社会的几个特点：

> 酋邦拥有集中的管理（centralized direction），具有贵族特质的世袭的等级地位

安排，但是没有正式的、合法的暴力镇压工具。组织似乎普遍是神权性质的，对权威的服从似乎是一种宗教会众对祭司—首领的服从。如果承认这样一种非暴力的组织占据进化的一个阶段，那么国家的起源问题……就大大简化了：国家制度化的约束手段就是使用暴力。[198]

四个特点。其一是"集中的管理"，也即谢维扬所谓的"中央集权"[199]。其二是"世袭等级制"。这两个特点使得酋邦社会同前此阶段分散与平等的游团社会和部落社会根本地区别开来[199]。其三是神权权威。其四是"非暴力的组织"；或者换句话说，无正式而合法的强制性的暴力镇压工具，这是酋邦与国家的根本区别。所谓"国家垄断武力，强调使用武力，可以明白无误地宣示自己的权力"；然而，酋邦却无合法武力支撑的政府，以调解各种社会纠纷，处理各种社会问题[198]。

最后一个特点十分值得我们关注。不管与游团和部落比较起来，酋邦怎样复杂，它的政治组织仍然是原始社会的一种，酋邦社会仍然是典型的亲族社会，而不是国家社会[198]。一个真正的国家，不管怎样不发展，与酋邦以及其他更低阶段的社会之区别，突出地表现在一种特殊的社会控制方式之中，也即武力合法地掌握在社会的某一部分人手上，他们不断地使用武力或者威胁要使用武力，以此作为维护社会秩序的基本手段。在国家社会中，这一部分人垄断了武力，或者说，在他们之外，不允许其他个人或团体（非政府的个人或组织）未经他们许可而使用武力，这是国家权力的最为简单也最为突出的标志；人与人之间相互仇杀的存在，则表明国家权力的缺乏[198]。事实说明，在酋邦社会中，个人与个人之间，血缘团体与血缘团体之间，相互仇杀的情况仍然大量存在。

在酋邦社会里缺乏国家社会里那种强制性的约束力，那么，又是依靠什么来维持社会秩序的呢？塞维斯认为，酋邦社会拥有一种非正式的公共约束力，处于制度化的现代法院与原始的家族习惯之间[197]。其中，在典型的酋邦社会里，消极的约束力，比如舆论指责、朋友不与友好、互惠关系被取消，等等，起了极大的作用；是它们增强了社会的整合度[198]。

当然，酋邦社会也并不是完全没有自己正常的"强制"方式的。塞维斯告诉我们，同游团社会和部落社会的宗教相比较，酋邦社会的宗教有着明显的区别[199]。酋邦创造了更高水平的宗教结构，它涉及到社会生活的一切方面。我们知道，酋邦之类社会名义上的统治者通常是神，而实际上，神往往就是祖先。正如弗里德和弗思所言："神即祖先，祖先即神。"[200]比如，据说在蒂科皮亚（Tikopia），阿图厄·埃·卡菲卡（the Atua i Kafika）是蒂科皮亚人的祖宗，也是蒂科皮亚人的最高神祇[201]。这最好地说明了，在酋邦之类社会里，神祇崇拜往往也就是祖先崇拜，或者至少可以说，祖先崇拜在这类社会的神祇崇拜中占有着极其重要的地位[202]。在酋邦社会或者圆锥形氏族社会中，理论上一个人的地位是根据他与始祖关系的远近决定的，因此，顺理成章，始祖嫡系后裔的长子通常就是酋长，并且，如果有"天下"，他就是"天下"大宗的宗子。由于与祖先这种特殊的关系，酋长本人也往往获得特殊待遇，本身被视为神圣。弗里德举出了一个奥贝格研究过的例子。在巴西北马托·哥若索（the Northern Mato Grosso）的卡玛聿拉（the Camayura），一个村子由百人左右组成，酋长的领导作用似乎主要表现在村里的经济活动当中。在那里，社会结构与社会运行方式都是平等性质的，但是，由于酋长的祖先可以追溯至太阳，因此他死后拥有特殊的葬礼[20]。一位蒂科皮亚人，在做上酋长之前，只是一位普通人（fakaarofa），做上酋长之后，则成为一个塔甫（tapu）人，被视为神圣，死后灵魂归化为神，受到与神相似的礼拜[20]。因此，说酋邦的统治者是神也就是祖先，实际上是说，统治者是其代理人酋长，也就是祖先的直系后裔。从神也即祖先那里获得权力或者说权威，以神也即祖先的名义进行统治，由此酋长多半把主持神祇祭祀或者祖先祭祀的责任也承担了起来。所以，塞维斯告诉我们，酋长与祭司一同兴起，有如权威的双胞胎，而往往，祭司职位和世俗酋长职位都由同一家族传承；有的时候，祭司与酋长就是同一个人[205]。"由于这个原因，许多酋邦被称作神邦（theocracy），是有着相当道理的。"[206]因此，在酋邦社会里，主要是依赖超自然的神祇来支撑现存的社会结构，祭司们知道怎样运用恐吓手段来维护社会秩序的稳定[207]。祭司们告诉大家，应当好好地祭祀祖先，因为祖先高兴，就会护佑风调雨顺，万事如意；祖先发怒，则会降下灾祸，使得人畜不兴。这样，我们看到，在酋邦社会中，所谓公共"法律"典型的惩罚手段就是宗教的超自然的惩罚[208]，比如祭司权威所发出的诅咒或者公开指责。因为，在大多数酋邦那里，不服从命令即是对酋长的冒犯，因此也就是对神灵也即祖先的冒犯[209]。祭司—酋长是可敬畏的人物，他的超自然的力量，因为已经成为神灵的祖先的力量而扩大。他可以通过各种仪式而引来雨水与丰产，使用诅咒消灭敌人，在神意指引下统治得公正而又智慧。谢维扬引用的哈维兰所谓人们相信酋长的统治权力是"神灵赐给"的，并且由此进一步推论，"酋邦首领的权力不受部落成员的制约"[210]，表现大概就是指的这些吧。但是，这些显然不足以用作谢维扬推论的证明。尤其是，在实际的历史演进过程当中，祭司—酋长们的来自于祖先或者神灵的这种所谓"神权"，还常常失效，由此他们本人往往要面临各种各样因神权失效而引发的实际危险。在东非的苏库马（the Suku-ma），按照惯例，在酋长的巫术或者宗教力量失灵的时候，酋长要对灾异负责，有可能遭受废黜的惩罚[211]。在尼日利亚的阿比西人那里，遇到自然灾害时，首领们有可能会被指控巫术不灵，他们虽不至于被罢免，可是一旦被指控要对那种情况负责，就要举行惩戒仪式[212]。这种情况在原始社会或者早期国家社会里，似乎普遍发生过，《旧约》中大卫王因瘟疫发生而请求上帝"攻击"他自己与他自己的"父家"[213]，中国先秦文献中有名的"汤以身祷"[214]，夫余国王因灾异言易言杀[215]，都是佐证。契丹史上"国有灾疾而畜牧衰，则八部聚议，以旗鼓立其次"而代"大人"，也是一个经常引用的例子[216]。

　　塞维斯补充说明，酋邦的统治方式是相对和平的神权性质的，但这并非是说，酋邦社会的统治者对内绝不使用真正的暴力。不过，塞维斯猜测，使用额外的强制性的暴力，也许是酋邦制度某个方面出了问题的表现，或者失败的表现，而不是其正常的表现[217]。

　　塞维斯还告诉我们，占据再分配地位的人原本可能是在得到许多人的同意之后才取得该地位的，如果需要的话，他也甚至可能会得到大多数人的武力支持；在这一点上，他也许就拥有了某些强制性的权力。但是，在阿兰德特界定的上述"权威"概念的意义上，使用强制性武力的酋长也就不再拥有权威了，因为他的位置那时还并非是得到大家承认为"正当与合法"的结构化的等级制中的一个部分[218]。因此，应该记住的是，酋邦社会合法的权威并非是得到武力支持的权力或者暴力，酋邦的统治者虽然也有可能使用暴力，但那并非是酋邦社会权力结构的，或者不如说权威结构的正常表现。只有当世袭制的严格规则把酋长这一职位稳定下来，神话、习惯、价值观等等把它认可下来，这些规则、神话、习惯、价值观有多大效力有多么连贯，权威也就会有多大效力有多么连贯[219]。到后来，我们看到，酋邦社会所拥有的集中的权威（centralized authority）以及相关连的辅助权威的分支，向整个社会扩展了[220]。

　　就是这种非强制性的权威，领导了酋邦社会的各种宗教、经济和政治活动，取得了后代人常常不敢相信的成就。一般说来，酋长有力量规划、组织与部署劳动力，开垦梯田，修筑灌溉系统，建造纪念碑[221]。塞维斯告诉我们，像这一类世俗劳动，通常认为是国家社会的政府使用强制力量来强迫人们进行的，然而实际上，在酋邦社会里，这类劳动却是像建造庙宇和金字塔一样，是人们自愿进行的，因为"神权权威等级同样主持着这两种工程"[222]。从现存的一些遗址来看，结合其他材料来推论，有些大规模的、系统化的工程，的确可以没有复杂国家的城市中心而发展起来[223]。中美洲奥尔梅克（Olmec）文化中的拉文塔（La Venta）遗址，最大的建筑物为一座金字塔，底部面积达 240×420 英尺，整个塔身有 110 英尺高，是奥尔梅克文化形成时期的最大建筑[224]。据海泽（Robert Heizer）估计，仅仅建造拉文塔大金字塔一项，可能就需要 80 万个劳动日[225]。如果这一估计正确，这个酋邦的规模看来的确是不小的，它能够使用非强制性的权威，动员这么大的力量，来建造这么大规模的工程，确实有些让人吃惊。

　　当然，在这种非强制性的"非暴力的组织"那里，绝不会如谢维扬和童恩正所言，决策活动只是专制性质的，也就是说，绝不会只是由某个"拥有整个社会的最高权力"的人单独说了算的[226]，而是十分可能，在牵涉到共同体大多数成员的利害问题上，大家，或者至少可以说，许多人，都来参与决策的。塞维斯和弗里德等人类学家，主要的关注点是在人类早期社会组织形式的演进问题上，他们没有花什么精力来专门讨论人类早期社会的政治组织形态，亦即所谓的民主专制问题。但是，从他们的整个研究来看，我们仍然能够得出十分明确的结论说，在酋邦或者阶等社会与专制政治之间，并无什么必然的联系[222]。塞维斯在这方面的观点，可以从他的一些具体研究中，比如，从他对非专制的切诺基印第安人（the Cherokee indians）和阿散蒂人（the Ashanti）社会的研究[223]中，可以明白无误地总结出来，对此，我们曾经指出过[224]。

最后，用塞维斯自己的一句话把酋邦社会的几个基本特征概括起来：

> 大体上说，酋邦是家庭式的，但是不平等；它没有政府，但是拥有权威与集中的管理；它没有资源上的私有财产或者经营性质的市场贸易，但是在对物品与生产的掌控方面却是不平等的；它有阶等区分，但是没有明显的社会经济阶级或者政治阶级。[225]

九 结束语

国内的一些学者，总喜欢将塞维斯等人的学说有意无意地与摩尔根的理论对立起来。其实，摩尔根以及其他学者的古典文化演进学说，是怀特、斯图尔德、塞维斯、萨林斯和弗里德等人新的文化演进理论的基础，后者是对前者的修订与发展。许多新文化演进论者虽然尖锐地指出过摩尔根的许多错误，但是，在西方学术界，当今恐怕没有人比他们更理解摩尔根学术的价值。因而，比如说，早在20世纪30年代，怀特就已经在奔走努力，为恢复摩尔根在美国人类学界的地位而大声疾呼[226]。中国学者目前使用的商务印书馆中译本摩尔根《古代社会》，就是根据1964年哈佛大学出版的怀特重新整理编辑的本子翻译的，可惜的是，中文版竟然删掉了怀特的《引论》[227]。

就本文所介绍的塞维斯的理论而言，它对摩尔根古典文化演进学说的重大发展在于，首先在摩尔根平等的原始社会与以阶级为基础的国家之间，架起来人类社会发展演进的一座特殊的等级制的过渡桥梁。这十分符合摩尔根以后人类学界新的发现，酋邦学说因而能够在如此短暂的时间内，如此迅速地传布开来。可以毫不犹豫地说，塞维斯的理论极大地促进了摩尔根以后国际学术界的原始社会研究，促进了文明与国家起源以及早期国家的研究[228]。

当然，塞维斯的理论并非完美无缺，酋邦学说自产生之日起，也一直处于发展变化之中。挑战首先来自于他的同学与好友弗里德。弗里德否定了塞维斯的部落发展阶段，将后者的游团与部落归并为同一个平等社会发展阶段，然后在塞维斯的酋邦与国家之间，放进了一个分层社会（stratified society）[229]。结合他们两个人的理论，厄尔（Timothy K. Earle）等人又将酋邦划分为简单酋邦与复杂酋邦两种，并且在分层现象出现的阶段问题上，明确地站在了弗里德一边，甚至将其观点推进了一步，提出分层现象不仅在复杂酋邦也即厄尔认为是弗里德的分层社会中已经出现，而且可以在更早的社会中发现[206]。在酋邦与国家的兴起模式上，最大的挑战则来自于卡内罗（Robert L. Carneiro）。卡内罗认为，不是塞维斯与弗里德的再分配，而是战争，将人类从简单社会推向了复杂社会[207]。还有，正如塞维斯本人所指出的，酋邦与国家的区分问题，尤其是在考古学材料上的区分问题，也是一个大的难题。虽然通过许多人的努力，比如卡内罗、桑德斯（William T. Sanders）、普赖斯（Barbara J. Price）、赖特（Henry T. Wright）、克里斯廷森（Kristian Kristiansen）等人的努力，这个问题的解决已经有了一定的进展，但是人类的史前社会，要想仅仅通过考古学材料，将酋邦与国家清晰地区别开来，仍旧是一件并不容易的事情[208]。

中国近几十年无论是在考古发掘上还是在民族学田野调查中，都取得了巨大的成就。文明与国家起源研究在中国空前地兴盛了起来。在这一现状之中，有两个大的现象需要国际（此处不包括中国）学术界与中国学术界的共同注意，那就是国际学术界对中国考古材料与民族学材料的生疏，中国学术界对国际学术界新的理论的隔膜。毫无疑问，这两个大的现象也是当代学术发展的两个大的缺陷。我们要问的是，当这两个缺陷被克服之后，国际学术界与中国学术界，能够从中获得什么？了解了中国的考古材料与民族学材料，塞维斯、弗里德等人的理论不会需要更多的修正吗？熟悉了塞维斯、弗里德等人的理论，利用中国材料，我们又可以对国际学术界新的理论研究，做出什么样的新的贡献？我们应该可以做出贡献，甚至已经做出了一些贡献，正如张光直先生所言[209]。因而，我们没有理由不下大的力气，去熟悉国际学术界新的进展，包括已经不新的塞维斯和弗里德等人的理论。

注　释

① 张光直：《从夏商周三代考古论三代关系与中国古代国家的形成》，《中国青铜时代》第 27～56 页，三联书店，1983 年。

② 谢维扬：《中国国家形成过程中的酋邦》，《华东师范大学学报》1987 年第 5 期；《酋邦：过渡性与非过渡性》，《学术月刊》1992 年第 2 期。龚缨晏：《从村落到国家：墨西哥瓦哈卡谷地研究》，《世界历史》1992 年第 3 期。叶文宪：《部落冲突与征服战争：酋邦演进为国家的契机》，《史学月刊》1993 年第 1 期。许顺湛：《黄河文明的曙光》，中州古籍出版社，1993 年。王震中：《中国文明起源的比较研究》第 167～173 页，陕西人民出版社，1994 年。龚缨晏：《我国史前社会的酋邦》，《杭州大学学报》1995 年第 2 期。谢维扬：《中国早期国家》，浙江人民出版社，1995 年。许顺湛：《再论夏王朝前夕的社会形态》，中国先秦史学会、洛阳市第二文物工作队编：《夏文化研究论集》第 128～135 页，中华书局，1996 年。刘莉：《龙山文化的酋邦与聚落形态》，星灿译：《华夏考古》1998 年第 1 期。陈淳：《酋邦的考古学观察》，《文物》1998 年第 7 期。童恩正：《文化人类学》，《中国西南地区古代的酋邦制度——云南滇文化中所见的实例》，分别见童恩正：《人类与文化》第 225～234 页与第 477～506 页，重庆出版社，1998 年。何国强、曾国华：《从民族志和考古学资料看中国国家的起源》，《中山大学学报》1999 年第 3 期。吕文郁：《论尧舜禹时代的部族联合体》，《社会科学战线》1999 年第 5 期。王和：《从突破部族社会桎梏的意义去认识周

初变革——兼谈五种社会形态问题》，《史学月刊》2000 年第 3 期。

③ 谢维扬的理论主要阐述在他的《中国早期国家》一书中。关于谢维扬理论的讨论，参见易建平：《部落联盟模式、酋邦模式与对外战争问题》，《史学理论研究》2000 年第 4 期；《部落联盟模式与希腊罗马早期社会权力结构》，《世界历史》2000 年第 6 期；《祖鲁与酋邦模式》，《四川大学学报》2001 年第 2 期；《伦斯基的园耕社会理论与谢维扬的酋邦学说》，《世界历史》2001 年第 4 期；《酋邦与专制政治》，《历史研究》2001 年第 5 期；《酋邦与"中央集权"》，《史林》2001 年第 4 期。

④ Elman R. Service, *Primitive Social Organization: An Evolutionary Perspective* (New York: Random House, 1962).

⑤ Elman R. Service, *A Century of Controversy: Ethnological Issues from 1860 to 1960* (Orlando: Academic Press, 1985), pp. 129 – 130.

⑥ 童恩正：《摩尔根的模式与中国的原始社会史研究》（首次发表于《中国社会科学》1988 年第 3 期），童恩正：《人类与文化》第 366 页。谢维扬：《中国早期国家》第 35 页。关于摩尔根的这种理论，参见摩尔根：《古代社会》，杨东莼、马雍、马巨译，商务印书馆，1977 年版，尤其是第 225～226、242、292～293 页。

⑦ Elman R. Service, *A Century of Controversy: Ethnological Issues from 1860 to 1960*, pp. 130 – 131.

⑧ Elman R. Service, *Profiles in Ethnology* (Rev. ed. New York: Harper & Row, 1971), p. 498.

⑨ Elman R. Service, *A Century of Controversy: Ethnological Issues from 1860 to 1960*, p. 131.

⑩ Elman R. Service, *Profiles in Ethnology*, p. 498.

⑪ Numa Denis Fustel De Coulanges, *The Ancient City: A Study on the Religion, Laws and Institutions of Greece and Rome* (English Translated by William Small. Garden City: Doubleday Anchor Books, 1864).

⑫ Raymond Firth, *We, the Tikopia* (London: Allen and Unwin, 1936).

⑬ Edmund R. Leach, *Political Systems of Highland Burma* [Boston: Beacon Press, 1964 (1954)].

⑭ Kalervo Oberg, Types of Social Structure among the Lowland Tribes of South and Central America, in *American Anthropologist*, 57 (1955), pp. 472 – 487.

⑮ Paul Kirchhoff, The Principles of Clanship in Human Society, in Morton H. Fried, ed., *Readings in Anthropology* (New York: Thomas Y. Crowell, 1959), Vol. 2, pp. 259 – 270.

⑯ Elman R. Service, *A Century of Controversy: Ethnological Issues from 1860 to 1960*, p. 131; Elman R. Service, *Profiles in Ethnology*, p. 497.

⑰ Elman R. Service, *A Century of Controversy: Ethnological Issues from 1860 to 1960*, p. 131.

⑱ 我们这样说有着过分简单化的地方。弗里德的理论比我们这里谈到的远为复杂，笔者有他文专门论及，此处从略。

⑲ Elman R. Service, *A Century of Controversy: Ethnological Issues from 1860 to 1960*, pp. 113 – 132.

⑳ Elman R. Service, *A Profile in Primitive Culture* (New York: Harper & Brothers, 1958).

㉑ Elman R. Service, *Profiles in Ethnology* (Rev. ed. New York: Harper & Row, 1963).

㉒ Morton H. Fried, *The Evolution of Political Society* (New York: Random House, 1967).

㉓ Marshall D. Sahlins and Elman R. Service, eds., *Evolution and Culture* (Ann Arbor: University of Michigan Press, 1960).

㉔ Elman R. Service, *Cultural Evolutionism: Theory in Practice* (New York: Holt, Rinehart and Winson, 1971).

㉕ Elman R. Service, *Origins of the State and Civilization: The Process of Cultural Evolution* (New York: W. W. Norton & Company, 1975).

㉖　Ronald Cohen and Elman R. Service, eds. , *Origins of the State*: *The Anthropology of Political Evolution* (Philadelphia: Institute for the Study of Human Issues, 1978).

㉗　Elman R. Service, *The Hunters* (New York: Prentice – Hall, 1979).

㉘　关于塞维斯在卡林伽归类问题上的为难, 参见 A. Terry Rambo, The Study of Cultural Evolution, in A. Terry Rambo and Kathleen Gillogly, eds. , *Profiles in Cultural Evolution*: *Papers from a Conference in Honor of Elman R. Service* (Anthropological Papers, No. 85. Ann Arbor: Museum of Anthropology, University of Michigan, 1991), pp. 8 – 9.

㉙　Elman R. Service, *Cultural Evolutionism*: *Theory in Practice*, p. 157; Elman R. Service, *Origins of the State and Civilization*: *The Process of Cultural Evolution*, p. 303; A. Terry Rambo, The Study of Cultural Evolution, in A. Terry Rambo and Kathleen Gillogly, eds. , *Profiles in Cultural Evolution*: *Papers from a Conference in Honor of Elman R. Service*, p. 9. 关于弗里德的理论, 参见 Morton H. Fried, *The Evolution of Political Society*.

㉚　Aram A. Yengoyan, Evolutionary Theory in Ethnological Perspectives, in A. Terry Rambo and Kathleen Gillogly, eds. , *Profiles in Cultural Evolution*: *Papers from a Conference in Honor of Elman R. Service*, p. 9.

㉛　Elman R. Service, *Primitive Social Organization*: *An Evolutionary Perspective* (2nd edition. New York: Random House, 1971), pp. 46 – 98; Aram A. Yengoyan, Evolutionary Theory in Ethnological Perspectives, in A. Terry Rambo and Kathleen Gillogly, eds. , *Profiles in Cultural Evolution*: *Papers from a Conference in Honor of Elman R. Service*, p. 9.

㉜　Elman R. Service, *Cultural Evolutionism*: *Theory in Practice*, ch. 10, p. 157; Aram A. Yengoyan, Evolutionary Theory in Ethnological Perspectives, in A. Terry Rambo and Kathleen Gillogly, eds. , *Profiles in Cultural Evolution*: *Papers from a Conference in Honor of Elman R. Service*, p. 9.

㉝　Elman R. Service, *Origins of the State and Civilization*: *The Process of Cultural Evolution*, p. 303.

㉞　Aram A. Yengoyan, Evolutionary Theory in Ethnological Perspectives, in A. Terry Rambo and Kathleen Gillogly, eds. , *Profiles in Cultural Evolution*: *Papers from a Conference in Honor of Elman R. Service*, p. 9.

㉟　Elman R. Service, *Cultural Evolutionism*: *Theory in Practice*, p. 157; Aram A. Yengoyan, Evolutionary Theory in Ethnological Perspectives, in A. Terry Rambo and Kathleen Gillogly, eds. , *Profiles in Cultural Evolution*: *Papers from a Conference in Honor of Elman R. Service*, p. 9.

㊱　谢维扬:《中国早期国家》第 172 页注释 1。

㊲　Aram A. Yengoyan, Evolutionary Theory in Ethnological Perspectives, in A. Terry Rambo and Kathleen Gillogly, eds. , *Profiles in Cultural Evolution*: *Papers from a Conference in Honor of Elman R. Service*, p. 9.

㊳　Elman R. Service, *Origins of the State and Civilization*: *The Process of Cultural Evolution*, p. 303.

㊴　Elman R. Service, *Profiles in Ethnology* (3rd. ed. New York: Harper & Row, 1978).

㊵　Elman R. Service, *Primitive Social Organization*: *An Evolutionary Perspective*, p. 47.

㊶　Julian H. Steward, *Theory of Culture Change* (Urbana: University of Illinois Press, 1955), Chs. 7, 8.

㊷　Elman R. Service, *Primitive Social Organization*: *An Evolutionary Perspective*, p. 47.

㊸　Elman R. Service, *Primitive Social Organization*: *An Evolutionary Perspective*, pp. 38, 47.

㊹　Elman R. Service, *Primitive Social Organization*: *An Evolutionary Perspective*, pp. 52 – 53, 97.

㊺　Elman R. Service, *Primitive Social Organization*: *An Evolutionary Perspective*, p. 58.

㊻ Elman R. Service, *Primitive Social Organization*: *An Evolutionary Perspective*, p. 54.

㊼ Elman R. Service, *Primitive Social Organization*: *An Evolutionary Perspective*, p. 58.

㊽ Elman R. Service, *Primitive Social Organization*: *An Evolutionary Perspective*, pp. 58 – 59.

㊾ 此词有人译作"新居制"。参见童恩正:《文化人类学》,《人类与文化》第 336 页。又有人把"neolocal marriage"译作"独立居住婚姻"。它们的意思都是，结婚之后，夫妻独立成家，并不居住于夫家或妻家的婚姻。参见祖父江孝男:《文化人类学的若干问题概述》(陈昌华译自日本中公新社出版的祖父江孝男《文化人类学概述》，题目为译者所加),《贵州民族研究》1996 年第 3 期。

㊿ Elman R. Service, *Primitive Social Organization*: *An Evolutionary Perspective*, p. 76.

(51) Elman R. Service, *Primitive Social Organization*: *An Evolutionary Perspective*, p. 97.

(52) 谢维扬:《中国早期国家》第 172 页。

(53) Elman R. Service, *Primitive Social Organization*: *An Evolutionary Perspective*, p. 98.

(54) Elman R. Service, *Primitive Social Organization*: *An Evolutionary Perspective*, pp. 99 – 100.

(55) Elman R. Service, *Primitive Social Organization*: *An Evolutionary Perspective*, p. 100.

(56) Elman R. Service, *Primitive Social Organization*: *An Evolutionary Perspective*, p. 105.

(57) Elman R. Service, *Primitive Social Organization*: *An Evolutionary Perspective*, pp. 103 – 104.

(58) 我的理解，这里的"征服战争"是指那种导致真正的奴役关系建立的战争，犹如斯巴达人的美塞尼亚战争。

(59) Elman R. Service, *Primitive Social Organization*: *An Evolutionary Perspective*, p. 105.

(60) Elman R. Service, *Primitive Social Organization*: *An Evolutionary Perspective*, pp. 102 – 103.

(61) Elman R. Service, *Primitive Social Organization*: *An Evolutionary Perspective*, p. 103.

(62) Elman R. Service, *Primitive Social Organization*: *An Evolutionary Perspective*, pp. 131 – 132.

(63) Elman R. Service, *Primitive Social Organization*: *An Evolutionary Perspective*, pp. 103 – 104.

(64) Elman R. Service, *Primitive Social Organization*: *An Evolutionary Perspective*, pp. 108 – 129.

(65) 按照钱杭的译法。钱杭:《血缘与地缘之间——中国历史上的连宗与连宗组织》第 56 页，上海社会科学出版社，2001 年。

(66) Elman R. Service, *Primitive Social Organization*: *An Evolutionary Perspective*, pp. 108 – 109.

(67) Elman R. Service, *Primitive Social Organization*: *An Evolutionary Perspective*, p. 109.

(68) Elman R. Service, *Primitive Social Organization*: *An Evolutionary Perspective*, pp. 110 – 111.

(69) Elman R. Service, *Primitive Social Organization*: *An Evolutionary Perspective*, p. 112.

(70) Elman R. Service, *Primitive Social Organization*: *An Evolutionary Perspective*, p. 113.

(71) Elman R. Service, *Primitive Social Organization*: *An Evolutionary Perspective*, p. 115.

(72) Elman R. Service, *Primitive Social Organization*: *An Evolutionary Perspective*, p. 116.

(73) Elman R. Service, *Primitive Social Organization*: *An Evolutionary Perspective*, pp. 123 – 124.

(74) Elman R. Service, *Primitive Social Organization*: *An Evolutionary Perspective*, pp. 109, 126 – 128, 130.

(75) Elman R. Service, *Primitive Social Organization*: *An Evolutionary Perspective*, p. 128.

(76) Elman R. Service, *Origins of the State and Civilization*: *The Process of Cultural Evolution*, pp. 49 – 50.

(77) Elman R. Service, *Origins of the State and Civilization*: *The Process of Cultural Evolution*, p. 49.

(78) Elman R. Service, *Origins of the State and Civilization*: *The Process of Cultural Evolution*, p. 50.

⑦⑨ Elman R. Service, *Origins of the State and Civilization：The Process of Cultural Evolution*, pp. 50 – 53. 其中，辩才对于领导权的获得尤为重要。

⑧⓪ Elman R. Service, *Origins of the State and Civilization：The Process of Cultural Evolution*, p. 71.

⑧① Elman R. Service, *Origins of the State and Civilization：The Process of Cultural Evolution*, pp. 49 – 56.

⑧② Elman R. Service, *Origins of the State and Civilization：The Process of Cultural Evolution*, p. 53.

⑧③ Elman R. Service, *Origins of the State and Civilization：The Process of Cultural Evolution*, p. 64.

⑧④ Elman R. Service, *Origins of the State and Civilization：The Process of Cultural Evolution*, p. 64.

⑧⑤ Elman R. Service, *Origins of the State and Civilization：The Process of Cultural Evolution*, p. 54.

⑧⑥ Elman R. Service, *Origins of the State and Civilization：The Process of Cultural Evolution*, p. 57.

⑧⑦ Elman R. Service, *Origins of the State and Civilization：The Process of Cultural Evolution*, p. 56.

⑧⑧ Elman R. Service, *Origins of the State and Civilization：The Process of Cultural Evolution*, pp. 64 – 67.

⑧⑨ Elman R. Service, *Origins of the State and Civilization：The Process of Cultural Evolution*, p. 67.

⑨⓪ Elman R. Service, *Origins of the State and Civilization：The Process of Cultural Evolution*, p. 60.

⑨① 摩尔根：《古代社会》第135页，以及第147页注释9。

⑨② Elman R. Service, *Origins of the State and Civilization：The Process of Cultural Evolution*, p. 61.

⑨③ Elman R. Service, *Origins of the State and Civilization：The Process of Cultural Evolution*, pp. 61 – 62.

⑨④ Elman R. Service, *Origins of the State and Civilization：The Process of Cultural Evolution*, pp. 60 – 63.

⑨⑤ Morton H. Fried, *The Evolution of Political Society*; Elman R. Service, *Origins of the State and Civilization：The Process of Cultural Evolution*, pp. 47 – 70, 303; Elman R. Service, *Cultural Evolutionism：Theory in Practice*, p. 157; Aram A. Yengoyan, Evolutionary Theory in Ethnological Perspectives, in A. Terry Rambo and Kathleen Gillogly, eds., *Profiles in Cultural Evolution：Papers from a Conference in Honor of Elman R. Service*, p. 9.

⑨⑥ Elman R. Service, *Origins of the State and Civilization：The Process of Cultural Evolution*, pp. 71 – 72.

⑨⑦ Elman R. Service, *Origins of the State and Civilization：The Process of Cultural Evolution*, p. 71.

⑨⑧ Elman R. Service, *Origins of the State and Civilization：The Process of Cultural Evolution*, p. 73.

⑨⑨ Elman R. Service, *Origins of the State and Civilization：The Process of Cultural Evolution*, p. 74.

⑩⓪ Elman R. Service, *Origins of the State and Civilization：The Process of Cultural Evolution*, p. 74.

⑩① Elman R. Service, *Origins of the State and Civilization：The Process of Cultural Evolution*, p. 74.

⑩② Elman R. Service, *Primitive Social Organization：An Evolutionary Perspective*, p. 133.

⑩③ Elman R. Service, *Primitive Social Organization：An Evolutionary Perspective*, pp. 133 – 134.

⑩④ Elman R. Service, *Primitive Social Organization：An Evolutionary Perspective*, pp. 133 – 134.

⑩⑤ Elman R. Service, *Primitive Social Organization：An Evolutionary Perspective*, pp. 133 – 143.

⑩⑥ Elman R. Service, *Primitive Social Organization：An Evolutionary Perspective*, p. 134.

⑩⑦ Elman R. Service, *Primitive Social Organization：An Evolutionary Perspective*, p. 133.

⑩⑧ 参见谢维扬：《中国早期国家》。关于这种理论的讨论，参见易建平：《酋邦与"中央集权"》，《史林》2001年第4期。

⑩⑨ Elman R. Service, *Primitive Social Organization：An Evolutionary Perspective*, p. 156.

⑩⑩ Elman R. Service, *Primitive Social Organization：An Evolutionary Perspective*, p. 137.

⑩⑪ Elman R. Service, *Origins of the State and Civilization：The Process of Cultural Evolution*, p. 75.

⑫ Elman R. Service, *Primitive Social Organization: An Evolutionary Perspective*, p. 137.

⑬ Elman R. Service, *Origins of the State and Civilization: The Process of Cultural Evolution*, p. 75.

⑭ Elman R. Service, *Primitive Social Organization: An Evolutionary Perspective*, p. 139.

⑮ Elman R. Service, *Primitive Social Organization: An Evolutionary Perspective*, p. 139.

⑯ Elman R. Service, *Primitive Social Organization: An Evolutionary Perspective*, pp. 139 – 140.

⑰ Elman R. Service, *Primitive Social Organization: An Evolutionary Perspective*, p. 140.

⑱ Elman R. Service, *Primitive Social Organization: An Evolutionary Perspective*, p. 140.

⑲ Elman R. Service, *Primitive Social Organization: An Evolutionary Perspective*, p. 140.

⑳ Elman R. Service, *Primitive Social Organization: An Evolutionary Perspective*, pp. 134, 138.

㉑ Elman R. Service, *Primitive Social Organization: An Evolutionary Perspective*, p. 141.

㉒ Elman R. Service, *Primitive Social Organization: An Evolutionary Perspective*, p. 141.

㉓ Elman R. Service, *Primitive Social Organization: An Evolutionary Perspective*, pp. 133 – 169; Elman R. Service, *Origins of the State and Civilization: The Process of Cultural Evolution*, pp. 72 – 83.

㉔ Morton H. Fried, On the Evolution of Social Stratification and the State, in Stanley Diamond, ed., *Essays in Honor of Paul Radin* (New York: Columbia University Press, 1960), p. 721; Morton H. Fried, *The Evolution of the Political Society*, pp. 109 – 184.

㉕ Elman R. Service, *Primitive Social Organization: An Evolutionary Perspective*, p. 136.

㉖ Elman R. Service, *Primitive Social Organization: An Evolutionary Perspective*, p. 136.

㉗ Elman R. Service, *Primitive Social Organization: An Evolutionary Perspective*, p. 136.

㉘ Elman R. Service, *Primitive Social Organization: An Evolutionary Perspective*, pp. 133 – 134.

㉙ Elman R. Service, *Primitive Social Organization: An Evolutionary Perspective*, pp. 135 – 137; Elman R. Service, *Origins of the State and Civilization: The Process of Cultural Evolution*, pp. 75 – 78.

㉚ Elman R. Service, *Primitive Social Organization: An Evolutionary Perspective*, p. 135; Elman R. Service, *Origins of the State and Civilization: The Process of Cultural Evolution*, p. 75.

㉛ Elman R. Service, *Origins of the State and Civilization: The Process of Cultural Evolution*, p. 75.

㉜ Elman R. Service, *Origins of the State and Civilization: The Process of Cultural Evolution*, p. 75.

㉝ Elman R. Service, *Origins of the State and Civilization: The Process of Cultural Evolution*, pp. 75 – 78.

㉞ Timothy Earle, Political Domination and Social Evolution, in Tim Ingold, ed., *Companion Encyclopedia of Anthropology: Humanity, Culture and Social Life* (London and New York: Routledge, 1994), p. 946.

㉟ Elman R. Service, *Origins of the State and Civilization: The Process of Cultural Evolution*, p. 77.

㊱ Elman R. Service, *Primitive Social Organization: An Evolutionary Perspective*, pp. 133 – 169; Elman R. Service, *Origins of the State and Civilization: The Process of Cultural Evolution*, pp. 72 – 80, esp. 79.

㊲ Elman R. Service, *Origins of the State and Civilization: The Process of Cultural Evolution*, p. 79.

㊳ Elman R. Service, *Origins of the State and Civilization: The Process of Cultural Evolution*, p. 80.

㊴ Elman R. Service, *Origins of the State and Civilization: The Process of Cultural Evolution*, p. 80.

㊵ Elman R. Service, *Origins of the State and Civilization: The Process of Cultural Evolution*, pp. 82 – 83.

㊶ Elman R. Service, *Primitive Social Organization: An Evolutionary Perspective*, pp. 142, 145.

㊷ Elman R. Service, *Primitive Social Organization: An Evolutionary Perspective*, p. 145.

⑭ Elman R. Service, *Primitive Social Organization: An Evolutionary Perspective*, p. 155.

⑭ Elman R. Service, *Primitive Social Organization: An Evolutionary Perspective*, p. 155.

⑭ Elman R. Service, *Primitive Social Organization: An Evolutionary Perspective*, p. 159.

⑭ Elman R. Service, *Primitive Social Organization: An Evolutionary Perspective*, pp. 46 – 132; Elman R. Service, *Origins of the State and Civilization: The Process of Cultural Evolution*, p. 291.

⑭ Elman R. Service, *Primitive Social Organization: An Evolutionary Perspective*, p. 148.

⑭ 巴且乌撒口述、巴且克迪记录:《凉山黑彝巴且氏族世家》第 55 ~ 65 页, 云南人民出版社, 1995 年。曲木约质:《凉山白彝曲木氏族世家》第 1 ~ 32 页, 云南人民出版社, 1993 年。刘尧汉:《从凉山彝族系谱看它的父系氏族制和氏族奴隶制》,《彝族社会历史调查研究文集》第 108 ~ 196 页, 民族出版社, 1980 年。

⑭ Elman R. Service, *Primitive Social Organization: An Evolutionary Perspective*, p. 148.

⑮ Elman R. Service, *Primitive Social Organization: An Evolutionary Perspective*, pp. 145 – 146.

⑮ Elman R. Service, *Primitive Social Organization: An Evolutionary Perspective*, p. 147.

⑮ Elman R. Service, *Primitive Social Organization: An Evolutionary Perspective*, p. 148.

⑮ 当然, 也有采取幼子继承制的, 比如景颇族。参见龚佩华:《景颇族山官制社会研究》第 120 ~ 124 页, 中山大学出版社, 1988 年。

⑮ Elman R. Service, *Primitive Social Organization: An Evolutionary Perspective*, p. 147.

⑮ Elman R. Service, *Primitive Social Organization: An Evolutionary Perspective*, p. 152.

⑮ Elman R. Service, *Primitive Social Organization: An Evolutionary Perspective*, p. 152.

⑮ Elman R. Service, *Primitive Social Organization: An Evolutionary Perspective*, pp. 152 – 153.

⑮ 关于弗里德的观点, 参见 Morton H. Fried, *The Evolution of Political Society*, pp. 52, 109 – 110.

⑮ Elman R. Service, *Primitive Social Organization: An Evolutionary Perspective*, p. 149.

⑯ Elman R. Service, *Primitive Social Organization: An Evolutionary Perspective*, p. 149.

⑯ Elman R. Service, *Primitive Social Organization: An Evolutionary Perspective*, p. 149.

⑯ 塞维斯认为, 封建制度不是一个社会发展阶段, 而是某种政治类型的特殊历史变体。Elman R. Service, *Origins of the State and Civilization: The Process of Cultural Evolution*, p. 80.

⑯ Elman R. Service, *Primitive Social Organization: An Evolutionary Perspective*, p. 149.

⑯ Elman R. Service, *Primitive Social Organization: An Evolutionary Perspective*, p. 149.

⑯ Elman R. Service, *Primitive Social Organization: An Evolutionary Perspective*, p. 150.

⑯ Elman R. Service, *Primitive Social Organization: An Evolutionary Perspective*, pp. 149 – 150.

⑯ 弗里德语。此处所谓 "战略资源 (strategic resources)", 与他后来所用 "维持生活的基本资源 (the basic resources that sustain life)", 实质相似。参见 Morton H. Fried, The Classification of Corporate Unilineal Descent Groups, in *Journal of the Royal Anthropological Institute*, 87 (1957), p. 24; Morton H. Fried, *The Evolution of Political Society*, p. 186.

⑯ 塞维斯认为, 原生文明只有六个: 旧大陆的美索不达米亚文明、埃及文明、印度河流域文明, 中国文明, 以及新大陆的中美洲文明与南美洲秘鲁文明。Elman R. Service, *Origins of the State and Civilization: The Process of Cultural Evolution*, pp. 166 – 264.

⑯ Elman R. Service, *Origins of the State and Civilization: The Process of Cultural Evolution*, pp. xii, 282 – 286; Elman R. Service, Classical and Modern Theories of the Origin of Government, in Ronald Cohen and Elman R. Service, eds. , *Origins of the State*: *The Anthropology of Political Evolution*, p. 32.

⑰ Morton H. Fried, *The Evolution of Political Society*, pp. 185 – 226; Morton H. Fried, The State, the Chicken, and the Egg; or, What Came First? in Ronald Cohen and Elman R. Service, eds. , *Origins of the State*: *The Anthropology of Political Evolution*, pp. 35 – 47.

⑰ Elman R. Service, *Origins of the State and Civilization*: *The Process of Cultural Evolution*, pp. xii, 8.

⑰ Elman R. Service, *Origins of the State and Civilization*: *The Process of Cultural Evolution*, pp. xii, 8, 266 – 308.

⑰ Elman R. Service, *Origins of the State and Civilization*: *The Process of Cultural Evolution*, pp. xii, 8; Elman R. Service, Classical and Modern Theories of the Origin of Government, in Ronald Cohen and Elman R. Service, eds. , *Origins of the State*: *The Anthropology of Political Evolution*, p. 32.

⑰ Elman R. Service, *Origins of the State and Civilization*: *The Process of Cultural Evolution*, pp. xiii, 8; Elman R. Service, Classical and Modern Theories of the Origin of Government, in Ronald Cohen and Elman R. Service, eds. , *Origins of the State*: *The Anthropology of Political Evolution*, p. 32.

⑰ Elman R. Service, *Origins of the State and Civilization*: *The Process of Cultural Evolution*, p. 8.

⑰ Elman R. Service, *Primitive Social Organization*: *An Evolutionary Perspective*, p. 163.

⑰ Elman R. Service, *Primitive Social Organization*: *An Evolutionary Perspective*, pp. 163 – 164.

⑰ Elman R. Service, *Primitive Social Organization*: *An Evolutionary Perspective*, p. 164.

⑰ Elman R. Service, *Primitive Social Organization*: *An Evolutionary Perspective*, p. 146.

⑱ Elman R. Service, *Primitive Social Organization*: *An Evolutionary Perspective*, p. 146.

⑱ Elman R. Service, *Primitive Social Organization*: *An Evolutionary Perspective*, p. 146.

⑱ Elman R. Service, *Primitive Social Organization*: *An Evolutionary Perspective*, p. 294.

⑱ Elman R. Service, *Primitive Social Organization*: *An Evolutionary Perspective*, p. 150.

⑱ Elman R. Service, *Origins of the State and Civilization*: *The Process of Cultural Evolution*, pp. xii, 8.

⑱ Elman R. Service, *Origins of the State and Civilization*: *The Process of Cultural Evolution*, p. xiii.

⑱ Elman R. Service, *Primitive Social Organization*: *An Evolutionary Perspective*, p. 151; Elman R. Service, *Origins of the State and Civilization*: *The Process of Cultural Evolution*, p. 11; Hannah Arendt, *Between Past and Future*, pp. 92 – 93.

⑱ Elman R. Service, *Origins of the State and Civilization*: *The Process of Cultural Evolution*, pp. 11 – 12.

⑱ Elman R. Service, *Origins of the State and Civilization*: *The Process of Cultural Evolution*, p. 11.

⑱ Elman R. Service, *Origins of the State and Civilization*: *The Process of Cultural Evolution*, p. 12.

⑲ Elman R. Service, *Primitive Social Organization*: *An Evolutionary Perspective*, pp. 150 – 151; Elman R. Service, *Origins of the State and Civilization*: *The Process of Cultural Evolution*, pp. 12, 16, 86, 285.

⑲ Elman R. Service, *Origins of the State and Civilization*: *The Process of Cultural Evolution*, p. 16.

⑲ 应该提请读者注意的是，谢维扬是在"中央集权"和"专制政治"之间划上等号的。参见谢维扬：《中国早期国家》第 220 ~ 221 页。

⑲ Elman R. Service, *Primitive Social Organization*: *An Evolutionary Perspective*, pp. 146 – 169; Elman R. Service, *Origins of the State and Civilization*: *The Process of Cultural Evolution*, p. xiii.

⑲ Elman R. Service, *Primitive Social Organization*: *An Evolutionary Perspective*, pp. 163, 165; Elman R. Service,

Profiles in Ethnology, p. 497. 其实，早在酋邦理论出现以前很久，学者就有把制度化的强制权力看作是国家特征的了。比如，可以参见 Franz Oppenheimer, *Der Staat* (Dritte Auflag. Jena: Verlag von Gustav Fischer, 1929), p. 5.

⑮　Elman R. Service, *Primitive Social Organization: An Evolutionary Perspective*, p. 163.

⑯　Elman R. Service, *Primitive Social Organization: An Evolutionary Perspective*, pp. 163, 165; Elman R. Service, *Profiles in Ethnology*, p. 497.

⑰　Elman R. Service, *Origins of the State and Civilization: The Process of Cultural Evolution*, p. 97.

⑱　Elman R. Service, *Origins of the State and Civilization: The Process of Cultural Evolution*, pp. 83 – 86.

⑲　Elman R. Service, *Primitive Social Organization: An Evolutionary Perspective*, p. 162.

⑳　Morton H. Fried, *The Evolution of Political Society*, p. 138. 塞维斯也是这种观点。Elman R. Service, *Primitive Social Organization: An Evolutionary Perspective*, pp. 162 – 163; Elman R. Service, *Origins of the State and Civilization: The Process of Cultural Evolution*, pp. 92 – 94.

㉑　Morton H. Fried, *The Evolution of Political Society*, pp. 137 – 138.

㉒　这种情况在中国少数民族相当阶段的社会中，比如在近现代纳西族、侗族、苗族、彝族、壮族、高山族等等社会中，也可以大量发现。参见陈烈：《纳西族祭天文化与商周祭天文化的比较》，《民间文艺季刊》1988 年第 1 期。覃圣敏、覃彩銮：《左江崖壁画和壮族祖先崇拜》，《世界宗教研究》1988 年第 1 期。伍新福：《论苗族的宗教信仰和崇拜》，《中南民族学院学报》1988 年第 2 期。潘光华：《试论苗族祭祖活动与其经济基础》，《贵州民族研究》1988 年第 3 期。吴治德：《也谈侗族的祖母神——"萨"》，《贵州民族研究》1988 年第 3 期。吴能夫：《侗族萨崇拜初探》，《贵州民族研究》1989 年第 1 期。徐铭：《凉山彝族祖先崇拜及其社会功能》，《西南民族学院学报》1990 年第 2 期。侯乔坤：《侗族原始宗教的特点和功能探微》，《贵州民族研究》1992 年第 1 期。希克定：《侗族"萨岁"试论》，《贵州民族研究》1993 年第 3 期。马学良、于锦绣、范慧娟：《彝族原始宗教调查报告》，中国社会科学出版社，1993 年。柏贵喜：《台湾高山族祖先崇拜文化略论——兼与大陆各族祖先崇拜文化比较》，《中南民族学院学报》1999 年第 2 期。甚至在国家社会中，这种情况还延续了下来，比如在殷商那里即是如此。参见晁福林：《论殷代神权》，《中国社会科学》1990 年第 1 期。晁氏认为："过去那种以'帝'为殷代最高神的传统认识，是错误地估价了它在殷人心目中的实际地位。帝只是殷代诸神之一，而不是诸神之长。居于殷代神权崇拜显赫地位的是殷人的祖先神，而帝则不过是小心翼翼地偏坐于神灵殿堂的一隅而已。"

㉓　Kalervo Oberg, *Indian Tribes of Northern Mato Grosso, Brazil* (Smithsonian Institution, Institute of Social Anthropology, Publication 15. Washington, D. C.: U. S. Government Printing Office, 1953), pp. 50, 68; Morton H. Fried, *The Evolution of Political Society*, p. 134.

㉔　Raymond Firth, The Sacredness of Tikopia Chiefs, in William A. Shack and Percy S. Cohen, eds., *Politics in Leadership: A Comparative Perspective* (Oxford: Clarendon Press, 1979), pp. 139 – 153.

㉕　Elman R. Service, *Primitive Social Organization: An Evolutionary Perspective*, p. 162; Elman R. Service, *Origins of the State and Civilization: The Process of Cultural Evolution*, p. 93. 在中国的少数民族相同阶段的社会中比如彝族早期社会中，同样是如此。参见何耀华：《彝族社会中的毕摩》，《云南社会科学》1988 年第 2 期。

㉖　Elman R. Service, *Primitive Social Organization: An Evolutionary Perspective*, pp. 162 – 163.

㉗　Elman R. Service, *Origins of the State and Civilization: The Process of Cultural Evolution*, pp. 92 – 94.

㉘　关于人们对"超自然力惩罚的畏惧"，还可以参见雷蒙德·弗思：《人文类型》（Raymond Firth, *Human*

Types：*An Introduction to Social Anthropology*）第 115 页，费孝通译，华夏出版社，2002 年。

㉒ Elman R. Service, *Origins of the State and Civilization*：*The Process of Cultural Evolution*, pp. 92 – 94.

㉑ 谢维扬：《中国早期国家》第 73 页。威廉·A. 哈维兰：《当代人类学》第 447 页，王铭铭等译，上海人民出版社，1987 年。

㉑ 利本诺（J. G. Liebenow）：《苏库马部落》，奥德丽·艾·理查兹编：《东非酋长》第 246 页，蔡汉敖、朱立人译，商务印书馆，1992 年。

㉑ 让－雅克·夏利福、让－克罗德·米勒：《尼日利亚阿比西人政治上的变化和仪典方面的改革》，《民族译丛》（曹枫摘译自加拿大《非洲研究杂志》1976 年第 1 期）1980 年第 5 期。

㉑ 《旧约·历代志上》，21：17："大卫祷告神说：'吩咐数点百姓的不是我吗？我犯了罪，行了恶，但这群羊作了什么呢？愿耶和华我神的手攻击我和我的父家，不要攻击你的民，降瘟疫与他们。'"

㉑ 《墨子·兼爱下》："汤曰：'惟予小子履，敢用玄牡，告于上天后曰：今天大旱，即当朕身履，未知得罪于上下。有善不敢蔽，有罪不敢赦，简在帝心。万方有罪，即当朕身。朕身有罪，无及万方。'即此言汤贵为天子，富有天下，然且不惮以身为牺牲，以祠说于上帝鬼神，即此汤兼也。"《国语·周语上》、《吕氏春秋·顺民》、《帝王世纪》等也载有其事，文辞略有不同。据裘锡圭、刘家和、扬升南、宋镇豪研究，此事应非空穴来风，上古时期，实有焚巫尪求雨风俗，地位较高者也有可能成为牺牲品，这在甲骨文中都有反映。裘锡圭：《说卜辞的焚巫尪与作土龙》，胡厚宣主编：《甲骨文与殷商史》第 21 ~ 35 页，上海古籍出版社，1983 年。杨升南：《商代的经济构成——农业是商代经济主体说》，洛阳市第二文物工作队编：《河洛文明论文集》第 184 ~ 185 页，中州古籍出版社，1993 年。刘家和：《论中国古代王权发展中的神化问题》，施治生、刘欣如主编：《古代王权与专制主义》第 13 页，中国社会科学出版社，1993 年。宋镇豪：《夏商社会生活史》第 493 ~ 495 页，中国社会科学出版社，1994 年。

㉕ 《三国志·魏书·夫余传》："旧夫余俗，水旱不调，五谷不熟，辄归咎于王，或言当易，或言当杀。"

㉖ 《新五代史·契丹附录》。

㉗ Elman R. Service, *Origins of the State and Civilization*：*The Process of Cultural Evolution*, p. 294.

㉘ Elman R. Service, *Primitive Social Organization*：*An Evolutionary Perspective*, p. 152.

㉙ Elman R. Service, *Primitive Social Organization*：*An Evolutionary Perspective*, p. 152.

㉚ Elman R. Service, *Primitive Social Organization*：*An Evolutionary Perspective*, p. 159.

㉛ Elman R. Service, *Primitive Social Organization*：*An Evolutionary Perspective*, pp. 140 – 141, 162; Elman R. Service, *Origins of the State and Civilization*：*The Process of Cultural Evolution*, p. 178.

㉜ Elman R. Service, *Origins of the State and Civilization*：*The Process of Cultural Evolution*, pp. 296 – 297. 酋邦社会的公共劳动管理留下来许多可见的成就：庙宇、金字塔、梯田和灌溉系统之类。参见 Elman R. Service, *Primitive Social Organization*：*An Evolutionary Perspective*, p. 162.

㉝ Elman R. Service, *Origins of the State and Civilization*：*The Process of Cultural Evolution*, p. 196.

㉞ 特奥蒂华坎（Teotihuacán）的太阳金字塔为 689 × 689 × 210 英尺。

㉟ Elman R. Service, *Origins of the State and Civilization*：*The Process of Cultural Evolution*, p. 180.

㊱ 关于谢维扬与童恩正的说法，参见谢维扬：《中国早期国家》，尤其是第 73 ~ 76、171 ~ 235 页；童恩正：《文化人类学》，童恩正：《人类与文化》第 231 页。

㊲ 易建平：《酋邦与专制政治》，《历史研究》2001 年第 5 期；《酋邦与"中央集权"》，《史林》2001 年第 4 期。

㉘ Elman R. Service, *Profiles in Ethnology*, pp. 366 – 386; Elman R. Service, *Origins of the State and Civilization*: *The Process of Cultural Evolution*, pp. 132 – 135, 140 – 148.

㉙ 易建平:《酋邦与专制政治》,《历史研究》2001 年第 5 期。

㉚ Elman R. Service, *Primitive Social Organization*: *An Evolutionary Perspective*, p. 164; cf. Elman R. Service, *Profiles in Ethnology*, p. 498——后者意思略有不同。

㉛ IO·Π·阿维尔基耶娃:《现代民族学源流（为纪念摩尔根〈古代社会〉发表一百周年而作）》,《民族译丛》（李毅夫译自《苏联民族学》杂志 1978 年第 1 期,刊登时有删节）,1979 年第 2 期。夏建中:《文化人类学理论学派——文化研究的历史》第 218～219 页,中国人民大学出版社,1997 年。

㉜ 后来,徐先伟将其译出,中文名称是《摩尔根生平及〈古代社会〉》,刊登于《民族译丛》1979 年第 2 期第 1～11 页,遗憾的是,刊出时仍有删节。

㉝ 比如,仅仅在荷兰莱顿大学克赖森（Henri J. M. Claessen）等人领导之下,二十多年来,就笔者手头收集到的而言,已经出版了七部英文的研究论文集;他们组织国际上的相关学者,就早期国家问题,展开了极具广度与深度的研究。参见 Henri J. M. Claessen, and Peter Skalník, eds., *The Early State* (The Hague: Mouton Publishers, 1978); Henri J. M. Claessen, and Peter Skalník, eds., *The Study of the Early State* (The Hague: Mouton Publishers, 1981); Henri J. M. Claessen, Pieter van de Velde, and M. Estellie Smith, eds., *Development and Decline*: *The Evolution of Sociopolitical Organization* (South Hadley: Bergin and Garvey Publishers, 1985); Henri J. M. Claessen, and Pieter van de Velde, eds., *Early State Dynamics* (Leiden: E. J. Brill, 1987); Henri J. M. Claessen, and Pieter van de Velde, eds., *Early State Economics* (New Brunswick and London: Transaction Publishers, 1991); Martin van Bakel, Renée Hagesteijn, and Pieter van de Velde, eds., *Pivot Politics*: *Changing Cultural Identities in Early State Formation Process* (Amsterdam: Het Spinhuis, 1994); Henri J. M. Claessen, and Jarich G. Oosten, eds., *Ideology and the Formation of Early States* (Leiden: E. J. Brill, 1996).

㉞ Morton H. Fried, *The Evolution of Political Society*.

㉟ Timothy Earle, *Economic and Social Organization of a Complex Chiefdom*: *The Halelea District, Kaua' i, Hawaii* (Anthropological Papers of the Museum of Anthropology 63. Ann Arbor: Museum of Anthropology, 1978); Allen W. Johnson and Timothy Earle, *The Evolution of Human Societies*: *From Foraging Group to Agrarian State* (Stanford: Stanford University Press, 1987); Timothy Earle, The Evolution of Chiefdom, in Timothy Earle, ed., *Chiefdoms*: *Power, Economy, and Ideology* (Cambridge: Cambridge University Press, 1991), pp. 1 – 15; Timothy Earle, Political Domination and Social Evolution, in Tim Ingold, ed., *Companion Encyclopedia of Anthropology*: *Humanity, Culture and Social Life*, pp. 940 – 961.

㊱ Robert L. Carneiro, A Theory of the Origin of the State, in *Science*, 169 (1970), pp. 733 – 738; Robert L. Carneiro, From Autonomous Villages to the State, A Numerical Estimation, in B. Spooner, ed., *Population Growth* (Cambridge: MIT Press, 1982), pp. 64 – 77; Robert L. Carneiro, Political Expansion as an Expression of the Principle of Competitive Exclusion, in Ronald Cohen and Elman R. Service, eds., *Origins of the State*: *The Anthropology of Political Evolution*, pp. 205 – 223; Robert L. Carneiro, The Chiefdom: Precursor of the State, in Grant D. Jones and Robert R. Kautz, eds., *The Transition to Statehood in the New World* (New York: Cambridge University Press, 1981), pp. 37 – 79; Robert L. Carneiro, Chiefdom – level Warfare as Exemplified in Fuji and the Cauca Valley, in Jonathan Haas, ed., *The Anthropology of War* (Cambridge: Cambridge University Press, 1990), pp. 190 – 211; Robert L. Carneiro, The Nature of the Chiefdom as Revealed by Evidence from the Cauca Valley of Colombia, in A. Terry Rambo and Kathleen Gillogly, eds. , *Profiles in Cultural Evolution: Papers from a Conference in Honor of Elman R. Service*, pp. 167～190.

㉗ William T. Sanders and Barbara J. Price, *Mesoamerica: The Evolution of a Civilization* (New York: Random House, 1968); William T. Sanders, Chiefdom to State: Political Evolution at Kaminaljuyu, Guatemala, in Charlotte B. Moore, ed. , *Reconstructing Complex Societies: An Archaeological Colloquium, Supplement to the Bulletin of the American Schools of Oriental Research*, 20 (1974), pp. 97 – 121; Henry T. Wright, Recent Research on the Origin of the State, in *Annual Review of Anthropology*, 6 (1977), pp. 379 – 397; Robert L. Carneiro, The Chiefdom: Precursor of the State, in Grant D. Jones and Robert R. Kautz, eds. , *The Transition to Statehood in the New World*, pp. 37 – 79; Jonathan Haas, *The Evolution of the Prehistoric State* (New York: Columbia University Press, 1982), pp. 183ff; Kristian Kristiansen, Chiefdoms, States, and Systems of Social Evolution, in Timothy Earle, ed. , *Chiefdoms: Power, Economy, and Ideology*, p. 22; Kristian Kristiansen, *Europe before History* (Cambridge: Cambridge University Press, 1998) , pp. 48～49.

㉘ 张光直：《从中国古史谈社会科学与现代化》，《中国人文社会科学该跻身世界主流》，分别见张光直：《考古人类学随笔》第53～58页与第79～81页，三联书店，1999年；《考古学与"如何建设具有中国特色的人类学"》，张光直：《中国考古学论文集》第1～9页，三联书店，1999年。

论走向多元化时代的中国考古学

水涛

（南京大学历史系）

中国的考古学已经走过了近一个世纪的发展历程，经过几代学者的不断探索和发现，我们现在已能初步肯定，中国的古代文明和作为其前身的古代文化，都具有多元的结构特性。当然，对于中国古代文明的这一鲜明特性，我们并不是从一开始就有明确认识的。

一

从 20 世纪 20 年代开始的，仰韶文化、龙山文化、殷墟文化等的大量发现，首先在我国的黄河流域初步建立起了远古文化的发展序列，可以说，中国考古学对于中国远古文化的发现和研究，是以黄河流域为起点和中心，然后向周围地区扩展的。由于中国历史上记载众多的中央王朝多建都在黄河流域，许多重要的历史事件大都发生在中原地区，黄河历来被看作是中华民族的摇篮和发祥之地，所以，在黄河流域的任何考古发现，其意义和影响都不容忽视。仰韶文化以及其他文化的发现，对于最终肯定中国远古文化的本土起源论，至今仍具有无可替代的重要学术价值。这些发现本身也就成了中国考古学在最初发展阶段的主要成就和贡献。然而，在一段时间内，对中原地区这些发现的过分依赖，使其成了中原文化中心论或一元文化中心论的主要依据，这种观点曾经成为一种影响甚广的学术思潮。

大约从 20 世纪 70 年代开始，或者是再早一些时候，我国的考古工作在长江流域、辽河流域以及其他更广阔的地域内，陆续有了一些十分重要的发现。由于这些新发现，才逐步改变了人们以往对于中国远古文化发展的习惯看法，使我们对于中国文化的丰富多彩和博大精深，有了更多直观的认识。

长江流域的史前考古工作，特别是在长江下游地区的若干发现，建立了从河姆渡文化、马家浜文化、崧泽文化，一直演变到良渚文化，这样一个基本一脉相承的文化发展序列，它完全不同于黄河流域已经发现的以仰韶文化、龙山文化为代表的文化演变序列，因此，近年来在考古学界和历史学界就有了关于长江文明的讨论和认识[①]。与此同时，在东北的辽河流域等地发现的以红山文化为代表的一系列地方文化遗存，也显示了我国北方的长城以北地区，在相当长时期的文化发展上，具有独特的地区特性，有的学者据此提出了辽河文明的概念[②]。

不仅仅是这些早期文化具有多元化的特征，有关年代稍晚的三代文明时期（即夏、商、周时期）的一些考古发现，同样使我们对于这一时期中国文化的多重色彩有了深刻的理解，这些发现包括了著名的四川广汉三星堆铜器群[③]、江西新干大洋洲大墓[④]、云南晋宁石寨山墓地[⑤]等等。作为三代文明的最高发展阶段，春秋时期诸方国文化遗存的考古发现也表明文化的多元化和多样化是这一时期最具特点的文化现象，在某种意义上说，各诸侯国的地方文化的发展都达到了一个前所未有的高峰，这方面最有说服力的例证来自于对南方楚文化的发现和研究。

二

自从近代的田野考古学传入中国后，考古学对于历史研究和人类学研究的重要作用逐渐得到学术界越来越多的承认，对于各种考古新发现如何进行解释和阐述，也就成了学术界讨论颇多的问题。早年在黄河流域的一些发现，其最为直接的贡献便是为中国文化的本土起源论提供了证据。但是，随着后来各地考古工作的陆续展开，新发现不断涌现，仅仅用黄河流域的发现来论证中国远古文化的起源和发展过程显然是不够全面的，因而，许多问题不是变得越来越明朗，而是更加复杂多样。这样一来，一些基于考古学材料的理论阐释也就越来越具有了许多不确定性。

当中原地区的仰韶文化、龙山文化等类遗存被大量发现以后，黄河流域作为文化中心的地位也随即得到确认。在很长时间内，讲到中国远古文化，便是指上述文化而言，其更加遥远的源头，或者可以追溯到在华北地区发现的许多旧石器时代文化遗存。这些发现似乎可以说明，中国的远古文化是从黄河中下游地区一脉相承地发展演变而来的。

长江流域的史前文化发展序列一经建立，就使得中国远古文化的中原中心论受到严峻的挑战。因为，仅就文化的分布和影响范围而言，长江流域所代表的中国南方古代文化分布区绝不次于黄河流域的中原文化分布区。现在看来，在中国的早期文化发展历程中，曾经存在过两个或两个以上的文化中心。因此，我们今天所谈的中国远古文化的内涵已经得到了很大的拓展和充实，而这一内涵的全部含义，仍然可以说，还没有得到完全的揭示和认识。

　　不单是在如此宏观的问题上一元论受到了质疑，在许多重要的学术问题上，以一元论为理论依据的解释，都面临着一些新发现的冲击和考验。自 20 世纪 50 年代以来，我国的学术界曾热烈讨论过人猿分野界限问题、亚细亚生产方式问题、古史分期问题、社会发展阶段问题以及文明起源问题等等。许多重要观点的提出，或多或少都可以从经典作家的有关论述中找出依据，似乎中国考古学的众多发现，都可以从这些论述中找到完整的答案，或者是成为这些论述的绝好例证和注脚。但是，用今天的学术眼光来判断，上述问题的结论显然都存在着不止一种的解释方案。以人猿分野问题为例，对动物行为学的研究和化石人类的已有发现都表明，猿之变成为人，并非只是一念之差的事情，因此，也就不能以所谓能够制造或使用工具、直立行走、语言或其他任何一项标准对两者作绝对的区分，上述这些技能已被证实在某些动物群体中都或多或少地存在着。在古猿逐步进化为人的几百万年时间阶段中，必然存在着一些亦猿亦人的生物，也应该存在过一些向不同方向进化的猿人种群。纯粹意义上的人的出现，只是一个具有理论意义的命题，实际上无法得到明确的证明。也就是说，临界点的选择仅仅是一种人为的标准，不同的研究者可以选择不同的标准，进而得出不同的结论。关于社会发展阶段问题，以美国民族学家摩尔根《古代社会》一书所建立的标准[6]，原始社会必然是按照母系社会→父系社会→军事民主制社会这一逻辑方式存在和发展的。但是，在具体讨论我国中原地区仰韶文化的社会性质问题时，人们即可以找到其为母系氏族社会的证据，如陕西华县元君庙墓地所见的情况[7]；也可以找到存在着父系对偶家庭的例证，如陕西临潼姜寨村落遗址中部分小形房屋遗存[8]。还有人认为，仰韶文化的社会组织中也存在着长老制阶层，如甘肃秦安大地湾遗址中的大房子建筑所反映的社会现象[9]。当然，这些差异反映了仰韶文化各发展阶段本身的一些变化，但更重要的，则是显示出在这样一种大范围分布的古代文化中，不同局部或地区的文化类型并不是完全按照同一种方式向前发展的，也可以说，存在着向不同方向发展变化的可能和机会。同样的情况也反映在对文明起源问题的认识上，文明不会按照一种必然的模式产生，不同地区的古代文明应有各自的特点和判断标准，作为共同标准的文明因素如文字、城市、礼仪建筑、王权等等，它们的出现可以是有早有晚，甚至有时是可有可无。所以，在我们具体讨论黄河流域文明化与长江流域文明化的问题时，应该允许使用不同的标准，而当我们把中国的古代文明与世界其他地区的古代文明做一番比较时，他们之间的差异是显而易见的，他们所经历的发展历程往往也是完全不同的。

三

　　任何一种对于考古发现的解释，都反映了人类渴望了解自身发展历史的执著探索，

　　而人类对自我的认识，又是从一个侧面反映了人类对于自然和宇宙的总的认识水平，所以，科学认识论的每一次突破和创新，必然会对人文科学的发展产生深远的影响。达尔文进化论的创立，无疑使人类对自身历史的认识产生了质的飞跃，由此开始了对人类起源问题的真正科学意义上的发现和探索过程⑩。但是，我们也应该看到，达尔文的学说还远没有达到能够解释一切生命起源过程的理论高度，生物学的新发展也在寻求着其他的解释途径，均变论正受到新的大爆炸理论和各种突变论的严峻挑战。

　　在认识大尺度空间的宇宙运动发展规律方面，爱因斯坦所创立的广义相对论，被公认为是一种迄今为止最为合理的解释，但是，在认识微观世界的物质运动规律时，以精确计算为依据的这一理论体系，却出现了以测不准为基本定律的现象，所以，也就有了玻尔的量子力学理论与广义相对论的争论⑪。显然，当人类还未能对全部的宇宙奥秘作出解答的时候，我们就不能轻易的肯定或否定这两种理论中的任意一种，也就是说，这两种理论都不失为反映现阶段人类认识水平的科学认识论。

　　科学认识论中允许这些不同理论并存的现象，也应该成为人类学研究和历史研究中的一个准则，毕竟，我们还没有完全认识人类的由来和其发展的全部历史过程。所谓历史研究，在某种意义上说，研究的也只是历史学家眼中的历史。在人类认识水平发展的这样一个阶段，如果轻易地信从或否认某一种解释体系，只能使我们的认识水平留于肤浅，从结果上看，人类学研究中的一元起源学说，在它的终极结论上只能是倒向神创论。

　　考古学研究所面临的对象，是那些深埋在地下的古代文化遗存，由于考古的调查和发掘工作，相对于大量存在的人类文化遗存来讲是那样的少而又少，这就使得我们对于古代文化和文明的认识，总体上是处于一种以偏概全、以局部论全体的不利局面。在同样的材料面前，人们有可能提出不同的解释和假说，难以形成共识，这种情况有的时候是由于没有足够的发现，往往不具备达成共识的条件和基础。另一方面，正如在认识微观世界物质运动规律时有所谓测不准原理一样，人类社会历史发展进程中也有许多我们尚不清楚，或者称为说不准的因素。例如，我们对于古代社会中广泛存在的宗教习俗、观念形态、神话传说等的研究，还大多处在臆测其含义的阶段，因而对于在这些观念形态指导下的某些人类行为和其动机就难以做出一致的判断，解释的不确定性也就在所难免了。

　　解释的不确定性并不等于说可以允许随意解释，显然，随意解释多数情况下仅仅是不具常识的、不负责任的标新立异或哗众取宠。而我们所谈到的解释，是在更高或更深层次上的，更大范围内的，对现有理论的一种反思或挑战，必然要以新的理论、方法或技术为其立论的依据，同时，这也就对挑战者自身提出了更多和更高的要求。由于考古学的研究对象从广义上来说，几乎包括了人类社会过去历史的各个层面的遗存，可以说是一个百科全书式的学术研究领域，所以，强调自然科学、社会科学与人文科学几者之间的相互联系，便成为考古学研究的一大特色。反过来看，任何学科领域内产生的新理论和新技术革命，都会对考古学研究形成或大或小的影响：放射性碳素测年技术的发展，已使其成为考古年代学研究中最重要的方法之一；植物孢子花粉以及植物硅酸体等方面的微观分类研究，为考古学开辟了更加广泛而深入的研究领域，即对人与自然环境相互依存关系的深入研究；数理统计方法以及计算机技术的发展，使考古学研究中对大量繁杂而琐碎的数据资料的分析和整理有了可靠的方法，因此将考古学从一般的简单定性研究阶段引入了以比较精确的定量研究为特色的全新境界，这也使所谓纯理论性的模式研究真正成为可能。在这个科技发展日新月异的新时代，如何及时、准确地理解和运用各种新理论和新方法，也就成了考古学家面临的主要任务之一。

<h1 style="text-align:center">四</h1>

中国的考古学研究已经开始进入一个新的时代，这个新时代带有今天的科技发展新时代所固有的一些特征，它表现在对一切现有理论的怀疑、求证和完善，对众多新方法的大胆采用和不断创新，对所有未知领域的勇于探索和追寻。这是一个多元化的时代，从研究对象上看，我们已经不能满足于主要以器物类型学研究为主的原有模式，更要将对文化系统的整体研究、人地关系的研究、各类技术发生过程的实验研究、大区域之间文化与文明发展进程的比较研究等，特别是对隐藏在物质文化之内的人类精神活动现象的解释和分析研究，尽快提上日程。从研究方法来看，多元化时代的到来，为我们提供了很多可以利用和借鉴的方法。由于考古遗存中有大量可以做精确定性、定量分析的样品，所以，对于自然科学研究方法的依赖会越来越明显。谁能首先了解和运用最新的科学方法去鉴别考古新发现中的各类遗存，谁就将在研究中取得主动。对于未来的考古学研究者来说，其成果中科技成分的含量将成为判断其价值的主要标准，考古学向自然科学的不断靠拢将是一个必然的发展趋势。

另一方面，考古学又是人文科学领域中的一个分支，考古学研究不可避免地要受到当代历史学和人类学研究理论思潮的深刻影响。面对多元化的考古学研究对象，采用不同的方法势必得出不同的结论，所以，解释的多元化倾向会日渐增强。这对于理论建设提出了新的要求，理论的多元化也必将成为我国考古学者的共识。从世界其他国家考古学的发展历史来看，新考古学运动的产生，其最主要的贡献不是在具体对某一类研究课题的解释方面，而是从最广泛的意义上提出了理论多元化、方法多样化的口号。这一突破意义极其深远，这一口号也已成为许多国家的考古学家的共同认识和行动。

中国考古学由于有所谓历史考据学的悠久传统，长期以来，习惯于把考古学的作用仅仅看作是"证经补史"一类的附属学科，不重视对本学科理论的创新和发展。20 世纪 50 年代以来，又受到原苏联学术研究模式的强烈影响，对考古发现的解释，多是侧重于它们在社会发展属性方面的意义，忽视了这些发现中可能包含的更加广泛的人类物质生活和精神生活各个层面的信息和研究价值，因而极大地限制了考古学研究的空间和视野。这种状况近些年来已见改观，许多学者由各自的研究领域出发，对现有理论过于单调、贫乏的现象提出了批评，对重新重视理论建设有了比较一致的认识。理论多元化的出现，必定会在解释中提出各种学术观点，引起争论和争鸣。应该看到，凡是在现有理论中无法得到最终证明的问题，如果人为的制定标准，强求一致，并不是解决学术争端的最佳途径。大多数情况下，学术是需要时间来检验的，或者说，今后的学术研究，会给我们今天的争论作出公允的裁决。人类社会已经走过了漫长的历史，还将延续一个相当长的发展过程，作为历史长河中的一站，我们今天不可能穷尽人类历史的全部奥秘。一代人有一代人的学术使命，从某种意义上说，允许各种假说和解释的存在，无疑会为今后的学术研究提供契机和挑战。因此也可以说，只有真正意义上的理论多元化、方法多样化，才会给 21 世纪的中国考古学注入新的活力，带来新的繁荣。

注　释

① 张正明等：《"长江文化研究规划与协商会议"发言纪要》，《东南文化》1992 年第 1 期。

② 孙守道、郭大顺：《论辽河流域的原始文明与龙的起源》，《文物》1984 年第 6 期。

③ 《广汉三星堆遗址一号祭祀坑发掘简报》，《文物》1987 年第 10 期；《广汉三星堆遗址二号祭祀坑发掘简报》，《文物》1989 年第 5 期。

④ 江西省文物考古研究所等：《江西新干大洋洲商墓发掘简报》，《文物》1991 年第 10 期。

⑤ 云南省博物馆：《云南晋宁石寨山古墓群发掘报告》，文物出版社，1959 年。

⑥ ［美］摩尔根著，杨东莼等译：《古代社会》，商务印书馆，1971 年。

⑦ 北京大学考古教研室编：《元君庙仰韶墓地》，文物出版社，1983 年。

⑧ 西安半坡博物馆等：《姜寨——新石器时代遗址发掘报告》，文物出版社，1988 年。

⑨ 甘肃省文物工作队：《甘肃秦安大地湾 901 号房址发掘简报》，《文物》1986 年第 2 期。

⑩ ［英］达尔文著，潘光旦、胡寿文译：《人类的由来》，商务印书馆，1986 年。

⑪ ［英］史蒂芬·霍金著，许明贤、吴忠超译：《时间简史——从大爆炸到黑洞》，湖南科学出版社，1996 年。

中共中央政治局委员、中国社会科学院院长、古代文明研究中心名誉顾问李铁映发给"中国古代文明的起源及早期发展国际学术研讨会"的贺信

各位来宾，朋友们：

值此"中国古代文明的起源及早期发展国际学术研讨会"召开之际，我代表中国社会科学院向大会的召开表示祝贺！

中国古代文明的起源及发展模式，一直是世界学术史上备受关注的重大课题。加强对这一重点课题的研究，对于弘扬传统文化，振奋民族精神，具有极其重要的意义。

本次大会旨在推进对中国古代文明起源及早期发展的研究，希望大家按照"百花齐放、百家争鸣"的方针，畅所欲言，为推进中国古代文明的研究而共同努力。

预祝大会获得圆满成功！

李铁映

2001 年 8 月 1 日

中国社会科学院古代文明研究中心主任李学勤在"中国古代文明的起源及早期发展国际学术研讨会"开幕式上的讲话

各位领导，各位女士、先生：

由中国社会科学院古代文明研究中心组织筹办的这次为期三天的学术会议，现在开幕了。今天是八月的第一天，传统的俗语说，"冷在三九，热在中伏"，现在正处在中伏的高峰，天气相当暑热。各位能在这样的时候光临我们的会议，是对我们的巨大关切和支持，我在这里谨代表古代文明研究中心，对大家表示衷心的感谢和欢迎。

中国社会科学院古代文明研究中心，是由考古研究所和历史研究所共同组成，并有院内外许多位学者专家一起参加的。这个中心的宗旨，如中心的《章程》所说，是组织两所从事中国古代文明起源研究的力量，并联合国内国外从事这方面研究的学者，对古代文明的起源形成、发展繁盛的过程、背景和机制，进行多角度、多层次的考察研究，进而提高到理论的高度，探索人类历史发展的有关规律。古代文明研究中心是在去年 8 月 29 日正式成立的，在将近一年的时间中，得到了领导的关怀支持，专家学者的通力协助，使我们的工作得到发展，这是我们十分感谢的。

中国古代文明起源和早期发展这一重要科学课题，正在受到国家和社会越来越多的注意和重视。事实上，作为国家"九五"科技攻关重点项目的"夏商周断代工程"，就与文明起源的探索有直接联系。1996 年制定的《夏商周断代工程可行性论证报告》，曾明确规定该项目的意义是"为深入研究我国古代文明的起源和发展打下良好基础"。

如大家所知道的，"夏商周断代工程"已经在 2000 年 10 月结题验收，《夏商周断代工程 1996～2000 年阶段成果报告》的简本，包括《夏商周年表》已经出版。这一项目被评为"九五"科技攻关计划重大成果，得到了奖励，在国内外都引起了广泛重视和强烈反响。比如在 7 月上旬，在墨西哥举行的"国际科学史会议"上，北京大学郭之虞教授代表"夏商周断代工程"做了特邀报告。在 10 月，于香港举行的"国际中国科学史会议"上，"工程"也被列为主题报告。明年春天，将在美国华盛顿召开的美国亚洲学会（AAS）年会，已预定设立讨论"夏商周断代工程"的专题报告会。日前我去安徽蚌埠参加中国先秦史学会的年会，与会学者、地方政府官员和新闻媒体，许多人都问到所谓探源工程，新华社还特别发了题为《中国专家将探索古代文明的"触角"向前推进一千年》的电讯。

有关"夏商周断代工程"的讨论和研究，一定会持续进行下去，不同的意见看法，正在推动学科的发展。继续和扩展这方面的成果，通过自然科学与人文社会科学多学科结合的方法途径，来向上追溯中国文明的起源，这种迫切需要已经摆在大家面前了。大量的考古发现表明，在公元前第三千纪期间，广阔的中华大地上的各种文化正经历着剧变，冶金技术发明了，礼器和礼仪性建筑出现了，从聚落发展出城市，由符号演变为原始文字，许许多多的现象，反映出社会正朝向国家发展过渡。对照文献记载，这正对应于《史记·五帝本纪》所描述的炎黄以来的时代。大家知道，长期以来中国人，以及海外的华侨华裔，都常自称为"炎黄子孙"，这体现出中国文明传统的强大凝聚力。由于文献里的古史传说不可避免地在史实素地上蒙有神话色彩，科学地阐明和解释中国文明的起源及其早期发展，将能满足社会各有关方面的需要。

中国文明的起源研究，又是有世界性意义的科学课题。中国占世界人口很大的一部分，中国文明作为有独立起源的文明之一，在整个人类文明史上有非常重要的位置。

文明起源还是一个具有重大理论意义的研究课题。从马克思、恩格斯开始，经典作家对这一问题有很多论述。恩格斯的《家庭、私有制和国家的起源》这部名著，到今天甚至在西方非马克思主义的学者间仍经常被引述。1929 年，郭老在他的《中国古代社会研究》的自序中，便说他的书"是恩格斯的《家庭、私有制和国家的起源》的续篇，研究的方法便是以他为向导，而于他所知道的美洲的印第安人、欧洲的古代希腊、罗马之外，提供出来了他未曾提及一字的中国的古代"。郭老的志向，是我们应当很好学习的。

我们历史学界、考古学界的前辈学者，在中国古代文明研究上有许多重要成就。近年，中外很多学者专家，从不同角度，致力于探讨中国文明起源问题，有相当多的论著发表。特别是田野考古工作，有关的重要发现层出不穷，简直到了令人目不暇接的地方。各方面的条件，现在业已趋于成熟。很需要各学科学者专家集合起来，交流情况，沟通见解，共同讨论一下，对中国文明起源的研究进行回顾、综合和展望。希望这次会议，能起这样的重要作用。

我相信，在三天的会议中，我们将听到各位先生精彩的讲话。我在这里预祝会议圆满成功，也祝愿大家在暑热天气里愉快健康，请多多珍重。

谢谢大家！

2001 年 8 月 1 日

国家文物局局长张文彬在"中国古代文明的起源及早期发展国际学术研讨会"开幕式上的讲话

先生们，女士们：

感谢大会的组织者邀请我参加今天的大会并给我一个发言的机会。对我个人来说，聆听众位学者对中国古代文明起源的精辟见解，是一个极好的学习机会。

现在，我代表国家文物局向大会表示热烈祝贺。

中国是世界上最早孕育人类文明的地区之一，中国古代灿烂的文化源远流长，博大精深，连绵不绝，乃为世界所仅见，更为中华儿女引以自豪。探寻先民的足迹、重现昔日的文明，一直是中国考古学家和历史学家毕生奋斗的学术目标。20 世纪是中华民族重塑尊严的世纪，我们考古工作者用自己的辛勤努力，用科学的发掘成果，以不争的事实，为揭示中国古老文明的历史、增强民族的凝聚力和自信心作出了应有的贡献。

中国文明的起源与发展，一直是我国历史学界、考古学界和其他相关学科长期关注的重大课题。我们欣喜地看到，中国古代文明的研究，在老一辈学者已经取得成果的基础上呈现出多层次、多学科、多角度的可喜局面。特别要指出的是，一些卓有成就的自然科学家加盟，参与中国古代文明起源与发展研究，不仅反映了时代的特点，而且预示着这一课题研究又将取得突破性进展。现在，从中央到地方，从科研院所到高等院校纷纷把中国古代文明或其中的某一区域文明作为其研究的重点课题；不同的学术机构也出现了合作研究的趋势。在这种背景下，中国社会科学院以自己学科优势和专家荟萃的优势组建古代文明研究中心，协调力量，组织攻关，无疑是很有意义的。

中华民族曾经为世界文明的进步作出过卓越的贡献，中国传统文化是世界文化遗产的宝贵财富。中国古代文明的起源与发展，正吸引着越来越多的外国学者投身其中。据我们所知，中国社会科学院古代文明研究中心成立以后，短短的一年时间内，已经显示出巨大的社会吸引力，受聘于该中心的中国学者多达 100 余人，外国知名学者已达 80

余人，中国古代文化的永久魅力，由此可见一斑。

本次大会是围绕"中国古代文明的起源与早期发展"这一主题而召开的一次重要国际学术会议。在这次大会上，大家不但可以了解到近年来在凌家滩、金沙村、陶寺、偃师商城、周原等遗址取得的考古新发现，还可以接触到一批探讨中国古代文明进程的研究新成果，更将感受到学者们在探讨"国家与文明"这样重大问题上的理论勇气。中国文明是世界古老而独立发展的原生文明之一，我们认为，中国古代文明的起源问题，最终仍然要依赖考古学研究来解决。因此，中国古代文明的研究，在重视探讨理论的同时，更应立足于田野考古发掘，只有将理论问题的探讨与具体课题的研究结合起来，才具有现实的意义。

国家文物局本着"保护为主，抢救第一"，和"有效保护、合理利用、加强管理"的方针和原则，要求各地各部门正确管理好文物保护与利用的辩证关系，希望各有关考古科研部门在提高田野发掘水平、确保田野发掘质量的基础上，加强研究工作中的课题意识，推动中国古代文明的研究工作；同时，我们也热诚欢迎相关学科的学者和机构、包括外国学者和机构加入到这一课题的研究中来，为重构中国古代文明的历史而共同努力。

今天的中国是历史中国的发展，中国的现代化离不开中国传统文化。在发扬创新中国传统文化中，中国古代文明研究占有十分重要的地位。"以史为镜，可以知兴"。对一个学者而言，读史可以明其心智；对一个民族而言，考古足以申其底蕴。21世纪是中华民族全面复兴的世纪，我们深信，研究中国古代文明的学者们，一定能够完成探究中华文明光荣历史的使命。中国古代文明的研究，必将随着中国的振兴而进一步走向深入！

祝大家身体健康，预祝大会取得丰硕成果。

谢谢大家！

2001 年 8 月 1 日

中国社会科学院科研局局长黄浩涛在"中国古代文明的起源及早期发展国际学术研讨会"开幕式上的讲话

各位来宾，朋友们：

我谨代表中国社会科学院科研局向大会的召开表示热烈祝贺。

中国是历史悠久的文明古国，也是世界古代文明的重要发祥地之一。同时，中国古代文明还是世界上唯一不曾间断的古老文明。中国古代文明的起源与发展模式，一直是世界学术史上备受关注的重大课题。

近年来，随着大批考古发掘新成果的面世，学术界关于中国古代文明起源的研究日趋活跃。在辩证唯物主义和历史唯物主义的指导下，对中国古代文明的起源与发展进行系统研究，复原中国古代文明的产生和发展过程，深化对中国古代文明历史进程的认识，对于弘扬传统文化，振奋民族精神，促进社会主义精神文明建设，都具有极其重要的意义。

2000 年 8 月 29 日，中国社会科学院古代文明研究中心在北京成立，这是中国社会科学院为推进中国古代文明研究而采取的一项重要举措。中共中央政治局委员、中国社会科学院院长李铁映同志亲自担任中心的名誉顾问，这使参加此项工作的专家学者们备受鼓舞。

我院古代文明研究中心是联合考古研究所、历史研究所和世界历史研究所等相关科研机构和学者共同组建的，同时还吸收了一大批在古代文明研究领域成就卓越的院外学者参加。迄今受聘于我院古代文明研究中心的学术顾问、专家委员会委员、客座研究员已达二百余人，其中海外学者八十余人。我们深信，在大家的共同努力下，中国古代文明起源与发展的研究，一定会取得更大的成果。

中国古代文明探源工程，是继"夏商周断代工程"之后的又一重大科研攻关项目。它同"夏商周断代工程"一样，也是一个跨学科的综合性大课题，涉及到历史学、考古学、人类学、语言学、宗教学、遗传学、天文学、地理学、动物学、植物学、冶金史、艺术史、建筑史等诸多领域，特别是还应用了树木年轮及碳素年代测定、航空遥感、雷达探测、化学分析等多种自然科学手段。像这样的综合性大课题，光靠一个研究机构、一个学科是远远不能胜任的。我们希望凡有志于探讨中国古代文明起源与发展的学者，都投身到这一弘扬民族精神、推进世界学术发展的课题中来。

本次大会的主题是"中国古代文明的起源与早期发展"，这也是"夏商周断代工程"结束以后、"中国古代文明探源工程"启动以前、承上启下的一次重要学术活动。在这次大会上，将有一批广受关注的考古发掘新成果得到展示，还将有一批颇具创见的研究论文在大会上宣读。在座的都是在中国古代文明研究领域中卓有成就的专家学者，我们希望大家按照"百花齐放、百家争鸣"的方针，围绕"中国古代文明的起源与早期发展"这一主题，畅所欲言，为推进中国古代文明的研究而共同努力。

预祝大会取得圆满成功！谢谢大家！

2001 年 8 月 1 日

中国社会科学院古代文明研究中心副主任、考古研究所所长刘庆柱在"中国古代文明的起源及早期发展国际学术研讨会"闭幕式上的总结讲话

同志们：

我代表中国社会科学院古代文明研究中心，就这三天会议的学术交流和讨论情况作个小结。

这次会议是我国新世纪初的第一个有关中国古代文明起源、形成与早期发展的大型学术研讨会，也是历年来召开的中国古代文明起源、形成与早期发展专题研讨会中规模空前的一次，还是我们中心召开的第一次国际学术研讨会。这次会议有多个学科的研究学者参加，代表们从不同角度对中国古代文明起源、形成与早期发展的若干理论问题、中国古代文明起源、形成与早期发展的模式、道路、动力及其特点进行了深入的讨论，同时还对中原、海岱、江汉、长江下游、辽西等地区的考古学文化与文明关系分别进行了个案探讨。针对如何通过考古遗存研究中国古代文明起源、形成与早期发展，如何结合古代文献进行中国古代文明起源、形成与早期发展的研究，自然科学技术如何在中国古代文明起源、形成与早期发展研究中发挥重要作用等重要问题，大家进行了认真的讨论，充分地交换了意见。

这次会议的议题面很宽，讨论相当活跃，在"百花齐放，百家争鸣"方针的指导下，与会代表畅所欲言，各抒己见。

关于文明、国家等概念的讨论。许多同志强调"国家是文明社会的概括"，如果说包括物质文化、精神文化和社会进步的文明是人类文化与社会发展的高级阶段，那么国家的形成则是文明社会的最重要标志。也有同志提出了文明与国家有不同含义的意见，不赞成将国家起源研究完全等同于文明起源研究。这些不同意见的提出和讨论，无疑将为今后进一步开展中国古代文明起源、形成与早期发展研究开拓更多更新的思路。

　　在理论问题讨论中，大家还从不同研究角度谈到了古代文明起源与形成研究中的基本要素问题。有的同志就政治方面强调了古代文明社会的本质特征，如私有制、阶级和国家是文明的基本要素，有的同志则从历史载体方面提出文字、城、青铜器等是文明社会的基本要素，有的同志着重探讨了中国王权的出现及与君主政体的成因，有的同志阐述了古国、邦国的特征，有的同志提出了"王室"文化因素等概念。

　　在探索中国古代文明起源与形成过程中，对理沦问题的探索与研究工作必须要给以足够的重视。

　　探讨研究方法，是本次会议的一个特点。应用自然科学研究手段，解决中国文明起源研究中的一些问题，或开拓一些新的研究领域，是我们"中心"大力提倡的。会上有的同志对此又作了强调，如应加强模拟考古、探索古代手工业技术、进一步开展环境研究等。重视自然科学研究方法的应用，并不是要削弱文献研究在探索中国文明起源、形成与早期发展中的作用，而是要进一步加强相关文献的整理与研究。一些同志强调古代文献在文明起源与形成研究中的地位，是十分必要的。

　　在研究方法的讨论中，有的同志介绍了"区域研究"和"墓葬分析"，尤其是在探索中国古代文明起源与形成的重要区域，要开展系统的区域性调查与发掘。有的学者则强调了研究中国古代礼制的发生、发展是探索古代文明的重要途径。有的同志还提出了采用解剖典型史前聚落群来考察国家诞生的具体意见。

　　对于诸文明因素，如文字、城址、玉器、青铜器、农业、礼乐器、宗教等的形成与发展，以及在中国古代文明形成中的作用，大家谈的较多。几个主要地区何时进入文明时代，大家也发表了不少看法，有不同的意见。不同的看法能够在会上交锋，这是学术健康发展的表现。不少同志重申在夏王朝之前存在着一个古国时代或方国、邦国时期。许多同志认为中原陶寺文化已进入文明时代。这些看法，至少说明我们大家都已认识到距今四五千年间或早至 5000 年前，是探索中国古代文明起源与形成的十分重要的时期。这应是今后开展中华文明探源工程重点研究的时间段，而中原、海岱、长江下游、江汉地区、辽西地区以及成都平原等则是开展探源工程的重要区域。其中，中原的晋南、豫西地区应该是最重要的区域。此外，有的同志提出，开展边疆地区的古代文明起源与形成研究，在今后工作中亦应当给予重视。

　　此外，在这次会议上，不少同志介绍了各地一些新的重要考古发现。有的同志回顾了中国古代文明起源与形成研究的历程，对如何进一步推进古代文明起源与形成的研究，如何开展大遗址的发掘、研究等，提出了很好的建议。这些介绍和建议对于在下一阶段开展中国古代文明起源、形成与早期发展的研究，都是十分可贵的。

　　同志们

　　会议就要结束了，但中国古代文明的研究是一项长期、艰巨的科学研究任务，用句形象的话来说，这只是"万里长征"的第一步。我们去年成立了文明中心，今年召开了这个学术研讨会，中华文明探源工程即将启动。这一连串的重大学术举措是基于古代文明研究的重要性。就人类历史而言，人类的出现和文明的形成是两个最为重大的课题。自然科学将人类起源的研究列为世界十大科学课题之一，我认为如果人文社会科学领域要排列世界十大人文社会科学课题的话，文明的形成无疑是首选。

文明起源、形成研究的重要性，是基于当今世界多元文明存在的合理性，因此中国文明起源与早期发展，不只是人文科学问题，它还有着极强的现实意义。当今多元文明共存的理论根据是历史上存在多元文明的合理性。现代多元文明的合理性，是古代多元文明的延续与发展，我认为古代多元文明形成的科学阐释，应该是世界各地不同历史背景的人们与所处不同自然地理环境而形成的各不相同的"人地关系"，构成不同区域上的不同的古代文明。古代文明虽然是多元的，但创造文明的主体是共同的——即人类，因此多元文明是互相交流的，是可以在地球村共存的。文明的多元是由于自然地理环境与历史文化发展形成的，因而其存在是合理的。

古代文明研究的重要的意义是不言而喻的了。为今后更好地开展这一工作，我谈三点意见：

第一，作为这样一个重大科学课题，必须发挥群体优势，它包括不同学科之间的优势，不同地区（包括不同国家）这一领域专家学者的研究优势，不同年龄（老中青结合）科研人员的优势。协同作战，共同攻关。古代文明中心是古代文明研究的学术舞台。我们衷心希望国内外朋友们，在这个舞台上有声有色地演出各自的精彩节目，留下传世之作，推出一批享誉海内外的学术大师。

第二，关于加强中国古代文明起源、形成与早期发展的方法论、理论的探讨。要强调入人文科学研究的科学化，加强"定量"研究。学科学术语言规范化是开展、深化课题科学研究的前提。学术术语的创新是科学发展的要求，但其前提是规范化、共识性。这是古代文明研究工作中尤应注意的。方法和理论都是来源于实践，又必须去指导科学实践。科学实践既是方法和理论的发展基础，又是检验方法、理论是否正确的唯一依据。科学的前提是假设，假设的基础是从已知到未知，因此科学研究不能没有假设，但假设必须以科学的已知为前提，在当前文明研究中尤其要注意后一种情况。

第三，在中国古代文明起源、形成与发展的研究中，要发挥多学科优势，各学科又要发挥各自特点。考虑到该课题的特点，考古学肩负着艰巨的任务。从某种角度来说，古代文明研究课题的进展与考古学息息相关，新的考古发现是课题新的增长点。古代文明研究课题关键问题的解决，需要关键性考古工作的开展与相应自然科学技术的应用。我们认为选择重点遗存，进行重点发掘，是推进本课题研究的考古学关键。从前国家形态到国家出现是历史发展的必然，但其质变点的时空选定是历史的"偶然"，关于这种

"偶然"的形成因素多与自然环境有关，因此自然科学技术在解决这些"质变点"问题上，可能将发挥极其重要的、不可替代的关键性作用。中国文明起源与形成时期，没有当时的文字记载，但悠久的史学传统，关于这个时期的大量"传说"被流传下来，这是"口传历史"，它们虽然有较多"水分"，但毕竟其中蕴含着极为重要的历史信息。我们的古代文明起源、形成的时空框架，在很大程度上是以这方面的研究为基础，加强历史文献研究无疑是非常重要的。

我们相信在这次会议上形成的许多对文明、国家等理论问题的认识，产生的有关探索中国古代文明起源与形成的思想，必将为下一阶段开展中国古代文明起源与形成研究发挥积极作用，为启动"中华文明探源工程"，做好前期准备。这次会议在"夏商周断代工程"基本结项之后、在"中华文明探源工程"启动之前召开，对于推进中国古代文明起源、形成与早期发展的研究，具有重大的学术意义。

我们也希望各位研究者在各自的研究领域中不断开创，不负时代使命，为中国古代文明起源与形成研究，为全面、准确地认识中国在距今 5000 年以来至秦统一这个历史发展各个阶段的社会特征，写出鸿篇巨著，将中国古代文明起源、形成与早期发展研究推向新的历史阶段。

最后，感谢大家对我们古代文明中心工作的大力支持！

2001 年 8 月 3 日

附录六

提交“中国古代文明的起源及早期发展国际学术研讨会”的论文或论文提要目录

后　记

　　2001 年 8 月 1 日至 3 日，中国社会科学院古代文明研究中心在北京召开了中国古代文明的起源及早期发展国际学术研讨会。中共中央政治局委员、中国社会科学院院长、古代文明研究中心名誉顾问李铁映为大会发来了贺信。国家文物局、中国科学院、中国文物研究所、夏商周断代办公室，以及中国社会科学院科研局与外事局等的领导和嘉宾出席了开幕式；中国科学院地质与地球物理研究所、高能物理研究所、植物研究所、自然科学史研究所，中国历史博物馆、故宫博物院、中国文物研究所，天津、辽宁、黑龙江、上海、江苏、浙江、安徽、山东、河南、湖北、湖南、江西、广东、四川、陕西等省市的文博系统，北京大学、清华大学、北京科技大学、中国科技大学、吉林大学、西北大学、山东大学、郑州大学、四川大学、武汉大学、华东师范大学、南京大学、厦门大学、中央民族大学、香港中文大学等高校，中国社会科学院考古研究所、历史研究所、世界历史研究所等有关科研机构，以及来自日本、德国和英国的共 120 多位学者出席了会议。

　　古代文明研究中心副主任陈祖武在开幕式上宣读了李铁映为大会发来的贺信（见附录一）；古代文明研究中心主任李学勤、国家文物局局长张文彬、中国社会科学院科研局局长黄浩涛相继在开幕式上致辞（分别见附录二、三、四）；中国科学院院士刘东生、北京大学中国考古学研究中心主任李伯谦、日本学者秋山进午等在开幕式上就中国古代文明的起源与早期发展研究谈了自己的看法。古代文明研究中心副主任兼秘书长王巍汇报了古代文明研究中心成立以来的工作情况、今后的工作设想，以及此次大会的议程。古代文明研究中心副主任、中国社会科学院考古研究所所长刘庆柱作大会总结发言，并对今后的工作提出了具体的要求（见附录五）。

　　会议收到论文或论文提要有 79 篇（见附录六），分三组进行了为期两天的热烈讨论。第一个阶段两个半天的讨论主要是围绕代表们提交的论文而进行的。第二个阶段两个半天的自由讨论则主要是围绕关于文明、国家等概念的若干理论问题；中原、海岱、江汉、长江下游和辽西等地区的文明化进程；中国古代文明起源与早期发展的模式、道路、动力及其特点；如何利用考古材料和如何结合古代文献进行文明研究，以及对中国古代文明研究的回顾和展望等五个议题进行。通过讨论和交流，代表们对有关问题深化了认识。而代表们最关心、讨论得最集中和最深入的议题主要有以下几个方面，即：文明起源的理论与相关概念，文明的发展道路、文明的标准，从考古遗存中分析判断文明化的程度。讨论会上大家对今后如何进一步开展中国古代文明起源与早期发展的研究提出了很多很好的建议。如加强考古学与其他学科的结合；今后文明研究的重点和方向应放在对大遗址、大墓地有计划、有规模、联合各方面的力量进行的发掘，并从中寻找线索；在文明起源研究中加强现代科学技术的应用，使其研究成果更具有科学性等。

此次会议从考古学、历史文献、世界古代史、农业、家畜、地理环境、古代冶金技术、现代物理与化学等多个角度对中国古代文明的起源与早期发展中的若干重大学术问题展开了热烈的讨论与交流。《古代文明研究》（第一辑）主要收录了提交这次会议的部分论文。

本文集的编辑工作由中国社会科学院古代文明研究中心秘书处负责进行，李新伟承担了本书的汉译英工作。由于我们缺乏经验，工作中存在着不足和问题，恳请大家谅解。

Researches on Ancient Civilizations (I)

(Abstract)

The " Origin and Early Development of Chinese Civilization International Symposium " sponsored by the Research Center for Ancient Civilizations, Chinese Academy of Social Sciences (RCAC, CASS) during August 1st to 3rd 2001 in Beijing attracted more than 120 scholars from the CASS, Chinese Academy of Sciences (CAS), National Administrative Bureau of Cultural Heritage, some provincial institutes of archaeology and cultural relics, universities, as well as foreign scholars from Japan, Germany and Britain. The symposium received 79 papers and abstracts (see appendix 6), which interpret the origin and early development of Chinese civilization from different perspectives including archaeology, history, agriculture, animal domestication, geographic environment, ancient metallurgy. *Researches on Ancient Civilizations* (I) is a collection of parts of the papers.

Topics of the 20 papers in this book consist of 1) theories related to the origin of civilizations, 2) the process and characteristics of Chinese civilization or certain regional civilization in China, 3) the emergence of some "civilization elements" including writing system, metallurgy and walled city, 4) case studies of some "civilized cultures" such as the Taosi 陶寺 culture, the Liangzhu 良渚 culture, the Hongshan 红山 culture and cultures related to the Xia and Shang Dynasties, and 5) Chinese archaeology today and tomorrow.

Wang Wei, Peng Bangjiong, He Nu, Xu Lianggao and Yi Jianping emphasize the importance of theories in the study on the origin of civilizations. Wang defines civilization as a new developmental stage of human societies and the summation of material wealth and ideological wealth under the administration of states. A civilization consists of not only material and ideological inventions but also social development. Hence "civilization" and "state" are different concepts. Research on the origin and formation of civilizations has to focus on both the development of cultures (including material culture and ideological culture) and the development of social structures.

Peng agrees that "civilization" and "state" are un – exchangeable concepts. While "civilization" emphasizes the material and ideological development of human societies, "state" is a concept describing political institutions. In addition, the emergence of civilizations might have not coincided with the emergence of early states.

He Nu argues that "civilization" and "state" are both different and relevant. "Civilization" indicates the social life and political life of state – level societies. Exploration of the origin of civilizations includes not only researches on the emergence of state – level institutions, but also the achievements on ideological, economic and political techniques. The process of Chinese civilization is in fact the process of social complexity in China. This process can be archaeologically studied by interpreting unearthed material and ideological information of the past. The problems archaeologists need to pay attention to include social hierarchy, central place and periphery relationship and man – land relationship.

In his paper, after a review on the western theories velated to "civilization" and the origin of civilizations, Xu argues that Chinese scholars have to pay more attention to the special mechanism and process of the formation of Chinese civilization in order to generalize its characteristics. Although the western theories are enlightening, Chinese archaeologists should not just try to "prove" those theories in China. Instead, they need to develop their own theories based on the interpretation of Chinese archaeological data. The study on the Xia, Shang and Zhou Dynasties is very important for our understanding of the origin of Chinese civilization. Comparison with other ancient civilizations is a good way to realize the particularities of Chinese civilization and to make the study of Chinese civilization as part of the worldwide exploration of the evolution of human societies. Xu also suggests that regional survey and settlement archaeology are efficient for the study of social development.

As more and more Chinese archaeologists introduce the "chiefdom" into their studies of early states formation in China without a comprehensive understanding of the background of this concept, Yi, in his paper, systematically reviews the emergence and development of Service's social developmental scheme. He regards Services'schemes are heritors rather than dissenters of Morgan's classic scheme. As an ethnologist, Yi insists that it is difficult to distinguish chiefdoms and states in prehistoric time just based on archaeological data.

Qu Yingjie, Gong Wen, Zhang Guoshuo and He Deliang are among the scholars who focus on the process of Chinese civilization and the contribution of local cultures in this process. Qu, mainly based on the legendary history recorded in ancient texts, divides the early Chinese civilization into three stages – the three Sovereigns (*sanhuang* 三皇) period, the five Emperors (*wudi* 五帝) period and the Xia, Shang and Zhou period. Zhang suggests that the *Yao – Shun – Yu* (尧舜禹) period and the Xia – Shang – Zhou period were respectively the initiation and development stages of early Chinese civilization. He further points out a noticeable fact that the Yao – Shun – Yu and the Xia – Shang – Zhou cultures were all centered in the conjunctive area of the Henan, Shaanxi and Shanxi provinces, or the Central Plains area.

Gong emphasizes the importance of the Yangshao 仰韶 culture in the formation of Chinese civilization. She argues that some key "civilization elements" had emerged in the Yangshao period. He Deling analyzes the social complexity process in the Dawenkou 大汶口 culture and suggests that social hierarchy emerged in the middle, especially the late Dawenkou period. Some extra – large sites such as the Dawenkou, Lingyanghe 陵阳河 and Huating 花厅 might be the political, economic and cultural centers of local state – level polities.

Wu Ruzuo, Chen Enlin and Sun Xiaochun try to generalize some characteristics of early states in China. Wu's paper focus on the function of *wu* (巫 magician or shaman) in the origin and formation of Chinese civilization. He believes that the *wu* was the astronomer, geologist, mathematician, doctor and architect in ancient time and might have played a significant role in agriculture and large construction projects. Chen and Sun argue that long maintenance of patriarchal system is a basic characteristic of Chinese ancient societies. As pre – state tribes and patriarchal families had not been completely destroyed during the special state – formation process, early states in China exhibits four characteristics – the conquest of whole tribes, the incorporation of state administrative system and the patriarchal system, clan settlements and kinship based political hierarchy.

In her discussion on the origin of writing system in China, Liu Yiman agrees with Qiu Xigui's definition of primary Chinese characters – symbols which are similar to later Chinese characters, clearly different with pictures, and can record words in a sentence. She argues that there might be no demand for a writing system in the pre – Yangshao and Yangshao periods. The curved marks on some ceramic vessels from the Banpo 半坡 and Jiahu 贾湖 sites were not primary characters. The red mark on a ceramic vessel from the Taosi site indicates the transition towards a real writing system.

In his paper on the origin of metallurgy in China, Sun Shuyun enumerates seven topics deserving urgent researches. They are: 1) early metallurgy in the Central Plains area, 2) metallurgy of the Lower Xiajiadian 夏家店 culture, 3) analyses on the metal objects from the Huoshaogou 火烧沟 site of the Siba 四坝 culture, 4）early metallurgy of the Xinjiang 新疆 area, 5）mining sites and raw material resources, 6）standard of material analyses, and 7）diffusion of metallurgical techniques. He also emphases the importance of multi – disciplines cooperation in future study. Mei Jianjun argues that it is difficult to give a clear answer to the question how did Chinese metallurgy emerge based on current data. The developmental process of metallurgical techniques from the Yangshao to the Longshan 龙山 period in the Middle and Lower Yellow River valley is still blurry. Similarly, we are still not sure if the development of metallurgy in the Ganqing 甘青 and Central Plains had been closely related processes.

Tong Weihua's paper focuses on the initiation and early development of walled city construction techniques. After a comprehensively analysis on the surrounding environment, the shape, the size, the orientation, the plan, the surrounding ditch, the drainage system, the defending establishment and the use of rammed earth, he argues that walled city construction techniques had experienced a revolutionary development from the prehistoric time to the early Shang Dynasty, a process coinciding with the origin of Chinese civilization.

Zhu Naicheng continues his study on the special relationship between the Liangzhu and Taosi cultures in his paper for this book. He again argues that the painted dragon design of the Taosi culture might have been imported from the Liangzhu culture. This importation, according to Zhu, might be the result a large scale migration of the Liangzhu people from their homeland in the Lowe Yangzhi River valley towards the Central Plains area. Some "developed" cultural elements of the Liangzhu culture had played an important role in the formation of the "royal culture" in the Central Plains area.

Gu Dashun's paper is about the development of social complexity of the Hongsha culture. Gu argues that the distribution pattern of the cairns at the Niuheliang 牛河梁 ritual complex exhibits a hierarchy system with strong independent power of each social group. Powerful individuals can be recognized from elite burials. Noticeably, a most powerful goddess in the sacred world can also be recognized from the spatial organization of artifacts found in the so – called "goddess temple". The coincidence of secular and sacred hierarchy systems implies that secular leaders might have controlled the access to the supernatural world. This combination of secular and sacred power, together with the hierarchy of regional settlement pattern, is significant mark of the social complexity in the Hongshan period.

Wang Xurong provides some interesting ideas on the relationship between changes of archaeological cultures and the replacement of dynasties. Based on his interpretation on the chronological and spatial relationship between the Erlitou 二里头 site and the Yanshi 偃师

Shang city, and the comparison of pottery styles and palace city plan of the two sites, Wang pointed out that the change of culture style happened later than the Xia – Shang replacement. An implication of this phenomenon is that though political reform can be accomplished in a short period, the formation of a new cultural environment needs longer time.

Shui Tao pointed out in his paper that the nearly 100 years old Chinese archaeology now shares some characteristics with many current sciences. They include the suspicion, retest and repair of all existed theories, the creation and practice new methods and the exploration of new academic fields.

封面设计　周小玮
责任印制　王少华
责任编辑　张庆玲

图书在版编目（CIP）数据

古代文明研究（第一辑）／中国社会科学院考古研究
所，中国社会科学院古代文明研究中心编．－北京：文
物出版社，2005.12

ISBN 7-5010-1816-2

Ⅰ．古…　Ⅱ．①中…②中…　Ⅲ．文化史-中国-古
代-文集　Ⅳ．K220.3-53

中国版本图书馆 CIP 数据核字（2005）第 126635 号

古代文明研究

第一辑

中国社会科学院考古研究所
中国社会科学院古代文明研究中心　编

*

文 物 出 版 社 出 版 发 行
（北京五四大街 29 号）

http://www.wenwu.com
E-mail：web@wenwu.com

北京美通印刷有限公司印刷
新 华 书 店 经 销
787×1092　1/16　印张：19
2005 年 12 月第一版　2005 年 12 月第一次印刷
ISBN 7-5010-1816-2/K·961　定价：138 元